Kultur	Naturwissenschaften, Technik, Medien
Pflege antiker Bildung am Hofe KARLS DES GROSSEN	
Klöster als Kultur- und Bildungsträger	
Ausbildung einer höfischen (Ritter-)Kultur	
1336: DANTE: Göttliche Komödie	
um 1348: PETRARCA: Canzoniere (Gedichte, v. a. Sonette)	1452: GUTENBERG druckt die Bibel.
Herausbildung einer bürgerlichen Kultur (um 1300 Anfänge in Oberitalien, um 1500 in Deutschland)	1492: KOLUMBUS betritt den amerikanischen Kontinent.
	1497/98: VASCO DA GAMA findet den Seeweg nach Indien (um Afrika).

ĀF142214

Kultur	Naturwissenschaften, Technik, Medien
1513: MACHIAVELLI: Der Fürst	1514: KOPERNIKUS weist nach, dass sich die Erde um die Sonne dreht.
Maler: BOSCH, DA VINCI, DÜRER, MICHELANGELO	um 1525: Flugschriften (des Bauernkrieges)

1605/15: CERVANTES: Don Quijote	1633: Inquisitionsprozess gegen GALILEI
1623: SHAKESPEARES Werke erstmals in London erschienen	1650: erste deutsche Tageszeitung (Leipzig)
1641: DESCARTES: „Cogito ergo sum." („Ich denke, also bin ich.")	1656: Erfindung der Pendeluhr
ab 1687: erste Universitätsvorlesungen in deutscher Sprache	
1720/40: J. S. BACH: Das wohltemperierte Klavier (Präludien, Fugen)	

Allmähliche Durchsetzung der allgemeinen Schulpflicht	1768: WATT erfindet die Dampfmaschine, die wesentlich zur industriellen Revolution beiträgt.
1719: DEFOE: Robinson Crusoe	1771: GALVANI entdeckt die galvanische Elektrizität.
1750–53: VOLTAIRE am Hofe FRIEDRICHS DES GROSSEN	1775: erste Nähmaschine in England gebaut
1762: ROUSSEAU: Émile	1783: Heißluftballon der Brüder MONTGOLFIER
1784: KANT: Was ist Aufklärung?	1785: mechanischer Webstuhl (CARTWRIGHT)
1791: MOZART: Die Zauberflöte (Oper)	1796: Erfindung der Lithografie
1793: letzte Hexenverbrennung in Europa	

um 1800: FICHTE, SCHELLING und HEGEL entwerfen die deutsche idealistische Philosophie.	1811: KRUPP gründet ein Stahlwerk in Essen.
ab 1805: SCHINKEL als klassizistischer Baumeister in Berlin	1812: KOENIG erfindet die Buchdruck-Schnellpresse, mit der ab 1814 die Londoner „Times" gedruckt wird.
1808: Konversationslexikon von BROCKHAUS	1814: Dampflokomotive (STEPHENSON)
1810: Gründung der Universität Berlin (nach der Bildungskonzeption W. V. HUMBOLDTS)	1819: Der Raddampfer „Savannah" überquert als erstes Dampfschiff den Atlantik.
C. D. FRIEDRICH als Maler der Romantik, z. B.: „Der Mönch am Meer" (1808–10)	1821: FARADAY erfindet das Grundprinzip des Elektromotors.
1815: SCHUBERT vertont Gedichte von GOETHE (Erlkönig u. a.).	ab 1824: Druck einer Berliner Zeitung auf einer Schnellpresse (von KOENIG)
1818: SCHOPENHAUER: Die Welt als Wille und Vorstellung	1825: Blindenschrift (BRAILLE)
1823: BEETHOVEN vertont im Schlusschor seiner 9. Symphonie SCHILLERS „Ode an die Freude".	

1830: DELACROIX: Die Freiheit führt das Volk (Gemälde)	1832: GAUSS benutzt den Elektromagnetismus für die Fernverständigung.
1835: Verbot zahlreicher Bücher des Jungen Deutschland durch den Deutschen Bundestag	1835: Erfindung der Fotografie (DAGUERRE)
1838/39: DICKENS: Oliver Twist	1835: Eisenbahnstrecke Nürnberg–Fürth
1839: Einschränkung der Kinderarbeit in Preußen	1837: Schreibtelegraf (MORSE)
1847: gesetzlicher 10-Stunden-Tag in England	1843: Telegrafenlinie Washington–Baltimore (Morse-Technik)
1848: MARX/ENGELS: Kommunistisches Manifest	

Fortsetzung auf den letzten Seiten

Deutschbuch

Literaturgeschichte

Herausgegeben von
Bernd Schurf und Andrea Wagener

Erarbeitet von
Karlheinz Fingerhut und Margret Fingerhut

Inhalt

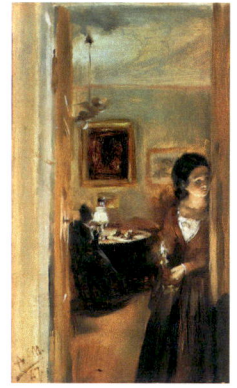

1   Mittelalter, frühe Neuzeit, Barock

Raffael: Verherrlichung des Altarsakraments. Deckengemälde in der Stanza della Segnatura des Vatikans, dem Versammlungsraum des höchsten vatikanischen Gerichts und Studierzimmer des Papstes (1509–1511)

Nicolas Poussin: Bacchanal vor der Statue des Pan (um 1630)

RAFFAEL malte für Papst JULIUS II. die vatikanischen Gemächer aus. Wichtige Auftraggeber für NICOLAS POUSSIN waren der Kardinal RICHELIEU und König LUDWIG XIII.

Allgemeingeschichtlicher Hintergrund

Annähernd 700 Jahre Entwicklung sind in diesem Großkapitel dargestellt. Sie reichen von der Gründung des Heiligen Römischen Reiches unter deutscher Vorherrschaft im frühen Mittelalter durch die Ottonen (OTTO DER GROSSE, 912–973) bis in die Zeit des Dreißigjährigen Krieges (1618–1648), in dem der Anspruch des Reiches auf Einheit der Rechtsordnung und der Religion (garantiert durch den Kaiser) in den Auseinandersetzungen zwischen katholischer Liga und protestantischer Union verloren ging.

Die Ständegesellschaft im Heiligen Römischen Reich deutscher Nation

gesellschaftliches Profil

weltlich/politisch	geistig/religiös
feudale Ständegesellschaft	mittelalterliche Glaubensgemeinschaft der Christen

kulturell „führende" Gruppen

Kaiser, Adel, Rittergesellschaft Bürgertum der Städte	Papst, Klerus, Klöster (Intellektuelle, Künstler)

zentrale Werte

Stand, Adel	Katholizismus	Protestantismus
– auf den Stand gegründetes Selbstbewusstsein	– Einheit der Kirche	– Autorität der Bibel
– Ehre, Tapferkeit, Tugendkatalog des Ritters	– *Kirche* vermittelt göttliche Gnade	– Vertrauen auf die direkt von Gott erteilte Gnade
– Wagemut der Entdecker, der Erfinder und Kaufleute	– antike Philosophie	– Philologie, Wissenschaft
	– Ständegesellschaft als unverrückbare göttliche Ordnung	– Pflichtgefühl des Einzelnen gegenüber Gott

Bestimmend für den gesamten Zeitraum waren zum einen die **ständisch-hierarchische Gliederung der Gesellschaft** in **Bauern, Geistlichkeit** und **Adel,** zum anderen die **Spannungen** zwischen **weltlicher** und **geistlicher Herrschaft** (Kaiser und Papst) sowie die sozialen Spannungen zwischen **Arm** und **Reich.**

Die Vertreter der Kirche versuchten im frühen Mittelalter, die Bevölkerung und insbesondere den mächtigen Adel zum christlichen Glauben zu bekehren. Noch heute sichtbare Zeugnisse dieser **Missionierungstätigkeit** sind die Kunstwerke in und an Kirchenbauten, z.B. die von Bischof BERNWARD VON HILDESHEIM (960–1022) in Auftrag gegebene Bernwardstür am Dom zu Hildesheim und das Bronzeportal von San Zeno Maggiore in Verona. Die Ähnlichkeit der Motivgestaltung zeigt, dass Verbindungen zwischen den metallverarbeitenden Künstlern im gesamten ottonischen Reich bestanden.

Die Einheit des Reiches repräsentierte der **Kaiser.** Er wurde nach der von OTTO I. geschaffenen Reichsordnung von den **Kurfürsten** gewählt und vom **Papst** geweiht.

Die Vertreibung aus dem Paradies
links: Bernwardstür, Hildesheim (um 1015)
rechts: Plattenrelief am Portal von San Zeno Maggiore, Verona (um 1130)

Daraus ergaben sich im **Hochmittelalter** (ca. 1050–1250) Konflikte. Im sogenannten **Investiturstreit** – Wer darf Bischöfe ernennen? – beanspruchte der Papst für sich eine politische Oberhoheit. Im Übergang vom 12. zum 13. Jahrhundert gelang es – durch die Idee der **Kreuzzüge** gegen die muslimischen Staaten in Palästina –, politisches und geistliches Machtstreben vorübergehend zu verbinden.

Das Machtzentrum der Kreuzzugsarmeen bildeten die Ritter (gepanzerte, mit Schwert und Lanze gerüstete berittene Krieger). Der selbstbewusste und kriegerische **Ritterstand** war hervorgegangen aus den Gefolgsleuten des Land besitzenden Adels, rechnete sich selbst zum Adel, ordnete sich in späterer Zeit allein dem Kaiser zu und bildete im Hochmittelalter eine eigene Kultur aus.

Die **geistliche Herrschaft** war wie die weltliche stark hierarchisch geordnet. Neben den Priestern, die ihren Gemeinden vorstanden, gab es die **Klöster** und **Mönchsorden,** über ihnen den kirchlichen „Adel" der Bischöfe und Kirchenfürsten. Die einheitliche **Sprache des geistlichen Europas** war **Latein.** Auf Latein wurden nicht nur theologische, sondern auch juristische und literarische Texte abgefasst.
Die **Durchsetzung der Landessprachen als Literatursprachen** erfolgte zuerst im Hochmittelalter im Umfeld der ritterlichen Kultur (höfischer Roman, Minnelyrik), hundert Jahre später in Italien im Rahmen der Stadtkulturen (**DANTE,** 1265–1321; **PETRARCA,** 1304–1374), endgültig erst am Ende des Mittelalters und zu Beginn der frühen Neuzeit mit der **Bibelübersetzung MARTIN LUTHERS** (1483–1546).

Tiefe gesellschaftliche Umwandlungsprozesse prägten **Spätmittelalter** und **frühe Neuzeit.** Ein Grund war die **zunehmende Bedeutung der Städte.** Durch **Handel** hatte sich eine finanzkräftige und selbstbewusste Bürgerschicht gebildet. Die Handelsherren in den Städten waren oft reicher als der Adel, der von seinem Landbesitz lebte. Der Großteil der Bevölkerung auf dem Lande litt im Spätmittelalter unter steigenden Abgaben, Frondiensten und Leibeigenschaft. Durch einen enormen Bevölkerungszuwachs, aber auch durch Finanzmanipulationen am Getreidemarkt (Wucher und Vorkauf) verteuerten sich die Nahrungsmittel. Es kam zu Aufständen, die im **Deutschen Bauernkrieg** (1524–1526) gipfelten.
Bis in die Zeit des **Barock** änderte sich daran nichts, nur dass zu den sozialen und politischen Spannungen nun auch die religiösen **Konflikte** zwischen **Katholizismus** und **Protestantismus** kamen, die zu Beginn des **Dreißigjährigen Krieges** (1618–1648) sogar stark in den Vordergrund traten.

Weltbild und Lebensauffassung

Alle Lebensbereiche der Menschen waren durch die **christliche Religion** geprägt. Jeder Einzelne hatte durch die christliche Lehre von der **göttlichen Ordnung** der Welt seinen von Geburt an bestimmten Platz in der Gemeinschaft. Der Sohn des Handwerkers wurde wieder Handwerker, der des Bauern wieder Bauer, Ritter war man, wenn schon die Vorfahren Ritter gewesen waren. Kleiderordnungen, das Recht, Waffen zu tragen, Geschlechterordnungen in der Dorfgemeinde, der Stadt und der Kirche sorgten dafür, dass niemand daran dachte, etwas anderes anzustreben, als was ihm durch Geburt zugewachsen war (▶ vgl. Hans Sachs, S. 27 f.).

Gegenüber der geistlichen Oberhoheit der Kirchenbehörden meldete sich in einzelnen Regionen des Reiches Widerstand. Dieser war oft zugleich religiös und politisch motiviert. Die böhmischen Anhänger des Jan Hus (um 1370–1415) beispielsweise bestritten Glaubenssätze der Kirche und zugleich den Herrschaftsanspruch des Kaisers. Zuletzt markierte die Infragestellung des ptolemäischen Weltbildes (die Erde ist eine Scheibe, die Sonne und Gestirne bewegen sich auf berechenbaren Bahnen über ihr) den **Umbruch zur Neuzeit.** Die Neuordnung des Denkens (die Erde ist nicht Zentrum des Weltalls, sondern Planet der Sonne), nach dem polnischen Gelehrten Nikolaus Kopernikus (1473–1543) **„kopernikanische Wende"** in der Himmelskunde genannt, brachte auch eine weltanschauliche Wende. Die Autorität von Papst und Bischöfen wurde in der **Reformation** endgültig bestritten. Jeder Christ sollte sicher sein, dass er ohne die Vermittlung der Kirche zu Gott finden könne. Christoph Kolumbus und die anderen großen **Entdecker** setzten auf das neue Weltverständnis, segelten nach Westen, um im Osten anzukommen.

Nachdem durch die Lehre der Reformation die kirchlich geordneten Wege ins Jenseits über Beichte und Absolution nicht mehr allgemeine Gültigkeit beanspruchen konnten, wurden auch **weltliche Autoritäten in Zweifel gezogen.** Die Bauern sahen nicht ein, dass sie ihr Leben im Frondienst dahinbringen sollten, wo doch alle Welt von ihnen ernährt wurde. Die Fürsten sahen nicht ein, dass sie sich der Autorität des Kaisers unterordnen sollten. Die wohlhabenden Bürger der reichen Handelsstädte wollten den geistlichen oder weltlichen Landesfürsten nicht ständig dienstbar und tributpflichtig sein.

Alle diese Widersprüche kamen im Barock, in der Zeit des Dreißigjährigen Krieges, mit brutaler Deutlichkeit an die Oberfläche. Das **Lebensgefühl des Barock** ist von diesen **Widersprüchen** geprägt. Nichts ist sicher, das Leben steht unter der Herrschaft der **Fortuna,** des wechselhaften Glücks. Man musste stets damit rechnen, für seine Weltanschauung mit dem Leben bezahlen zu müssen. Mehr als ein Drittel der Bevölkerung verlor in den dreißig Jahren das Leben. Die Städte waren zerstört, das Land nicht bebaut. Soldaten streiften umher und raubten, was sie bekommen konnten.

Das Rad der Fortuna. Handschrift der Carmina Burana (1230)

Entwicklung von Kunst und Literatur

Im Verlaufe des Mittelalters entstand neben einer in den Klöstern, später an den Universitäten gepflegten lateinischen Literatur die **Literatur in deutscher Sprache.** Am Anfang standen auch hier die Klöster, dann, in der Kreuzzugszeit, wurden zudem die Höfe und Burgen wichtig. Im Verlaufe der frühen Neuzeit kamen die Städte als Kulturzentren hinzu. Die Orte der Entstehung bestimmen weitgehend Stil und Inhalt der Literatur. In den Klöstern finden sich deutsche Versionen der Evangelien und Briefliteratur, in die zuweilen Gedichte eingefügt sind. In Klöstern wurden auch **Bruchstücke** einer **germanischen Volksliteratur** verwahrt (so z.B. das *Hildebrandslied*, ▶ S. 14), die ansonsten der christlichen Missionierung zum Opfer gefallen war. An den Höfen wurden im Hochmittelalter **Versepen** (mit Rittern als Helden) und **Minnelieder** vorgetragen. In den Städten gab es zweihundert Jahre später Texte für Theaterspiele (HANS SACHS) und eine umfangreiche Abenteuerliteratur **(Volksbücher).**

Immer diente die Literatur der **Selbstdarstellung der Mächtigen.** Auch dann, wenn Kritik geäußert wurde, wie etwa in WALTHER VON DER VOGELWEIDES *Reichstonsprüchen* (▶ S. 18), bestärkte sie die Ideale der Gesellschaften, in denen sie zum Vortrag kam. Ähnliches galt für die Malerei: Das „fromme" wie das „höfische" Mittelalter zeigten sich in Altar-, Andachts-, Fenster- und Buchmalerei.

Erscheinung Christi beim Mahl der elf Apostel vor der Himmelfahrt. Illustration in dem prächtig ausgeschmückten Evangelienbuch des Bischofs Egbert von Trier (980–993)

Das **Selbstbewusstsein der Künstler** entwickelte sich vor allem in der **frühen Neuzeit.** Ein Beispiel sind die Selbstporträts ALBRECHT DÜRERS, der in Italien die großen Meister der italienischen Renaissance studiert hatte. Am deutlichsten ist der **repräsentative Charakter der Kunst** im **Barock** zu beobachten. Barocke Maler schmückten die Wände und Decken der Schlösser. Sie spielten dabei mit Täuschungen der Perspektive, mit gemalten Säulen, die in Wirklichkeit nichts tragen, als wollten sie damit die Unsicherheit des Lebens dokumentieren. Barocke Hofmusik gehörte zu den Festlichkeiten, die Hofdichter waren für Festspiele und Lobgedichte auf die Regenten zuständig. Im Auftrag der Bischöfe gestalteten Baumeister und Maler die prächtigen Kirchen der Gegenreformation. Die Musik (Kantaten, Oratorien) hatte ihren festen Platz im Gottesdienst. Die Dichter schrieben für den Gemeindegesang.

Bedeutende Bilder der Zeit

Adam und Eva – Ein Motiv im Wandel vom Mittelalter zum Barock

Adam und Eva am Baum der Erkenntnis. Adam isst den Apfel, den Eva von der Schlange erhalten hat. Mittelalterliches Steinrelief an der Kirche San Zeno in Verona (Zeit der Kreuzzüge, um 1200)

Albrecht Dürer: Adam und Eva (1507). Das Doppelbild ist die erste lebensgroße Darstellung nackter Menschen in der deutschen Kunst. Die beiden ersten Menschen sind jung und schön.

Michelangelo: Deckengemälde in der Sixtinischen Kapelle in Rom (1508–1512). Der abgebildete Ausschnitt zeigt den Sündenfall. Die Deckengemälde gelten als typische Kunstwerke der Renaissance.

Peter Paul Rubens: Adam und Eva (um 1598–1600). Der erfolgreichste Maler des Barock malte die beiden als Liebespaar.

Porträtbilder als Zeugen ihrer Zeit

Ravenna, San Vitale: Kaiser Justinian I. inmitten seines Gefolges (547). Ravenna war von 409 bis 476 Hauptstadt des Weströmischen Reiches. In zwei langwierigen „Gotenkriegen" eroberten Justinians Truppen die Stadt von den Ostgoten. Auch nach Justinians Tod blieb Ravenna bis 751 oströmisches Gebiet. Die Mosaiken in den Kirchen der Stadt zeigen den Einfluss von Byzanz (Konstantinopel) auf die Kunst des Mittelalters.

Das Mosaikbild des Kaisers Justinian in der Kathedrale von Ravenna ist ganz auf den Typus des Herrschers hin gestaltet. Es strahlt Hoheit aus. Albrecht Dürers Selbstbildnis betont die eigene körperliche Schönheit und „prächtige Aufmachung" als äußere Zeichen neu gewonnenen Selbstbewusstseins. Das Porträt der fünfjährigen spanischen Thronfolgerin von Diego Velázquez zeigt eine höfisch steife Haltung. Schon das kleine Kind ist als die künftige Königin gemalt.

Albrecht Dürer: Selbstporträt (1498)

Diego Velázquez: Die Infantin Margarita Teresa (1656)

1.1 Deutschsprachige Literatur im Mittelalter

Aus der Zeit vor der Kaiserkrönung KARLS DES GROSSEN (800) ist kaum deutschsprachige Literatur überliefert. Die Orte, an denen Schrifttum aufbewahrt und abgeschrieben wurde, die Klöster, waren ganz auf die Missionierung der germanischen Stämme konzentriert. Unter LUDWIG DEM FROMMEN, dem Sohn KARLS DES GROSSEN, wurde nichtchristliches Schrifttum aus den Klosterbibliotheken aussortiert. Nur zufällig ist, auf den Deckblättern eines Gebetbuchs im Kloster Fulda, das *Hildebrandslied* (aufgezeichnet um 833) erhalten geblieben. Aus **althochdeutscher Zeit** sind **geistliche Texte,** so die Bibeldichtung des OTFRID VON WEISSENBURG (um 865), überliefert.

Anders war es in der **Zeit der Kreuzzüge,** dem „hohen Mittelalter" (etwa 1050–1250). Es gab neben lateinischer Dichtung auch eine **reiche deutschsprachige Literatur.** Auch hier waren die Klöster die kulturellen Zentren, die Ritter konnten meistens nicht lesen und schreiben. Auf den Burgen und an den Höfen ließ man sich Literatur von Sängern vortragen. War jemand aus dem Ritterstande schriftkundig, so hob er das voll Stolz hervor. So **HARTMANN VON AUE,** von dem wir zwei **höfische Epen** (*Iwein, Erec,* ▶ S. 19) kennen. Der bekannteste Dichter, der seine Texte an Höfen vortrug, war **WALTHER VON DER VOGELWEIDE.** Von ihm weiß man nur, was er in seinen Gedichten über sich selbst erzählt. Unbekannt ist uns der Verfasser des *Nibelungenlieds* (▶ S. 15 f.). Die Welt der mittelalterlichen Epen ist um wenige **Sagenkreise** herum konzentriert: den **Artuskreis** und den **Kreis des *Nibelungenlieds.*** Dabei sind die Artus-Epen bretonisch-französischen, das Nibelungenlied ist gotisch-germanischen Ursprungs.

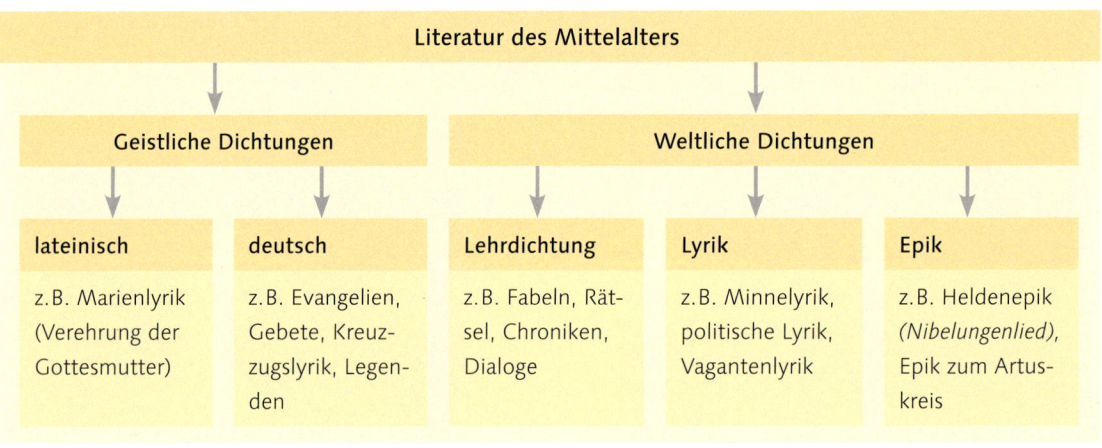

Literatur des Mittelalters				
Geistliche Dichtungen		**Weltliche Dichtungen**		
lateinisch	deutsch	Lehrdichtung	Lyrik	Epik
z.B. Marienlyrik (Verehrung der Gottesmutter)	z.B. Evangelien, Gebete, Kreuzzugslyrik, Legenden	z.B. Fabeln, Rätsel, Chroniken, Dialoge	z.B. Minnelyrik, politische Lyrik, Vagantenlyrik	z.B. Heldenepik (*Nibelungenlied*), Epik zum Artuskreis

Im **späten Mittelalter** (etwa 1250–1500) erweiterte sich das Angebot an deutschsprachiger Literatur. Es kamen **Schwankerzählungen, satirische Texte, Vagantenlieder** (Lieder wandernder Studenten) hinzu. Diese Texte sind, im Gegensatz zu den oftmals idealisierenden Darstellungen des ritterlichen Lebens in der hochhöfischen Epik, zumeist sehr realistisch. Sie zeigen, dass das Dasein eines Ritters oft weniger aus Heldentum bestand als aus Entbehrungen, aus Streit und Fehden. Ein dichtender Ritter dieser Zeit, **OSWALD VON WOLKENSTEIN,** beschreibt in Liedern sein unstetes Wanderleben, die Flöhe in den Herbergen, die üblen Machenschaften frommer Herren.

Wichtige Dichter des Mittelalters

Der von Kürenberg (um 1150 – um 1200),
wahrscheinlich ein oberösterreichischer Ritter aus der Gegend um Linz (um 1150–1200), ist ein Vertreter der frühen donauländischen **Minnelyrik** (▶ S. 20). Seine Verse („Kürenbergerstrophe") stimmen metrisch mit der Strophenform des *Nibelungenlieds* überein, das ebenfalls donauländischer Herkunft ist. In Kürenbergs Wappen ist eine blaue Handmühle mit einem roten Stiel abgebildet. „Kürenberg" bedeutet Mühlberg.

Walther von der Vogelweide (um 1170 – um 1230)
Der bekannteste Autor von **Minneliedern** war der fahrende Sänger und Ritter Walther von der Vogelweide. Er schrieb Gedichte, in denen er eine adelige Herrin anbetet, aber auch solche, in denen er einem einfachen Mädchen (einer maget) den Hof macht:
„Nemt, frowe, disen kranz: / alsô sprach ich zeiner wol getânen maget: 'so zieret ir den tanz, / mit den schœnen bluomen, als irs ûffe traget.'"
Sein lyrisches Schaffen umfasst neben der Liebeslyrik auch **politische Lyrik,** in der er sich vor allem mit dem Streit zwischen Kaiser und Papst befasst. Er steht immer auf der Seite der Kaiser.

Der Kürenberger, Walther und Hartmann. Manessesche Liederhandschrift (um 1320)

Hartmann von Aue (gest. zwischen 1210 und 1220)
gilt neben Wolfram von Eschenbach und Gottfried von Strassburg als der bedeutendste Epiker des hohen Mittelalters. Er bearbeitete die altfranzösischen höfischen Romane des **Chrétien de Troyes** (ca. 1140–1190) zu den eigenen **Artusromanen** *Erec* und *Iwein.*

Wolfram von Eschenbach (um 1170 – um 1220)
Autor mehrerer epischer Werke und von Minnesang. Sein berühmtestes Werk ist der **höfische Roman** *Parzival.* Im Zentrum steht die Suche des Helden nach dem Heiligen Gral. Dies ist ein rätselhafter heiliger Gegenstand (ein Kelch?), dessen Geheimnisse nur wenigen Auserwählten zugänglich sind. Erzählt werden die Lebensfahrten zweier Helden: Parzivals (des Gralsritters) und Gawans (des Artusritters) Geschichte.

Gottfried von Strassburg (gest. um 1215)
wird „Meister" („magister") genannt, war also vielleicht ein Kleriker und kein Ritter. Er ist Elsässer, spricht Französisch, kann daher die dort im Repertoire der Erzähler befindlichen Texte ins Deutsche übernehmen und sie im Sinne der höfischen Kultur bearbeiten *(Tristan und Isolde).* Möglicherweise genoss Gottfried eine universitäre Ausbildung und verfügte über Kenntnisse zeitgenössischer lateinischer Schriften.

Oswald von Wolkenstein (um 1377–1445)
vertonte die eigenen Lieder. Sein Leben kann als Beispiel für das Leben eines Ritters des ausgehenden Mittelalters gelten. Er war zudem Diplomat im Dienste des Kaisers Sigismund I. Oswald von Wolkensteins Lieder werden heute als ein **Übergang** von **höfischer Minnelyrik** zur **Liebeslyrik der Renaissance** sehr geschätzt. Das nebenstehende Porträt (es zeigt, dass Oswald ein Auge verloren hatte) gilt als das erste wirklichkeitsgetreue Bild eines deutschsprachigen Dichters.

Oswald. Innsbrucker Liederhandschrift (1432)

Themenkreis 1: Heldenlieder – Aus Frühzeit und Mittelalter

Das Hildebrandslied (aufgezeichnet um 833) Anfang des Epos.
Ursprüngliche Fassung und Übersetzung

[Nach Jahren des Exils am Hof des Hunnenkönigs kehrt Hildebrand aus dem Exil zurück. Sein Trupp trifft auf den des Hadubrand, der das Land vor Fremden schützen soll. Es kommt zum Zweikampf. Doch zuvor stellen sich die Kämpfer einander vor. Dabei erkennt Hildebrand, dass er seinem Sohn gegenübersteht. Der glaubt ihm nicht. Bevor der Kampf entschieden ist, bricht das Fragment ab.
Wichtig für die althochdeutsche Dichtung ist der Stabreim. Bedeutsame, sinntragende Worte beginnen mit dem gleichen Konsonanten oder mit Vokal.]

> Ik gihorta dat seggen,
> dat sih urhettun   ænon muotin,
> Hilti**br**a*nt* enti Hadubrant   untar heriun tuem.
> sunufatarungo   iro saro rihtun,
> 5 garutun se iro gudhamun,   gurtun sih iro suert ana,
> helidos, ubar hringa,   dô sie to dero hiltiu ritun.
> Hilti**br**a*nt* gimahalta [Heribrantes sunu]:   her uuas heroro man,
> ferahes frotoro;   her fragen gistuont
> fohem uuortum,   *hw*er sin fater wari
> [...]

> Ich hörte das sagen,
> dass aufeinandertrafen   (zwei) Herausforderer,
> Hildebrand und Hadubrand,   zwischen zwei Heeren.
> Sohn und Vater.   Sie richteten ihre Rüstungen.
> 5 Gürteten ihre Brustringe,   gürteten sich ihre Schwerter an,
> die Helden über die Ringe,   als sie zu dem Kampf ritten.
> Hildebrand sprach, Heribrands Sohn,   er war der ältere Mann,
> lebenserfahrener,   er begann zu fragen
> mit wenigen Worten,   wer sein Vater wäre
> [...]

Zum Vergleich ein Rückblick in das erste europäische Heldenepos:

Homer: Ilias (ca. 750 v. Chr.) Auszug. Hektor und Ajax treffen aufeinander

„Wir wollen", sprach Apollo, „dem gewaltigen Hektor seinen Mut noch steigern, dass er einen der Danaer zum entscheidenden Zweikampf herausfordert: Lass uns dann sehen, was diese tun."
5 Athene war das zufrieden. [...]
Hektor hemmte die trojanischen Truppen und trat, den Speer in der Mitte haltend, zwischen die kämpfenden Heere, und auf dieses Zeichen ruhte alsbald der Streit auf beiden Seiten; denn auch
10 Agamemnon hieß seine Griechen sich lagern. In der Mitte beider Völker begann jetzt Hektor: „Trojaner und ihr Griechen, höret, was mir mein Herz gebietet! [...] Es sind die tapfersten Helden Griechenlands in eurem Heere. Welchem von solchen sein Herz gebietet, mit mir, dem göttergleichen 15 Hektor, den Vorkampf zu wagen, der trete heraus! Die Bedingung, die ich stelle, ist diese, und Zeus sei mein Zeuge. Wenn mein Gegner mich mit dem Speer erlegt, mag er meine Waffen zu den Schiffen hinabtragen, doch meinen Leib nach 20

14

Troja senden, dass er der Ehre des Scheiterhaufens in der Heimat teilhaftig werde. Wenn aber mir Apoll Ruhm gewährt und ich meinen Gegner erlege, so hänge ich seine Rüstung im Tempel des
25 Phöbus zu Troja auf und den Erschlagenen möget ihr bei euren Schiffen mit Pracht bestatten." Also sprach jener; die Danaer aber schwiegen, denn es war schimpflich, den Kampf zu verweigern, und gefahrvoll, ihn anzunehmen.
30 *[Die Griechen werfen das Los. Es trifft Ajax.]*
Das Volk gehorchte ihm, und bald stürmte Ajax, den riesigen Leib in blinkende Erzwaffen gehüllt,

zum Kampfe hervor, dem ungeheuren Kriegsgott selbst ähnlich. Ein Lächeln flog über sein finsterernstes Antlitz, wie er mächtigen Schrittes, die 35 gewaltige Lanze schwingend, einherwandelte. Alle Danaer freuten sich ringsum seines Anblicks und Schrecken durchschauderte die Schlachtreihen der Trojaner. Dem gewaltigen Hektor selbst fing sein Herz im Busen an zu schlagen, aber er 40 konnte nicht mehr ins Gewühl seiner Scharen zurückfliehen, hatte er doch selbst den Zweikampf gefordert.

Das Nibelungenlied (um 1200) Anfang des Epos mit Übersetzung

[Am Hofe der Burgunden in Worms herrschten drei Brüder: Gunther, Gernot und Giselher. Ihre Schwester Kriemhild war schön, allen Frauen des Reiches ein Vorbild.]

Uns ist in alten mæren / wunders vil geseit
von helden lobebæren, / von grôzer arebeit,
von fröuden, hôchgezîten, / von weinen und von klagen,
von küener recken strîten / muget ir nu wunder hœren sagen.

Viel Wundersames melden / uns Sagen aus alter Zeit
Von preisenswerten Helden / von Kampfesmüh und -leid
Von frohen Festeszeiten / von Weinen und von Klagen,
Von kühner Recken Streiten / könnt ihr hier Wunder hören sagen.

[An diesen Hof kommt Siegfried. Er will um Kriemhild werben. Sie liebt ihn auf den ersten Blick. In der Nacht träumt sie, sie habe einen Falken aufgezogen, der von zwei Adlern zerrissen wurde. Ihre Mutter deutet den Traum: Der Falke sei der Mann, den sie liebt, und der werde von zwei anderen Männern getötet. Kriemhild hat Angst um Siegfried, auch wenn der nahezu unverwundbar ist.]

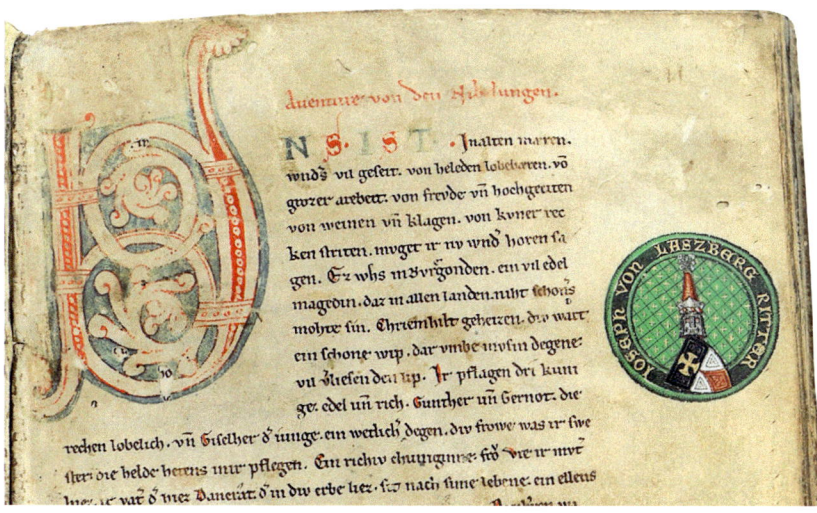

Älteste Handschrift des
Nibelungenlieds (um 1240)

15

Kriemhilds blindes Vertrauen. Auszug aus der 15. Szene. Übersetzung

[Kriemhild hat sich mit Brunhild, der Frau König Gunthers, zerstritten und im Zorn verraten, dass Siegfried und Gunther Brunhild bei der Brautwerbung betrogen haben. Sie hat nun Angst, dass Siegfried durch Brunhild etwas zustoßen könnte. Deshalb ruft sie einen der größten Helden am Hofe zu sich, den sie für ihren treuen Vasallen hält: Hagen von Tronje.]

Sie sprach: „Mein Mann ist tapfer,   dazu stark genug:
Als er den Linddrachen   an dem Berg erschlug,
Da badet sich im Blute   der lebensfrohe Mann;
Daher ihn keine Waffe   seitdem im Kampfe schneiden kann.

5 Ich habe aber Sorge,   wenn er im Kampfe steht
Und der Speerwürfe Menge   aus Reckenhänden geht,
Dass ich da verliere   meinen lieben Mann.
Weh, welch schwerer Kummer   um meinen Liebsten ficht mich an!

Ich sage im Vertrauen,   viellieber Freund, es dir,
10 Damit du deine Treue   bewährst an mir,
Wie man verwunden könne   meinen lieben Mann.
Das lass ich dich nun hören.   Im Vertrauen ist 's getan.

Als aus des Drachen Wunden   floss das heiße Blut
Und sich darin badete   der kühne Degen gut,
15 Da haftet zwischen den Schultern   ein breites Lindenblatt.
Dort kann man ihn verwunden.   Viel Sorge mir 's bereitet hat."

Da sprach der Ungetreue: „Näht auf sein Gewand
Mir ein kleines Zeichen   mit Eurer eignen Hand!
Wo ich ihn soll behüten,   wenn wir im Kampfe stehn."
20 Sie wähnte ihn zu schützen,   auf seinen Tod war 's abgesehn.

Ermordung Siegfrieds („Handschrift K" des Nibelungenlieds um 1480–1500)

Kommentar

Die ausgewählten Texte zeigen nur eine Seite der alt- und mittelhochdeutschen Literatur. Die weitaus meisten der in den Klöstern aufgezeichneten und aufbewahrten Texte gehen geistlichen Fragen nach. Sie bieten Übersetzungen lateinischer Schriften, zum Beispiel biblischer Erzählungen, Legenden. Es gibt neben der deutschsprachigen auch eine sehr interessante lateinische Literatur. Zum Beispiel ist die Lyrik, die sich auf die Figur der Gottesmutter Maria bezieht, teils deutsch, teils lateinisch verfasst. Die vorgestellten Texte und Textauszüge haben zum Teil nur durch Zufall die „Säuberung" der Klöster von „heidnischen" Texten überstanden. Erst in mittelhochdeutscher Zeit (ab etwa 1160) entwickelten sich die Höfe der Fürsten neben den Klöstern zu kulturellen Zentren.

Das *Hildebrandslied* ist wohl in Oberitalien (bei den Langobarden) entstanden, dann als Dichtung nach Bayern gekommen und schließlich in Fulda von niederdeutschen Schreibern aufgeschrieben worden.
Hildebrand hat Frau und Kind verlassen und ist als Krieger und Gefolgsmann mit Dietrich in die Verbannung gezogen. Bei der Heimkehr stellt sich ihm Hadubrand entgegen, sein eigener Sohn. Hildebrand gibt sich zu erkennen, Hadubrand glaubt ihm nicht. Sein Vater sei tot, sagt er. Er spottet über den „alte[n] Hunnen", und so

muss Hildebrand um seiner Ehre willen die Herausforderung annehmen. Mit Hildebrands Klage über dies schlimme Schicksal bricht der Text ab.
Hinweise auf historische Personen im Text lassen als Handlungszeit die Völkerwanderungszeit vermuten. Die erzählten Ereignisse sind jedoch nicht als Wiedergabe historischer Fakten zu verstehen.

Der vergleichende Blick zurück auf HOMERS *Ilias,* auf den Zweikampf zwischen Hektor und Ajax, macht uns auf Muster der Kriegsführung bei den wandernden Stämmen aufmerksam. Offenbar war bereits bei den Hellenen der Zweikampf der Heerführer eine gewohnte Art, eine Entscheidung herbeizuführen. Dabei ist bei den Trojanern klar, wer diese Aufgabe übernimmt, bei den Danaern muss es das Los entscheiden. Das bietet Anlass zu Kritik. Die Helden verhandeln vor dem Kampf und legen die Bedingungen fest. Offensichtlich vermeidet man durch den Zweikampf, dass sich die Heere gegenseitig schwächen. Deshalb steht der Zweikampf unter dem besonderen Schutz der Götter. Hildebrand klagt vor Gott über die Umstände, die einen Zweikampf um der Ehre willen erzwingen. Es fällt auf, dass in HOMERS Epos beide Kämpfer Angst und Bedenken kennen (also mit einem „menschlichen" Zug ausgestattet sind), während in dem althochdeutschen Lied die Helden – wie die Helden im Märchen – „eindimensional" gezeichnet sind. Sie handeln, aber der Zuhörer erfährt nichts darüber, warum sie es tun. Auch der „Eindruck", den die Helden machen, wird von HOMER ausführlich vorgetragen. Vergleichbare Verse fehlen im *Hildebrandslied.*

Das *Nibelungenlied* ist das bedeutendste erhaltene **mittelhochdeutsche Heldenlied.** Anders als in den höfischen Romanen stammt der Stoff nicht aus dem keltisch-bretonischen Sagenkreis, sondern schließt an die Heldenlieder der Völkerwanderungszeit an. Das Lied ist kunstvoll nach den Regeln einer Tragödie aufgebaut. Ein nichtiger Anlass (der Streit der Königinnen) führt zum ersten Mord (dem an Siegfried, geplant von Brunhild und Gunther, ausgeführt von Hagen). Der Mord führt zur Rachehandlung Kriemhilds. Sie nimmt die Werbung des Hunnenkönigs Attila an, um Hagen und ihre Brüder zu verderben. In einem ebenso spannenden wie grausamen Schlussakt werden nur noch Hagen und Kriemhild übrig bleiben. Nachdem die Königin den gefesselten Hagen eigenhändig mit Siegfrieds Schwert enthauptet hat, wird sie selbst von Hildebrand (wie Dietrich von Bern ein Gefolgsmann des Hunnenkönigs) getötet. Die Bezüge des Liedes zur Geschichte der Burgunden scheinen geklärt. Römer (AETIUS) und Hunnen hatten gemeinsam 436 GUNDAHARS Burgunderreich zerstört. Der Vater DIETRICHS VON BERN war tatsächlich Vasall an ATTILAS/ETZELS Hof. ATTILA soll seine Hochzeitsnacht mit der Germanin ILDICO (= Kriemhild) nicht überlebt haben.
Über das hier zu Tage tretende Treue- und Rachesystem ist viel geschrieben worden, um das Geflecht von Ehre, Hass, Verrat, Blutrache und Gier nach Gold zu entwirren. Offenbar herrscht – wie in der antiken Tragödie – ein Schicksalsglaube vor, der jeweils die schlimmste Wendung Wirklichkeit werden lässt.

Das *Nibelungenlied* war jahrhundertelang vergessen. Es wurde erst zu Beginn des 19. Jahrhunderts neu gedruckt, dann allerdings schnell zum deutschen „Nationalepos" stilisiert. Die berühmteste Bearbeitung stammt von RICHARD WAGNER: *Der Ring des Nibelungen* ist ein „Bühnenfestspiel für drei Tage und einen Vorabend". Der aus vier Teilen bestehende Zyklus wurde erstmals 1876 in Bayreuth aufgeführt. Im Nationalsozialismus sah man in dem finsteren Hagen ein Vorbild für Mannestugenden (unbedingte Treue, Rücksichtslosigkeit, Schicksalsglaube).

Themenkreis 2: Höfische Kultur – Minnelieder, höfische Epik

Eines der ältesten Liebeslieder in mittelhochdeutscher Sprache kennt ebenfalls den Falken als Bild für den geliebten Mann. Man vermutet sogar, dass dieses Lied den Verfasser des Nibelungenliedes dazu inspirierte, in Kriemhilds Traum von einem Falken auf den weiteren Gang seines Epos vorauszudeuten. Beide, der Autor des Gedichts und der Verfasser des Epos, stammen aus der gleichen Region: Donauschwaben.

Illustration in der Manesse-Liederhandschrift: Falkenjagd (um 1320) Ausschnitt

Der von Kürenberg: **Ich zôch mir einen valken** (um 1180)
Ursprüngliche Fassung und Übersetzung

Ich zôch mir einen valken   mêre danne ein jâr.
dô ich in gezamete   als ich in wolte hân
und ich im sîn gevidere   mit golde wol bewant,
er huop sich ûf vil hôhe   und fluog in anderiu lant.

5 Sît sach ich den valken   schône fliegen:
er fuorte an sînem fuoze   sîdîne riemen,
und was im sîn gevidere   alrôt guldîn.
got sende si zesamene   die gerne geliep wellen sîn!

Ich zog mir einen Falken auf, länger als ein Jahr.
Als ich ihn gezähmt hatte, wie ich ihn haben wollte,
und ich ihm sein Gefieder mit Gold schön geschmückt,
erhob er sich in die Lüfte und flog davon.

5 Später sah ich den Falken herrlich fliegen.
Er trug an seinem Fuß seidene Bänder
und sein Gefieder war ganz rotgolden.
Gott führe sie zusammen, die gerne lieben wollen.

Walther von der Vogelweide: **Der zweite Reichston** (1198) Auszug

Ich hôrte ein wazzer diezen
und sach die vische fliezen,
ich sach swaz in der welte was,
velt walt loup rôr unde gras.
5 swaz kriuchet unde fliuget
und bein zer erde biuget,
daz sach ich, unde sage iu daz:
der keinez lebet âne haz.

Ich hörte die Wasser rauschen
und sah die Fische dahinschwimmen,
ich sah alles, was in der Welt war:
Feld, Wald, Laub, Rohr und Gras.
5 Alles, was schwimmt und fliegt
und Beine erdwärts biegt,
das sah ich und sage euch Folgendes:
Keines von denen lebt ohne Hass.

[Die Fortsetzung lautet in der Übersetzung:]

Das Wild und das Gewürm
10 fechten schwere Kämpfe aus,
ebenso tun es die Vögel untereinander;
nur in einer Hinsicht sind sie einer Meinung:
Sie wären verloren,
wenn sie keine strengen Gerichte einsetzten.
15 Sie wählen Könige und Rechtsordnung,
sie bestimmen, wer Herr und wer Knecht ist.

Deshalb wehe dir, Reich deutscher Zunge,
wie steht es um deine Ordnung!
Wo doch sogar jede Mücke ihren König hat,
20 zerrinnt deine Ehre derart.
Bekehre dich, bekehre dich!
Die Kronen sind anmaßend
und die kleinen Könige bedrängen dich.
Philipp, setz den Waisen[1] auf [...]

1 **den Waisen aufsetzen:** die Kaiserkrone (mit dem großen
Diamanten, dem „Waisen") aufsetzen

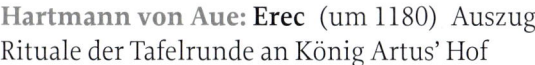

Hartmann von Aue: Erec (um 1180) Auszug
Rituale der Tafelrunde an König Artus' Hof

*[Erec, der junge Sohn des Königs Lac, ist Gast an **König Artus'** Hof. Dort ist die ursprünglich von dem **Zauberer Merlin** eingerichtete „Tafelrunde" der berühmtesten Ritter der Zeit versammelt. Es soll eine Hirschjagd veranstaltet werden. Artus ist inzwischen unangefochtener König. Die Zeit seiner Jugend, als er mit seinem magischen **Schwert Excalibur** kämpfen musste, um als König anerkannt zu werden, ist vorbei. Er ist der ruhende Pol der Tafelrunde, freigiebig, gerecht, ein **Vorbild ritterlicher Tugenden.** Von seinem Hof werden Ritter auf Abenteuerreisen ausgeschickt und hierher kehren sie zurück, um Ehre oder Belohnungen zu erhalten.*

*Das Zusammenleben der Ritter an diesem Hof ist durch ein **System von Regeln,** wie man standesmäßig gekleidet gehen soll, wie man einander zu begrüßen, wie man Frauen zu begegnen habe, wie man in Turnieren kämpft, wann die Ehre verletzt ist, geordnet. An diesem Hofe soll **Enite,** die junge, unerfahrene Frau, von der Königin vorgestellt werden. Der Erzähler spart nicht mit blumigen Vergleichen: Wie ein Sonnentag, wenn dünne Wolken den harten Schein der Sonne mildern, ist ihr Anblick den Gästen.]*

Dô si zer tür in gie,	Als sie zur Tür eintrat,
ir schœnez antlütze gevie	gefiel ihr schönes Gesicht.
[...]	
ei wie wol ez ir gezam	Ei, wie gut es ihr stand,
5 do ir varwe wandel nam!	5 dass ihre Gesichtsfarbe wechselte!
[...]	
Dô diu maget in gie,	Als die junge Frau hereinkam,
von ir schœne erschâken die	verwunderten sich alle über ihre Schönheit,
zer tavelrunde sâzen	die in der Tafelrunde saßen,
10 sô daz si ir selber vergâzen	10 so dass sie sich selbst vergaßen,
und kapheten die maget an.	und gafften die Jungfrau an.
dâ enwas dehein man,	Da war kein Mann, der sie
ern begunde ir vür die schœnsten jehen	nicht für die Schönste gehalten hätte,
die er hæte gesehen.	die er je gesehen.

[Enite ist Vorbild und Muster, wie eine junge Adelige sich geben muss, wenn sie in die Gesellschaft der Tafelrunde eingeführt wird.]

15 der künec gegen ir gie:	15 Der König ging ihr entgegen,
bî der hant er sie vie,	nahm sie bei der Hand,
vrouwen Êniten,	edle Frau Enite (sagte er),
und sazte sie besîten	und setzte sie neben sich
unde anderhalb sîn	und (auf die andere Seite) daneben
20 die tugenthaften künegîn.	20 seine tugendhafte Königin.

[Der Erzähler erinnert seine Zuhörer daran, dass er ja erzählt habe, dass der König nun sein auf der Jagd zugesagtes Recht in Anspruch nehmen wird, die Schöne zu küssen.]

Nun dachte der König, dass es Zeit wäre,	30 Da stand der König auf
sich das Recht des weißen Hirschen zu nehmen,	und nahm sich sein Recht
[...] dass er die Schönste auf ihren Mund küsste.	an seines Neffen Freundin.
Niemand hatte dagegen etwas einzuwenden,	Das sollte ohne Probleme geschehen können,
25 dass er sich den Kuss holte	Erec war ja sein Verwandter.
und nirgends anderswo,	35 Da erhob sich große Freude
denn das hatten ihm seine Gefolgsleute	im Schloss von Karadigan.
ja als sein Recht zugesagt.	Es war ja alles aus Liebe geschehen.
Und [Enites] Schönheit übertraf alle.	

Kommentar

Das *Falkenlied* des KÜRENBERGERS gehört zu den bekanntesten mittelhochdeutschen Texten. Da es in den Langzeilen des Nibelungenliedes verfasst ist, vermutet man, dass zwischen dem Epos und diesem Lied eine kulturelle Verbindung besteht. Auch hier ist der Falke Bild für den geliebten Mann (▶ Kriemhilds Traum, S. 15). Eine Frau klagt, dass ihr Geliebter, den sie sich „herangezogen" hat, sie verlassen hat (vielleicht weil sie ihn zu sehr an sich gefesselt hatte?) und nun von einer anderen Frau gepflegt und „geschmückt" wird.

WALTHER VON DER VOGELWEIDE, der bekannteste Minnelyriker des Hochmittelalters, ist in dieser Literaturgeschichte mit einem seiner **politischen Gedichte** vertreten. In den *Reichstönen* nimmt der Sänger Stellung zur Politik des Reiches und zum Streit zwischen Kaiser und Papst. Um 1200 stritten der Staufer PHILIPP II. von Schwaben und der Welfe OTTO IV. um die Kaiserwürde. Der Papst griff zu Gunsten des Welfen ein. 1198 schlug sich WALTHER auf die Seite PHILIPPS und polemisierte gegen die päpstlichen Interventionen. Aus WALTHERS Sicht war der Kaiser (und nicht der Papst) zuständig für die Ordnung des Reiches, für die Hierarchie der Fürsten und für die Politik des Reiches gegenüber den Moslems.

Als **Minnelyriker** vertritt WALTHER hingegen im Laufe seines Lebens unterschiedliche Auffassungen. Man nimmt an, dass er am Hof in Wien bei REINMAR VON ZWETER, dem mutmaßlichen Hofpoeten, Lieder der hohen Minne sang. In der **hohen Minne** wird eine hochstehende Dame angedichtet. Das Gegenkonzept, die **niedere Minne**, zeigt einen Ritter als Liebhaber im Kontakt mit Mädchen aus dem Volke. Das dritte Konzept ist das der **ebenen Minne**. Die Lieder der ebenen Minne sind echte Liebesgedichte (erfüllte Liebe von Gleich zu Gleich). WALTHER verbindet den Minnesang mit der um eine Generation älteren Liebeslyrik. Die hatte noch Abweichungen von dem höfisch Zulässigen zum Thema gehabt. Sie formulierte Gedanken, die nicht in die zeremoniellen Kommunikationsformen passten. Einige der ältesten Liebeslieder sind (von Männern) aus der Perspektive von Frauen geschrieben.

Vom mittelalterlichen Heldenlied unterscheidet die **höfische Epik** vor allem der westeuropäische Rahmen, in den die Letztere gehört. Der **Sagenkreis um** den **Zauberer Merlin** und den **Keltenkönig Artus** und seine „Tafelrunde" wurde vor allem in den Ritterepen des französischen Dichters CHRÉTIEN DE TROYES gepflegt. Dessen höfische Versromane wurden von den deutschen Autoren, so etwa von HARTMANN VON AUE, in die deutsche Volkssprache umgeschrieben und an Höfen vorgetragen. Nahezu vollständig ist die Episode von der Hirschjagd und dem Kuss des Königs Artus bereits bei CHRÉTIEN erzählt. Auch der Franzose rühmt Enites Auftreten, er erwähnt die sie anstarrenden Ritter der Tafelrunde, die höfische Geste des Königs, der die junge Frau neben sich und der Königin sitzen lässt. Anders als bei HARTMANN ruft er aber die Ritter der Runde zum Mitentscheiden auf, denn er weiß wohl, was man von ihm erwartet. Er selbst sieht seinen Kuss als Teil eines höfischen Rituals, das den Zusammenhalt der Runde stärkt: Sowohl die französische als auch die deutsche Variante machen deutlich, wie streng im Rittertum überall in Europa das Verhältnis zwischen den Geschlechtern geordnet war.

1.2   Literatur der frühen Neuzeit

Francesco Petrarca (1304–1374)

Der Übergang vom späten Mittelalter zur Neuzeit ist fließend. Noch vor der Eroberung Konstantinopels durch die Sultane des Osmanischen Reiches (1453) flohen Gelehrte aus Byzanz nach Italien. Sie brachten **Schriften der Antike** mit, die von den dort lehrenden **„Humanisten"** (Gelehrte, die antike Schriften lasen und kommentierten) neu interpretiert wurden. Ihr Wahlspruch „ad fontes", zu den Quellen, brachte sie oft in Widerspruch zur Lehrmeinung der Kirche. Von Italien gelangten die Schriften nach Prag und an andere deutsche Universitäten. Einer der ersten Humanisten war der Diplomat, Dichter und Philosoph **FRANCESCO PETRARCA** (1304–1374). Humanistische Gelehrte wie **ERASMUS VON ROTTERDAM** (um 1466–1536), **PHILIPP MELANCHTHON** (1497–1560) schrieben nicht nur neue Lehrbücher, sie **reformierten** das bislang kirchlich bestimmte **Schul- und Universitätswesen.** MELANCHTHON unterstützte auch die Reformation. **ULRICH VON HUTTEN** (1488–1523) brachte das Lebensgefühl der Zeit auf die Formel: „Es ist eine Lust zu leben."

Die Umbruchzeit um 1500 kann unter verschiedenen Aspekten betrachtet werden und erhält dadurch jeweils ein unterschiedliches Gesicht. Es ist nicht nur die Zeit der **Renaissance** – wörtlich „Wiedergeburt" (der Antike), die Zeit der neuen Verehrung der Werke und Autoren der Antike – und der **Erfindungen** (Papier, Buchdruck, Schießpulver, Porzellan), sondern auch das **Zeitalter der Entdeckungen.** 1492 hatte **CHRISTOPH KOLUMBUS** auf dem Westweg nach Indien Amerika entdeckt. Speziell in Deutschland ist diese Epoche die der **Reformation. MARTIN LUTHER** hatte 1517 durch seinen Thesenanschlag gegen den Ablasshandel an der Schlosskirche zu Wittenberg den Prozess der Reformation der Kirche angestoßen, durch seine *Bibelübersetzung* und seine *Kirchenlieder* den neuen Formen der Frömmigkeit ein Fundament geschaffen, schließlich durch seine Schrift *„Von der Freyheit eines Christenmenschen"* (1520) auch den Widerstandswillen der Bauern gegen ihre Grundherren befördert.

Flugschrift von 1525 (Holzschnitt)

In den **Bauernkriegen** (1524–1526) lehnte sich die Landbevölkerung im süddeutschen Sprachraum gegen ihre Herren auf. Mit den *Zwölf Artikeln von Memmingen* entstand eine der ersten Formulierungen der Menschenrechte. Gefordert wurde:
– Abschaffung der Leibeigenschaft
– Abschaffung des „kleinen Zehnten" (Abgabe auf landwirtschaftliche Erträge)
– Jagd, Fischfang und Holzung sollten frei sein
– Rückgabe des Gemeindevermögens (z.B. Rechte an Wald, Weide) an die Bauern
– freie Pfarrerwahl durch die Gemeinde
– Reduzierung der Frondienste
– verbleibende Frondienste nur gegen Entschädigung
– keine willkürlichen Strafen

Die Literatur mischt sich in engagierter Weise in die Auseinandersetzungen ihrer Zeit ein. Während die spätmittelalterliche Erzählliteratur noch mit groben Scherzgeschichten unterhielt, verfassten Humanisten wie SEBASTIAN BRANT (1457–1521) zeitkritische und belehrende Werke (*Das Narrenschiff*, 1494, ▶ S. 26). Sie nutzten dabei die beiden Epoche machenden Erfindungen des JOHANNES GENSFLEISCH, genannt GUTENBERG (1400–1468), den Buchdruck mit beweglichen Lettern und die Druckerpresse. GUTENBERGS Erfindungen ermöglichten 1534 den Druck der Bibelübersetzung MARTIN LUTHERS.

Der Buchdruck bot eine bis dahin ungeahnte Verbreitungsmöglichkeit. Es entstanden kurzlebige Flugschriften. Auch Kirchenlieder wurden zuerst auf solchen fliegenden Blättern bekannt gemacht. 1524 hat man dann LUTHERS Lieder in einem ersten Gesangbuch gesammelt. Mit Schuldramen, die in den Lateinschulen von Schülern aufgeführt wurden, griffen Humanisten in die theologischen Auseinandersetzungen ein. In freien Reichsstädten wie Augsburg blühte das Fastnachtsspiel (HANS SACHS, 1494–1576) und in der Prosa entstanden frühe Formen des Romans, die Volksbücher. Eins davon erzählt die *Historia von D. Johann Fausten* (1587), ▶ S. 29.

Lutherbibel (1534)

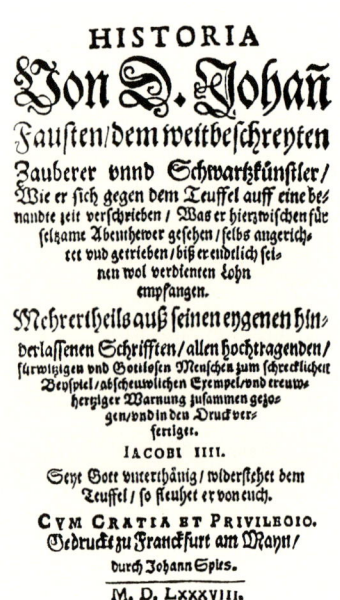

Volksbuch *Historia von D. Johann Fausten* (1587)

Flugschrift gegen den Ablasshandel (um 1517)

Wichtige Persönlichkeiten der Renaissance

JOHANNES GENSFLEISCH, genannt **GUTENBERG** (1400–1468)
Mainzer Bürger und **Erfinder des Buchdrucks mit beweglichen Metall-Lettern** sowie der mechanischen Druckerpresse. Gutenberg war ein ideenreich und systematisch arbeitender Erfinder, aber kein erfolgreicher Geschäftsmann. Er musste seine Werkstatt verkaufen. Der Buchdruck breitete sich schnell in Europa aus. Gutenbergs Bibel gilt als musterhafter Druck, was Technik und ästhetische Gestaltung angeht.

SEBASTIAN BRANT (1457–1521)
Professor der Rechte an der Universität Basel, später Kanzler der Freien Reichsstadt Straßburg. Seine Verssatire *Das Narrenschiff* (1494, ▶ S. 26) war eines der erfolgreichsten Bücher seiner Zeit. Illustriert wurde es von ALBRECHT DÜRER. Neben dem *Narrenschiff* hat BRANT auch lateinische Dichtungen (z.B. Marienlyrik und Gedichte auf Heilige) verfasst.

Martin Luther (1483–1546)
Theologe, Augustinermönch, hat mit seiner Kritik am Ablasshandel durch die Kirche deren Reformation eingeleitet. Nach Kirchenbann und Reichsacht (Exil auf der Wartburg) war er Pfarrer in Wittenberg. Mit Schriften zur Rolle des Adels und einer Stellungnahme gegen die aufständischen Bauern griff er in die politischen Auseinandersetzungen seiner Zeit ein. Eine wesentliche Grundlage für die Gestaltung der evangelischen Glaubenslehre waren LUTHERS **Übersetzung der Bibel ins Deutsche,** seine **Kirchenlieder,** der **Katechismus** und **Fabeln.** Über seine Übersetzungsprinzipien informiert er im *Sendbrief vom Dolmetschen* (1530).

ULRICH VON HUTTEN (1488–1523)
Humanist und Reichsritter. HUTTEN reiste viel und schrieb darüber satirische Mahnberichte an den Kaiser MAXIMILIAN. Seine *Dunkelmännerbriefe* enthalten **humanistisch aufgeklärte Kirchenkritik.** Zusammen mit **FRANZ VON SICKINGEN** suchte er die Ritterschaft für die Reformation zu gewinnen. Nach dem Scheitern des Aufstandes der Reichsritter gegen die Landesherren floh er in die Schweiz.

HANS SACHS (1494–1576)
Schuhmachermeister und Meistersänger in Nürnberg. Schon früh verfasste er **Spruchgedichte** und **Meisterlieder.** Die Sammlung *Die Wittenbergische Nachtigall* (1523) weist ihn als Anhänger LUTHERS aus. Seine Werkausgabe *Summa all meiner gedicht* (1567) umfasst auch Flugschriften und Fastnachtsspiele.

PHILIPP MELANCHTHON (= PHILIPP SCHWARZERT, 1497–1560)
Humanist, Theologe, Lehrbuchautor, wirkte in Wittenberg neben MARTIN LUTHER als **Reformator.** Er wurde auch „Praeceptor (= Lehrer) Germaniae" genannt, weil zahlreiche **Schulgründungen** und auch **Universitätsreformen** auf seine Initiative hin erfolgten. Seine wichtigsten Ideen waren eine individuelle Betreuung der Studienanfänger durch Tutoren (praeceptores) und eine solide sprachliche Grundbildung für alle Studenten.

Themenkreis 1: Botschaften der Bibel in der Landessprache

MARTIN LUTHER hatte mit seiner **Übersetzung der Bibel** in die deutsche Sprache den **Laien** den **Zugang zur Heiligen Schrift** eröffnet. Die neu entstandenen evangelischen Gemeinden unterstützte er durch seine **Kirchenlieder**.

Luther bringt sein Übersetzungsprinzip selbst auf die Formel, er habe dem Volke „aufs Maul schauen" wollen. Das heißt, es ging ihm in erster Linie um Nähe zur Sprache des alltäglichen Lebens. Sätze, deren Worte zwar verständlich, die aber nicht anschaulich genug waren, kritisierte er scharf. Maria sei vom Engel Gabriel nicht gegrüßt worden als „voll der Gnaden". Man denke dabei zu schnell an ein Fass voll Wein. Er übersetzte daher „Gegrüßet seist du, Holdselige!"

Martin Luther: Die gantze Heilige Schrifft Deudsch / Auffs new zugericht. (1545)
Auszug. Die Weihnachtsgeschichte (1522)

Vnd sie gebar jren ersten Son / vnd wickelt jn in Windeln / vnd leget jn in eine Krippen / Denn sie hatten sonst keinen raum in der Herberge.

Vnd es waren Hirten in der selbigen gegend auff
5 dem felde / bey den Hürten / die hüteten des nachts jrer Herde.

Vnd sihe / des HERRN Engel trat zu jnen / vnd die Klarheit des HERRN leuchtet vmb sie / Vnd sie furchten sich seer.

10 Vnd der Engel sprach zu jnen. Fürchtet euch nicht / sihe / Jch verkündige euch große Freude / Die allem Volck widerfaren wird. /

Denn euch ist heute der Heiland gebörn / Welcher ist Christus der Herr / in der stad Dauid.

15 Vnd das habt zum Zeichen / Jr werdet finden das Kind in windeln gewickelt / vnd in einer Krippen ligen.

Vnd als bald ward da bey dem Engel die menge der himelischen Herrscharen / die lobten Gott /
20 vnd sprachen

/ EHRE SEY GOTT IN DER HÖHE / VND FRIEDE AUF ERDEN / VND DEN MENSCHEN EIN WOHLGEFALLEN.

(Unter Mitarbeit von Heinz Blanke herausgegeben von Hans Volz. München 1972, S. 2075 f.)

Die gute Nachricht. Das Neue Testament in heutigem Deutsch (1975)

7 Sie brachte einen Sohn zur Welt, ihren Erstgeborenen, wickelte ihn in Windeln und legte ihn in eine Futterkrippe im Stall. Eine andere Unterkunft hatten sie nicht gefunden.

8 In der Gegend dort hielten sich Hirten auf. Sie 5 waren in der Nacht auf dem Feld und bewachten ihre Herden.

9 Ein Engel Gottes kam zu ihnen und Gottes heller Glanz leuchtete rings um sie. Sie fürchteten sich sehr; 10

10 aber der Engel sagte: „Habt keine Angst! Ich bringe gute Nachricht für euch, über die sich alle Menschen freuen werden.

11 Heute wurde in der Stadt Davids euer Retter geboren – Christus, der Herr! 15

12 Überzeugt euch selbst: Ihr werdet ein Kind finden, in Windeln gewickelt; es liegt in einer Futterkrippe [...]."

13 Plötzlich stand neben dem Engel eine große Schar anderer Engel, die lobten Gott und riefen: 20

14 „Alle Ehre gehört Gott im Himmel! Sein Friede gilt allen auf der Erde, die sich von ihm lieben lassen!"

(Herausgegeben von den Bibelgesellschaften und Bibelwerken im deutschsprachigen Raum, Stuttgart 1975, S. 97)

Martin Luther: **Aus tiefer Not** (1524) Auszug

[Luthers Lieder, die Grundlage des späteren Gesangbuchs, waren Predigten in lyrischer Form. Sie betonten vor allem die „evangelischen" Gesichtspunkte der Glaubenslehre. So die „Gnadenlehre", d. h. die Auffassung, dass allein die Hoffnung auf Gottes Gnade – nicht die Hoffnung auf die eigenen guten Werke – dem Menschen die Seligkeit verschaffe. Das folgende Lied dichtete Luther auf der Grundlage seiner Übersetzung des 130. Psalms „De profundis clamavi".]

1. Aus tiefer Not schrei ich zu dir,
Herr Gott, erhör mein Rufen.
Dein gnädig Ohren wend zu mir
und meiner Bitt sie öffne.
5   Denn so du willst das sehen an,
   was Sünd und Unrecht ist getan,
   wer kann, Herr, vor dir bleiben?

2. Bei dir gilt nichts denn Gnad und Gunst,
die Sünden zu vergeben.
10 Es ist doch unser Tun umsonst
auch in dem besten Leben.
   Vor dir niemand sich rühmen kann:
   Des muss dich fürchten jedermann
   und deiner Gnaden leben.

15 3. Darum auf Gott will hoffen ich
auf mein Verdienst nicht bauen.
Auf ihn mein Herz soll lassen sich
und seiner Güte trauen,
   die mir zusagt sein wertes Wort;
20   das ist mein Trost und treuer Hort.
   Des will ich allzeit harren.

[Der 130. Psalm lautet in Luthers Übersetzung:]
Aus der Tiefe rufe ich, Herr, zu dir.
Herr, höre meine Stimme, lass deine Ohren merken auf die Stimme meines Flehens!
So du willst, Herr, Sünden zurechnen, Herr, wer wird bestehen?
Denn bei dir ist die Vergebung, dass man dich fürchte.
Ich harre des Herrn: Meine Seele harret, und ich hoffe auf sein Wort.
Meine Seele wartet auf den Herrn von einer Morgenwache bis zur andern.
Israel, hoffe auf den Herrn! Denn bei dem Herrn ist die Gnade und viel Erlösung bei ihm,
und er wird Israel erlösen aus allen seinen Sünden.

Kommentar

Ein Vergleich von **LUTHERS Fassung der Weihnachtsgeschichte** mit einer modernen, theologisch sorgfältig erwogenen Fassung aus dem Jahre 1975 zeigt den Abstand zwischen dem künstlich geschaffenen frühen Neuhochdeutschen und der heutigen Schriftsprache. LUTHERS mündlicher Erzählstil (Häufung der Satzanfänge mit „und" zu Beginn des Textauszuges) ist in eine schulmäßige Erzählung verwandelt. Der moderne Text ist, im Vergleich zu dem LUTHERS, regelkonform wie eine gute Schul-Nacherzählung. LUTHERS Sprache ist bilderreich und kräftig, anschaulich und wenig „rücksichtsvoll", so zum Beispiel am Anfang der Weihnachtsgeschichte bei der Erwähnung der Schwangerschaft Marias. Die moderne Fassung dagegen formuliert hier abwägend, um historisches Verständnis der Umstände der Geburt Christi bemüht.
Als Beispiel der **Lieder LUTHERS** ist seine **Bearbeitung des 130. Psalms** aufgenommen. Der deutsche Text des Psalms stammt ebenfalls von ihm.
Der Psalm 130 ist selbst ein Lied, das als Gebet beginnt und mit einer Ermahnung Israels endet. LUTHER dichtet das Lied nicht nur formal so um, dass es singbar wird.

Er verändert auch den Gehalt im Sinne der evangelischen Glaubenslehre. Besonders die zweite Strophe betont, dass „unser Tun" umsonst ist, „auch in dem besten Leben". Niemand kann auf seine eigenen Werke rechnen, alles hängt an Gottes Gnade. LUTHERS Lied ist daher mehr Interpretation als Übersetzung.

Themenkreis 2: Der Buchdruck – Bücher zur Unterhaltung

Die bahnbrechende Entwicklung des Buchdrucks mit beweglichen Lettern durch JOHANN GUTENBERG (1400–1468) brachte nicht nur eine schnelle Verbreitung der LUTHERSCHEN Bibelübersetzung, es wurde auch Unterhaltungsliteratur gedruckt. Dazu gehörten die sogenannten **Volksbücher,** abenteuerliche Geschichten, die überall in Europa verbreitet und nun auch in deutschen Versionen zu kaufen waren. Eines dieser Volksbücher ist das über den Astrologen, Goldmacher, Teufelsbeschwörer und Scharlatan DOKTOR JOHANN FAUSTUS (▶ S. 29).

Sebastian Brant: **Das Narrenschiff** (1494) Bearbeiteter Auszug. Von Völlerei und Prassen

[Das wohl erfolgreichste deutschsprachige Buch der Zeit war eine Satire, die 112 Narren auf einem Schiff nach Narragonien fahren lässt. Es herrscht eine verkehrte Welt, durch die den Lesern Laster unterhaltsam und kritisch vorgestellt werden. Für den Druck fertigte der junge Albrecht Dürer, der sich auf seiner Wanderschaft in Basel aufhielt, 73 von insgesamt 114 Holzschnitten an, sodass das Buch sowohl ein Lese- als auch ein Bilderbuch war.]

Zu Recht in Armut fällt,
Wer stets auf Schlecken und Fressen abstellt
Und sich den Prassern zugesellt.

Der tritt dem Narren in die Schuh,
5 Wer weder Tag noch Nacht hat Ruh,
Wie er den Wanst füllt und den Bauch
Und macht sich selbst zu einem Weinschlauch.

Der gehört wohl in das Narrenschiff.
Denn er zerstört Vernunft und Sinne.
10 Des wird er dann im Alter inne,
Wenn ihm wird schlottern Kopf und Hände.
Er kürzt sein Leben und sein Ende.

Ein schädlich Ding ist um den Wein,
Bei dem mag niemand witzig sein,
15 Wer Freud und Lust darinnen sucht.

Ein trunkner Mensch gar niemals ruht
Und weiß kein Maß noch Unterschied.
Viel Unkeusch kommt aus Trunkenheit. [...]
Wein machet aus einem weisen Mann,
20 Dass er die Narrenkapp streift an.

Holzschnitt zum Kapitel „Von Völlerei und Prassen" (1494)

Hans Sachs: **Die ungleichen Kinder Evä** (1546)

[Das Gedicht in Knittelversen (populäre, unregelmäßige Verse mit Paarreimen) über Evas ungleiche Kinder beruht auf einer italienischen Schwankerzählung. Sachs selbst veröffentlichte sie als Meistersang, dann erneut als Schwankerzählung, schließlich als Lied. Die Brüder Grimm nahmen die Geschichte sogar in ihre Märchensammlung auf.]

> Nachdem Eva viel Kinder hätt'
> Gezeugt, versteht!
> Da wollt' der Herr einst kommen, dass er mit ihr red'.
> Die schönsten Kinder sie zustutzt,
> 5 Sie badet, strählet, schmücket, flechtet, ziert und putzt
> Und stellen tät,
> Dass Gott gesegne sie.
> Die andern Kinder ungestalt,
> So jung wie alt,
> 10 Verstieß sie in das Heu und Stroh und sie sehr schalt;
> Ein Teil schob sie ins Ofenloch.
> Also barg Eva sie,
> Weil sie besorgte hoch,
> Des Herrn Gewalt
> 15 Wird' spotten über die.
> Als nun der Herr zu Eva eingegangen,
> Ward von den schönen Kindern er empfangen;
> Sie täten vor ihm prangen,
> Wie es sie Eva hatt' gelehrt.
> 20 Der Herr, geehrt, sich zu ihnen kehrt
> Und segnet sie allhie.

> Dem einen sagt' er: „König sei!"
> Und dem darbei:
> „Ein Fürst du sei!", dem dritten: „Du ein Grafe frei!"
> 25 Zum vierten: „Sei ein Ritter!" – Dann
> Zum fünften sprach er: „Und du sei ein Edelmann!"
> Zum sechsten: „Ei,
> Du sei ein Bürger reich."
> Als Eva hört' des Segens Wort,
> 30 Da lief sie fort,
> Die andern holend, jegliches von seinem Ort,
> Und stellte alle sie vor Gott.
> Die struppige, unlust'ge, grindige, lausige Rott'.
> Schwarz und verschmort,
> 35 Fast den Zigeunern gleich.
> Der Herr tät des rostigen Haufens lachen,
> Tät Bauern, Handwerker aus ihnen machen,
> Zum Mahlen und zum Bachen,
> Schuster, Weber und Lederer,
> 40 Waldleut', Hafner, Schmied' und Fischer,
> Fuhrleute und dergleich.

Eva, die sprach von Schrecken bleich:
„O Herre reich,
Wie teilest du den Segen aus so sehr ungleich!
45   Weil doch die Kinder allzusammen
Ohn' Unterschied von mir und meinem Manne stammen,
Sollt' jeder gleich
Den Segen dein empfahn!"
Gott sprach: „Es steht in meiner Hand,
50   Dass ich im Land
Mit Leuten muss besetzen einen jeden Stand;
Darzu ich Leut' denn auserwähl'
Und jedem Stand von seines Gleichen Leut' zustell',
Auf dass niemand
55   Gebrech'[1], was man soll hân."
Also allhier die Fabel euch bedeute,
Dass man zu jedem Stand noch findet Leute;
Darbei man spüret heute,
Wie Gott so wunderbar regiert,
60   Mit Weisheit geziert; er ordiniert[2]
Zu allem seinen Mann.

1 gebrechen: fehlen

2 ordinieren: bestimmen

Die Stände im Mittelalter (Holzschnitt, 1526).
Unter dem thronenden Gott sieht man links unter dem Motto „Tu supplex ora" (Du bete untertänig!) Vertreter des geistlichen Standes: den Papst mit dem Doppelkreuz, hinter ihm Bischöfe, Äbte und andere Geistliche. Rechts steht unter dem Motto „Tu protege" (Du beschütze!) der Adel, allen voran der Kaiser mit dem Reichszepter. Unten zeigt das Bild unter dem Spruch „Tuque labora" (Und du arbeite!) zwei Vertreter des Bauernstandes, die einen Weinstock bzw. den Boden bearbeiten.

Historia von D. Johann Fausten (1587) Auszug (nacherzählt)
Faust zaubert Helena aus der Hölle

Am Sonntag kamen Studenten überraschend in Dr. Fausts Wohnung zum Nachtessen. Sie brachten Speise und Getränke mit, es waren angenehme Gäste. Als sie nun kräftig getrunken hatten,
5 fingen sie an, über Frauen zu reden. Einer sagte, er hätte gern einmal die schöne Helena aus Griechenland gesehen, um die der Krieg von Troja geführt worden sei. Sie müsste schon außerordentlich schön gewesen sein, wenn so viel unter-
10 nommen wurde, um sie zu besitzen.
Dr. Faust sagte: „Wenn euch so viel an der schönen Helena gelegen ist, kann ich sie euch zeigen. Ich vermag ihren Geist in der Gestalt heraufzurufen, die sie zu Lebzeiten hatte. Für Kaiser Karl V.
15 habe ich auf die gleiche Weise Alexander den Großen und seine Gemahlin beschworen."
Dann verbot Faust ihnen, zu sprechen und vom Tisch aufzustehen oder wegzugehen. Er selbst verließ das Zimmer. Als er wiederkam, folgte ihm
20 die Königin Helena auf dem Fuße. Sie war so schön, dass die Studenten nicht wussten, ob sie noch bei Sinnen waren, so verwirrt und erregt waren sie auf der Stelle.
Helena erschien in einem köstlichen schwarzen
25 Kleid, sie war blond, ihre Haare fielen ihr lang bis auf die Knie herab. Ihre Augen waren kohlschwarz, die Lippen kirschrot, der Hals schwanenweiß, ihre Wangen glichen Rosen, sie war schlank, ging hoch aufgerichtet. Sie sah sich überall in der Stube um mit spitzbübischem Ge-
30 sichtsausdruck, sodass sich die Studenten sofort in sie verliebten. Weil sie sie aber für einen Geist hielten, verging ihnen die Liebe auch sogleich wieder. Faust verließ mit ihr wieder die Stube.
Die Studenten baten Faust darum, er solle ihnen
35 Helena am nächsten Tag noch einmal herbeizaubern, sie wollten einen Maler bestellen, der sie porträtieren sollte. Faust schlug das aber ab. Er sagte, er könne Geister nicht jederzeit herbeirufen. Er wolle ihnen jedoch ein Bild besorgen, das
40 sie sich dann abzeichnen lassen könnten. So geschah es. Wer jedoch das ursprüngliche Bild gemalt hat, hat man nie erfahren.
Die Studenten aber konnten, als sie endlich in ihren Betten lagen, nicht schlafen. Ständig hatten
45 sie das Bild der schönen Helena vor Augen. Daraus ist zu ersehen, dass der Teufel die Menschen oft verblendet, sie zu Leidenschaften verlockt, sodass sie in ein Lotterleben abrutschen und später
50 nur schwer daraus wieder zurückzuholen sind.

Kommentar

Der zweite Themenkreis widmet sich den Büchern, die am stärksten von der Buchdruckerkunst und der nun deutlich erleichterten Verbreitungsmöglichkeit profitierten. Es sind dies – neben Streitschriften, Aufrufen und Flugblättern – vor allem der **Narrenliteratur** zuzurechnende Werke, die dem Hang des Publikums zu derber Satire entgegenkamen, und die sogenannten **Volksbücher,** romanhafte Schmöker, die überall in Europa gern gelesen wurden.

Sebastian Brants *Narrenschiff* arbeitet mit dem Erzählmuster der verkehrten Welt. Schon im späten Mittelalter benutzte man die Figur des Narren, um den Menschen den Spiegel vorzuhalten. Auch **Eulenspiegel** (um 1510) gehört in diese Tradition. An Narren und Schelmen (Menschen, die immer wieder versuchen, auch Gott hinters Licht zu führen) sollen die Leser eigene Fehler erkennen und sich bessern. Die lustigen, aber oft gar nicht lustig gemeinten Schimpfreden der Narrenliteratur werden auch zur theologischen Belehrung eingesetzt (Thomas Murner: *Von dem großen lutherischen Narren,* 1522). In Sebastian Brants *Narrenschiff* sind nicht nur die sieben für die Todsünden verantwortlichen Laster behandelt (Hochmut/Habgier/Wollust/Jähzorn/Gefräßigkeit/Neid oder Missgunst/Faulheit oder Trägheit), sondern ein ganzer Katalog alltäglicher Laster wie Modesucht, falsches Benehmen bei Tisch oder in der Kirche. Daneben wird konkrete Kritik geübt, z.B. an zeitgenössischen Finanzpraktiken der Kaufleute, die mit Hilfe des „Vorkaufs" lebensnotwendige Güter künstlich verknappten, die Preise in die Höhe und ihre Mitbürger ins Elend trieben. Die Schifffahrt ist dabei ein Bild der Lebensfahrt, die den sicheren Hafen der Kirche verlassen hat und auf den hohen Wellen der Welt dahintreibt.

HANS SACHS war einer der erfolgreichsten Autoren seiner Zeit. Er setzte sowohl die Meistersingertradition in der Stadt Nürnberg als auch den Druck für seine Zwecke ein. Seine Schwänke und Fastnachtsspiele waren beim Publikum beliebt, sie wurden aufgeführt und gleichzeitig gedruckt. 1558 begann SACHS mit der Herausgabe der Nürnberger Folioausgabe seiner Werke, die er bis zu seinem Tode ständig erweiterte. Schon der junge HANS SACHS stand der Reformation LUTHERS positiv gegenüber. Er hat einige von LUTHERS Liedern als **Meisterlieder** vertont. Und wie LUTHER (zum Beispiel in seinen Fabeln) hat auch er populäre Stoffe aufgegriffen, um seine Leser zu belustigen und zu belehren. Seine **Verserzählung** *Die ungleichen Kinder Evä* spricht in scherzhafter Weise ein in der frühen Neuzeit intensiv diskutiertes Problem an. Es geht um die **soziale Ordnung der Welt**: Ist sie von Gott so stabil gedacht, dass jeder Mensch zu seinem Beruf oder Gewerbe geboren ist, oder kann man davon ausgehen, dass Gott die Menschen gleich geschaffen hat, sodass es keine theologische Rechtfertigung des Ständestaates gibt? HANS SACHS argumentiert wie LUTHER: Evas Kinder sind von Gott mit ungleichen Aufgaben betraut, und nur dadurch kann das allgemeine Bedürfnis nach Herrschaft einerseits und nach Dienstleistungen andererseits befriedigt werden. Eva wird darüber belehrt, dass sie keines ihrer Kinder hervorheben und keines zurückstellen soll. Gleichzeitig lernt sie aber auch, dass das, was ihr in der Welt als Ungerechtigkeit erschien, Gottes Weltplan entspricht.

Die Episode aus der *Historia von D. Johann Fausten* verbindet den Betrug der gutgläubigen Studenten (hier erscheint Faust fast wie eine Art Eulenspiegel) mit den Motiven der Beschwörung und des Teufelspakts und schließlich mit aus der Antike überkommenem Wissen. Diese Motive greift GOETHE in seinem *Faust II* auf, in dem ebenfalls die schöne Helena zum Leben erweckt wird. Der Rückgriff auf die Kombination mittelalterlicher Wundergläubigkeit mit antiker Sinnenfreude hat auch das spätere Lesepublikum in seinen Bann gezogen. In dem Volksbuch wird weiter erzählt, dass Faust mit Helena zusammenlebt, wie später auch GOETHES Faust, und dass ihn zuletzt der Teufel holt. Die Studenten erhalten vom Ende des Doktors nie eine ganz genaue Kenntnis.

1.3 Literatur des Barock

Auch zwischen früher Neuzeit und Barock gibt es keine klare Grenzziehung. Die Herrschaftsstrukturen und die gesellschaftlichen Lebensbedingungen der Ständegesellschaft änderten sich wenig. Die **religiösen Auseinandersetzungen,** die zum Teil politische und wirtschaftliche Hintergründe hatten, setzten sich fort. Auf die Reformation folgte nach hundert Jahren der **Dreißigjährige Krieg** (1618–1648) und – mit Schwerpunkt in Süddeutschland – die **Gegenreformation.** Deutschland war Kriegsschauplatz. Während sich in Frankreich die glänzende Hofkultur des Sonnenkönigs entfaltete und Frankreichs „klassische" Literatur (CORNEILLE, RACINE, MOLIÈRE, LA FONTAINE) entstand, spielten in der gleichzeitigen deutschen Literatur noch immer **religiöse Fragen** die entscheidende Rolle. Diesseits- und Jenseitsorientierung bildeten den epochentypischen Kontrast.

Frühe Neuzeit (ca. 1450–1600)	Barock (ca. 1600–1730)
Zeitalter der Entdeckungen und Erfindungen – Kolumbus entdeckt Amerika. – Gutenberg erfindet die Buchdruckerkunst. – Alchimisten (wie Faust) suchen nach dem Stein der Weisen, wollen Gold herstellen.	**Zeitalter des Dreißigjährigen Krieges** – Der „Religionskrieg" in Deutschland wird schnell zu einem europäischen Krieg auf deutschem Boden. – Das Elend der Bevölkerung: Mehr als ein Drittel kommt in diesem Krieg um.
Zeitalter der Renaissance – Besinnung auf die Antike (lateinische und griechische Autoren werden gelesen, kommentiert) – in Deutschland: gelehrte Renaissance (MELANCHTHON) – Schwerpunkt der Renaissance in Architektur und bildender Kunst in Italien (RAPHAEL, TIZIAN)	**Prägung der Kultur durch die Religion/durch höfische Prachtentfaltung** – Lebensgefühl: memento mori („Gedenke des Todes") und carpe diem („Genieße/Nutze den Tag") – barocke Baukunst (Schlösser, Kirchen) – barocke Musik (BACH) und Malerei (RUBENS) – Zentrum barocker Kultur: Versailles
Zeitalter der Reformation – LUTHER, CALVIN – Auseinandersetzung um den europäischen Herrschaftsanspruch der katholischen Kirche	**Zeitalter der Gegenreformation** – Bedeutung des Jesuitenordens – Schwerpunkt in Süddeutschland und Österreich
Zeitalter des „frühen Neuhochdeutsch" LUTHER schafft – mit der Bibelübersetzung – zugleich eine gemeindeutsche Verkehrssprache. Sie tritt neben die bisherige Volkssprache (aufgesplittert in Dialekte).	**Epoche der Sprachgesellschaften** – Ziel: eine „reine" deutsche Hochsprache – Entwicklung der Literatur, Regelpoetik – Roman: GRIMMELSHAUSEN; Lyrik: GRYPHIUS

Die **Baustile** der Kirchenbauten spiegeln den Zeitenwechsel, der auch in der Literatur zu spüren ist: Die auf **Dynamik, Pracht** und **Fülle** abzielenden **Formen des Barock** kontrastieren mit den von den Tempelbauten der Antike inspirierten Bauten der Renaissance (die Kuppel des Petersdoms ist in Konkurrenz zum imperial-römischen Pantheon entworfen und gebaut).

Kirchenschiff der Renaissance: Petersdom (ca. 1550)

Barockes Kirchenschiff: Klosterkirche Zwiefalten (1739)

In der Literatur enthält der **höfische Barock** zwar oft überschwängliches Herrscher-lob, er orientiert sich aber sehr streng an Formen der Rhetorik und der Metrik. 1624 fasste **Martin Opitz** (1597–1639) in seinem *Buch von der Deutschen Poeterey* die Grundsätze einer neu zu begründenden hochdeutschen Dichtkunst zusammen. De-ren Pflege ließen sich die **Sprachgesellschaften** angelegen sein, die von deutschen Fürsten in Anlehnung an die italienische Sprachakademie Accademia della Crusca (Florenz) gegründet wurden. **Martin Opitz** und **Georg Philipp Harsdörffer** waren Mitglieder der wichtigsten, der „Fruchtbringenden Gesellschaft" (gegründet 1617 in Weimar).

Die **Lyrik des Barock** ist thematisch an die Zeit gebunden (Themen: Krieg und stän-dige Bedrohung durch Tod und Verderben). Sie entfaltet das Todesmotiv **„memento mori"** („Gedenke, dass du sterblich bist") und gleichzeitig die hastige Lebenslust des **„carpe diem"** („Genieße den Tag"). Sie behandelt u. a. auch das Motiv, das Leben der Menschen sei Theater, Fassade und Maskenspiel. Der bekannteste englische Barock-dichter **William Shakespeare** (1564–1616) fasst es in die Verse:

All the world's a stage / And all the men and women merely players. / They have their exists and their entrances / And one man, by his time, plays many parts […]

Die Barocklyrik liebt strenge Formen wie das **Sonett** und das **Figurengedicht** (▶ S. 34 f.). Daneben finden sich sangbare lyrische Formen, vor allem im **Kirchenlied**. **Paul Gerhardt** (1607–1676) ist der bekannteste (evangelische) Liederdichter (▶ S. 39). Im Gegensatz zum barocken Drama ist der barocke **Roman** mit seinem wichtigsten Exemplar, dem *Simplicius Simplicissimus* des **Hans Jacob Christoph von Grim-melshausen** (1621–1676), sehr lebendig geblieben (▶ S. 42 ff.).

Wichtige Autoren des Barock

MARTIN OPITZ (1597–1639)

stand in diplomatischen Diensten der schlesischen Herzöge und am polnischen Königshof. 1627 wurde er zum „poeta laureatus" („lorbeergekrönter Dicher") gekürt, eine Dichterehrung, die auf PETRARCA, ▶ S. 21, zurückgeht. Neben seinen Gedichten verfasste er nach dem Vorbild der italienischen und französischen Regelpoetiken die erste deutsche Poetik (Lehrbuch über das Gedichteschreiben), das *Buch von der Deutschen Poeterey* (1624).

PAUL GERHARDT (1607–1676)

Pfarrer in Berlin. Er verfasste die neben LUTHERS Liedern bekanntesten Kirchenlieder. Etwa dreißig davon stehen in den evangelischen Gesangbüchern *(Geh aus, mein Herz, und suche Freud; Nun ruhen alle Wälder; O Haupt voll Blut und Wunden)*.

GEORG PHILIPP HARSDÖRFFER (1607–1658)

entwickelte in seinem *Poetischen Trichter* (1647) eine Regelpoetik, in seinen *Frauenzimmer-Gesprächsspielen* (1644–57) einen Ratgeber für poetische Geselligkeit.

PAUL FLEMING (1609–1640)

Schüler der Leipziger Thomasschule, begleitete als Arzt eine Delegation nach Russland und Persien. Er starb im Alter von dreißig Jahren in Hamburg.

ANDREAS GRYPHIUS (1616–1664)

war nach einer Bildungsreise durch Holland, Frankreich, Italien Jurist in Glogau. Auch er wurde als „poeta laureatus" geehrt. Themen seiner Sonette sind die Erfahrungen des Dreißigjährigen Krieges. In seinen Dramen zeigt er Menschen, die die Wirren der Zeit mit innerer Standhaftigkeit ertragen.

CHRISTIAN HOFMANN VON HOFMANNSWALDAU (1616–1679)

Bürgermeister in Breslau. Seine heimlich verbreiteten und erst nach seinem Tod veröffentlichten erotischen Gedichte sprechen offen über Lebensgenuss und Wollust.

HANS JACOB CHRISTOPH VON GRIMMELSHAUSEN (1621–1676)

leistete Kriegsdienst seit früher Jugend, war Regimentsschreiber, ab 1667 Bürgermeister in Renchen (Baden). Sein großer Roman *Simplicius Simplicissimus* (1668/1669) gilt als realistische Schilderung der Zeit (obwohl der Held viele fantastische Abenteuer erlebt) und zugleich als Anschluss des deutschen Barockromans an den spanischen Schelmenroman (MIGUEL DE CERVANTES: *Don Quijote*, 1605/1615, ▶ S. 44 f.).

ANGELUS SILESIUS (JOHANNES SCHEFFLER) (1624–1677)

Arzt und Philosoph, Konversion zum Katholizismus, Priesterweihe, zuletzt Hofmarschall des Breslauer Fürstbischofs. Seine geistlichen Epigramme *(Cherubinischer Wandersmann*, 1657) formulieren in Alexandrinern (▶ S. 34) Ergebnisse seines Nachdenkens über allgemeine Fragen des Lebens und der Erleuchtung durch Gott.

JOHANN CHRISTIAN GÜNTHER (1695–1723)

wird als Vorläufer der Lyrik des Sturm und Drang angesehen. Seine Gedichte sind erste Zeugnisse einer neuen „Erlebnislyrik". Als er starb, war er erst 28 Jahre alt.

Themenkreis 1: Lyrik – Selbstermahnungen in Kriegszeiten

Andreas Gryphius: Tränen des Vaterlandes (1636)

Wir sind doch nunmehr ganz, ja mehr denn ganz verheeret!
Der frechen Völker Schar, die rasende Posaun,
Das vom Blut fette Schwert, die donnernde Kartaun[1]
Hat aller Schweiß und Fleiß und Vorrat aufgezehret.

5 Die Türme stehn in Glut, die Kirch ist umgekehrt,
Das Rathaus liegt in Graus, die Starken sind zerhaun,
Die Jungfraun sind geschänd't, und wo wir hin nur schaun,
Ist Feuer, Pest und Tod, der Herz und Geist durchfähret.

Hier durch die Schanz und Stadt rinnt allzeit frisches Blut.
10 Dreimal sind schon sechs Jahr, als unser Ströme Flut,
Von so viel Leichen schwer, sich langsam fortgedrungen.

Doch schweig ich noch von dem, was ärger als der Tod,
Was grimmer denn die Pest und Glut und Hungersnot,
Dass auch der Seelenschatz so vielen abgezwungen.

1 **Kartaune:** Kanone

Claude Callot:
Schrecken des Krieges (1633)
Ausschnitt

Sonett, Emblem, Allegorie, Figurengedicht

sind für die Kunst des Barock typische Ausdrucksformen.

Das **Sonett** ist ein vierzehnzeiliges Gedicht, bestehend aus zweimal vier Versen (Quartette) und zweimal drei Versen (Terzette). Das Versmaß der Barocksonette ist meist der **Alexandriner,** ein sechshebiger Jambus, häufig durch eine Mittelzäsur in zwei Halbverse geteilt. Das passt sehr gut zu den oft gegensätzlichen Aussagen: „Was dieser heute baut / reißt jener morgen ein" (GRYPHIUS). Der Vers spiegelt also formal das durch Widersprüche geprägte Lebensgefühl der Menschen im Barock.

Das **Emblem** ist eine Kombination aus einem allegorischen Bild (pictura) und einer gereimten Unterschrift (subscriptio), die das im Bild Dargestelle erläutert.

Die **Allegorie** ist ein Text oder ein Bild, in dem alle dargestellten Einzelheiten in eine zweite Bedeutung übersetzt werden können. Eine junge Frau steht für Jugend, ein Totenkopf für den Tod, ein Strauß Schnittblumen für die Schönheit des Lebens, die bald verwelkt. Kronen, Lorbeerkränze, Turbane, Zepter, Waffen, Amtsketten usw. sind Zeichen für den vergänglichen irdischen Ruhm.

Ein **Figurengedicht** spiegelt seinen Inhalt in der grafischen Anordnung der Worte.

Jacob Marrell: **Vanitas** (1637)

Hendrik Goltzius: **Quis evadet**[1] (1594)

Die frische Blume, leuchtend im Frühling und duftend, verwelkt plötzlich und die Schönheit vergeht schnell. So vergeht auch das Leben der eben Geborenen und entflieht gleich einer Seifenblase aus leerem Dunst.

1 **Quis evadet:** Wer kann entrinnen?

Georg Philipp Harsdörffer: **Reichsapfel**[1] (um 1650)

O
wie süß
aber süß
seyn des Friedens Füß!
Jeder sie erküß!
Kriegesflut
kränket Muth;
alls verhört/
alls zerstört.
Teutsche Reich
ist nicht gleich
ihm izt mehr.
GOTT erhör!
und bescher
uns den Friedenglantz,
uns nicht gar verheere gantz!
Deiner Gnaden Aug über uns aufwache,
uns die treue Lieb und Eintracht belache.
Darmit auf den Plan dieses runden Weltgebäu,
Ach! dein Lob erschall', und sich deine Kirch erfreu!
Mächtig ist dein Wort, kräftig deine Stimm,
leg des Feindes Hass, steure seinen Grimm!
Grosser Zebaoth, unsre Bitt gewähr,
auf das wachs und sich vermehr
dies dein Eigenthum,
Dir zu Preis und Ruhm.

1 Im Original ohne Titel. Das Gedicht hat die Gestalt eines Reichsapfels – einer Weltkugel mit aufgesetztem Kreuz als Herrschaftssymbol des Kaisers.

Paul Fleming: **An sich** (um 1640)

Sei dennoch unverzagt, gib dennoch unverloren,
Weich keinem Glücke nicht, steh höher als der Neid,
Vergnüge dich an dir und acht es für kein Leid,
Hat sich gleich wider dich Glück, Ort und Zeit verschworen.

5 Was dich betrübt und labt, halt alles für erkoren.
Nimm dein Verhängnis an, lass alles unbereut.
Tu, was getan muss sein, und eh man dir 's gebeut.
Was du noch hoffen kannst, das wird noch stets geboren.

Was klagt, was lobt man doch? Sein Unglück und sein Glücke
10 Ist ihm ein jeder selbst. Schau alle Sachen an:
Dies alles ist in dir. Lass deinen eitlen Wahn,

Und eh du förder gehst, so geh in dich zurücke.
Wer sein selbst Meister ist und sich beherrschen kann,
Dem ist die weite Welt und alles untertan.

Christian Hofmann von Hofmannswaldau: **Albanie** (um 1650)
Erste von sechs Strophen

Albanie / gebrauche deiner zeit /
Und lass den liebes-lüsten freyen zügel /
Wenn uns der schnee der jahre hat beschneyt /
So schmeckt kein kuss / der liebe wahres siegel /
Im grünen may grünt nur der bunte klee.
                    Albanie.

Gian Lorenzo Bernini: Apoll und Daphne
(1622–1625)

Johann Christian Günther: **Studentenlied** (1717) Auszug

Brüder, lasst uns lustig sein,
Weil der Frühling währet
Und der Jugend Sonnenschein
Unser Laub verkläret.
5 Grab und Bahre warten nicht;
Wer die Rosen jetzo bricht,
Dem ist der Kranz bescheret.

Unsers Lebens schnelle Flucht
Leidet keinen Zügel,
10 Und des Schicksals Eifersucht
Macht ihr stetig Flügel.
Zeit und Jahre fliehn davon
Und vielleichte schnitzt man schon
An unsers Grabes Riegel.

15 Wo sind diese, sagt es mir,
Die vor wenig Jahren
Eben also, gleich wie wir,
Jung und fröhlich waren?
Ihre Leiber deckt der Sand,
20 Sie sind in ein ander Land
Aus dieser Welt gefahren.

Kommentar

In *Tränen des Vaterlandes* verarbeitete ANDREAS GRYPHIUS (= Andreas Greif) die schrecklichen Erfahrungen der ersten zwei Drittel des Dreißigjährigen Krieges, besonders in den Provinzen in Böhmen, Schlesien, Glogau, Breslau, Danzig, aber auch in Holland. Als er dieses Sonett schrieb, war er einundzwanzig Jahre alt und hatte den Tod beider Eltern erlebt. Der Gedanke der **Vanitas** (leerer Schein, Nichtigkeit, Eitelkeit) bestimmte sein Leben. Einer der bekanntesten Texte ist das bereits in den *Lissaer Sonetten* (1637) enthaltene, später mehrfach überarbeitete Gedicht *Vanitas, vanitatum et omnia vanitas – Es ist alles ganz eitel,* dessen letzte Zeilen lauten:

> Ach, was ist alles dies, was wir vor köstlich achten,
> Als schlechte Nichtigkeit, als Schatten, Staub und Wind,
> Als eine Wiesenblum, die man nicht wiederfind'!
> Noch will, was ewig ist, kein einig Mensch betrachten!

Das der gleichen (ersten) Sonettsammlung GRYPHIUS' entstammende *Tränen des Vaterlandes* greift motivlich auf die **Erfahrungen des Krieges** zurück. Während die ersten beiden Strophen (die Quartette) die Gräuel des Krieges benennen, erinnert das erste Terzett an ein konkretes Ereignis. Nach der mörderischen Schlacht am Weißen Berg 1620 (die katholischen kaiserlichen Truppen unter Tilly besiegten die böhmisch-pfälzischen Truppen der Protestanten) sollen die Leichen der Erschlagenen die Flüsse verstopft haben. Auch später im dänisch-niederländischen Teilkrieg, als WALLENSTEINS Soldaten in fast ganz Norddeutschland wüteten, war es zu Massakern (vor allem in protestantischen Städten wie denen Schlesiens) gekommen. Als besonders wichtig hervorgehoben wird das zweite Terzett, in dem in Form einer Steigerung der Schaden der seelischen Verwahrlosung der Bevölkerung angesprochen ist. Mit dem abgezwungenen „Seelenschatz" ist der **Verlust des Seelenheils** gemeint, eine Folge der Verbrechen, die im Kriege auch von und an Zivilpersonen begangen werden.

Die **allegorischen Bilder** (JACOB MARRELLS *Vanitas* und HENDRIK GOLTZIUS' Emblem *Quis evadet*) enthalten die gleichen Botschaften wie die Gedichte des ANDREAS GRYPHIUS. Aber sie verstecken sie in Gedankenspielen, zu denen sie den Betrachter und Leser auffordern. Natürlich sind der **Titel** des Bildes und die **Subscriptio** (die „Unterschrift", der Begleittext) des **Emblems** Schlüssel für das Verständnis. Alle Einzelheiten sagen bildlich dasselbe: Die Blumen verwelken, der Totenschädel zeigt die **Sterblichkeit** des Menschen, die Geige, dass das Leben flüchtig ist wie die Töne einer Melodie. Die Tabakpfeife produziert Rauch, auch wir sind wie Rauch im Winde. Die Maus (bei MARRELL am unteren Bildrand links) frisst die Vorräte, ist also Bote der Not. Das aufgeschlagene Buch enthält Texte, die daran erinnern, dass das Leben endlich ist. Oben rechts im Bild sieht man eine Putte, die eine Fackel in Händen hält. Sie senkt die Fackel: Es ist der Tod, der die Lebensfackel löscht. In gleicher Weise sind die Seifenblasen, die der Junge in die Luft bläst, **Zeichen der Vergänglichkeit.** Sie dauern und schillern nur wenige Sekunden. Totenschädel und Wiesenblume, Rauch im Bildhintergrund, all diese Bildelemente sagen dasselbe: Das Leben flieht dahin.

Georg Philipp Harsdörffers **Figurengedicht** in Gestalt eines Reichsapfels schmückt das Titelblatt seiner Regelpoetik *Poetischer Trichter.* Es thematisiert die **Zerstörung des Deutschen Reiches** durch den Dreißigjährigen Krieg und formuliert den **Wunsch nach Frieden.** Das **Gebet** um Gottes Gnade ist verbunden mit einem aus dem Herrscherlob bekannten Argument: Der Gnadenerweis bringt zugleich dem Gnade Gewährenden einen Nutzen.

Paul Flemings Gedicht *An sich* ist eine Selbstermahnung in einer als krisenhaft und unsicher erfahrenen Zeit. **Constantia** (charakterliche Standhaftigkeit), aber auch **Gleichmut** und Selbstbewusstsein werden als Halt in einer unsicheren Zeit angesehen. Das wichtigste Wort des Gedichts ist das zweite: „dennoch". Es ist dem Sprecher bewusst, dass die Entscheidung für die Constantia ein Willensakt ist, mit dem der Mensch sich gegen die Spontanerfahrungen (eben die Vanitas) durchsetzen muss. Das zweite Terzett enthält auch hier den Kern der Belehrung: **Meditation** (das In-sich-Gehen) ermöglicht dem Ich die Herrschaft über die eigenen Ängste und Begierden. Und wer sich selbst beherrscht, wird auch in der weiten Welt nicht immer als Unterlegener enden.

Christian Hofmann von Hofmannswaldau hat als geachteter Bürgermeister von Breslau seine Gedichte zurückgehalten und sie nur Freunden zu lesen gegeben. Sie sprachen nämlich nicht nur den epochentypischen Gedanken des Memento mori und der Vanitas aus. Der Dichter, der für sich selbst im Leben das Ideal der **Constantia** fast verwirklicht hatte, spielte in seinen Gedichten immer wieder mit dem konkurrierenden weltlichen Gedanken des **Carpe diem** – nutze den Tag, lebe, solange du dazu die Möglichkeit hast, liebe, wenn jemand dir anbietet, dich auch zu lieben. In einem schmeichelnden Wortspiel mit Reimen um den Namen Albanie versucht ein lyrischer Sprecher, einem schönen, jungen Mädchen Mut zu machen, sich ganz seinen erotischen Bedürfnissen zu öffnen. Der Memento-mori-Gedanke kommt nur indirekt in dem Argument zur Sprache, dass, wenn das Alter (der Winter des Lebens) die Haare hat weiß werden lassen, ein Kuss nicht mehr schmeckt.

Johann Christian Günthers *Studentenlied* kann als ein Nachklang dieser barocken **Lebensgier** gelten. Die Studentenlieder feierten schon immer Wein, Weib und Gesang. Sie haben auch immer Jugend und Alter gegeneinander ausgespielt und die Auffassung vertreten: „Lass uns des Lebens freuen, solange wir jung sind. Danach kommen die Beschwerden des Alters und der Tod". Charakteristisch für dieses Lied ist die barocke Argumentation: Zögere nicht, brich die Rose heute, dann hast du den Kranz. Das schnelle Verfließen unseres Lebens leidet keinen Zügel (keine Beschränkung). Das ist deshalb ratsam, weil das Schicksal eifersüchtig ist und – während wir noch glücklich sind – bereits die Beschläge für unsere Särge herstellt. Dieser Gedanke ist dem der Constantia und der Selbstbeherrschung als Haltung entgegengesetzt.

Themenkreis 2: Nachdenken über Widersprüche im Menschenleben

Barockdichter durchdenken die Widersprüche des Lebens. Auch die Liebe gehört dazu. Sie suchen Ruhe und wissen doch, sie sind Figuren in einem ewigen Spiel.

Martin Opitz: Sonett (um 1624)

Aus dem Italienischen des Petrarca

Ist Liebe lauter nichts, wie dass sie mich entzündet?
Ist sie dann gleichwohl was, wem ist ihr Tun bewusst?
Ist sie auch recht und gut, wie bringt sie böse Lust?
Ist sie nicht gut, wie dass man Freud aus ihr empfindet?

5 Lieb ich gar williglich, wie dass ich Schmerzen trage?
Muss ich es tun, was hilft 's, dass ich solch Trauern führ?
Tu ich 's nicht gern, wer ist 's, der es befehlet mir?
Tue ich es gern, warum, dass ich mich dann beklage?

Ich wanke wie das Gras, so von den kühlen Winden
10 Um Vesperzeit bald hin geneiget wird, bald her.
Ich walle wie ein Schiff, das in dem wilden Meer

Von Wellen umgejagt nicht kann zu Rande finden.
Ich weiß nicht, was ich will, ich will nicht, was ich weiß,
Im Sommer ist mir kalt, im Winter ist mir heiß.

Giovan Pietro da Birago: Petrarca und Laura (sie gibt dem von Amors Pfeil getroffenen Dichter den Lorbeerkranz). Biblioteca Medicea Laurenziana Firenze (um 1490)

Paul Gerhardt: Abendlied (1647/48) Auszug

Nun ruhen alle Wälder,
Vieh, Menschen, Städt' und Felder,
Es schläft die ganze Welt.
Ihr aber, meine Sinnen,
5 Auf, auf, ihr sollt beginnen,
Was eurem Schöpfer wohlgefällt. [...]

Der Tag ist nun vergangen,
Die güldnen Sternlein prangen
Am blauen Himmelssaal.
10 So, so werd ich auch stehen,
Wann mich wird heißen gehen
Mein Gott aus diesem Jammertal. [...]

Das Haupt, die Füß und Hände
Sind froh, dass nun zum Ende
15 Die Arbeit kommen sei.
Herz, freu dich: Du sollst werden
Vom Elend dieser Erden
Und von der Sünden Arbeit frei.

Nun geht, ihr matten Glieder,
20 Geht, geht und legt euch nieder,
Der Betten ihr begehrt.
Es kommen Stund und Zeiten,
Da man euch wird bereiten
Zur Ruh ein Bettlein in der Erd. [...]

25 Auch euch, ihr meine Lieben,
Soll heute nicht betrüben
Kein Unfall noch Gefahr.
Gott lass euch ruhig schlafen,
Stell euch die güldnen Waffen
30 Ums Bett und seiner Helden Schar.

Andreas Gryphius: Ebenbild unsers Lebens (1637)

Auf das gewöhnliche Königsspiel[1]

Der Mensch, das Spiel der Zeit, spielt, weil er allhie lebt
Im Schauplatz dieser Welt, er sitzt und doch nicht feste.
Der steigt und jener fällt, der suchet die Paläste
Und der ein schlechtes Dach; der herrscht und jener webt.

5 Was gestern war, ist hin, was itzt das Glück erhebt,
Wird morgen untergehn. Die vorhin grüne Äste
Sind nunmehr dürr und tot. Wir Armen sind nur Gäste,
Ob den' ein scharfes Schwert an zarter Seide schwebt.[2]

Wir sind zwar gleich am Fleisch, doch nicht vom gleichem Stande,
10 Der trägt ein Purpurkleid und jener gräbt im Sande,
Bis nach entraubtem Schmuck der Tod uns gleiche macht.

Spielt denn dies ernste Spiel, weil es die Zeit noch leidet,
Und lernt, dass, wenn man vom Bankett des Lebens scheidet,
Kron, Weisheit, Stärk und Gut sei ein geborgter Pracht.

Cornelis de Man: Schachspiel (um 1650)
Ausschnitt

1 **Königsspiel:** Schachspiel
2 Anspielung auf das Schwert des Damokles, das an einem dünnen Faden
  über dessen Kopf schwebte und eine stets drohende Gefahr darstellte

Angelus Silesius: Cherubinischer Wandersmann (1657) Auszüge

Halt an, wo laufst du hin, der Himmel ist in dir;
Suchst du Gott anderswo, du fehlst ihn für und für.

> Ich trage Gottes Bild: Wenn er sich will besehn,
> So kann es nur in mir, und wer mir gleicht, geschehn.

Die Ros ist ohn Warum; sie blühet, weil sie blühet,
Sie acht nicht ihrer selbst, fragt nicht, ob man sie siehet.

> Mensch, werde wesentlich; denn wann die Welt vergeht,
> So fällt der Zufall weg, das Wesen, das besteht.

Kommentar

Wie PETRARCA führt auch OPITZ in seinem *Sonett* nach PETRARCA einen philosophischen Dialog vor, der zu ergründen sucht, was **Liebe** sei. Die These des ersten Quartetts lautet: Liebe ist eine Art Krankheit (Verwundung durch den Pfeil des Amor), eigentlich ein Nichts, das man beherrschen sollte. Die Gegenthese – sie kann kein Nichts sein, denn sie hat den Sprecher erfasst – wird weitergeführt in einer neuen Frage: Ist sie ein Etwas, das mich verwirren kann? Wer weiß genauer über dies Geschehen Bescheid? Wie kommt es beispielsweise, dass Liebe für „gut" gehalten wird, aber „böse Lust" (unbeherrschbares Begehren) hervorbringt, wo sie doch gleichzeitig auch „Freude" spendet (also doch gut sein muss)?

Der Sprecher gräbt sich in diese widersprüchlichen Aussagen geradezu ein, er fragt sich, wieso er willentlich Schmerzen erträgt und dann darüber traurig ist. Es gibt ja niemanden, der ihm befiehlt, Liebesschmerzen zu ertragen. Und warum klagt er über etwas, was er eigentlich doch auch wieder gern empfindet?

Die hier zu Tage tretende **Widersprüchlichkeit** ist das heimliche Thema des Sonetts. Die Terzette bieten dafür geläufige Bilder an: das schwankende Gras im Wind, das Schiff auf den bewegten Wellen. Liebe ist also ein Zustand, in dem die menschlichen Widersprüche des Lebens in gesteigerter Form spürbar werden. Frieren im Sommer und schwitzen im Winter – das sind klassische Formulierungen für die **Paradoxien der Liebe.**

Dass die PETRARCA-Bearbeitung des MARTIN OPITZ an dieser Stelle der Literaturgeschichte steht, soll zugleich zeigen, dass die literarische Produktion der Barockautoren in **Deutschland in einem europäischen Rahmen** zu sehen ist. Nicht nur der Dreißigjährige Krieg und die Erfahrungswelt der damaligen „Gegenwart" bestimmen die barocke Lyrik, sondern auch die Traditionen, die sich in den fortgeschritteneren Kulturen in Italien und Frankreich herausgebildet hatten und die nun als „Kulturgüter" in die eigene Literatur übernommen werden. Die Geliebte, die sich entzieht, ist die Verursacherin der Paradoxien, die der Sprecher durchdenkt. PETRARCAS *Canzoniere* enthält 366 Gedichte an Laura, die unerreichbare Geliebte. Die Verherrlichung der Frau im Gedicht durch die Schmerzen, die sie dem Liebenden verursacht, wird als **Petrarkismus** bezeichnet.

Typischer für den deutschen Kulturraum sind die **Lieder PAUL GERHARDTS**, „fromme" Positionsbestimmungen des Menschen im **göttlich gelenkten Kosmos.** Ihr Anknüpfungspunkt ist das einfache, empfundene **Volkslied**, in dem von der Natur und den Gefühlen der Menschen die Rede ist. Die hier auftretenden Gegensätze sind gedämpft. Während alles schläft (Vieh, Menschen, Städt' und Felder – eine rhetorische Häufung, die den abstrakten Begriff „alle/alles" umschreibt), soll der **Lobgesang** des Sprechers erschallen. Wichtig ist ihm dabei, dass er selbst sich in Übereinstimmung mit der gottgewollten Ordnung der Welt bewegt. Dazu gehört auch eine Analogie zwischen Tagesablauf und Lebenslauf. Der Abend lässt auch an das Ende des Lebens denken. Das Abend-Lied endet als Abend-**Gebet.**

ANDREAS GRYPHIUS' *Ebenbild unsers Lebens* fügt die Gedanken der Gedichte dieses Kapitels in das generelle barocke **Bild vom Leben als** einem **Spiel.** Als „Spiel der Zeit" sitzt der Mensch auf dem Rad der Fortuna (der römischen Glücksgöttin, ▶ S.8), die lässt ihn – und all die anderen auch – steigen oder fallen. Fortuna beschert dem einen den Palast (dieser gleicht den mächtigen Figuren im Schachspiel), dem anderen die Hütte. Sie ist unbeständig und wir sind im Leben nur Gäste, die unter dem Schwert des Damokles leben. Wie Schachfiguren wissen wir nicht, wann wir geopfert oder aus dem Spiel geworfen werden. Die schwankenden Ungleichheiten des launischen Glücks der Standesunterschiede werden erst im Tode ausgeglichen. Daraus speist sich der Gedanke der **Nichtigkeit alles Irdischen.**

Das zweite Terzett enthält, wie häufig bei Gryphius, die aus dem Gedicht zu ziehenden Schlussfolgerungen: Spiele das Lebensspiel, aber wisse, dass du von diesem Bankett nichts mitnehmen kannst. Alles, was uns als Auszeichnung zugefallen ist (Krone, Weisheit, Stärke, Besitz), ist geborgte Pracht. Der christliche Gedanke, dass wir das Leben nur als „Lehen", sozusagen zur Verwaltung, übereignet bekamen, ist hier mit der Metapher des Lebens als Spiel verbunden.

ANGELUS SILESIUS war nach dem Dreißigjährigen Krieg vom Protestantismus zum Katholizismus übergetreten. Er rechtfertigte diesen Schritt damit, dass die **Mystik,** die „der Christen höchste Weisheit" sei, im Protestantismus keine Entfaltungsmöglichkeiten hätte. „Mystik" ist hierbei zu verstehen als Erfahrung höherer Wirklichkeiten durch Vision, „Schau". Mystiker gewinnen ihre **Erkenntnisse durch Meditation und Gebet.** Im Protestantismus erblickte SILESIUS die „Abgötterei der Vernunft". Der katholische Glaube, der es erlaube, mit Heiligen im Gebet zu kommunizieren, sei hingegen „der Leib des Heiligen Geistes". Die hier aufgenommenen Sinnsprüche (zweizeilig, gereimte Alexandriner, ▶ S. 34) entstammen diesem Denk- und Vorstellungsrahmen. Sie sind an ihrer Oberfläche widersprüchlich, erzeugen Nachdenken und gelangen mitunter zu erstaunlich einfachen Antworten:

– Gott ist nicht oben im Himmel, im Weltall, auch nicht draußen in der Natur zerstreut, er ist in dir.
– Gott und Mensch existieren nur in wechselseitiger Abhängigkeit voneinander. Gott gibt es nur, insofern es jemanden gibt, der ihn sich vorstellt.
– Das einfache (vegetative) Leben ist, weil es ist. Es verfolgt keinen Zweck, hat kein Bewusstsein seiner selbst – anders als der Mensch.
– Wesentlich werden (sich um Wichtiges mühen) ist die eigentliche Aufgabe des Menschen. Denn wenn die Welt endlich ist und vergänglich, so ist der Lauf der Welt nicht dem Zufall ausgesetzt, sondern Gottes Plan. Der bleibt als das Wesentliche bestehen.

Der Visionär und Mystiker verzichtet auf Argumente und logische Ableitungen. Seine Aussagen sind wie Orakel, sie verkünden Wahrheiten, sagen aber nicht, wie man sie erkennt.

Themenkreis 3: Barocker Zeitroman – Helden und Schelme

Der bekannteste Roman des Barock ist **HANS JACOB CHRISTOPH VON GRIMMELSHAUSENS** *Simplicius Simplicissimus* (1668/69). Diese Lebensgeschichte eines Bauernjungen, der durch die Ereignisse des Dreißigjährigen Krieges geprägt wird, die Welt bereist und am Ende als Einsiedler auf einer Insel das Leben eines Robinson führt, ist in dem nebenstehend wiedergegebenen Eingangsbild des Romans angedeutet. Man sieht ein Fabelwesen, das Fischschwanz, Flügel, Enten- und Bocksfüße sowie Ohren und Hörner des Bocks hat. Es ist mit einem Schwert bewaffnet, in der Hand hält es ein Buch. Darin sind Krone, Turm, Kanone, Schiff abgebildet. Das Buch erzählt von den Abenteuern des Soldaten Simplicius. Am Boden liegen Masken, die darauf hinweisen, dass er viele Rollen spielte (vgl. das Shakespeare-Zitat auf S. 32) und dass jetzt ohne jede Maskierung vorgetragen wird, was er erlebte.

GRIMMELSHAUSEN hat seinen Roman 1670 erweitert. Er lässt Simplicius mit der Courasche, einer fahrenden Händlerin, zusammentreffen und sich dann wieder trennen. Die Ereignisse werden aus der Perspektive der Courasche erzählt. BERTOLT BRECHT hat diese Figur als Vorlage für sein Stück *Mutter Courage* verwendet (▶ S. 203 ff.).

Hans Jacob Christoph von Grimmelshausen:
Lebensbeschreibung der Erzbetrügerin und Landstörzerin[1] Courasche (1670)
Das XXVIII. Kapitel. Auszug

Wir kamen im lothringischen Gebiet gegen Abend vor ein großes Dorf, in dem eben Kirchweih war, und weil wir eine ziemlich starke Truppe von Männern, Weibern, Kindern und Pferden hatten,
5 wurde uns verboten, das Nachtlager hier aufzuschlagen. Aber mein Mann, der sich als Obristleutenant ausgab, versprach bei seinem Ehrenwort, für allen Schaden aufzukommen. Wenn etwas verderbt oder entwendet würde, würde er es selbst
10 bezahlen und noch dazu den Täter an Leib und Leben strafen. So erhielt er dann endlich die Erlaubnis. Es roch überall im Dorf so wohl nach dem Gebratenen und Gebackenen, dass ich gleich Lust darauf bekam und einen Verdruss empfand, dass
15 die Bauern solches allein fressen sollten. Ich überlegte, wie wir an unseren Teil kommen könnten. Ich ließ einen wackern jungen Kerl von den Unserigen eine Henne vor dem Wirtshause totschießen, worüber sich die Bauern sofort bei meinem
20 Mann beschwerten. Der stellte sich schrecklich erzürnt und ließ gleich einen, den wir als Trompeter bei uns hatten, die Unserigen zusammenblasen. Bauern und Zigeuner versammelten sich auf dem Platz. Ich sagte einigen in unserer Diebs-
25 sprache, dass sich ein jedes Weib zum Zugreifen gefasst machen solle. Mein Mann hielt über den Täter ein kurzes Standrecht und verdammte ihn zum Strang, weil er seines Obristleutenanten Befehl missachtet. Im ganzen Dorf verbreitete sich
30 die Nachricht, dass der Obristleutenant einen Zigeuner nur wegen einer Henne aufhängen lassen wolle. Einigen erschien das zu rigoros, andere lobten uns, dass wir so auf Disziplin hielten. Einer von uns machte den Henker, welcher auch
35 alsbald dem Täter die Hände auf den Rücken band. Eine junge Zigeunerin gab sich als dessen Weib aus, lieh von andern drei Kinder und kam damit auf den Platz gelaufen. Sie bat um ihres Manns Leben und dass man an ihre kleinen Kin-
40 der denken solle. Sie stellte sich so kläglich, als wenn sie ganz verzweifelt wäre. Mein Mann aber wollte sie weder sehen noch hören, sondern ließ den Übeltäter hinaus gegen einen Wald führen, das Urteil zu vollstrecken. Er sah wohl, dass fast
45 alle Einwohner, jung und alt, Weib und Mann, Knechte und Mägde, Kind und Kegel sich mit uns hinausbegaben, den armen Sünder hängen zu sehen. Die junge Zigeunerin mit ihren drei geliehenen Kindern hörte nicht auf zu heulen, zu schrei-
50 en und zu bitten; und da man in den Wald und zu einem Baum kam, daran der Hennenmörder geknüpft werden sollte, stellte sie sich so erbärmlich, dass zuerst die Bauersfrauen und endlich die Bauern selbst anfingen, für den Missetäter zu bit-
55 ten. Sie hörten nicht auf, bis sich mein Mann erweichen ließ, dem armen Sünder um ihretwillen das Leben zu schenken.
Während wir nun außerhalb des Dorfes diese Komödie veranstalteten, mausten unsere Weiber im
60 Ort. Sie leerten nicht nur die Bratspieße und Fleischtöpfe, sondern machten auch hie und da noch weitere Beute. Dann verließen sie den Flecken und kamen uns entgegen. Sie taten so, als wollten sie ihre Männer zur Rebellion wider
65 mich und meinen Mann aufhetzen, weil er um einer kahlen Henne willen einen so wackern Menschen hätte aufhängen lassen wollen, wodurch sein armes Weib zu einer verlassenen Witwe und drei unschuldige junge Kinder zu Waisen
70 gemacht worden wären. In unserer Sprache aber sagten sie, dass sie gute Beute erschnappt hätten, mit der wir uns beizeiten aus dem Staube machen sollten, ehe die Bauern ihren Verlust merken würden. Ich schrie unseren „Rebellen" zu, sie soll-

1 **Landstörzerin:** Landstreicherin

75 ten in den Wald hinein ausreißen. Mein Mann und die, die noch bei ihm waren, setzten ihnen mit bloßem Degen nach, ja, sie gaben auch Feuer drauf und jene schossen zurück, doch nicht in der Absicht, jemand zu treffen. Das Bauernvolk ent- 80 setzte sich vor dem bevorstehenden Blutvergießen, wollte deswegen wieder nach Haus. Wir aber verfolgten einander unter stetigem Schießen bis tief in den Wald hinein, worin die Unsern alle Weg und Steg wussten. Wir marschierten die ganze Nacht, teilten am Morgen frühe unsere 85 Beute, teilten uns in kleine Gruppen, wodurch wir dann aller Gefahr und den Bauern mit unserer Beute entkommen sind.

Der Zeitroman des Barock ist nicht nur in seiner Zeit verankert, sondern auch in der **europäischen Tradition des Romans.** Aus den mittelalterlichen Heldenepen (HART- MANN VON AUE, *Erec,* ▶ S. 19) wurden in der frühen Neuzeit als beliebter Lesestoff die **Ritterromane.** Liebe und Abenteuer waren die beherrschenden Themen. Der spanische Romanschriftsteller MIGUEL DE CERVANTES (1547–1616) erfand den Helden Don Quijote. Dieser hatte so viele Ritterromane gelesen, dass er in deren erfundener Romanwelt zu leben begann, mit seinem „Knappen" Sancho Pansa als „fahrender Ritter" auf Abenteuer ausritt, um zu Ehren seiner angebeteten Dame Donna Dulcinea de Torbosa die Welt von Ungeheuern und Riesen zu befreien. In seiner Fantasie verwandelten sich Dinge der Realität (die sein Diener Sancho dem Leser exakt beschreiben kann) in Motive eines Ritterromans. Eine Schenke wird ein Schloss, eine Bauernmagd ein adeliges Fräulein, eine Schafherde eine feindliche Armee. Damit hat CERVANTES das barocke Thema von Sein und Schein in der trügerischen Welt aufgegriffen. Sein Held wird zum „Ritter von der traurigen Gestalt", weil er es ablehnt, aus seiner angelesenen Romanwelt herauszutreten. GRIMMELSHAUSEN kannte Don Quijote und verwandelte seine Romanhelden Simplicius und Courasche in Schelme, die sich durch das Leben schlagen müssen. Der Träumer Don Quijote aber lebte neben ihnen in immer neuen Fassungen weiter. Heute gibt es ihn als Helden von Kinderbüchern.

Miguel de Cervantes: Don Quijote (1605/15) Auszug
Der Kampf gegen die Windmühlenflügel

Plötzlich hielt Don Quijote inne und rief: „Sieh, wer da wagt, sich uns in den Weg zu stellen!" Sancho Pansa bemühte sich, etwas Außergewöhnliches zu entdecken.

5 „Sieh dort die monströsen Riesen!", rief der Ritter. „Sie kommen mir gerade gelegen. Denen werde ich zeigen, was ein Ritter ohne Furcht und Tadel ist. Und schon haben wir die erste fette Beute, kaum dass wir richtig unterwegs sind."

10 „Meint Ihr die Windmühlen?", fragte der verdutzte Knappe. Doch statt einer Antwort gab der Ritter seinem Gaul die Sporen und jagte los …

„O Schreck! O Entsetzen! Was ist mit meinem Herrn los?" Voller Grausen wandte sich der gute 15 Sancho ab. Und auch sein Esel schien nicht so recht zu verstehen, was in den alten Rosinante[1] gefahren war.

„Flieht ja nicht, ihr feigen Kerle", schrie derweil Don Quijote, während er auf die Riesengeschöpfe zusprengte. 20

In diesem Moment kam Wind auf und bewegte die großen Flügel der Mühlen.

„O streckt nur eure Arme aus!", stieß Don Quijote keuchend hervor. „Ihr sollt mich kennen lernen!" Und indem er ein stummes Flehen um den Segen 25 seiner Dulcinea sandte, galoppierte der Ritter auf seinem Rosinante mit erhobener Lanze gegen die erste Mühle an. Aber o weh! Schon beim ersten Hieb gegen die vermeintlichen Riesenarme ging die Lanze in Splitter … wurden Ross und Reiter 30 übel zugerichtet und ins Feld zurückgeschleudert.

1 **Rosinante:** Don Quijotes Pferd

„O Gnade!", rief Sancho bestürzt und eilte auf seinem Esel Don Quijote zu Hilfe. Der lag samt Pferd
35 am Boden und konnte sich kaum noch rühren.
„Hab ich nicht gesagt, dass es Windmühlen sind?", sagte Sancho seinem Herrn. „Da muss einer doch Windmühlen im Kopf haben, wenn er die nicht erkennen kann!"
40 „Schweig, Freund Sancho!", sagte Don Quijote, indem er sich mit dessen Hilfe aufrichtete. „Davon verstehst du noch nichts. Gewiss hat hier wieder der Zauberer Friston die Hand im Spiel. Er hat mir doch schon meine Bücher samt Kammer weggezaubert. Und nun besitzt er auch noch die Dreistigkeit, die Riesen in Windmühlen zu verwandeln ... nur, um meinen Triumph zu verhindern!"
„Hat er das?", fragte der Schildknappe kleinlaut, denn er verstand nicht, was im Kopf seines Herrn
50 vorging.
„Ärgerlich ist nur der Verlust meiner Lanze", sagte Don Quijote, während er den abgebrochenen Stumpf voller Bedauern betrachtete.

Honoré Daumier: Don Quijote (1868)

Kommentar

GRIMMELSHAUSENS Held Simplicius verliert sich geradezu in der Welt des Dreißigjährigen Krieges. Er ist Soldat und manchmal Narr, manchmal allerdings ist er auch ein Weiser, der durchschaut, was er erlebt. Der Erzähler dieses Romans ist eine sympathische Figur, selbst wenn seine Handlungen nicht immer die Billigung der Leser finden dürften. Nach dem gleichen Muster ist das weibliche Gegenstück, eben die Landstörzerin Courasche, geschaffen. Sie muss sich allein in den unsicheren Kriegszeiten durchschlagen. Sie hat mehrmals geheiratet, hat mit ihren Männern aber kein Glück. Sie lebt als Marketenderin vom Krieg, zieht mit den Heerhaufen mit und geht dann auch wieder einmal ihre eigenen Wege. In der hier abgedruckten Episode (nahe am Schluss des Romans) ist sie mit einer Gruppe Zigeuner unterwegs. Sie hat deren Hauptmann geheiratet. Nun leben sie im Wald, diskriminiert von der sesshaften Bevölkerung, die verarmt und auch verroht ist. Die Courasche lebt von Diebstahl und Betrügereien, die sie und ihre Gruppe in den Dörfern begehen.

Der Blick des Lesers wird fast schmerzlich auf die Welt gerichtet, wie sie in Kriegszeiten ist. Jeder ist sich selbst der Nächste. Das war in der Tradition des Romans ganz anders. In den Ritterromanen war der Held ein edler, selbstloser Kämpfer für das Recht. Das „Ideale" dieser Fantasieromane wird im *Don Quijote* sichtbar gemacht, indem der Held überall an der Wirklichkeit scheitert. Die Bauern sind die eigentlichen „Realisten" in der Welt dieses Romans. GRIMMELSHAUSENS Hauptfiguren sind auch Fahrende, die Bauern hingegen eher beschränkt und dumm.

Diese erneute Umkehr der Perspektive zeigt die Lebendigkeit der Textsorte. Der Roman ist immer ein Abbild seiner Zeit, auch dann, wenn er fantastische Elemente enthält und die Grenzen zwischen Sein und Schein immer wieder überspringt.

2 Aufklärung, Empfindsamkeit, Sturm und Drang

Laokoon-Gruppe. Römische Marmorkopie nach einem vermutlich um 200 v. Chr. entstandenen griechischen Bronzeoriginal. Vatikanische Museen, Rom.
Laokoon, der oberste Priester der Trojaner, ist eine Gestalt in der griechischen Mythologie.
Im Krieg der Trojaner gegen die Griechen warnt er seine Landsleute davor, das riesige hölzerne Pferd, das die Griechen vor den Stadtmauern zurückgelassen haben, in die Stadt zu holen. Die Göttin Athene will das Vorhaben der Griechen unterstützen, mit Hilfe der im Pferd versteckten Krieger die Stadt zu erobern. Deshalb schickt sie zwei Meerungeheuer, die den Priester überfallen und ihn und seine beiden Söhne töten.

Kennzeichnend für Kunst und Kunsttheorie der Aufklärung ist ihr Bezug auf die antike Kunst (▶ Klassizismus, S. 50). Als exemplarisches Kunstwerk der griechischen Antike wurde die **Laokoon-Gruppe** betrachtet.

In der Aufklärung – dem „Zeitalter der Vernunft" – gewann unter den Künsten die Literatur eine große Bedeutung. Hier konnte sich das Streben des Bürgertums nach Gleichberechtigung und politischer Beteiligung am besten ausdrücken.

In einer kunsttheoretischen Schrift grenzt GOTTHOLD EPHRAIM LESSING bildende Kunst und Literatur gegeneinander ab und bezieht sich dabei auf die Laokoon-Gruppe. Die Aufgabe der Literatur sieht LESSING darin, Handlungen in ihrem Verlauf (in der Zeit) darzustellen, Aufgabe der bildenden Kunst sei hingegen die Darstellung von Gegenständen. LESSING überwindet damit den Kernsatz der alten Poetik, dass die Literatur ein „Malen mit Worten" sei. Allerdings könne die bildende Kunst – wie in der Laokoon-Gruppe – einen „fruchtbaren Augenblick" abbilden, in dem eine ganze Geschichte zusammengedrängt sei. Der Betrachter der Figurengruppe könne die Spannung im Geschehen und den körperlichen wie seelischen Schmerz des trojanischen Priesters nachempfinden.

Allgemeingeschichtlicher Hintergrund

Der Dreißigjährige Krieg war **1648** mit dem **Westfälischen Frieden** zu Ende gegangen. Deutschland war zerstört, ein Drittel der Bevölkerung umgekommen. Der Wiederaufbau lag weitgehend in den Händen der Landesfürsten. Diese Tatsache förderte die Entwicklung zum **Absolutismus** nach dem Muster des französischen Hofes von Versailles. Während die Fürsten Militär und Verwaltung in den Händen des Adels konzentrierten, wurden fast alle ökonomischen Tätigkeiten und Dienstleistungen von Personen bürgerlichen Standes erbracht. Das stärkte die vom Mittelalter überkommene ständische Ordnung der Staaten. Der **Adel** genoss zahlreiche Privilegien, lebte häufig von den Steuererträgen seiner Ländereien und stellte den Hofstaat der Fürsten. Das **Bürgertum** erarbeitete sich Einfluss und (bescheidenen) Wohlstand durch Handwerk, beginnende Industrie, durch Geldgeschäfte und Dienstleistungen. Zu Letzteren gehörten auch die Künste. Die **Fürsten** förderten durch ökonomische Aktivitäten (Merkantilismus, Bergbau) Handel und Gewerbe sowie durch ihre repräsentativen Schlossbauten Bauleute, Gartenarchitekten, Maler und Musiker.

Eine erhebliche gesellschaftliche Macht stellten auch die **Kirchen** dar. Die im Friedensschluss bekräftigte Regel „cuius regio, eius religio" (das Land hat grundsätzlich die Konfession der Herrscherfamilie) machte – zumindest in den evangelischen Fürstentümern – die weltlichen auch zu geistlichen Herren ihrer Untertanen. Den kirchlichen Autoritäten waren insbesondere die Schulen und Universitäten unterworfen. Der Pfarrer übte die Schulaufsicht aus und das Konsistorium (das landesherrliche Kirchengericht) bestimmte z.B. über Ehen und Ehescheidungen. Die Lehre an den Universitäten war noch nicht „frei", sondern wurde von den theologischen Fakultäten zensiert. Die Fürsten griffen allerdings immer wieder in das System der Bildung ein. Ihr Ziel war es, Juristen und Verwaltungsfachleute auszubilden, die sich nur an ihre Weisungen gebunden fühlten.

Weltbild und Lebensauffassung

Frankreich, Paris, Versailles waren nicht nur die leuchtenden Vorbilder der absolutistischen Fürsten in Europa für zentralistische Verwaltung, stehende Heere, prächtige Hofhaltungen. Von Frankreich gingen auch Impulse eines neuen Denkens aus. Dessen Träger waren Philosophen oder Juristen bürgerlicher Herkunft. Im Zentrum ihrer Philosophie standen das menschliche Individuum und dessen **Recht auf Freiheit im Denken** und **im wirtschaftlichen Handeln.** Der geistlichen Oberhoheit der Kirchenbehörden gegenüber forderten sie **Toleranz** und das Recht auf das eigene Urteil. Erfahrung (**Empirismus**) und Verstandestätigkeit (**Rationalismus**) und nicht die Tradition oder die Autorität der Kirche bestimmten ihrer Ansicht nach den Wahrheitswert eines Urteils. In Deutschland gewannen vor allem VOLTAIRE und JEAN-JACQUES ROUSSEAU (▶ S. 54) entscheidenden Einfluss. Ihre Kritik am Absolutismus und an der Herrschaft der Kirche fiel auf fruchtbaren Boden.

Die neue Denkweise wurde von den staatlichen und geistlichen Autoritäten als massive Bedrohung ihrer Herrschaft empfunden. Sie reagierten entsprechend mit Verboten und **Zensur**. Die berühmte fünfunddreißigbändige französische *Encyclopédie,* in der das gesamte Wissen der Zeit zusammengetragen war, wurde vom ersten Band an im Erscheinen behindert. Es gelang aber nie, das Werk ganz und auf Dauer zu unterdrücken.

Mit dem neuen Denken verbunden waren auch neue Werte und Normen. Nicht mehr Stand und Geburt sollten den Wert eines Menschen bestimmen, sondern seine Fähigkeit, zu denken, Entscheidungen zu treffen, etwas zu schaffen. Diesem Denken zufolge sind **alle Menschen gleich,** insofern sie **vernunftbegabte Wesen** sind. Aus dieser Definition wurde abgeleitet, dass die **Freiheit des Individuums** ein **„Grundrecht"** jedes Menschen sei. Diese **„bürgerliche" Werthaltung** setzte sich langsam, aber stetig durch. Das Bürgertum entwickelte einen eigenen Stolz, der sich auf Leistung, zuweilen auch auf Reichtum oder auf Bildung bezog und der auch moralische Werte wie **Gewissen, Freiheits- und Gerechtigkeitssinn** umfasste. Fortschrittlich denkende Adelige übernahmen diese Denkweise. Es entstand eine adelig und bürgerlich gemischte Führungsschicht, die auch kulturell ausschlaggebend war (▶ Schaubild unten).

Neben die Betonung der **Vernunft** trat – zunehmend im letzten Drittel des 18. Jahrhunderts – die Wertschätzung der **Empfindungsfähigkeit** des Menschen. Sie umfasste das Gefühl für die Natur, die Empfindungen von Liebe und Freundschaft, auch die Liebe zur eigenen Herkunft und zur Heimat (Patriotismus). Hier berief man sich vor allem auf den Genfer Philosophen **JEAN-JACQUES ROUSSEAU,** der den Ursprungs- oder Naturzustand für den Idealzustand der Menschheit hielt und alle Abweichungen von ihm als Fehlentwicklungen der Zivilisation ansah. Auch das moralische Gewissen und das Freiheitsbewusstsein gehören nach dieser Vorstellung zu der emotionalen Grundausstattung jedes Menschen. Diese Ideen und die Theorie, dass am Anfang der kulturellen Entwicklung der Menschheit ein Vertrag zwischen König und Untertanen gestanden habe, den beide die Freiheit hätten zu kündigen, machten ROUSSEAU zu einem Vater der Französischen Revolution.

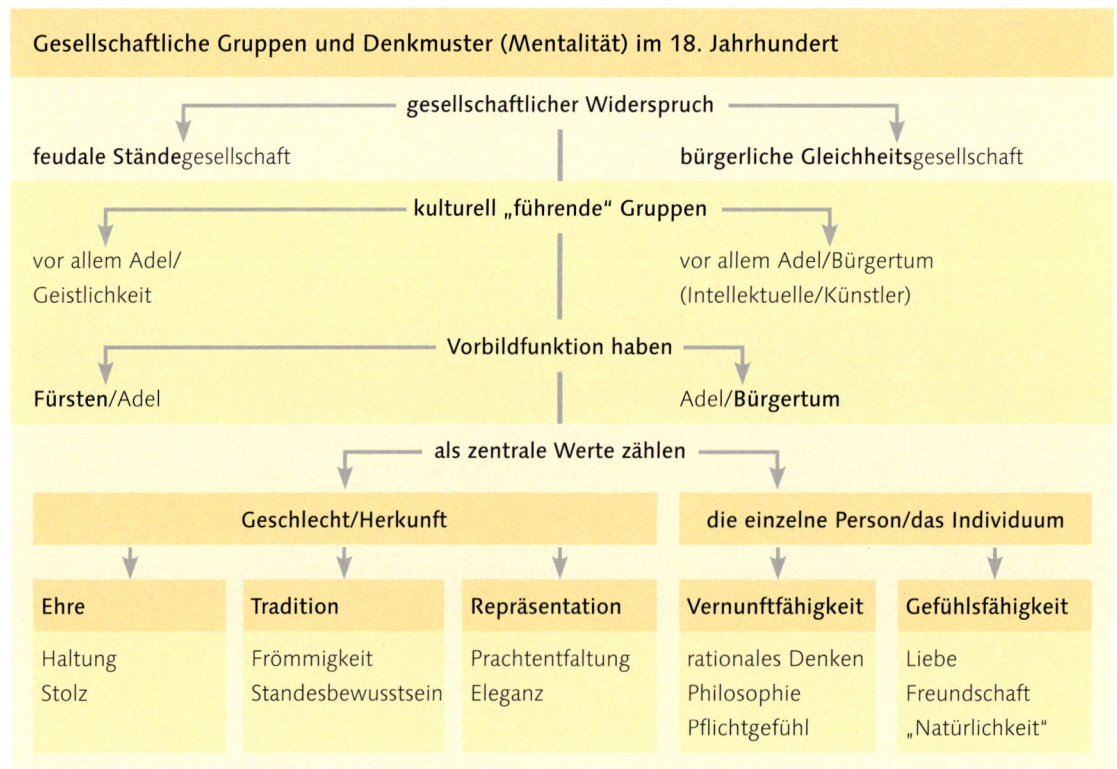

Gesellschaftliche Gruppen und Denkmuster (Mentalität) im 18. Jahrhundert

gesellschaftlicher Widerspruch

feudale Ständegesellschaft — bürgerliche Gleichheitsgesellschaft

kulturell „führende" Gruppen

vor allem Adel/Geistlichkeit — vor allem Adel/Bürgertum (Intellektuelle/Künstler)

Vorbildfunktion haben

Fürsten/Adel — Adel/**Bürgertum**

als zentrale Werte zählen

Geschlecht/Herkunft — die einzelne Person/das Individuum

Ehre	Tradition	Repräsentation	Vernunftfähigkeit	Gefühlsfähigkeit
Haltung	Frömmigkeit	Prachtentfaltung	rationales Denken	Liebe
Stolz	Standesbewusstsein	Eleganz	Philosophie	Freundschaft
			Pflichtgefühl	„Natürlichkeit"

Entwicklung der Literatur

Die ästhetischen Anschauungen der Zeit waren sehr stark von der Auseinandersetzung mit der Antike bestimmt. Die Berufung auf deren Vorbild war in der Literatur ebenso stilbildend wie in der bildenden Kunst. Die **Literatur** sollte **erfreuen, belehren, erbauen.** Am Hof bestand ihre Aufgabe im **Herrscherlob** in Versen und in der Bereitstellung von Stücken für das Hoftheater. Die Stoffe wurden oft aus der Antike genommen. Viele Autoren lebten allerdings auch in Städten und orientierten sich am Bürgertum. Sie übernahmen von dem auf den lateinischen Dichter HORAZ zurückgehenden Prinzip „prodesse" (nützen) und „delectare" (erfreuen) vor allem das „prodesse". **Literatur** – besonders Kirchenlied, Fabel oder Drama – sollte eingesetzt werden, um die **Menschen klüger** zu **machen,** sie lehren, **selbstständiger** (und auch selbstbewusster) zu **denken.** Dazu setzte man – wie schon im Barock – auf Gesetzmäßigkeit und Regel. Der wichtigste Vertreter einer **Regelpoetik** war der Leipziger Professor für Philosophie JOHANN CHRISTOPH GOTTSCHED (1700–1766). Aber gerade gegen GOTTSCHEDS Regeln wandte sich die **Generation der jungen Autoren** des **„Sturm und Drang",** die ihre Poesie dem **„Genie",** das heißt vor allem den emotionalen Kräften des Einzelnen, zuordneten.

Das „Kräfteverhältnis" der Künste veränderte sich in der Epoche der Aufklärung sehr zu Gunsten der Literatur. Die Literatur stand der Philosophie nahe, sie eignete sich zur Belehrung und zugleich eher zum direkten Aussprechen von Gefühlen als Bilder und Musik.

Wichtige Textsorten des 18. Jahrhunderts: Fabel, Parabel, Trauerspiel, Briefroman

Die Autoren, die sich an den Verstand und die Fähigkeit nachzudenken wandten, nutzten häufig die Textsorten **Fabel** und **Parabel.** Diesen ist gemeinsam, dass sie eine Botschaft oder Lehre durch eine Geschichte verdeutlichen. Am Fehlverhalten der Fabelfiguren konnte dann z.B. gezeigt werden, nach welchen Regeln die Menschen in der Welt leben sollten. Berühmt ist LESSINGS „Ringparabel" in dem Theaterstück *Nathan der Weise.* Drei Ringe wurden vererbt, die ihre Kraft, bei den Menschen beliebt zu machen, nicht aus einer magischen Eigenschaft, sondern vielmehr aus dem Verhalten des Ringträgers ziehen (▶ S. 58 ff.).

LESSING ist auch der wichtigste Theoretiker des **bürgerlichen Trauerspiels.** Hier geht es weniger um Einsicht als um **Mitgefühl.** Die Zuschauer sollen sich mit den Figuren auf der Bühne identifizieren können, sehen, dass das, was jenen zustößt, leicht auch ihnen selbst passieren könnte. Daher fordert LESSING „mittlere Charaktere" und Personen, die dem alltäglichen Umfeld der Zuschauer entstammen sollten. Das tragische Geschehen wird so dem Publikum emotional nahegebracht.

An das Mitempfinden wenden sich auch die **Romane** der Zeit. Die **Briefromane** bieten eine besondere Möglichkeit, Gefühle auszusprechen, und wirken da besonders echt, wo der Autor über eigene Erlebnisse spricht. Das autobiografische Element erkennt man sowohl in GOETHES *Die Leiden des jungen Werthers* (1774), ▶ S. 66, und in KARL PHILIPP MORITZ' *Anton Reiser* (1785–1790) als auch in dem ersten erfolgreichen Frauenroman, SOPHIE VON LA ROCHES *Geschichte des Fräuleins von Sternheim* (1771).

Bedeutende Bilder der Zeit

Klassizismus

JOHANN JOACHIM WINCKELMANN (▶ S. 54), der Direktor der vatikanischen Antike-sammlungen, beobachtete in dem Gesichtsausdruck des *Laokoon* (▶ S. 46) weniger den „fruchtbaren Moment", der LESSING interessierte, sondern eher die edle Haltung, die Beherrschung des Schmerzes. Seine Formel **„Edle Einfalt, stille Größe"** stellte das Ideal auf, edlen Seelen in der Kunst edle Körper und erhabene Gesten zuzuordnen. Mit WINCKELMANN begann die als Klassizismus bezeichnete künstlerische Strömung, die in den **Statuen der Antike** und **der Renaissance** ihre Vorbilder sah. Bedeutende Maler der Zeit nahmen die großen Gesten der antiken Figuren auf. Sie hielten sich an Szenen aus der griechischen und römischen Geschichte.

WINCKELMANNS Interpretationen der antiken Statuen entwickeln ein rationales und klassizistisches Bild der „weißen Antike" (heute weiß man, dass diese Plastiken farbig bemalt waren), das gleichzeitig als die Ästhetik der Aufklärung gelten kann. Bis zu Goethe und der deutschen Klassik hatte diese Idee Bestand. So sollten durch den Umgang mit dem Schönen der antiken Kunstwerke der Geschmack und das **Empfinden für das Edle im Menschen** gebildet werden.

Jacques-Louis David: Der Schwur der Hora-tier (1784)

JACQUES-LOUIS DAVID (1748–1825) malte 1784 historisierend und heroisierend den *Schwur der Horatier*. Er prägt damit den klassizistischen Malstil der Aufklärungsepo-che. Das Motiv zeigt eine historische Begebenheit. Den Krieg zwischen Rom und Alba Longa sollten die Drillinge der Horatier (Rom) gegen die Drillinge der Curatier (Alba Longa) entscheiden. Zwei der römischen Brüder starben, der dritte siegte und erschlug eine seiner Schwestern, weil diese um einen der Curatier, der ihr Verlobter gewesen war, trauerte.

Empfindsamkeit

Daneben lebte die barocke Tradition der flämischen Malerei weiter. Ihre Stillleben und Szenen aus dem bürgerlichen Alltag wurden ebenfalls an den Geschmack der Zeit angepasst. Hier war es vor allem die gefühlsbetonte und am bürgerlichen Ideal der Familie orientierte Geistesrichtung der Empfindsamkeit, die in Deutschland große Verbreitung fand.

JEAN-BAPTISTE SIMÉON CHARDIN malte 1744 die bürgerliche Idylle *Das Tischgebet* (oder: *Die fleißige Mutter*). Die einfache und kleinbürgerliche Welt galt den Zeitgenossen als „moralisch schön". Zu Bildern wie diesem passen die Lieder des MATTHIAS CLAUDIUS, z.B.: „Der Mond ist aufgegangen …"

Die Bilder DAVIDS und CHARDINS zeigen in ihrem Kontrast zwei Seiten der Epoche. Die Darstellung der heroischen Geste der Männlichkeit und Entschlossenheit faszinierte nicht nur die Welt des Adels und des Militärs, sie fand auch ihre literarische Entsprechung in einigen Figuren des Sturm und Drang (z.B. FRIEDRICH SCHILLERS Karl Moor in den *Räubern*). Andererseits schätzte man Intimität und Häuslichkeit.

Jean-Baptiste Siméon Chardin: Das Tischgebet
(oder: Die fleißige Mutter, 1744)

Sturm und Drang

Die Antike-Fälschung *Jupiter und Ganymed* von **ANTON RAPHAEL MENGS** (1728–1779) hat eine epochentypische Geschichte. Sie wurde zunächst als das einzige erhaltene griechische Bildwerk angesehen, das den Umgang der Griechen mit Farben belegte, bis der Maler auf dem Totenbett das Bild als sein eigenes Werk erklärte.

Wichtig war, dass hier ein Tabuthema aufgegriffen wurde: Der höchste Gott liebt einen Knaben, der Knabe ist zart und körperlich schön, der Gott hoheitsvoll und männlich dargestellt. Diese Seite des „Griechentums" widersprach dem christlichen Menschen- und Gottesbild. „Antike" beinhaltete dementsprechend für Autoren wie den jungen GOETHE etwas „Heidnisches" und eine Bejahung der Sinnlichkeit. GOETHE hat selbst in seinem Hymnus *Ganymed* zwischen dem Frühling, der göttlichen Natur und dem enthusiastischen Jüngling eine erotische Beziehung gestiftet:

„Wie im Morgenglanze / Du rings mich anglühst, / Frühling, Geliebter! / Mit tausendfacher Liebeswonne / Sich an mein Herz drängt / Deiner ewigen Wärme / Heilig Gefühl, / Unendliche Schöne!"

Anton Raphael Mengs: Jupiter und Ganymed (1758/59)

2.1 Aufklärung und Empfindsamkeit – Entwicklung einer bürgerlichen Verstandes- und Gefühlskultur

Als die preußische Akademie der Wissenschaften im Jahre 1784 einen Wettbewerb zu der Frage „Was ist Aufklärung?" ausschrieb, antwortete der Königsberger Philosophieprofessor **IMMANUEL KANT** (▶ S. 54) mit der klassischen Definition: „Aufklärung ist der Ausgang des Menschen aus seiner selbst verschuldeten Unmündigkeit." Das Provozierende lag dabei in der Feststellung, dass die Unmündigkeit der Menschen „selbst verschuldet" sei. Mangelnder Mut, den bei jedem Menschen hinreichend vorhandenen eigenen **Verstand** auch in Situationen der Entscheidung zu nutzen, sei der wahre Grund dafür, dass noch immer die „Vormünder" (Staat, Kirche) regierten. Zu einem mutigen Gebrauch der **Vernunft** aber gehöre die **Freiheit,** von der Vernunft „in allen Stücken öffentlichen Gebrauch zu machen".

Dieses Plädoyer für die Herrschaft der Vernunft und für die Freiheit, Vernunfturteile auch öffentlich zu äußern, kann als Ausgangspunkt der Forderung nach **Pressefreiheit** in der bürgerlichen Gesellschaft angesehen werden.

Die Forderung nach Freiheit beruht letztlich auf der Feststellung, dass alle Menschen als **mit Vernunft ausgestattete Wesen einander gleich** seien. Die Ständeordnung, die Menschen verschiedener Klassen kennt, die Unterdrückung von Menschen, denen ihre Freiheitsrechte verweigert werden (Leibeigene, Sklaven), widersprechen dieser Grundüberzeugung der Aufklärung. **Die Abschaffung der Leibeigenschaft,** später der Sklaverei in den Kolonien, war eine Errungenschaft der Aufklärung.

Zwei wesentliche Folgen der Forderung nach Freiheit und Gleichheit waren die Ideen der **Toleranz** und der **Emanzipation.** Da, wo der Verstand nicht alle Dinge klären kann, zum Beispiel in Fragen des Glaubens, der Religion und der Weltanschauung, sollte jedem die Freiheit gegeben sein, die für ihn überzeugenden Wege zu finden. Toleranz im Sinne der Aufklärung ist nicht dann gegeben, wenn jeder tun und lassen kann, was er gerade meint oder denkt, sondern Toleranz bedeutet ein Geltenlassen fremder Überzeugungen, Handlungsweisen und Sitten als Folge der Anerkennung der Gleichberechtigung sich voneinander unterscheidender Individuen. Konkret wurde die Idee der Toleranz in der damaligen Zeit vor allem auf dem Gebiet der Religion. **GOTTHOLD EPHRAIM LESSING** (▶ S. 54 ff.) provozierte seine Zeitgenossen mit der Feststellung, dass alle drei monotheistischen Religionen (Judentum, Christentum, Islam) als einander ebenbürtig zu achten seien, vorausgesetzt, sie setzen ihre Normen in ein diesen entsprechendes Verhalten um. Die Idee der Emanzipation bezog sich zunächst auf soziale Gruppen, die in der feudalen Gesellschaft nicht gleichberechtigt waren, so zum Beispiel die Juden. Auch die Emanzipation der Frauen (ihr Recht auf Bildung, auf einen Beruf, auf eigene Lebensgestaltung) ist eine Errungenschaft des Denkens der Aufklärung.

Die politische Umsetzung der Ideen der Aufklärung in politische Wirklichkeit dauert bis heute an.

Die Ideen der Aufklärung wurden in erster Linie in der **Philosophie** entwickelt. Der wichtigste Vertreter der Aufklärungsphilosophie war in Frankreich **VOLTAIRE** (▶ S. 54), in Deutschland der bereits genannte **IMMANUEL KANT.** Seine *Kritik* (= Darstellung) *der reinen Vernunft* zeigt die Grenzen unseres vernünftigen Denkens auf, seine *Kritik der* *praktischen Vernunft* behandelt die Regeln, unter denen vernünftiges Handeln in der Welt möglich ist, und seine dritte Kritik, die der *Urteilskraft*, thematisiert unsere allgemeinen Urteile über die Natur, was wir und wie wir etwas als schön empfinden und wie wir Naturvorgänge in unserer Umwelt als sinnvoll und zweckmäßig erleben.

Die **Literatur** wurde von den Aufklärern gern im Sinne ihrer Vernunftkonzeption eingesetzt. Sie sollte dazu dienen, die **Menschen aufzuklären,** sie zu **erziehen,** ihnen die freien Möglichkeiten des Denkens und des selbstständigen Urteilens nahezubringen. Schöne Beispiele hierfür sind LESSINGS Fabeln (▶ S. 56), seine „bürgerlichen" Trauerspiele (▶ S. 55 f.), seine Prosaabhandlungen und sein Parabelstück *Nathan der Weise* (▶ S. 58 f.). Im Falle der **Fabeln** bearbeitete er die überkommenen Fabeln der Antike neu, sodass sie Lehren für die Menschen seiner Zeit enthielten, im Falle der **„bürgerlichen" Trauerspiele** griff er Probleme der Zeit auf (etwa die Konfliktzone zwischen Adelsgesellschaft und bürgerlicher Familie), in seiner **Abhandlung** *Wie die Alten den Tod gebildet* nutzte er die Welt der Antike (der „Alten"), um den Menschen seiner Zeit die Angst vor dem Tod als Knochenmann zu nehmen. Als ihm verboten wurde, sich zu Fragen der Religion öffentlich zu äußern, schrieb er sein **parabolisches Theaterstück** (Parabel, ▶ S. 49) *Nathan der Weise*, das die Idee der Toleranz ins Zentrum rückte.

Die Aufklärung kann als die „hegemoniale" (führende) Strömung der Kultur im 18. Jahrhundert angesehen werden. Aber nicht alle Menschen waren Anhänger der Idee, dass der Verstand der alleinige Regent ihres Verhaltens sein solle. Es gab daneben energische Vertreter der überkommenen Regeln und Glaubenssätze. Diese Anhänger der Tradition waren vor allen Dingen in Sachen des Glaubens starr (dogmatisch) und intolerant. Sie ertrugen es nicht, dass zum Beispiel die Bibel als ein historisches Werk gelesen und ausgelegt wurde. Unter ihrer starren Sicht der Dinge litten nicht nur die Anhänger der Vernunftreligion, sondern auch diejenigen, die dem Gefühl und den Empfindungen der Frömmigkeit im Alltag zu ihrem Recht verhelfen wollten. Diese „Pietisten" suchten eigene Glaubens- und Lebensformen neben den kirchlich geregelten. LESSING schlug für ihre Haltung den Begriff der **Empfindsamkeit** vor. Die „Empfindsamen" nahmen für sich das aufklärerische Toleranzgebot in Anspruch, indem sie gegenüber den Amtskirchen Formen subjektiver und gefühlsgeleiteter Frömmigkeit einforderten. Ein Beispiel empfindsamen Denkens bietet die folgende Strophe aus einem Gedicht des Hamburger Dichters MATTHIAS CLAUDIUS:

> Seht ihr den Mond dort stehen? – / Er ist nur halb zu sehen / Und
> ist doch rund und schön. / So sind wohl manche Sachen, / Die wir
> getrost belachen, / Weil unsre Augen sie nicht sehn.

Die Literatur der Empfindsamkeit ist außerordentlich sprachschöpferisch. In Liedern und erbaulichen Schriften kommen zum ersten Mal Worte vor wie „zärtlich", „lieblich", „Gemüt", „Gewissen" und Metaphern wie „Mutter Natur", „Meer der Empfindungen", „Sturm der Begeisterung". Die empfindsame Literatur erschließt auch neue Themenfelder. Dazu gehört zum Beispiel das autobiografische Schreiben, etwa in JOHANN HEINRICH JUNG-STILLINGS (1740–1817) Romanen *Henrich Stillings Jugend, Jünglingsjahre, Wanderschaft* oder KARL PHILIPP MORITZ' (1756–1793) Roman *Anton Reiser*, in denen diese Autoren ihre schwere Jugend, ihre Lehrzeit und ihre „Ankunft" in der bürgerlichen Gesellschaft (als Arzt, Schriftsteller, Schauspieler bzw. Professor) erzählen. Eine empfindsame Briefkultur verdichtete sich zum **Briefroman,** dessen bekanntestes Beispiel GOETHES *Die Leiden des jungen Werthers* (▶ S. 66) werden sollte.

Wichtige Philosophen und Autoren der Zeit

VOLTAIRE, eigentlich François Marie Arouet (1694–1778), war der wichtigste Autor der europäischen Aufklärung. In Frankreich nennt man das gesamte 18. Jahrhundert *Le siècle de Voltaire*. Mit seiner Kritik an den Missständen des Absolutismus und der katholischen Kirche wurde VOLTAIRE zum gedanklichen Vorbereiter der Französischen Revolution. In den Jahren 1750–1752 war er Gast und Kammerdiener des preußischen Königs FRIEDRICH II. in Sanssouci.

JEAN-JACQUES ROUSSEAU (1712–1778) stammte aus Genf. Er machte sich in Frankreich einen Namen als Schriftsteller, Philosoph, Pädagoge, Naturforscher. Obwohl er die zentralen Grundsätze der Aufklärung in Frage stellte (z.B. den Gedanken eines Fortschritts durch Wissenschaft und Industrie) und den „Naturzustand" der Menschen für das Ideal hielt, kann er der Aufklärung zugeordnet werden. Auf ihn gehen beispielsweise die Ideen des „Gemeinwillens" aller und des „Gesellschaftsvertrags" zwischen Volk und König am Beginn des staatlichen Zusammenlebens zurück. ROUSSEAU gilt – neben VOLTAIRE – als wichtigster geistiger Wegbereiter der Französischen Revolution. Sein Erziehungsroman *Emile* hatte große Bedeutung für die Pädagogik des 19. und 20. Jahrhunderts. Kritiker warfen ihm vor, dass er die Selbstliebe als die Triebfeder menschlichen Handelns ansah.

JOHANN JOACHIM WINCKELMANN (1717–1768)
Ein Stipendium des sächsischen Kurprinzen ermöglichte ihm Studien zur bildenden Kunst und eine Reise nach Rom. 1763 wurde er Oberaufseher aller Altertümer in und um Rom, denn er galt inzwischen als der bedeutendste Kenner der antiken Kunst in Europa. 1767 erschien sein Hauptwerk *Anmerkungen über die Geschichte der Kunst des Altertums*. Auf der Rückkehr von einer Deutschlandreise fiel er in Triest einem Raubmord zum Opfer.

IMMANUEL KANT (1724–1804)
In Königsberg geboren und dort 1770 zum Professor für Metaphysik und Logik berufen, veröffentlichte KANT 1781 sein Hauptwerk *Kritik der reinen Vernunft*. 1788 folgte die *Kritik der praktischen Vernunft*. Die „Kritiken" erörtern grundsätzlich die Möglichkeiten, durch die Vernunft gültige Kenntnis der Welt und gültige Regeln des moralischen Handelns zu erlangen bzw. aufzustellen. Zu Fragen der Zeit nahm KANT in kleinen Schriften und Abhandlungen Stellung, so in der Schrift *Beantwortung der Frage: Was ist Aufklärung?* und in der Schrift *Ideen zu einer allgemeinen Geschichte in weltbürgerlicher Absicht*, in der er die Idee eines auf Vernunft basierenden und durch Verträge gesicherten Weltfriedens entwickelte.

GOTTHOLD EPHRAIM LESSING (1729–1781)
Der Pfarrerssohn aus Kamenz studierte in Leipzig, begann bald für das Theater und als Literaturkritiker zu schreiben. Er wäre gern nach Berlin gegangen und dort königlicher Bibliothekar geworden, aber FRIEDRICH II. zog ihm VOLTAIRE als Gesprächspartner vor. LESSING ging nach Hamburg, um dort die Idee eines Nationaltheaters voranzutreiben, das sich mit den politischen und sozialen Zuständen in Deutschland befassen sollte. Eine dauerhafte Be-

schäftigung fand er als Bibliothekar an der herzoglichen Bibliothek in Wolfenbüttel. LESSING ist zeit seines Lebens immer wieder angefeindet worden. Besonders mit den kirchlichen Dogmatikern legte er sich an. Den Hamburger Hauptpastor (= Bischof) GOEZE wollte er mit seinem Theaterstück *Nathan der Weise* treffen.

MATTHIAS CLAUDIUS (1740–1815)

war Sohn eines Pfarrers und selbst Redakteur beim *Wandsbeker Boten*, einer Handels- und Volkszeitung. CLAUDIUS ließ seine Werke (Gedichte, Erzählungen, Briefe, Dialoge) zunächst verstreut in Almanachen (Jahrbüchern) und Zeitschriften drucken, vor allem in „seinem" *Wandsbeker Boten*. Ab 1775 begann er seine Textsammlung *Sämtliche Werke des Wandsbeker Boten* zu veröffentlichen.

GEORG CHRISTOPH LICHTENBERG (1742–1799)

war Naturwissenschaftler und Professor für Philosophie in Göttingen. In seinen *Aphorismen*, kurzen und geistreich formulierten Gedanken, die er in Schreibheften aufzeichnete (er selbst nannte diese Hefte *Sudelbücher*), zeigt er sich als scharfsinniger (zumeist satirischer) Beobachter und Vertreter der Aufklärung. Die Prinzipien des aufgeklärten Denkens waren für ihn die des Wissenschaftlers: Rationalität, Beweisbarkeit der Beobachtungen, Logik der Schlussfolgerungen, Zweifel gegenüber allen bloßen Behauptungen und gegenüber der einfachen Berufung auf Autoritäten (der Antike, der Kirche).

Themenkreis 1: Drama und Fabel als Instrumente der Aufklärung

Gotthold Ephraim Lessing: Emilia Galotti (1772) 1. Aufzug, 7. und 8. Auftritt. Auszug

[Der Fürst von Guastalla hat sich in Emilia Galotti verliebt. Er erfährt, dass sie verheiratet werden soll, ist unruhig und möchte ihr in der Kirche auflauern. Aber die störenden Regierungsgeschäfte halten ihn auf.]

DER KAMMERDIENER: Camillo Rota.
DER PRINZ: Er soll hereinkommen. *(Der Kammerdiener geht ab.)* Nur aufhalten muss er mich nicht wollen. Dasmal nicht! – Ich stehe gern
5 seinen Bedenklichkeiten ein andermal umso viel länger zu Diensten. – Da war ja noch die Bittschrift einer Emilia Bruneschi. – *(Sie suchend.)* Die ist 's. Aber, gute Bruneschi, wo deine Vorsprecherin – –

10 *Camillo Rota, Schriften in der Hand. Der Prinz.*

DER PRINZ: Kommen Sie, Rota, kommen Sie. – Hier ist, was ich diesen Morgen erbrochen[1]. Nicht viel Tröstliches! – Sie werden von selbst sehen, was darauf zu verfügen. – Nehmen Sie nur.

CAMILLO ROTA: Gut, gnädiger Herr. 15
DER PRINZ: Noch ist hier eine Bittschrift einer Emilia Galot ... Bruneschi will ich sagen. – Ich habe meine Bewilligung zwar schon beigeschrieben. Aber doch – die Sache ist keine Kleinigkeit. – Lassen Sie die Ausfertigung noch anstehen. – Oder auch nicht anstehen: wie Sie 20 wollen.
CAMILLO ROTA: Nicht wie ich will, gnädiger Herr.
DER PRINZ: Was ist sonst? Etwas zu unterschreiben? 25
CAMILLO ROTA: Ein Todesurteil wäre zu unterschreiben.
DER PRINZ: Recht gern. – Nur her! geschwind.
CAMILLO ROTA *(stutzig und den Prinzen starr ansehend):* Ein Todesurteil – sagt' ich. 30
DER PRINZ: Ich höre ja wohl. – Es könnte schon geschehen sein. Ich bin eilig.
CAMILLO ROTA *(seine Schriften nachsehend):* Nun hab

1 geöffnet (das Brechen des Siegels auf dem Brief)

ich es doch wohl nicht mitgenommen! – Ver-
35 zeihen Sie, gnädiger Herr. – Es kann Anstand[2]
damit haben bis morgen.

DER PRINZ: Auch das! – Packen Sie nur zusammen;
ich muss fort. – Morgen, Rota, ein Mehres!
(Geht ab.)
40 CAMILLO ROTA *(den Kopf schüttelnd, indem er die Pa-*
piere zu sich nimmt und abgeht): Recht gern? –

Ein Todesurteil recht gern? – Ich hätt' es ihn in
diesem Augenblicke nicht mögen unterschreiben lassen, und wenn es den Mörder meines
einzigen Sohnes betroffen hätte. – Recht gern! 45
Recht gern! – Es geht mir durch die Seele, dieses grässliche Recht gern!

2   Aufschub

Gottlieb Konrad Pfeffel: **Der Löwe, der Fuchs und der Esel** (um 1765)

Den Fuchs und Esel nahm der Leu
Mit auf die Jagd. Nach kurzem Streite
Erlag ein Hirsch. „Du", sprach der Dey[1]
Zum Langohr, „teile nun die Beute."
5 Gar weislich machte der Gesell
Drei gleiche Teile. Flugs entbrannte
Des Leuen Grimm; er riss das Fell
Ihm von dem Nacken und ernannte
Den Fuchs zum Teilungskommissar.
10 Der Schalk vereinigt alle Stücke
Und bietet sie dem Leuen dar.
„Wer", sprach der Dey mit losem Blicke,
„Hat so zu teilen dich gelehrt?"
Das Aug dem Esel zugekehrt,
15 Den er noch triefend von dem Blute
Des rohen Schädels vor sich sah,
Sprach Reinhard: „Ei, Herr König, da,
Der Doktor mit dem roten Hute."
Der ist fürwahr ein weiser Mann,
20 Den fremdes Unglück bessern kann.

1   **Dey:** hier: König, Fürst

Aus einer arabischen Sammlung von Fabeln (17. Jahrhundert)

Gotthold Ephraim Lessing: **Der Löwe mit dem Esel** (1759)

Als des Aesopus Löwe mit dem Esel, der ihm
durch seine fürchterliche Stimme die Tiere sollte
jagen helfen, nach dem Walde ging, rief ihm eine
naseweise Krähe von dem Baume zu: „Ein schö-
5 ner Gesellschafter! Schämst du dich nicht, mit
einem Esel zu gehen?" – „Wen ich brauchen kann",
versetzte der Löwe, „dem kann ich ja wohl meine
Seite gönnen."
So denken die Großen alle, wenn sie einen Nied-
10 rigen ihrer Gemeinschaft würdigen.

Christian Friedrich Daniel Schubart: **Der gnädige Löwe** (1775)

Der Tiere schrecklichsten Despoten
Kam unter Knochenhügeln hingewürgter Toten
Ein Trieb zur Großmut plötzlich an.
„Komm", sprach der gnädige Tyrann
5 Zu allen Tieren, die in Scharen
Vor seiner Majestät voll Angst versammelt waren,
„Komm her, beglückter Untertan,
Nimm dieses Beispiel hier von meiner Gnade an!
Seht, diese Knochen schenk ich euch!" –
10 „Dir", rief der Tiere sklavisch Reich,
„Ist kein Monarch an Gnade gleich!" –
Und nur ein Fuchs, der nie den Ränken
Der Schüler Machiavells[1] geglaubt,
Brummt in den Bart: „Hm, was man uns geraubt
15 Und bis aufs Bein verzehrt, ist leichtlich zu verschenken."

1 **Niccolò Machiavelli** (1469–1527), italienischer Staatsmann, vertrat eine rücksichtslose Machtpolitik

Kommentar

LESSING zeigt in dem Auszug aus *Emilia Galotti* den Fürsten in einer Alltagsszene und lädt den Zuschauer ein, dessen Verhalten zu bewerten, wie es der Minister Rota tut: Entsetzen über den Leichtsinn, mit dem hier über das Leben eines Untertanen entschieden wird. Diese Szene ist sicher nicht abgeschilderte politische Wirklichkeit, sondern Satire. Und die Satire arbeitet mit Emotionen. Die vernunftorientierten Aufklärer setzen also sehr wohl auf Gefühle und Empfindungen, um Haltungen und Urteile ihrer Zeitgenossen zu beeinflussen. Das wird im Verlaufe des Trauerspiels noch sehr viel deutlicher. Der Fürst veranlasst die Beseitigung des Bräutigams, inszeniert mit seinem Helfershelfer eine Entführung und möchte der begehrten Emilia gegenüber als Retter erscheinen. Zorn und Verachtung für dieses Verhalten werden auf der Bühne durch Vater und Tochter Galotti vorgeführt. Die gezeigten Leidenschaften können vom Publikum nachempfunden und auf diese Weise – wie LESSING unter Berufung auf den antiken Theoretiker der Tragödie ARISTOTELES sagt – „gereinigt" werden. **„Reinigung der Leidenschaft"** ist eine Formel der Zeit für die Tatsache, dass über Identifikation die auf der Bühne gezeigten Gefühle und Empfindungen von den Zuschauern nacherlebt werden können und zu „tugendhaften Fertigkeiten" führen. So soll das Theater die Zuschauer/-innen bessern.

Fabeln der Aufklärung kommentieren die Regeln der gesellschaftlichen Welt. Nach einem Vers des Aufklärers CHRISTIAN FÜRCHTEGOTT GELLERT hat die Fabel die Aufgabe, „die Wahrheit durch ein Bild [zu] sagen".

Die griechisch-römische Antike lieferte die Muster für diese Textsorte. ÄSOPS Fabeln sagten, wie es in der Welt zugeht: ungerecht. Der Mächtige und auch der Kluge oder Gerissene schinden den Ohnmächtigen, den Naiven, den Ahnungslosen. Fabeln boten die Möglichkeit, in literarischer Verfremdung gesellschaftliche Fehlentwicklungen zur Diskussion zu stellen, ohne dafür belangt werden zu können. Auch wenn es darum ging, den Wert und die Position des Einzelnen in der Gesellschaft zu erörtern, griff man gern auf die Tierfiguren der Fabel zurück. Besonders LESSING hat die **Fabel** zu einer **Waffe in der gesellschaftlichen Auseinandersetzung** gemacht. Er dichtete Fabeln, die er von ÄSOP oder LUTHER übernahm, um und positionierte sie dadurch in seiner Zeit. So lässt er beispielsweise den Raben, der aus Eitelkeit und Dummheit sein Stück Käse an den Fuchs verliert, ein Stück vergiftetes Fleisch erbeuten. Der Fuchs erschmeichelt sich diesen Fraß und stirbt daran. LESSINGS Kommentar: Möge es euch allen so gehen, verdammte Schmeichler. Er dachte dabei wohl an die Höflinge, die Schmeicheln und Liebedienerei einsetzten, um Vorteile zu erlangen.

Die drei abgedruckten Fabeln beleuchten die Position des absoluten Herrschers aus drei unterschiedlichen Perspektiven. **GOTTLIEB KONRAD PFEFFELS** (1736–1809) *Der Löwe, der Fuchs und der Esel* konzentriert sich auf das Problem der Gerechtigkeit im System des Feudalismus. Gerecht ist, was dem König nützt. Der Löwe beansprucht nicht nur die gesamte Beute, er schädigt und verletzt auch den Esel, der diese Regel nicht schnell genug erfasst hat. Der Fuchs hingegen hat die Denk- und Anschauungsweise des Höflings. Er schmeichelt und hat seinen Profit davon. Dabei ist er witzig und kann dem ganzen Geschehen noch eine zynische Pointe verleihen (der rote Hut ist Zeichen der juristischen Fakultät).
In der Fabel *Der Löwe mit dem Esel* greift **LESSING** eine ÄSOPSCHE Fabel auf und konkretisiert durch die Deutung der Tiercharaktere den Zeitbezug. Der „Große", der sich des Geringen bedient, ohne sich dabei etwas zu vergeben, ist der Fürst, der seine Räte, Offiziere und Künstler so behandelt wie der Löwe den Esel.

Um zu belegen, wie nahe hinsichtlich der Fürstenkritik Aufklärung und Sturm und Drang (▶ S. 63 ff.) einander stehen, ist als dritte Löwenfabel **CHRISTIAN FRIEDRICH DANIEL SCHUBARTS** *Der gnädige Löwe* aufgenommen. SCHUBARTS Fabel ist in leicht durchschaubarem ironischem Ton geschrieben. Der despotische Löwe, der gnädige Tyrann, die gnädige Majestät, die beglückten Untertanen, die Schmeichler, die die geschenkten Knochen als „Gnade" preisen, das alles hat etwas von verkehrter Welt. Der Leser kann hier dem Fuchs nur zustimmen, der als „Moral" die Regel des Systems formuliert: Das, was der Fürst gibt, hat er zuvor geraubt.

Themenkreis 2: Toleranz und Mitempfinden – Frieden statt Krieg

LESSING hatte den Krieg, der zur Zeit der Kreuzzüge zwischen Christen, Juden und Muslimen um die Vorherrschaft in der Stadt Jerusalem entbrannt war, in seinem Theaterstück *Nathan der Weise* zum Hintergrund genommen, um seine Idee der **Toleranz** in einer **Parabel** zu demonstrieren. Die Parabel (▶ S. 49) ist eine Textsorte belehrender Rede, die auf die Tradition des Alten und Neuen Testaments zurückgeht. Ähnlich wie die Fabel eignet sich die Parabel dazu, Gedankengänge anschaulich und nachvollziehbar zu machen.
Wie ein biblisches Gleichnis erzählt LESSINGS weiser Nathan dem Sultan die „**Ringparabel**". Der mächtige Sultan hatte als Muslim dem Juden die verfängliche Frage gestellt, welche der Religionen die richtige sei. Nathan erzählt von einem Vater, der drei Söhnen drei Ringe vermacht, jedem aber sagt, sein Ring besitze die Kraft, bei den Menschen beliebt zu machen. Als sich herausstellt, dass die Echtheit des Rings nicht

Daniel Chodowiecki: Toleranz – Die aufgeklärte Weisheit, in Gestalt der Minerva, nimmt die Bekenner aller Religionen in ihren Schutz (1792).

festgestellt werden kann, rät der weise Richter in der Geschichte, jeder möge sich durch sein Verhalten bemühen, seinen Ring als den rechten zu erweisen. Nicht der Ring, sondern der Besitzer und sein Verhalten erweisen die „Richtigkeit" seines Anspruchs. Dasselbe gelte auch für die Religionen. Nicht Krieg, sondern der Wettbewerb um das den Menschen angemessene, gerecht geordnete Leben soll die Herrschenden in Politik und Religion bestimmen. Die Worte des weisen Richters in LESSINGS Drama lauten:

„Es strebe von euch jeder um die Wette, / Die Kraft des Steins in seinem Ring an Tag / Zu legen! Komme dieser Kraft mit Sanftmut, / Mit herzlicher Verträglichkeit, mit Wohltun / Mit innigster Ergebenheit in Gott, / Zu Hülf'! Und wenn sich dann der Steine Kräfte / Bei euern Kindes-Kindeskindern äußern: / So lad' ich über tausend tausend Jahre / Sie wiederum vor diesen Stuhl."

Nathan brandmarkt mit seinem parabelhaften Märchen den realen Krieg zwischen den Religionen als überflüssig und widervernünftig. Er kritisiert damit zugleich die politische Taktik der Mächtigen seiner Zeit, die die religiösen Unterschiede zum Anlass nehmen, um Kriege führen zu können. Gott liebt alle Menschen, und die Religionen sollten sich als Brüder sehen, die um das Erreichen humaner Lebensregeln miteinander wetteifern. LESSING verknüpft das politische Anliegen mit einer Familien- und Liebesgeschichte mitten in Kriegsereignissen. Der christliche Tempelherr, begnadigt vom muslimischen Sultan, rettet und liebt die Jüdin Recha, die sich später als seine Schwester herausstellt. Jeder von ihnen hat Vorurteile zu überwinden, ehe sich die Verwandtschaft aller Menschen zeigt.

Georg Christoph Lichtenberg: **Sudelbücher** (1765–1799) Auszug

Wenn man auf einer entfernten Insel einmal ein Volk anträfe, bei dem alle Häuser mit scharf geladenem Gewehr behängt wären und man beständig des Nachts Wache hielte, was würde ein Reisender anders denken können, als dass die ganze Insel von Räubern bewohnt wäre? Ist es aber mit den europäischen Reichen anders? Man sieht hieraus, von wie wenigem Einfluss die Religion überhaupt auf Menschen ist, die sonst kein Gesetz über sich erkennen, oder wenigstens, wie weit wir noch von einer wahren Religion entfernt sind. Dass die Religion selbst Kriege veranlasst hat, ist abscheulich und die Erfinder der Systeme werden gewiss dafür büßen müssen. Wenn die Großen und ihre Minister wahre Religion und die Untertanen vernünftige Gesetze und ein System hätten, so wäre allen geholfen.

Matthias Claudius: **Kriegslied** (1779)

's ist Krieg! 's ist Krieg! O Gottes Engel wehre,
    Und rede du darein!
's ist leider Krieg – und ich begehre
    Nicht schuld daran zu sein.

5 Was sollt ich machen, wenn im Schlaf mit Grämen
    Und blutig, bleich und blass,
Die Geister der Erschlagnen zu mir kämen
    Und vor mir weinten, was?

Wenn wackre Männer, die sich Ehre suchten,
10   Verstümmelt und halb tot
Im Staub sich vor mir wälzten und mir fluchten
    In ihrer Todesnot?

Wenn tausend, tausend Väter, Mütter, Bräute,
    So glücklich vor dem Krieg,
15 Nun alle elend, alle arme Leute,
    Wehklagten über mich?

Was hülf mir Kron und Land und Gold und Ehre?
    Die könnten mich nicht freun,
's ist leider Krieg – und ich begehre
20   Nicht schuld daran zu sein.

Kommentar

LESSING verlagert und verfremdet die Diskussion um ein zeitgenössisches Problem (das Problem der Toleranz in der Religion), indem er es mit dem Thema „Krieg um Jerusalem" verbindet und ins Mittelalter verlegt.

LICHTENBERG formuliert theoretische Annahmen: „Wenn man [...] anträfe", spielt aber deutlich auf die Machtkonstellationen der Gegenwart an. Die stehenden Heere der absoluten Fürsten vergleicht er mit der unsinnigen Überbewaffnung der Inselbewohner, ihre angenommene Bedrohung durch Räuber kann dann als Metapher für das Verhältnis der europäischen Staaten untereinander angesehen werden: Sie bedrohen einander ständig, wie Räuber friedliche Bürger bedrohen. Die „Kabinettskriege" zeigen sich damit als politisch gerechtfertigte Räubereien innerhalb des Systems absolutistisch regierter Staaten.

Den Hintergrund dieser Texte bilden die Erfahrungen der Bevölkerung mit dem **Siebenjährigen Krieg** (1756–1763). Dieser wurde von den Fürsten und Regierungen (neben Preußen und Österreich auch Russland, England, Frankreich) geführt, weil sie sich jeweils Vorteile im Konzert der europäischen Mächte versprachen. Sie kalkulierten die Kosten mit ein: Verarmung der Bevölkerung, Missbrauch der patriotischen Gesinnung und religiöser Überzeugungen (Preußen: Protestantismus, Österreich: Katholizismus) für die Zwecke der Krone, mangelnde Versorgung der Kriegsopfer.

LICHTENBERG „räsoniert", er vertritt die Auffassung, dass die bedrohliche Überbewaffnung in Europa eine Kriegsgefahr darstellt. Und er formuliert seine Bedenken in einem sprechenden Vergleich. Was im Privaten unsinnig ist, warum sollte das – politisch und aufs Allgemeine gesehen – einen Sinn haben?

Einen ganz anderen Zugang zum Thema findet der empfindsame Dichter **MATTHIAS CLAUDIUS**. Er spricht als einer, der den Siebenjährigen Krieg und seine Folgen erlebt hat. FRIEDRICH II. VON PREUSSEN hatte ihn vom Zaun gebrochen, um seinen Herrschaftsbereich zu erweitern. Der Krieg kostete Tausenden von Soldaten das Leben oder ließ sie als verwundete Krüppel und ohne Versorgung zurück. Der Sprecher des

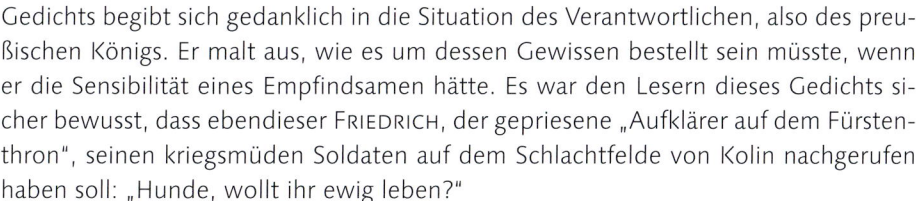

Gedichts begibt sich gedanklich in die Situation des Verantwortlichen, also des preußischen Königs. Er malt aus, wie es um dessen Gewissen bestellt sein müsste, wenn er die Sensibilität eines Empfindsamen hätte. Es war den Lesern dieses Gedichts sicher bewusst, dass ebendieser FRIEDRICH, der gepriesene „Aufklärer auf dem Fürstenthron", seinen kriegsmüden Soldaten auf dem Schlachtfelde von Kolin nachgerufen haben soll: „Hunde, wollt ihr ewig leben?"

Themenkreis 3: Erziehung

Jean-Jacques Rousseau: **Emile** (1762) Auszug

Die Kinder beiderlei Geschlechts haben viele gemeinsame Vergnügungen, und das muss so sein. Haben sie die nicht auch, wenn sie erwachsen sind? Sie haben jedoch auch eigene Neigungen,
5 durch die sie sich voneinander unterscheiden. Die Knaben suchen Bewegung und Lärm, Trommeln, Kreisel und kleine Wagen, die Mädchen lieben mehr das, was ins Auge fällt und dem Schmuck dient: Spiegel, Geschmeide, Putz, über
10 alles aber Puppen. Die Puppe ist die besondere Freude dieses Geschlechts; ganz gewiss ist diese Neigung auf seine spätere Bestimmung ausgerichtet. Das Äußerliche in der Kunst zu gefallen liegt im Schmuck, das ist auch alles, was Kinder
15 von dieser Kunst schon pflegen können.
Man sehe einmal ein kleines Mädchen den Tag mit seiner Puppe verbringen: unaufhörlich ihre Kleidung wechseln, sie hunderte Male an- und ausziehen, fortgesetzt neue Zusammenstellungen suchen, sie zu schmücken, gut oder schlecht, das tut
20 nichts zur Sache. Die Finger sind noch ungeschickt, der Geschmack ist noch nicht gebildet, aber schon zeigt sich die Neigung. Bei dieser andauernden Beschäftigung verfließt die Zeit, ohne dass es sich darum sorgt; unbemerkt vergehen die Stunden,
25 es vergisst selbst die Mahlzeiten, es hungert mehr nach Schmuck als nach Nahrung. Aber, so sagen Sie, es schmückt seine Puppe und nicht seine Person. Ohne Zweifel sieht es seine Puppe und nicht sich; es kann noch nichts dieser Art für sich tun,
30 es ist noch nicht so weit entwickelt und hat weder Talent noch Kraft dazu; es ist eben noch nichts. So lebt es ganz in seiner Puppe und legt all seine Gefallsucht in sie hinein, wird es aber nicht immer dabei bewenden lassen. Es erwartet den Au
35 genblick, in dem es selbst eine Puppe sein kann.

Georg Christoph Lichtenberg: **Sudelbücher** (1765–1799) Auszug

Es ist in der Tat verkehrt, wenn man unseren Kindern alles mit Liebe beibringen will, da in dem höheren Leben, wenn wir älter werden, uns das Wenigste zu Gefallen geht und wir uns immer
5 unter einen Plan demütigen müssen, den wir nicht übersehen. Also je eher, je lieber zu jenem künftigen Leben gewöhnt!

Es wäre der Mühe wert, zu untersuchen, ob es nicht schädlich ist, zu sehr an der Kinderzucht zu
10 polieren. Wir kennen den Menschen noch nicht genug, um dem Zufall, wenn ich so reden darf, diese Verrichtung ganz abzunehmen. Ich glaube, wenn unsern Pädagogen ihre Absicht gelingt, ich meine, wenn sie es dahin bringen können, dass sich die Kinder ganz unter ihrem Einfluss bilden,
15 so werden wir keinen einzigen recht großen Mann mehr bekommen. Das Brauchbarste in unserem Leben hat uns gemeiniglich niemand gelehrt. Auf öffentlichen Schulen, wo viele Kinder nicht allein zusammen lernen, sondern auch
20 Mutwillen treiben, werden freilich nicht so viel fromme Schlafmützen gezogen, mancher geht ganz verloren, den meisten sieht man aber ihre Überlegenheit an. Bewahre Gott, dass der Mensch, dessen Lehrmeisterin die ganze Natur ist, ein
25 Wachsklumpen werden soll, worin ein Professor sein erhabnes Bildnis abdruckt.

Kommentar

Der **Glaube an die Erziehbarkeit** sowohl **des Einzelnen** wie **der Menschheit** ist charakteristisch für das Denken der Aufklärung. LESSING hatte mit der Abhandlung *Die Erziehung des Menschengeschlechts* (1780) die Entwicklung der menschlichen Vernunft als einen kontinuierlichen und geplanten Erziehungs- und Emanzipationsprozess dargestellt. Über die Prinzipien der Erziehung hingegen herrschte keine Einigkeit. Vorherrschend war eine Pädagogik, die in Kindern kleine Erwachsene sah. Eine eigentliche „Kindheit" gab es nicht. Schon mit zehn oder elf Jahren wurden Mädchen zur Hausarbeit, Jungen zur Arbeit auf dem Hof oder in der Werkstatt des Vaters angehalten (den Begriff „Kinderarbeit" gab es nicht). Auch die Schule galt für die, die sie besuchen durften, als Ort der Arbeit. FRIEDRICH SCHILLERS Lerntag auf der Hohen Karlsschule in Stuttgart, der Militärschule („Pflanzschule") des württembergischen Herzogs KARL EUGEN, umfasste (ohne Ferien) zehn Stunden täglich. Diesem Lern- und Arbeitskonzept stand ROUSSEAUS Idee entgegen, die den Kindern so lange wie möglich den **„Naturzustand"** erhalten wollte. Seine Romanfigur Emile ging erst als Jugendlicher in die Schule. Dahinter stand der Glaube daran, dass ein Mensch von Natur aus gern und erfolgreich lernt, wenn er nur die nötige Freiheit erhält, selbst Erfahrungen zu machen und selbst zu entscheiden, was und wie er lernt.

ROUSSEAU erläutert in dem abgedruckten Textauszug die epochentypische Idee eines **natürlichen Geschlechterunterschieds** und im weiteren Verlauf folgert er, durch die Erziehung solle das jeweils Spezifische des Geschlechtscharakters ausgebildet werden. Sein Plädoyer für die Erziehung von Mädchen ist insofern wichtig, als erst einmal dafür Partei ergriffen werden musste, dass Mädchen überhaupt etwas lernen. Die „gelehrte Frau" ist ein Schreckgespenst der Zeit. Bis ins 19. Jahrhundert hinein ging man davon aus, dass die beiden Geschlechter unterschiedliche Charaktereigenschaften haben: Jungen sind aktiv, nach außen orientiert, Mädchen eher ausgleichend und nach innen orientiert.

LICHTENBERG zeigt in den beiden Aphorismen seine aufklärerische Gesinnung zunächst einmal in einer gehörigen Portion Skepsis gegenüber den Lernformen der öffentlichen Schulen. An anderer Stelle spottet er über das Auswendiglernen, die Grammatik, das „Einbläuen der Geografie". Diese Gesinnung zeigt sich zweitens in der Übernahme einiger Ideen ROUSSEAUS, die er mit dem Konzept des **Lernens durch Erfahrungen-Machen** verbindet. Er ist als „Empirist" der Auffassung, dass der Mensch mehr lernt, wenn er seine Umwelt selbstständig beobachtet und das Gesehene beurteilt, als wenn er gelehrte Schriften studiert.
LICHTENBERG wendet sich in seinem Aphorismus aber auch gegen Eltern, die ihre Kinder verzärteln, die ihnen keine Anstrengungen abverlangen. Denn er ist der Ansicht, dass die Vorbereitung auf das künftige Leben auch die Anstrengung, die Fähigkeit umfasst, mit widrigen Umständen fertig zu werden.

2.2 Sturm und Drang – Aufbruch der Jugend

Der Sturm und Drang ist nicht nur eine literarische Bewegung innerhalb der Epoche der Aufklärung. Der Begriff steht für einen Mentalitätswandel in den Siebzigerjahren des 18. Jahrhunderts. Das neue Denken umfasst den neuen Begriff des **autonomen, schöpferischen Individuums (Genie)** und z. B. auch ein neues Verhältnis zur nationalen Tradition in der Kunst (die Baukunst des Mittelalters wird gegenüber der französischen Architektur der Schlossbauten aufgewertet). Der Begriff „Sturm und Drang" wurde nach dem gleich lautenden Titel eines Dramas von MAXIMILIAN KLINGER (1752–1831) gebildet, in dem ein junger Mann sich selbstbewusst gegen die verkrusteten Strukturen in der Welt seiner Väter auflehnt.

Sehr häufig wird der Gegensatz zwischen der **„Jugendbewegung"** des Sturm und Drang und der rational und an die gesellschaftlichen Konventionen angepassten Vätergeneration betont. Man denkt dabei an die *Prometheus*-Hymne des jungen GOETHE, in der die göttliche Autorität von einem „Titanen" angezweifelt wird, oder an das Erstlingsdrama des jungen SCHILLER *(Die Räuber),* in dem der Held Karl Moor das „tintenklecksende saeculum (Jahrhundert)" seiner saft- und kraftlosen Zeitgenossen verachtet und verspottet.

Viele Ideen und Konzepte der führenden Köpfe des Sturm und Drang sind indes auf dem Boden der Aufklärung gewachsen. So verficht etwa der Straßburger Freund GOETHES JAKOB MICHAEL REINHOLD LENZ (1751–1792) in seinem Drama *Die Soldaten* die Idee, man solle, um Bürgermädchen vor den Nachstellungen der in militärischen Stützpunkten (Garnisonen) lebenden Soldaten (die ehelos zu sein hatten) zu schützen, „eine Pflanzschule von Soldatenweibern" einrichten, in denen junge Frauen ihre mit Soldaten gezeugten Kinder austragen und aufziehen könnten.

Viele neue Ideen des Sturm und Drang waren ebenfalls im Grunde vernunftgeleitete Gedanken, aber sie waren zugleich empfindungsstark und voller **Gefühl.** Und sie wurden mit Leidenschaft vorgetragen. Hier ist in erster Linie das Aufbegehren gegen die Normen des gesellschaftlich geregelten Lebens zu nennen, das im Namen der Freiheit, des Gefühls, der „Natur" erfolgte.

„Aufbegehren" spielt auch bei dem neuen **Naturverständnis** eine Rolle. An die Stelle der Idee der Natur als Schöpfung eines personalen Gottes tritt der Gedanke des **Pantheismus** (▶ S. 70): Gott ist nicht über, sondern *in* der Natur. Mit diesem Konzept („Natur" als mütterliches und schöpferisches, nicht-personales Prinzip) ist die patriarchale, christliche und vernunftgeleitete Ordnung in Frage gestellt. Das geschah vorwiegend im Namen des Gefühls, des Enthusiasmus (leidenschaftliche Begeisterung), des Genialischen.

Das sich entwickelnde Naturgefühl hatte seine Wurzeln in religiösen Anschauungen: Gott hatte die Natur geschaffen, damit der Mensch in ihr seine Größe und Güte, seine Fürsorge für den Menschen und seine sich ständig erneuernde Gnade erkennen könne. Die Natur konnte dann Gott an die Seite treten, selbst als „Mutter" und Spenderin von Freude und Behagen gelten. Der Dichter FRIEDRICH GOTTLIEB KLOPSTOCK (1724–1803) zum Beispiel fährt mit seinen Freunden über den Zürichsee. Sein berühmtes Gedicht über diese Seefahrt ist ein Hymnus, der die Natur, die Liebe und die Freundschaft besingt. Es beginnt:

Schön ist, Mutter Natur, deiner Erfindung Pracht / Auf die Fluren verstreut, schöner ein froh Gesicht, / Das den großen Gedanken / Deiner Schöpfung noch einmal denkt.

JOHANN WOLFGANG GOETHE schrieb Jahre später nach der gleichen Fahrt das Gedicht *Auf dem See* (1775/89), ▶ S. 68.

Weitere wesentliche Charakteristika der **Literatur des Sturm und Drang** sind:
- **Der Geniegedanke** ist mit dem des Naturenthusiasmus eng verbunden. Wie die Natur aus sich selbst heraus schafft das Genie Neues nach je eigenen Regeln. Das Genie ist in gewisser Weise die Verlängerung der „natura naturans" (der „schaffenden" Natur, einer Natur, die schöpferisch Neues hervorbringt). Das Genie rebelliert gegen Autoritäten und Dogmen. Es folgt den Regeln, die es in sich spürt.
- **Der Liebes- und Freundschaftskult:** Gleichgestimmtheit der Seelen ist die Grundlage für Liebe und Freundschaft. Nicht erotisches Begehren, sondern die emotionale Verbundenheit, die gleiche Verehrung der Natur, der Werke der Kunst oder der gesellige Kreis der Gleichgesinnten, die kein Zweck und gemeinsames Ziel zusammenführen, sondern eben die gleichen Empfindungen.
- **Das Freiheitspathos** entspringt der Rebellion gegen festgefahrene soziale Konventionen und Regeln, gegen Standesschranken, unbegriffene Tradition. Freiheit ist indes nicht nur ein individuelles Begehren, sondern auch eine politische Forderung und damit ein Gedanke, der den Sturm und Drang als Teil der Aufklärung ausweist.
- **Der gefühlsbetonte Patriotismus:** Der Stolz auf das eigene Volkstum, überhaupt auf das „Volk" – im Gegensatz zu dem Stolz auf Stand und Herkunft – lässt die Stürmer und Dränger kritisch sein gegenüber der „Mode", der Prachtentfaltung des Adels, gegenüber dem Putz und der Kleidung der Höflinge. „Natürlichkeit" ist ihr Prinzip. Mädchen beispielsweise dürfen Wanderschuhe tragen und große Wanderschritte machen. Das gilt als „deutsches" Wesen im Gegensatz zu den eleganten Sitten der Franzosen. Standesgegensätze erscheinen plötzlich als nationale Gegensätze.

Wichtige Autoren des Sturm und Drang

CHRISTIAN FRIEDRICH DANIEL SCHUBART (1739–1791), Sohn eines Pfarrers, wurde 1769 Organist am württembergischen Hof in Ludwigsburg. Auf Grund seines freien Lebenswandels sowie seiner scharfen Kritik an Aristokratie und Klerus wurde er des Landes verwiesen. In Augsburg, dann in Ulm gab er die sehr erfolgreiche Zeitung *Teutsche Chronik* heraus. 1777 lockte ihn der Herzog KARL EUGEN auf württembergisches Territorium und ließ ihn verhaften. Zehn Jahre wurde SCHUBART auf dem Hohenasperg (bei Ludwigsburg) gefangen gehalten. Seine Gedichte sind Klage und Protest gegen dieses Schicksal. SCHUBART überlebte seine Haft nur wenige Jahre.

JOHANN GOTTFRIED HERDER (1744–1803) hatte bei KANT studiert, war schon 1764 Lehrer und Prediger in Riga, fügte KANTS Ideen die der historischen Entwicklung der menschlichen Kultur hinzu: Für die Entwicklungen in Sprache, Literatur und Geschichte sind Menschen als kulturfähige We-

sen verantwortlich. In Straßburg traf er 1770 mit GOETHE zusammen. Er übersetzte alte Volkslieder und sammelte sie in *Stimmen der Völker in Liedern* (1772). Bald nach GOETHE wurde er nach Weimar berufen und wirkte dort als Pfarrer und Bischof. HERDERS Sympathie für die Französische Revolution trug später zu seiner Entfremdung vom weimarischen Herzog und auch von Goethe bei.

GOTTFRIED AUGUST BÜRGER (1747–1794)

studierte Jura in Göttingen, kam dort in Kontakt mit den Dichtern des Göttinger Hainbundes, einer Gruppe naturverbundener Dichter (**LUDWIG HÖLTY,** die **BRÜDER STOLBERG**), wurde 1772 Amtmann in einem kleinen Ort bei Göttingen, durch Vermittlung LICHTENBERGS 1784 dort auch Professor. Seine Gedichte waren populär. Bekannt geworden ist er vor allem durch seine Balladen (*Leonore,* 1773). SCHILLER verfasste eine scharfe Rezension, in der er BÜRGER vorwarf, dem Geschmack des breiten Publikums zu sehr nachzugeben. 1786 erschienen seine fantastischen Lügengeschichten: *Wunderbare Reisen des Freiherrn von Münchhausen.*

JOHANN WOLFGANG GOETHE (1749–1832)

sollte in Straßburg sein juristisches Studium abschließen. Er interessierte sich aber mehr für Literatur und Philosophie, sammelte eine Gruppe Gleichgesinnter um sich (JOHANN GOTTFRIED HERDER, JAKOB MICHAEL REINHOLD LENZ), verliebte sich in die Pfarrerstochter FRIEDERIKE BRION, verarbeitete – nach der Rückkehr nach Frankfurt und Wetzlar – diese Erfahrungen sowie andere Erlebnisse (CHARLOTTE KESTNER, MAXIMILIANE VON LA ROCHE) in seinem Briefroman *Die Leiden des jungen Werthers.* Der Roman traf die Stimmung weiter Kreise der Jugend und machte GOETHE berühmt. Der junge Herzog von Weimar, begeisterter Anhänger der Ideen des Sturm und Drang, holte ihn an seinen Hof. Sie wurden Freunde und GOETHE blieb bis an sein Lebensende in Weimar.

JAKOB MICHAEL REINHOLD LENZ (1751–1792),

Sohn eines pietistischen Pfarrers, studierte seit 1768 Theologie in Königsberg, wo er Vorlesungen KANTS hörte. 1771 brach er sein Studium ab und reiste nach Straßburg, wo er GOETHE kennen lernte. Seinen Lebensunterhalt verdiente er als Hofmeister (Hauslehrer) und durch Privatunterricht. 1774 erschien seine Komödie *Der Hofmeister oder die Vorteile der Privaterziehung,* 1776 sein Drama *Die Soldaten.*
1777 traten erstmals Anzeichen einer Geisteskrankheit auf. In der Folgezeit führte LENZ ein unstetes Wanderleben, war arm (er musste immer wieder von Freunden unterstützt werden) und sehr krank. 1792 starb er auf einer Straße in Moskau. GEORG BÜCHNER (▶ S. 124, 129 ff.) verarbeitete LENZ' Besuch bei dem Pfarrer Oberlin in den Vogesen in seiner Novelle *Lenz* (1835).

FRIEDRICH SCHILLER (1759–1805),

geboren in Marbach in Württemberg, von Herzog KARL EUGEN an seine „Pflanzschule", die Karlsakademie, geholt und zum Arzt ausgebildet, schrieb sein erstes Stück *Die Räuber* (1781) noch als Karlsschüler und junger Militärarzt. Da ihm das „Komödienschreiben" verboten wurde, floh er außer Landes. Am Theater in Mannheim verfasste er als Bühnenautor *Kabale und Liebe.* Das Stück machte politische Zustände in seiner Heimat zum Thema. 1794 begann SCHILLERS Freundschaft mit GOETHE.

Themenkreis 1: Die gefühlte Natur

Johann Wolfgang Goethe: Die Leiden des jungen Werthers (1774) Auszug

[Goethes Briefroman handelt von der unglücklichen Liebe Werthers zu Lotte, die mit Albert verlobt ist. Werthers Briefe zeigen eine neue Auffassung von Natur, Liebe und Gesellschaft. Im Brief vom 15. September berichtet Werther seinem Freund Wilhelm über ein alltägliches Ereignis im Dorf.]

Am 15. September

Man möchte rasend werden, Wilhelm, dass es Menschen geben soll ohne Sinn und Gefühl an dem Wenigen, was auf Erden noch einen Wert hat. Du kennst die Nussbäume, unter denen ich
5 bei dem ehrlichen Pfarrer zu St... mit Lotten gesessen, die herrlichen Nussbäume! die mich, Gott weiß, immer mit dem größten Seelenvergnügen füllten! Wie vertraulich sie den Pfarrhof machten, wie kühl! und wie herrlich die Äste waren.
10 Und die Erinnerung bis zu den ehrlichen Geistlichen, die sie vor so vielen Jahren pflanzten. Der Schulmeister hat uns den einen Namen oft genannt, den er von seinem Großvater gehört hatte; und so ein braver Mann soll er gewesen sein, und
15 sein Andenken war mir immer heilig unter den Bäumen. Ich sage Dir, dem Schulmeister standen die Tränen in den Augen, da wir gestern davon redeten, dass sie abgehauen worden. Abgehauen! Ich möchte toll werden, ich könnte den Hund er-
20 morden, der den ersten Hieb dran tat. Ich, der ich mich vertrauern könnte, wenn so ein paar Bäume in meinem Hofe stünden und einer davon stürbe vor Alter ab, ich muss zusehen. Lieber Schatz, eins ist doch dabei! Was Menschengefühl ist! Das
25 ganze Dorf murrt, und ich hoffe, die Frau Pfarrerin soll es an Butter und Eiern und übrigem Zutrauen spüren, was für eine Wunde sie ihrem Or-

te gegeben hat. Denn sie ist es, die Frau des neuen Pfarrers (unser alter ist auch gestorben), ein hageres kränkliches Geschöpf, das sehr Ursache hat, 30 an der Welt keinen Anteil zu nehmen; denn niemand nimmt Anteil an ihr. Eine Närrin, die sich abgibt, gelehrt zu sein, [...] eine ganz zerrüttete Gesundheit hat und deswegen auf Gottes Erdboden keine Freude. So einer Kreatur war es auch allein 35 möglich, meine Nussbäume abzuhauen. Siehst Du, ich komme nicht zu mir! Stelle Dir vor, die abfallenden Blätter machen ihr den Hof unrein und dumpfig, die Bäume nehmen ihr das Tageslicht, und wenn die Nüsse reif sind, so werfen die 40 Knaben mit Steinen darnach, und das fällt ihr auf die Nerven, das stört sie in ihren tiefen Überlegungen [...]. Da ich die Leute im Dorfe, besonders die alten, so unzufrieden sah, sagte ich: Warum habt ihr es gelitten? – Wenn der Schulze[1] will, 45 hierzulande, sagten sie, was kann man machen? – Aber eins ist recht geschehen. Der Schulze und der Pfarrer, der doch auch von seiner Frauen Grillen[2], die ihm ohnedies die Suppen nicht fett machen, was haben wollte, dachten es miteinander 50 zu teilen; da erfuhr es die Kammer[3] und sagte: hier herein! Denn sie hatte noch alte Prätensionen[4] an den Teil des Pfarrhofes, wo die Bäume standen, und verkaufte sie an den Meistbietenden. Sie liegen! Oh, wenn ich Fürst wäre! Ich wollte die Pfarrerin, den Schulzen und die Kammer – 55 Fürst! – Ja, wenn ich Fürst wäre, was kümmerten mich die Bäume in meinem Lande!

1 **Schulze:** Bürgermeister
2 **Grillen:** Spinnereien
3 **Kammer:** fürstliche Verwaltung
4 **Prätension:** hier: Vorrecht

Das neue **Naturgefühl** umfasste auch das **Chaotische, Ungeformte, Gewaltige.** Für GOETHES Vater war der Anblick der Alpengipfel noch ein Gräuel. Er verhängte die Fenster der Kutsche, um die als abweisend, roh und bedrohlich wahrgenommene Wildnis nicht sehen zu müssen. Die Maler der nachfolgenden Generation, **CASPAR WOLF** (1735–1783) und **JAKOB PHILIPP HACKERT** (1737–1807), ▶ S. 79, begeisterten sich für die Berge und Gletscher und „übersetzten" die Landschaft in ihre Gemälde. Der Sohn JOHANN WOLFGANG stieg aus der Kutsche aus und erwanderte die Berge und Täler zusammen mit seinen Freunden, den gleichfalls naturbegeisterten BRÜDERN STOLBERG. Er berichtet über diese „Schweizerreise" später in *Dichtung und Wahrheit.*

Caspar Wolf: Die Teufelsbrücke bei
Schöllenen (1777)

Johann Heinrich Jung-Stilling: Henrich Stillings Wanderschaft (1778) Auszug

*[In der autobiografischen Literatur der Zeit kann man
heute noch nachlesen, wie die Schreibenden die subjektive Erfahrung von Natur, von Freundschaft, Übereinstimmung der Seelen und Schöpfungsglaube zusam-
menbrachten. Stilling geht nach göttlicher Eingebung,
die er allein im dunkeln Wald hat, nach Waldstätt, wo
er Geselle bei Schneidermeister Isaak wird. Sonntags
treffen sich die Zirkel der Pietisten, um zusammen zu
singen und zu beten.]*

Mitten im Mai, ich glaube, dass es bei Pfingsten
war, beschloss Meister Isaac, im Märkischen, etwa sechs Stunden von Waldstätt, einige sehr
fromme Freunde zu besuchen; diese wohnten in
⁵ einem Städtchen, das ich hier Rothenbeck heißen
will. Er nahm Stillingen mit; es war das schönste
Wetter von der Welt, und der Weg dahin ging
durch bezaubernde Gegenden, bald quer über eine Wiese, dann durch einen grünen Busch voller

Nachtigallen, dann ein Feld hinauf voller Blumen, ¹⁰
dann über einen buschigten Hügel, dann auf eine
Heide, wo die Aussicht paradiesisch war, dann in
einen großen Wald, dann längs einen plätschern-
den kühlen Bach und immer so wechselweise
fort. Unsre beiden Pilger waren gesund und wohl, ¹⁵
ohne Sorge und Bekümmernis, hatten Frieden
von innen und außen, liebten sich wie Brüder, sahen und empfanden überall den guten und na-
hen Vater aller Dinge in der Natur und hatten eine Menge guter Freunde in der Welt und wenig ²⁰
oder gar keine Feinde. Sie gingen oder liefen vielmehr Hand an Hand ihren Weg fort, redeten von
allerhand Sachen ganz vertraulich oder sangen
eine oder andere erbauliche Strophe, bis dass sie
gegen Abend, ohne Müdigkeit und Beschwerde, ²⁵
zu Rothenbeck ankamen. Sie kehrten bei einem
sehr lieben und wohlhabenden Freunde ein, dem
sie also am wenigsten beschwerlich fielen.

Johann Wolfgang Goethe: **Auf dem See** (spätere Fassung, 1789)

Und frische Nahrung, neues Blut
Saug ich aus freier Welt;
Wie ist Natur so hold und gut,
Die mich am Busen hält!
5 Die Welle wieget unsern Kahn
Im Rudertakt hinauf,
Und Berge, wolkig himmelan,
Begegnen unserm Lauf.

Aug, mein Aug, was sinkst du nieder?
10 Goldne Träume, kommt ihr wieder?
Weg, du Traum! so gold du bist;
Hier auch Lieb und Leben ist.

Auf der Welle blinken
Tausend schwebende Sterne,
15 Weiche Nebel trinken
Rings die türmende Ferne;
Morgenwind umflügelt
Die beschattete Bucht,
Und im See bespiegelt
20 Sich die reifende Frucht.

Christian Friedrich Daniel Schubart: **Die Aussicht** (1784)

Schön ist 's, von des Tränenberges Höhen
Gott auf seiner Erde wandeln sehen,
  Wo sein Odem die Geschöpfe küsst:
Auen sehen, drauf Natur, die treue,
5 Eingekleidet in des Himmels Bläue,
  Schreitet, und wo Milch und Honig fließt.

Schön ist 's, in des Tränenberges Lüften
Bäume sehn in silberweißen Düften,
  Die der Käfer wonnesummend trinkt;
10 Und die Straße sehn im weiten Lande,
Menschenwimmelnd, wie vom Silbersande
  Sie, der Milchstraß gleich am Himmel, blinkt.

Und der Neckar, blau vorüberziehend,
In dem Gold der Abendsonne glühend,
15   Ist dem Späherblicke Himmelslust;
Und den Wein, des siechen Wandrers Leben,
Wachsen sehn an mütterlichen Reben,
  Ist Entzücken für des Dichters Brust.

Aber, armer Mann, du bist gefangen;
20 Kannst du trunken an der Schönheit hangen?
  Nichts auf dieser schönen Welt ist dein!
Alles, alles ist in tiefer Trauer
Auf der weiten Erde: denn die Mauer
  Meiner Feste schließt mich Armen ein!

25 Doch herab von meinem Tränenberge
Seh ich dort den Moderplatz der Särge;
  Hinter einer Kirche streckt er sich
Grüner als die andern Plätze alle: –
Ach, herab von meinem hohen Walle
30   Seh ich keinen schönern Platz für mich.

Festung Hohenasperg, in der Schubart jahrelang inhaftiert war

Johann Gottfried Herder: **Erlkönigs Tochter** (1778/79) nach einer dänischen Vorlage

Herr Oluf reitet spät und weit,
Zu bieten auf seine Hochzeitleut';

Da tanzen die Elfen auf grünem Land,
Erlkönigs Tochter reicht ihm die Hand.

5 „Willkommen, Herr Oluf, was eilst von hier?
Tritt her in den Reihen und tanz mit mir."

„Ich darf nicht tanzen, nicht tanzen ich mag,
Frühmorgen ist mein Hochzeittag."

„Hör an, Herr Oluf, tritt tanzen mit mir,
10 Zwei güldne Sporne schenk ich dir.

Ein Hemd von Seide so weiß und fein,
Meine Mutter bleicht 's mit Mondenschein."

„Ich darf nicht tanzen, nicht tanzen ich mag,
Frühmorgen ist mein Hochzeittag."

15 „Hör an, Herr Oluf, tritt tanzen mit mir,
Einen Haufen Goldes schenk ich dir."

„Einen Haufen Goldes nähm ich wohl;
Doch tanzen ich nicht darf noch soll."

„Und willt, Herr Oluf, nicht tanzen mit mir,
20 Soll Seuch und Krankheit folgen dir."

Sie tät einen Schlag ihm auf sein Herz.
Noch nimmer fühlt' er solchen Schmerz.

Sie hob ihn bleichend auf sein Pferd:
„Reit heim nun zu dein'm Fräulein wert."

25 Und als er kam vor Hauses Tür,
Seine Mutter zitternd stand dafür.

„Hör an, mein Sohn, sag an mir gleich,
Wie ist dein' Farbe blass und bleich?"

„Und sollt' sie nicht sein blass und bleich,
30 Ich traf in Erlenkönigs Reich."

„Hör an, mein Sohn, so lieb und traut,
Was soll ich nun sagen deiner Braut?"

„Sagt ihr, ich sei im Wald zur Stund,
Zu proben da mein Pferd und Hund."

35 Frühmorgen und als es Tag kaum war,
Da kam die Braut mit der Hochzeitschar.

Sie schenkten Met, sie schenkten Wein,
„Wo ist Herr Oluf, der Bräutigam mein?"

„Herr Oluf, er ritt in Wald zur Stund,
40 Er probt allda sein Pferd und Hund."

Die Braut hob auf den Scharlach rot,
Da lag Herr Oluf und er war tot.

Johann Gottfried Herder: **Der Wassermann** (1778/79) nach einer dänischen Vorlage

„O Mutter, guten Rat mir leiht,
Wie soll ich bekommen die schöne Maid?"
Sie baut ihm ein Pferd von Wasser klar,
Und Zaum und Sattel von Sande gar.
5 Sie kleidet ihn an zum Ritter fein;
So ritt er Marienkirchhof hinein.
Er band sein Pferd an die Kirchentür,
Er ging um die Kirch dreimal und vier.
Der Wassermann in die Kirch ging ein,
10 Sie kamen um ihn, groß und klein.
Der Priester eben stand vorm Altar:
„Was kommt für ein blanker Ritter dar?"
Das schöne Mädchen lacht in sich:
„O wär der blanke Ritter für mich!"
15 Er trat über einen Stuhl und zwei:
„O Mädchen, gib mir Wort und Treu."
Er trat über Stühle drei und vier:

„O schönes Mädchen, zieh mit mir."
Das schöne Mädchen die Hand ihm reicht:
20 „Hier hast meine Treu, ich folg dir leicht."
Sie gingen hinaus mit Hochzeitsschar,
Sie tanzten freudig und ohne Gefahr.
Sie tanzten nieder bis an den Strand,
Sie waren allein jetzt Hand in Hand.
25 „Halt, schönes Mädchen, das Ross mir hier!
Das niedlichste Schiffchen bring ich dir."
Und als sie kamen auf den weißen Sand,
Da kehrten sich alle Schiffe zu Land;
Und als sie kamen auf den Sund,
30 Das schöne Mädchen sank zu Grund.
Noch lang hörten am Lande sie,
Wie das schöne Mädchen im Wasser schrie.

Ich rat euch, Jungfern, was ich kann:
Geht nicht in Tanz mit dem Wassermann.

Kommentar

Werthers Brief mag auf den ersten Blick als Äußerung eines zornigen „Grünen" erscheinen. Doch sind die historischen Unterschiede zwischen den um die Natur Besorgten damaliger und heutiger Zeit hervorzuheben. Werther wusste noch nichts von Klimakatastrophe, von Ozonloch, von Waldsterben und CO_2. Sein Verhältnis zur Natur war von ROUSSEAU geprägt. Die Natur denkt er als lebenden Organismus: Die Natur „lebt" in ihren Hervorbringungen und der Mensch, der aus egoistischen Gründen in das Leben der Natur eingreift, stört ihr Gleichgewicht, schädigt damit sich selbst. Das Bild von der „Mutter Natur" und die pantheistische Vorstellung, dass Gott nicht im Himmel, sondern in der Natur existiere, ist Teil von GOETHES philosophisch untermauerter Weltanschauung.

Pantheismus

Der Pantheismus (von griech. pan = überall, theós = Gott) fasst „Gott" und „Natur" als Einheit auf, **Gott** sei **überall** (in der Natur). Am konsequentesten vertreten wurde diese Anschauung von dem jüdisch-niederländischen Philosophen BARUCH SPINOZA (1632–1677) und dem Dominikanermönch GIORDANO BRUNO (1548–1600). BRUNO wurde deshalb als Ketzer verbrannt. SPINOZAS Formel „Deus sive natura" (Gott ist Natur) wird von GOETHE mit einem All-Einheitsgefühl verknüpft. In den *Leiden des jungen Werthers* ist die Naturerfahrung mit der erlebten „Gegenwart des Allmächtigen" (Brief vom 10. Mai) gleichgesetzt. Das trägt auch GOETHE den Vorwurf des Atheismus ein.

Der zweite Teil von Werthers Gedankengang ist Kritik am Verhalten der maßgeblichen bürgerlichen Figuren im Dorf, dem Pfarrer und seiner Frau sowie dem Bürgermeister. Sie haben den Blick für die Schönheit der gewachsenen Natur verloren, denken „gelehrt", egoistisch und profitorientiert. Selbst der Fürst, der sich um das Wohl des Landes sorgen sollte, denkt wie sie. Ihm wirft Werther die Vernachlässigung seines Landes vor.

JOHANN HEINRICH JUNG-STILLINGS Schilderung seiner Wanderung mit Meister Isaac ist durch eine **religiöse Naturempfindung** bestimmt. Die beiden „Stillen im Lande" sind auf dem Weg zu Gleichgesinnten in einer sechs Stunden entfernten kleinen Stadt. Alle Bestandteile einer „amoenen" (lieblichen) Landschaft sind aufgerufen: Wiese, Blumen auf den Feldern, Nachtigallen, ein Bach, ein Wald, den man durchquert, um am Ende bei Freunden aufgenommen zu werden. Die Natur spiegelt ihre heiteren Seelen.

JOHANN WOLFGANG GOETHES *Auf dem See* entstand (mit einem etwas anderen Anfang: „Ich saug an meiner Nabelschnur / Nun Nahrung aus der Welt") auf GOETHES Reise in die Schweiz (1775) nach einer Fahrt über den Zürichsee. In dieser Formulierung ist die Vorstellung der „Mutter Natur" sehr konkret wiederzuerkennen. Auch der wiegende Kahn lässt an einen Säugling denken. Der wechselnde Rhythmus und die auffälligen Formulierungen („Berge, wolkig himmelan") machen klar, dass das Naturerlebnis dem jungen Mann, der eben einen Liebeskummer zu überwinden hat, neuen Lebensmut gibt.

CHRISTIAN FRIEDRICH DANIEL SCHUBART: *Die Aussicht* entstand nach drei Jahren strenger Haft im Turm auf der Festungsmauer des Hohenaspergs (seines „Tränen-bergs"). Zum ersten Mal war dem Häftling ein „Freigang" erlaubt. Er blickt von dem Berg über das Land, in dem er gerne frei gelebt hätte. Gefühlvoll beschreibt er das, was er sieht, eine idyllische Landschaft, im Kontrast zu seiner Situation als Gefange-ner. Das Gedicht ist ein aus der Kerkerperspektive empfundener Lobgesang auf die schwäbische Kulturlandschaft in der näheren Umgebung der Residenzstadt Ludwigs-burg. „Milch und Honig" fließen auf fruchtbaren Feldern, auf den Straßen bewegt sich der Verkehr der Menschen, der Fluss zieht blau vorüber – das alles ist dem Ge-fangenen „Schönheit". Wie die Freiheit ist auch diese landschaftliche Schönheit eine „Kerkerblume". Das Gedicht kommt zu einer bitteren Pointe: Angesichts seiner Situ-ation bleibt dem Sprecher nur der Wunsch nach Auflösung in der Natur im Tode. „Grüner als die andern Plätze alle" erscheint ihm der Friedhof.

JOHANN GOTTFRIED HERDER hatte die dänischen **Volksballaden** von der Begegnung des Ritters Oluf mit Erlkönigs Tochter und vom Wassermann ins Deutsche übersetzt und 1778 in seine Sammlung *Stimmen der Völker in Liedern* aufgenommen. Die Elfe in *Erlkönigs Tochter* versucht, den jungen Mann am Tage vor dessen Hochzeit zu ver-führen. Als das nicht gelingt, tötet sie ihn. Der Wassermann sucht eine menschliche Braut. Das hübsche Mädchen fällt auf das Blendwerk des Naturgeistes, der sich wie ein Ritter präsentiert, herein und wird ins Wasser mitgenommen, wo es ertrinkt. Eine volkstümliche „Moral" enthält die Warnung der jungen Menschen vor den Elemen-targeistern. Diese **„magische" Sicht auf die Natur** (sie wird belebt gedacht durch Elfen, Zwerge, Nixen usw.) steht gegen den aufgeklärten Rationalismus der Zeit. Aber die Stürmer und Dränger sind zugleich Verehrer und Bewahrer der volkstümlichen Traditionen. Und im Volk existierten noch sehr lebhaft die Vorstellungen von Hexen, Feen, Nixen und Berg-, Baum- oder Seegeistern.

JOHANN WOLFGANG GOETHE hat beide Balladen für sein im Tiefurter Park bei Weimar aufgeführtes kleines Singspiel *Die Fischerin* verwendet. Er nimmt das Gedicht *Erlkö-nigs Tochter,* um daraus seine eigene Ballade *Erlkönig* zu schaffen, die er der Fischerin als „Volkslied" in den Mund legt:

> Wer reitet so spät durch Nacht und Wind?
> Es ist der Vater mit seinem Kind;
> […]
> Dem Vater grausets, er reitet geschwind,
> Er hält in den Armen das ächzende Kind,
> Erreicht den Hof mit Mühe und Not;
> In seinen Armen das Kind war tot.

In beiden Texten steht irrtümlich „Erle" für „Elfe". Damit ist klar, dass es hier bei bei-den ursprünglich um die tödliche Begegnung eines Menschen mit einem Naturgeist, einer Elfe oder einem Elfenkönig, geht. Die Fischerin träumt, während sie auf ihren Verlobten wartet, davon, wie sie diesen jungen Mann und seinen Vater in ihre Ge-walt bringen kann. Ihr Verlobter hingegen singt die Ballade vom Wassermann. Er träumt davon, dass er seine Braut entführt und in der Stadt ein neues Leben beginnt. Beide HERDERSCHEN Naturballaden sind also „Geschwister" des GOETHESCHEN *Erlkö-nig.* Zusammen belegen sie die pantheistische Belebung der Natur mit Geistern im Sturm und Drang, welche von den Romantikern dann noch weiter fortgeführt wird (► S. 120).

Themenkreis 2: Die Bühne und der Beginn einer öffentlichen Meinung

Johann Wolfgang Goethe: Götz von Berlichingen (erste Fassung, 1773) „Helfensteinszene"

[Die Bauern wollen den Reichsritter Götz von Berlichingen zwingen, ihr Anführer zu sein. In der „Helfensteinszene", die Goethe bei der Umarbeitung des Dramas herausnahm, kommt die vorausgegangene Unterdrückung der Bauern durch die Adeligen zur Sprache. Sie erklärt die beispiellosen Grausamkeiten, die den Aufstand und seine Niederschlagung begleiten.]

NACHT: EINE HALB VERFALLENE KAPELLE AUF EINEM KIRCHHOF

Anführer der Bauernrebellion

GEORG METZLER VON BALLENBERG *kommt:* Wir haben
5   sie! Ich hab sie!

HANS LINCK: Brav! Brav! Wen alles?

GEORG METZLER: Otten von Helfenstein, Nagel von Eltershofen – lasst mich die Übrigen vergessen. Ich hab Otten von Helfenstein!

10   JAKOB KÖHL: Wo hast du sie?

METZLER: Ich sperrt sie ins Beinhäusel[1] nahe hierbei und stellt meine Leute davor. Sie mögen sich mit den Schädeln besprechen. Es sind gewiss von denen Unglückseligen darunter, die
15   ihre Tyrannei zu Tode gequält hat. Brüder, wie ich den Helfenstein in meinen Händen hatte, ich kann euch nicht sagen, wie mir war! Als hätt ich die Sonn in meiner Hand und könnte Ball mit spielen. [...]

20   *Gemahlin. Sohn*

GEMAHLIN: Gebt mir meinen Mann. Lasst mich ihn sehen. *Der Knabe schreit.* Sei ruhig, Junge. Das, was dir fürchterlich scheint, ist ein Him-

mel gegen meine Qual. Gebt mir meinen Mann, ihr Männer. Um Gottes Barmherzigkeit 25 willen.

METZLER: Barmherzigkeit. Nenne das Wort nicht. Wer ist dein Mann?

GEMAHLIN: Otto –

METZLER: Nenn ihn nicht aus, den verruchten Na- 30 men. Ich möchte von Sinnen kommen und deinen Knaben hier wider den geheiligten Altar schmettern.

GEMAHLIN *zu den andern:* Sind eure Eingeweide auch eisern wie eure Kleider? Rührt euch mein 35 Jammer nicht?

METZLER: Barmherzigkeit. Das soll das Losungswort sein, wenn wir sie morden.

GEMAHLIN: Wehe! Wehe!

METZLER: Wie der giftige Drache, dein Mann, mei- 40 nen armen Bruder und noch drei Unglückliche in den tiefsten Turm warf. Weil sie mit hungriger Seele seinen Wald eines Hirsches beraubt hatten, ihre armen Kinder und Weiber zu speisen. – Wir jammerten und baten. So kniete die 45 arme Frau, wie du kniest, und so stund der Wütrich, wie ich stehe –
Ich wollte diesen Platz nicht um einen Stuhl im Himmel tauschen – Da flehten wir auch Barmherzigkeit und mehr als ein Knabe jam- 50 merte drein. – Damals lernt' ich, was ich übe –
Er stund der Abscheu, wie ein eherner Teufel stund er und grinste uns an. Verfaulen sollen sie lebendig und verhungern im Turm, knirscht' er. Damals war kein Gott für uns im 55 Himmel, jetzt soll auch keiner für ihn sein.

GEMAHLIN: Ich umfass eure Knie, gebt mir ihn wieder.

METZLER: Top! Wenn ihr mir meinen Bruder wiederschafft. *Er stößt sie weg, knirscht und hält die* 60 *Stirne mit beiden Händen.* Halt es aus, o mein Gehirn, diese wütende Freude. Bis ich sein Blut habe fließen sehen, dann reiß. An der Erde seine geliebte Frau – Weh! Bruder, das ist tausend Seelmessen wert. 65

Bauernkriege 1524/25. Gräfin Helfenstein und ihr Sohn bitten die Bauern um Gnade (Kupferstich, 1630)

---

1   Beinhäusel: Gebäude, in dem Gebeine (Knochen von Toten) aufbewahrt werden

Friedrich Schiller: Kabale und Liebe (1784) II/2 Auszug. „Kammerdienerszene"

[In die Liebes- und Intrigengeschichte um den jungen adeligen Offizier Ferdinand von Walter und die Tochter des Stadtmusikus Miller an einer deutschen Fürstenresidenz flicht Schiller eine Anspielung auf den damals üblichen „Soldatenhandel" ein. Die deutschen Fürsten schlossen Verträge mit England und schickten dann gegen Geld ihre Soldaten in den Kampf Englands gegen die aufständischen amerikanischen Kolonien.]

Ein alter Kammerdiener des Fürsten, der ein Schmuckkästchen trägt. Die Vorigen

KAMMERDIENER: Seine Durchlaucht der Herzog empfehlen sich Mylady zu Gnaden und schi-
5 cken Ihnen diese Brillanten zur Hochzeit. Sie kommen soeben erst aus Venedig.

LADY *(hat das Kästchen geöffnet und fährt erschrocken zurück)*: Mensch! was bezahlt dein Herzog für diese Steine?

10 KAMMERDIENER *(mit finsterm Gesicht)*: Sie kosten ihn keinen Heller.

LADY: Was? Bist du rasend? Nichts? – und *(indem sie einen Schritt von ihm wegtritt)* du wirfst mir ja einen Blick zu, als wenn du mich durchbohren
15 wolltest – N i c h t s kosten ihn diese unermesslich kostbaren Steine?

KAMMERDIENER: Gestern sind siebentausend Landeskinder nach Amerika fort – die zahlen alles.

LADY *(setzt den Schmuck plötzlich nieder und geht
20 rasch durch den Saal, nach einer Pause zum Kammerdiener)*: Mann, was ist dir? Ich glaube, du weinst?

KAMMERDIENER *(wischt sich die Augen, mit schrecklicher Stimme, alle Glieder zitternd)*: Edelsteine
25 wie d i e s e da – Ich hab auch ein paar Söhne drunter.

LADY *(wendet sich bebend weg, seine Hand fassend)*: Doch keinen Gezwungenen?

KAMMERDIENER *(lacht fürchterlich)*: O Gott – Nein –
30 lauter Freiwillige. Es traten wohl so etliche vorlaute Bursch' vor die Front heraus und fragten den Obersten, wie teuer der Fürst das Joch Menschen verkaufe? – aber unser gnädigster Landesherr ließ alle Regimenter auf dem Para-
35 deplatz aufmarschieren und die Maulaffen niederschießen. Wir hörten die Büchsen knal-

len, sahen ihr Gehirn auf das Pflaster spritzen, und die ganze Armee schrie: J u c h h e n a c h A m e r i k a ! –

LADY *(fällt mit Entsetzen in den Sofa)*: Gott! Gott! – 40
Und ich hörte nichts? Und ich merkte nichts?

KAMMERDIENER: Ja, gnädige Frau – warum musstet Ihr denn mit unserm Herrn gerad auf die Bärenhatz reiten, als man den Lärmen[1] zum Aufbruch schlug? – Die Herrlichkeit hättet Ihr 45
doch nicht versäumen sollen, wie uns die gellenden Trommeln verkündigten, es ist Zeit, und heulende Waisen dort einen lebendigen Vater verfolgten und hier eine wütende Mutter lief, ihr saugendes Kind an Bajonetten zu spie- 50
ßen, und wie man Bräutigam und Braut mit Säbelhieben auseinanderriss und wir Graubärte verzweiflungsvoll dastanden und den Burschen auch zuletzt die Krücken noch nachwarfen in die Neue Welt! – Oh, und mitunter das 55
polternde Wirbelschlagen[2], damit der Allwissende uns nicht sollte beten hören –

LADY *(steht auf, heftig bewegt)*: Weg mit diesen Steinen – sie blitzen Höllenflammen in mein Herz. *(sanfter zum Kammerdiener)* Mäßige dich, ar- 60
mer alter Mann. Sie werden wiederkommen. Sie werden ihr Vaterland wiedersehen.

KAMMERDIENER *(warm und voll)*: Das weiß der Himmel! Das werden sie! – Noch am Stadttor drehten sie sich um und schrien: „Gott mit 65
euch, Weib und Kinder – Es leb' unser Landesvater – am Jüngsten Gericht sind wir wieder da!" –

LADY *(mit starkem Schritt auf und nieder gehend)*: Abscheulich! Fürchterlich! – M i c h beredete 70
man, ich habe sie alle getrocknet, die Tränen des Landes – Schrecklich, schrecklich gehen mir die Augen auf – Geh du – Sag deinem Herrn – Ich werd ihm persönlich danken! *(Kammerdiener will gehen, sie wirft ihm ihre Geld- 75
börse in den Hut.)* Und das nimm, weil du mir Wahrheit sagtest –

KAMMERDIENER *(wirft sie verächtlich auf den Tisch zurück)*: Legt 's zu dem Übrigen. *(Er geht ab.)*

---

1 **Lärm:** hier: Ruf zu den Waffen, Alarm (lat. *arma*: Waffen)
2 **Wirbelschlagen:** hier: Trommeln

Kommentar

Die **Bühne** soll, so sagte es FRIEDRICH SCHILLER, eine **„moralische Anstalt"** sein, das heißt, sie zielt darauf ab, das Publikum aufzuklären und ihm Belehrungen zu erteilen. Die **Belehrungen** sollen sich nicht bloß an den Verstand richten, sondern auch **Empfindungen** und die **moralischen Urteile provozieren** – so auch in den beiden hier wiedergegebenen Szenen.

JOHANN WOLFGANG GOETHE hat für die erste Fassung seines Dramas *Götz von Berlichingen* die sogenannte **„Helfensteinszene"** entworfen. In ihr geht es um die soziale Seite des Bauernkriegs der Reformationszeit. Die Bauern waren seit dem Mittelalter in immer tiefere Abhängigkeit gegenüber den adeligen Landbesitzern und in bittere Armut geraten. Viele Bauern waren Leibeigene ihrer Grundherren. Sie bewirtschafteten deren Höfe und leisteten Frondienste. Die Bauern hatten vor allem die Last der Kriege und der ständig wachsenden Abgaben zu tragen, von denen die Ritter und Landadeligen, die Kirchen und die fürstlichen Verwaltungen in den Städten lebten.

In der Umbruchzeit zwischen Mittelalter und Neuzeit hatte die Reformation den Bauern Hoffnung auf ein besseres Leben ohne geistliche und weltliche Bevormundung gemacht. Jetzt revoltieren sie gegen die alten Ordnungen. Der Repräsentant dieser Revolte ist der Bauernführer METZLER. Er hat die Übergriffe der Feudalherren in der eigenen Familie erlebt. So hat der Ritter HELFENSTEIN METZLERS Bruder im Turm verhungern lassen. Nun steht sein Sinnen und Trachten nach Rache.

GOETHE strich die Szene, verstärkte so für das Publikum die Identifikationsmöglichkeit mit dem Einzelkämpfer Götz, der sich ganz allein gegen die Fürstenmacht stellt. Aktualität besaß die zeitkritische Ankündigung des sterbenden Götz, dass Nichtswürdige mit List regieren und edel Denkende zu Fall gebracht würden. Hier ist SCHILLERS Urteil über das „tintenklecksende saeculum" vorweggenommen.

SCHILLERS provozierende **„Kammerdienerszene"** geht ebenfalls auf Willkür, menschenverachtenden Umgang mit den „Untertanen" und das Unrechtsregime der feudalen Fürsten ein – aber nicht in historischer Verfremdung wie bei GOETHE, sondern in wiedererkennbaren aktuellen Strukturen. Die Szene wurde denn auch bereits bei der Uraufführung als zu heiß angesehen und weggelassen. In Württemberg, dem Ort der Handlung, wurde die Szene gar erst im 20. Jahrhundert zum ersten Mal gespielt. Schiller verwendet das Motiv des Soldatenhandels, den schon andere politische Schriftsteller, so sein Landsmann SCHUBART in seiner *Deutschen Chronik,* angeprangert hatten. Er verschärft die Muster, die in der Wirklichkeit etwas anders aussahen. In Württemberg zum Beispiel wurden Regimenter an die holländische Westindische Kompanie vermietet, die das Kap der Guten Hoffnung in Afrika besetzten. Es waren in der Tat viele Freiwillige unter den Offizieren und Soldaten. Aber es blieb für die Zeitgenossen bei dem Gesamturteil, dass die Fürsten ihre Landeskinder für Geld in den Krieg schickten, dass Deserteure schwer bestraft und Landeskinder zum Soldatsein gezwungen wurden.

3   Klassik und Romantik

Theobald Freiherr von Oer:
Der Weimarer Musenhof
(1860)

Caspar David Friedrich:
Rabenbaum (um 1824)

Bild oben: SCHILLER trägt im Tiefurter Park aus einem Manuskript vor. Die ganze Weimarer Gesellschaft hört gebannt zu. GOETHE und Herzog KARL AUGUST sind unter den Zuhörern. Sichtbar werden zwei Prinzipien klassischer Historienmalerei: zum einen die Komposition der „natürlichen" Umgebung zu einem perspektivisch zentrierten Bild. Im Zentrum steht der Dichter. Zum anderen die Zusammenführung von griechischer Antike (nachgebauter Tempel) und adeliger Hofgesellschaft in der von Menschen geschaffenen Parklandschaft.

Bild unten: Das Gemälde zeigt eine romantisch nachempfundene Landschaft: Nacht und Dämmerung sind bevorzugte Tageszeiten der Romantik. Die herbstliche Natur ohne Menschen ist ein Gleichnis der Vergänglichkeit aller Dinge.

Allgemeingeschichtlicher Hintergrund

Die deutsche **Klassik** und **Romantik** fallen in die Zeit der großen europäischen Umwälzungen, die die **Französische Revolution** und, in ihrem Gefolge, die Herrschaft des französischen Kaisers **Napoleon** hervorgebracht haben. 1789 stürmte das Pariser Volk die Bastille (Stadttorburg in Paris, als Gefängnis und Munitionslager genutzt); 1804 krönte sich Napoleon zum Kaiser, 1815 verlor er in der Schlacht bei Waterloo endgültig seine Macht. Auf dem **Wiener Kongress** (1814–1815) ordneten die alten Mächte Europa annähernd wieder so, wie es vor dieser turbulenten Periode gewesen war. Eine Epoche der politischen **Restauration** (Wiederherstellung der Zustände vor der Revolution und der Herrschaft Napoleons) begann und dauerte bis etwa 1830, als man in Frankreich daranging, das System der absolutistischen Regierung nach bürgerlichem Geist umzubilden. In Deutschland dauerte dieser Prozess bis zur Revolution 1848 und darüber hinaus.

Die für Deutschland entscheidenden Ereignisse waren die napoleonischen Kriege und die „Reformen", die der französische Kaiser den deutschen Regierungen aufzwang (so den Code Napoléon, das französische Bürgerliche Gesetzbuch). Hatte man sich in den deutschen Residenzen während der Revolution noch in der Rolle des Beobachters, manchmal auch des militärisch eingreifenden Ordnungshüters geglaubt, so musste man nun erkennen, dass Napoleon sich als „Sohn der Revolution" verstand und entschlossen war, deren Ideen mit der militärischen Macht seiner Armeen überall in Europa gegen das überkommene Herrschaftssystem durchzusetzen. Die Mobilisierung der eigenen Völker zum Kampf gegen Napoleon war also in Deutschland das vordringliche Ziel. Um es zu erreichen, wurden bürgerliche Freiheiten (Verfassung) und nationale Einheit versprochen.

Weltbild und Lebensauffassung

Heinrich Heine, einer der ersten Beobachter dieser Entwicklung, nannte bereits 1835 in seiner für französische Leser verfassten Schrift *De l'Allemagne* die Zeit der deutschen Klassik und Romantik eine „Kunstperiode". Er sah, dass die maßgeblichen Denker und Dichter der Zeit sich und ihre Kunst aus den politischen Ereignissen heraushielten und es vorzogen, ästhetisch vollkommene Werke zu schaffen. „Weltliteratur" sollte entstehen, unabhängig von äußeren Zwecken, unabhängig von den Strömungen der Zeit, ausgerichtet an der zeitlosen Idee der **Humanität**. Humanität, wahre Menschlichkeit, das war für sie Toleranz und Achtung vor dem Fremden. **Durch den Verstand kultiviertes Gefühl** sollte sich durch das Lesen, Schreiben und Abschreiben von Literatur entwickeln. Ziel war eine **freie** und **selbstbestimmte Persönlichkeit**. „Edel sei der Mensch, hilfreich und gut", diese Verse Goethes galten als Motto klassischer Weltanschauung. Wichtig war die **Idee der Erziehbarkeit des Menschen**. Friedrich Schiller entfaltete – in Auseinandersetzung mit der Französischen Revolution – in seinen Briefen *Über die ästhetische Erziehung des Menschen* den Gedanken, durch die Kunst die einander widerstreitenden Kräfte der Natur (Sinne) und des Geistes (Verstand) in ein harmonisches Verhältnis zu bringen. Die Anschauung des vollkommenen Kunstwerks befreie den Betrachter von der Übermacht der einen oder der anderen Seite. Ehe nicht diese Erziehung der Individuen gelinge, sei die

Menschheit auch nicht reif für die Freiheit, die sie in Paris revolutionär zu erringen versucht habe. Diesem Gedankengang lag die Überzeugung zu Grunde, dass die Entwicklung der Menschheit einem göttlichen Plan, einer Idee, folge. Drei später hochberühmte Tübinger Studenten, GEORG WILHELM FRIEDRICH HEGEL, FRIEDRICH WILHELM SCHELLING und FRIEDRICH HÖLDERLIN, entwarfen auf dieser Basis ein *Systemprogramm des deutschen Idealismus.* Das sah vor, dass Dichter und Denker als Konstrukteure der Zukunft aus ästhetischem, wissenschaftlichem und philosophischem Geist das vollenden sollten, was Gott und die Natur geschaffen hatten.

Entwicklung der Literatur

Weimar, das Zentrum der „deutschen Klassik", war eine Kleinstadt mit etwa 6000 Einwohnern. 1832 starb JOHANN WOLFGANG GOETHE dort im Alter von 82 Jahren. Da war FRIEDRICH SCHILLER schon siebenundzwanzig Jahre tot und die **Weimarer Klassik** hatte gerade einmal zehn Jahre, nämlich vom Beginn der Zusammenarbeit zwischen GOETHE und SCHILLER im Jahre 1794 bis zu dessen Tod 1805, gedauert. Weder GOETHE noch SCHILLER haben sich selbst je als „Klassiker" gesehen. Der Begriff einer „deutschen Klassik" stammt aus der zweiten Hälfte des 19. Jahrhunderts, als man in Deutschland mit den anderen Nationen Westeuropas „gleichziehen" wollte, die alle ihre klassischen Perioden (in der frühen Neuzeit und im Barock) gehabt hatten. In Europa schlägt man die „deutsche Klassik" in aller Regel der Romantik zu. Und auch die Romantik hatte ihren Ausgang von Weimar und Jena genommen. Die jungen romantischen Dichter, **NOVALIS, SCHLEGEL, HÖLDERLIN,** studierten bei SCHILLER in Jena. Sie verehrten GOETHE – und sie begannen, sich von ihren Lehrern und Vorbildern zu lösen und als deren Gegner aufzutreten. Ihr Ideal war nicht die allseitig gebildete, autonome Persönlichkeit, sondern eine die ganze Welt durchwaltende Poesie.

Auch die **Romantiker** waren Vertreter der „Kunstperiode", auch sie rückten die ästhetische Umgestaltung der Welt ins Zentrum ihrer Überlegungen. Sie träumten von einer „Universalpoesie", die das Wunderbare in die Welt zurückholt. Ihre Werke blieben oft **Fragment.** Das Unvollendete ziele auf eine „Vollendung im Unendlichen". Während die Klassiker überlegten, welche Stoffe sich für ein Drama, für einen Roman oder ein Gedicht eigneten, sprengten die Romantiker die Grenzen zwischen den Gattungen. Sie bauten Lieder in ihre Romane ein, ließen die möglichen Welten der Fantasie neben der realen des bürgerlichen Lebens bestehen. Während die Klassiker sich an der Antike ausrichteten, orientierten sich die Romantiker an volkstümlichen Formen des Mittelalters. Sie sammelten mittelalterliche Texte und gaben sie heraus, kümmerten sich um **Volkslieder** und **Märchen.** Während die Klassiker ein relativ geschlossenes Bild dessen hatten, was ihre Kunst erreichen sollte – nämlich das Schöne mit dem menschlich Vorbildlichen zu verbinden –, hatten die Romantiker sehr unterschiedliche Ideen. Sie reichten von den positiven Fantasien der Märchen bis zur **„schwarzen Romantik"** des Schreckens und des Wahnsinns. Während die Klassiker GOETHE und SCHILLER als eigenständige und in ihren Lebensformen sehr unterschiedliche Persönlichkeiten zusammenarbeiteten, bildeten die Romantiker Gruppen und Freundeskreise, in denen die literarischen Aktivitäten das verbindende Element waren. In diesen Kreisen spielten auch zum ersten Mal Frauen eine aktive Rolle als Autorinnen und Mitautorinnen (▶ S. 97 f.).

Bedeutende Bilder der Zeit: Klassizismus und Romantik

ANTONIO CANOVA (1757–1822) porträtiert die Schwester NAPO-LEONS, PAOLINA BORGHESE, als Marmorvenus. Er setzt den Kopf der „wirklichen" Frau auf den idealen Körper einer im antiken Stil geschaffenen Skulptur.

Einen solchen durch Nachahmung der Antike geprägten Kunststil bezeichnet man als „Klassizismus".

Antonio Canova: Paolina Borghese als Venus (1805–1808)

J. G. Schadow: Luise und Friederike von Mecklenburg-Strelitz (1797)

Johann Friedrich Overbeck: Italia und Germania (1828)

JOHANN GOTTFRIED SCHADOW (1764–1850) arbeitet „nach der Natur". Die Damen tragen zeitgenössische Kleider. Gleichzeitig stilisiert er nach antiken Mustern. SCHILLER interpretiert diese Mischung in seiner Schrift *Über Anmut und Würde* als „bewegliche Schönheit". Sie zeigt Anmut in der Natürlichkeit der Bewegungen.

Auf **JOHANN FRIEDRICH OVERBECKS** (1789–1869) Bild sieht man auf der linken Seite die dunkelhaarige Italia mit einem Lorbeerkranz, hinter ihr eine typisch italienische Landschaft (mit einer Kirche im romanischen Stil); rechts die blonde Germania, mit Blumen im Haar, hinter ihr eine typisch deutsche Stadtlandschaft (mit einer gotischen Kirche). Die Gestik der beiden Mädchen signalisiert Vertrautheit.

Jakob Philipp Hackert (1737–1807) schafft in seinem Gemälde eine am Ideal Arkadiens ausgerichtete Landschaft. Die oft als öde geschilderte römische Campagna wird als lieblich und idyllisch charakterisiert: links die Ruine eines antiken oder mittelalterlichen Gebäudes, rechts der grüne Baum und die intensiv begrünten Hügel. Der Fluss lenkt den Blick des Betrachters in die Ferne, auf den Petersdom als Perspektivpunkt. Im Vordergrund ist eine ländliche Szene abgebildet. Goethe schätzte diesen Stil und nahm bei Hackert Unterricht.

Jakob Philipp Hackert: Blick auf St. Peter in Rom (1777)

Caspar David Friedrich: Mondaufgang am Meer (1822)

Caspar David Friedrich (1774–1840) sagte, der Maler solle nicht bloß malen, was er vor sich sieht, sondern auch, was er in sich sieht. Sein Bild zeigt eine melancholische Seelenlandschaft. Die Sehnsucht des endlichen Menschen nach der Unendlichkeit verbindet den Blick in die Weite des Meeres (Naturerlebnis) mit einer individuellen Erfahrung des Göttlichen. Die so wahrgenommene Natur kann als eine Brücke zu Gott verstanden werden.

3.1 Weimarer Klassik – Kunst, Freiheit, Humanität

SCHILLER hielt im Revolutionsjahr 1789 seine Antrittsvorlesung an der Universität Jena über das Studium der Geschichte. Er sprach sich für einen „universalgeschichtlichen" Blick auf historische Vorgänge aus. Damit meinte er, dass der wahre Gelehrte sich nicht mit dem Sammeln und Darstellen von Fakten begnügen, sondern treibende Kräfte der Geschichte zu erkunden suchen solle. Einen ähnlichen Gedanken verfolgte er in seinen klassischen Werken. Er suchte hinter den Ereignissen das Allgemeine, im Anschaubaren das Vorstellbare, die Idee.

GOETHE, aus Rom zurückgekehrt, wo er fast zwei Jahre inkognito und als Maler die Kunstwerke der Antike und der alten italienischen Meister der Renaissance (RAFFAEL, TIZIAN, MICHELANGELO) studiert hatte, verfolgte ein ähnliches Anliegen. Er wollte in den Erscheinungen das Mustergültige aufspüren, die Gesetze des Wahren, Guten, Schönen sichtbar machen, so wie er es an den Werken der Antike erlebt hatte.

Es dauerte noch fast fünf Jahre, bis es zu jener Zusammenarbeit kam, die die Grundlage der „Klassik" bilden sollte. SCHILLER hatte vor, bei dem Verleger COTTA eine neue Literaturzeitschrift *(Die Horen)* herauszugeben und GOETHE als Mitarbeiter zu gewinnen. Hier veröffentlichte er seine *Briefe über die ästhetische Erziehung* und er veranlasste GOETHE, seine in Rom und dann in Weimar entstandenen *Römischen Elegien* (Gedichte über seine Kunst- und Liebeserlebnisse in Rom) ebenfalls hier zu veröffentlichen. Liest man das Programm der Zeitschrift und diese beiden Publikationen, so kennt man die **Kerngedanken der klassischen Ästhetik:**
- Als Reaktion auf die desorientierenden Erfahrungen der Zeit (Revolution) betont das klassische Kunstkonzept **Humanität als Bemühen um Harmonie.**
- GOETHE fand diese Harmonie in dem **Zusammenhang von Mensch und Natur. Sinnlichkeit** und **Sittlichkeit** (Vernunft, Moral) waren so **keine Gegensätze** mehr.
- SCHILLER nahm die Geschichte zum wichtigsten Bezugspunkt. Er wollte die klassische Harmonie über Entwicklungen (z.B. **Erziehung zu Humanität**) erreichen. Die politische Erneuerung durch eine Revolution hielt er für gescheitert.
- Beider Ideal ist die **„schöne Seele",** ein ausgeglichener Mensch, dem es gelingt, seiner Pflicht und seinen Neigungen gleichermaßen zu folgen.

Die wichtigsten Gattungen der Klassik sind **Lyrik** und **Drama.** Deren Sprache ist eine nicht immer leicht zu verstehende Verssprache. Diese stilisierte Sprache kann als Ausdruck der Idealisierung angesehen werden, die die Sprecher der Gedichte und die klassischen Dramenfiguren aus dem Alltag herausheben.

In ihren **Gedichten** entwickelten die Klassiker aus individuellen Erfahrungen allgemeine oder zumindest verallgemeinerbare Einsichten. Insofern hat diese Lyrik etwas Philosophisches. Es geht um allgemeine Fragen wie Glück, Dauer oder Vergänglichkeit von Gefühlen, vorbildliches oder schuldhaftes Verhalten, um Begriffe, die die damalige Zeit bewegten: Freiheit, Gerechtigkeit, Schicksal.

In ihren **Dramen** entwarfen die Klassiker große, aber nicht allzu stark überhöhte Charaktere, d.h., es ging ihnen um Charakter, Verantwortung, Schuld und Sühne. Die Dramen zeigen diese „mittleren" Charaktere in ihrer jeweiligen Entwicklung, z.B. die „Entwicklung" des Wilhelm Tell vom Naturmenschen, der anderen in der Not hilft, aber keinen Sinn für Politik hat, zum freiheitsliebenden Volkshelden und Vaterlandsbefreier.

Wichtige Autoren der Weimarer Klassik

JOHANN GOTTFRIED HERDER (1724–1803)

In Weimar begann HERDER 1785 mit der Herausgabe seines großen Hauptwerkes, *Ideen zur Philosophie der Geschichte der Menschheit,* acht Jahre später mit der der *Briefe zur Beförderung der Humanität.* Für die Französische Revolution hatte er (deutlicher als SCHILLER und GOETHE) anfangs Sympathien gezeigt. Er glaubte auch nicht (wie die Klassiker) an die Autonomie der Kunst, sondern forderte deren Nützlichkeit. So geriet er in Weimar an den Rand des kulturellen Geschehens. Nur **CHRISTOPH MARTIN WIELAND** unterstützte ihn.

JOHANN WOLFGANG GOETHE (1749–1832)

GOETHE kam 1775 nach Weimar und wurde der Vertraute des jungen Herzogs KARL EUGEN. Er bekleidete Regierungsämter, erhielt den Adelstitel und schrieb für das Hoftheater *(Iphigenie),* wobei er selbst in Aufführungen mitwirkte. 1786 geriet er in eine Krise. Die Regierungsgeschäfte waren verworren, die Beziehung zu CHARLOTTE VON STEIN, mit der ihn ein Liebesverhältnis verband, gestaltete sich zunehmend schwierig, das Hofleben ödete ihn an. Dieser Situation entfloh er durch eine Reise nach Italien. Seine Weimarer Geschäfte ruhten, sein Gehalt wurde weiter bezahlt.

Nach der Rückkehr aus Italien war GOETHE ein anderer. Es begann die Zusammenarbeit mit SCHILLER, die Entwicklung einer Kunstauffassung, in der die Antike von zentraler Bedeutung war. In SCHILLERS Zeitschrift *Die Horen* und in seinen *Musenalmanachen* veröffentlichte er wichtige Werke (so einige seiner *Balladen*).

Den Tod SCHILLERS im Jahr 1805 empfand GOETHE als schweren Verlust. Ein tiefer Einschnitt in seinem Leben war auch der Krieg Preußens gegen NAPOLEON BONAPARTE. Nach der Schlacht bei Jena war Weimar von französischen Truppen besetzt. In dieser turbulenten Zeit heiratete GOETHE CHRISTIANE VULPIUS, die Mutter seines Sohnes AUGUST. Er beendete den ersten Teil des *Faust* und begann seine Autobiografie *Dichtung und Wahrheit.*

FRIEDRICH SCHILLER (1759–1805)

SCHILLER kam 1789 als Professor für Philosophie und Geschichte an die Universität Jena (nahe Weimar). Bereits 1791 erkrankte er lebensgefährlich (wohl an Tuberkulose). Ein Stipendium ermöglichte es ihm, in seiner Heimat Schwaben Heilung zu suchen. Das gelang nicht, dafür gewann er in **FRIEDRICH COTTA** einen tüchtigen Verleger. 1795 erschienen in dessen Verlag *Die Horen* (mit Beiträgen von GOETHE, HERDER, AUGUST WILHELM SCHLEGEL, den Brüdern VON HUMBOLDT, auch von FRIEDRICH HÖLDERLIN), 1790 und 1798 die später berühmt gewordenen *Almanache* mit GOETHES und SCHILLERS Spottgedichten *(Xenien)* und Balladen. Im Winter 1799 zog die Familie SCHILLER nach Weimar. Er wurde geadelt, seine großen Dramen *(Wallenstein, Maria Stuart,* zuletzt *Wilhelm Tell)* wurden auf dem Weimarer Theater aufgeführt. 1805 starb SCHILLER.

FRIEDRICH HÖLDERLIN (1770–1843)

HÖLDERLIN sollte Pfarrer werden. Deshalb besuchte er die Lateinschule in Maulbronn und studierte in Tübingen. FRIEDRICH SCHILLER vermittelte ihm eine Stelle als Hauslehrer. Dann setzte HÖLDERLIN sein Studium in Jena (bei SCHILLER und FICHTE) fort. 1796 wurde er Hauslehrer in Frankfurt und verliebte sich in die Mutter seiner Zöglin-

ge, Susette Gontard. Sie ist das Modell seiner „Diotima" in dem Briefroman *Hyperion*. Gontard wies ihn aus dem Haus. Hölderlin nahm eine Hauslehrerstelle in Bordeaux an, kehrte aber schon 1802 nach Nürtingen zurück. Er schrieb Gedichte in den antiken Formen der **Ode** und der **Elegie.** In einer verherrlicht er Napoleon. Daneben verfasste er auch sehr kurze Gedichte in einfacherer Sprache, z.B. sein bekanntestes Gedicht *Hälfte des Lebens* (▶ S.109). 1806 wies man Hölderlin zwangsweise in die Universitätsklinik Tübingen ein. Schließlich gab die Mutter ihn 1807 bei einem Tübinger Tischlermeister in Pflege. In dessen Familie lebte er (im „Hölderlinturm") bis zu seinem Tod 1843.

Heinrich von Kleist (1777–1811)

Heinrich von Kleist entstammt einer preußischen Adelsfamilie. Die Familientradition sah vor, dass er Offizier werden sollte. Er konnte und wollte sich jedoch dem militärischen Zwang nicht unterordnen, sondern studierte Mathematik und Philosophie. Die Philosophie Kants stürzte ihn in eine Krise. Auch die Ausbildung für eine Beamtenlaufbahn in Königsberg missglückte. Kleist wollte berühmt werden, schrieb Dramen und Novellen. Er gilt als Außenseiter im literarischen Leben seiner Zeit. Aber er ist sehr wohl ein Kind seiner Zeit. Und er hatte intensiven, wenn auch nicht problemlosen Kontakt sowohl zu den Weimarer Klassikern als auch zu Romantikern. Bekannt geworden sind vor allem seine Schauspiele (z.B. *Der zerbrochne Krug, Amphitryon, Penthesilea, Prinz Friedrich von Homburg*) und seine Novellen *(Michael Kohlhaas, Die Marquise von O…, Das Erdbeben in Chili)*. 1811 erschoss er sich am Ufer des Kleinen Wannsees.

Weimar – Ort der Klassik

Weimar war 1999 „Kulturhauptstadt Europas". Das war der Anlass, die Stadt im Sinne ihrer kulturellen Tradition neu auf- und auszubauen. Öffentlich zugänglich sind heute unter anderem:
- Goethes Wohnhaus am Frauenplan
- das benachbarte Goethe-Nationalmuseum
- Goethes Gartenhaus im Park an der Ilm
- Schillers Wohnhaus
- die Fürstengruft (Grab Goethes und Schillers)
- die Herzogin-Anna-Amalia-Bibliothek
- Parks und Schlösser in Tiefurt, Belvedere, Ettersberg

Blick in Goethes Wohnhaus am Frauenplan mit der Kunstsammlung des Dichters

Themenkreis 1: Mut im Leben – Lebensmut. Vorbilder in Balladen

GOETHE und SCHILLER führten zwischen Weimar und Jena einen regen Briefwechsel über ästhetische Fragen. SCHILLER machte Vorschläge für GOETHES Roman *Wilhelm Meister*. Umgekehrt begleitete GOETHE die Entstehung von SCHILLERS Drama *Wallenstein*. Im Jahre 1797 verabredeten sie, für SCHILLERS neuen *Musenalmanach* im Wettstreit miteinander *Balladen* zu schreiben. Die bekanntesten sind GOETHES *Der Zauberlehrling* und SCHILLERS *Der Handschuh*. Die Ballade schien GOETHE eine „Urform" der Dichtung zu sein, insofern als sie über ein Geschehen berichtet (wie die Epik), dramatische Dialoge enthält und wie die Lyrik Empfindungen zum Ausdruck bringt. Für beide Klassiker lagen das Wahre, das Gute und das Schöne nahe beieinander. Daraus folgerten sie, dass ihre literarischen Schöpfungen, d.h. das Schöne, dem Wahren und Guten dienen sollten. Ihre Texte stellten oft moralische Probleme zur Diskussion: Freundschaft, Treue, Gehorsam stehen gegen Neid, Stolz, respektlose Wissbegierde, Streben nach Ruhm.

Johann Wolfgang Goethe: Der Schatzgräber (1797)

Arm am Beutel, krank am Herzen,
Schleppt' ich meine langen Tage.
Armut ist die größte Plage,
Reichtum ist das höchste Gut!
5 Und, zu enden meine Schmerzen,
Ging ich einen Schatz zu graben.
Meine Seele sollst du haben!
Schrieb ich hin mit eignem Blut.

Und so zog ich Kreis' um Kreise,
10 Stellte wunderbare Flammen,
Kraut und Knochenwerk zusammen:
Die Beschwörung war vollbracht.
Und auf die gelernte Weise
Grub ich nach dem alten Schatze
15 Auf dem angezeigten Platze;
Schwarz und stürmisch war die Nacht.

Und ich sah ein Licht von weitem,
Und es kam gleich einem Sterne
Hinten aus der fernsten Ferne,
20 Eben als es zwölfe schlug.
Und da galt kein Vorbereiten:
Heller ward 's mit einem Male
Von dem Glanz der vollen Schale,
Die ein schöner Knabe trug.

25 Holde Augen sah ich blinken
Unter dichtem Blumenkranze;
In des Trankes Himmelsglanze
Trat er in den Kreis herein.
Und er hieß mich freundlich trinken;
30 Und ich dacht': es kann der Knabe
Mit der schönen lichten Gabe
Wahrlich nicht der Böse sein.

Trinke Mut des reinen Lebens!
Dann verstehst du die Belehrung,
35 Kommst, mit ängstlicher Beschwörung,
Nicht zurück an diesen Ort.
Grabe hier nicht mehr vergebens!
Tages Arbeit! Abends Gäste!
Saure Wochen! Frohe Feste!
40 Sei dein künftig Zauberwort.

Kunstpostkarte zu Goethe: *Der Schatzgräber*

Friedrich Schiller: **Der Kampf mit dem Drachen** (1798) Auszug

Was rennt das Volk, was wälzt sich dort
Die langen Gassen brausend fort?
Stürzt Rhodus[1] unter Feuers Flammen?
Es rottet sich im Sturm zusammen,
5 Und einen Ritter, hoch zu Ross,
Gewahr ich aus dem Menschentross,
Und hinter ihm, welch Abenteuer!
Bringt man geschleppt ein Ungeheuer,
Ein Drache scheint es von Gestalt,
10 Mit weitem Krokodilesrachen;
Und alles blickt verwundert bald
Den Ritter an und bald den Drachen.

Und tausend Stimmen werden laut:
„Das ist der Lindwurm, kommt und schaut,
15 Der Hirt und Herden uns verschlungen!
Das ist der Held, der ihn bezwungen!
Viel andre zogen vor ihm aus,
Zu wagen den gewalt'gen Strauß,
Doch keinen sah man wiederkehren.
20 Den kühnen Ritter soll man ehren!"
Und nach dem Kloster geht der Zug,
Wo Sankt Johanns des Täufers Orden[2],
Die Ritter des Spitals, im Flug
Zu Rate sind versammelt worden.

25 Und vor den edeln Meister tritt
Der Jüngling mit bescheidnem Schritt,
Nach drängt das Volk, mit wildem Rufen
Erfüllend des Geländes Stufen.
Und jener nimmt das Wort und spricht:
30 „Ich hab erfüllt die Ritterpflicht.
Der Drache, der das Land verödet,
Er liegt von meiner Hand getötet.
Frei ist dem Wanderer der Weg,
Der Hirte treibe ins Gefilde,
35 Froh walle auf dem Felsensteg
Der Pilger zu dem Gnadenbilde."

[Der Ritter schildert stolz in allen Einzelheiten seinen Sieg über das Ungeheuer. Die Menschen feiern ihn als Helden. Doch der Ordensmeister spricht in einer ganz anderen Weise:]

Da faltet seine Stirne streng
Der Meister und gebietet Schweigen.

Und spricht: „Den Drachen, der dies Land
40 Verheert, schlugst du mit tapfrer Hand:
Ein Gott bist du dem Volke worden –
Ein Feind kommst du zurück dem Orden,
Und einen schlimmern Wurm gebar
Dein Herz, als dieser Drache war.
45 Die Schlange, die das Herz vergiftet,
Die Zwietracht und Verderben stiftet,
Das ist der widerspenst'ge Geist,
Der gegen Zucht sich frech empöret,
Der Ordnung heilig Band zerreißt;
50 Denn der ist 's, der die Welt zerstöret.

Mut zeiget auch der Mameluck[3],
Gehorsam ist des Christen Schmuck;
Denn wo der Herr in seiner Größe
Gewandelt hat in Knechtes Blöße,
55 Da stifteten, auf heil'gem Grund,
Die Väter dieses Ordens Bund,
Der Pflichten schwerste zu erfüllen:
Zu bändigen den eignen Willen.
Dich hat der eitle Ruhm bewegt –
60 Drum wende dich aus meinen Blicken!
Denn wer des Herren Joch nicht trägt,
Darf sich mit seinem Kreuz nicht schmücken."

Da bricht die Menge tobend aus,
Gewalt'ger Sturm bewegt das Haus,
65 Um Gnade flehen alle Brüder;
Doch schweigend blickt der Jüngling nieder,
Still legt er von sich das Gewand
Und küsst des Meisters strenge Hand
Und geht. Der folgt ihm mit dem Blicke,
70 Dann ruft er liebend ihn zurücke
Und spricht: „Umarme mich, mein Sohn!
Dir ist der härtre Kampf gelungen.
Nimm dieses Kreuz: Es ist der Lohn
Der Demut, die sich selbst bezwungen."

1 **Rhodos:** Hauptstadt der gleichnamigen Insel. Ein
Erdbeben zerstörte einst das Weltwunder, den Ko-
loss von Rhodos.
2 Der Ritterorden der Johanniter vom Spital zu Jerusalem. Seit 1536 eine protestantische Ordensgemein-
schaft. Die Ordensregel sieht (wie die acht Spitzen
des Johanniterkreuzes) acht Tugenden vor, dazu gehören Nächstenliebe und Gehorsam.
3 **Mameluck:** nicht-christlicher Militärsklave

Johann Wolfgang Goethe: **Johanna Sebus** (1809)

Zum Andenken der siebzehnjährigen Schönen, Guten aus dem Dorfe Brienen, die am 13. Januar 1809 bei dem Eisgange des Rheins und dem großen Bruche des Dammes von Cleverham Hilfe reichend unterging.[1]

Illustration in *Die Gartenlaube* (1872)

Der Damm zerreißt, das Feld erbraust,
Die Fluten spülen, die Fläche saust.

„Ich trage dich, Mutter, durch die Flut,
Noch reicht sie nicht hoch, ich wate gut." –
5 „Auch uns bedenke, bedrängt wie wir sind,
Die Hausgenossin, drei arme Kind!
Die schwache Frau! ... Du gehst davon!" –
Sie trägt die Mutter durchs Wasser schon.
„Zum Bühle[2] da rettet euch! Harret derweil;
10 Gleich kehr ich zurück, uns allen ist Heil.
Zum Bühl ist's noch trocken und wenige Schritt;
Doch nehmt auch mir meine Ziege mit!"

Der Damm zerschmilzt, das Feld erbraust,
Die Fluten wühlen, die Fläche saust.

15 Sie setzt die Mutter auf sichres Land,
Schön Suschen, gleich wieder zur Flut gewandt.
„Wohin? Wohin? Die Breite schwoll,
Des Wassers ist hüben und drüben voll.
Verwegen ins Tiefe willst du hinein!" –
20 *„Sie sollen und müssen gerettet sein!"*

Der Damm verschwindet, die Welle braust,
Eine Meereswoge, sie schwankt und saust.

Schön Suschen schreitet gewohnten Steg,
Umströmt auch gleitet sie nicht vom Weg,
25 Erreicht den Bühl und die Nachbarin;
Doch der und den Kindern kein Gewinn!

Der Damm verschwand, ein Meer erbraust 's,
Den kleinen Hügel im Kreis umsaust 's.

Da gähnet und wirbelt der schäumende Schlund
30 Und ziehet die Frau mit den Kindern zu Grund;
Das Horn der Ziege fasst das ein',
So sollten sie alle verloren sein!
Schön Suschen steht noch strack und gut:
Wer rettet das junge, das edelste Blut!
35 Schön Suschen steht noch wie ein Stern;
Doch alle Werber sind alle fern.
Rings um sie her ist Wasserbahn,
Kein Schifflein schwimmet zu ihr heran.
Noch einmal blickt sie zum Himmel hinauf,
40 Da nehmen die schmeichelnden Fluten sie auf.

Kein Damm, kein Feld! Nur hier und dort
Bezeichnet ein Baum, ein Turn[3] den Ort.

Bedeckt ist alles mit Wasserschwall;
Doch Suschens Bild schwebt überall. –
45 Das Wasser sinkt, das Land erscheint,
Und überall wird schön Suschen beweint. –
Und dem sei, wer 's nicht singt und sagt,
Im Leben und Tod nicht nachgefragt!

1 Der einleitende Satz der Ballade wurde dem Gedicht von Goethe selbst vorangestellt.
2 **Bühl:** Hügel
3 **Turn:** Turm

Kommentar

GOETHES Balladen sind weit weniger „dramatisch" als diejenigen FRIEDRICH SCHILLERS. In der Ballade *Der Schatzgräber* berichtet der Sprecher von einer Belehrung, die ihm zuteilwurde. Nicht nach einem Schatz soll er graben und dabei auf Geisterbeschwörungen vertrauen, sondern er soll sich selbst vertrauen, mutig und tätig das eigene Schicksal in die Hand nehmen. Hier ist eher eine Lebensphilosophie als eine balladenwürdige Handlung Gegenstand der poetischen Gestaltung. Die Ballade zum Gedenken an Johanna Sebus ist hingegen eine eher lyrische. GOETHE nennt sie „Kantate". SCHILLERS Balladen des *Almanachs* des Jahres 1798 sind dramatisch, nicht nur, was das Geschehen angeht, sondern auch, was die Dialoge betrifft. Insofern betonen die drei hier zusammengestellten Texte jeweils eines der drei bestimmenden Merkmale der Ballade als „Urform" der Dichtung: Drama, Lyrik, Epik.

Der junge Mann in SCHILLERS Ballade *Der Kampf mit dem Drachen* steht in einem klassischen Konflikt. Sein Mut ist der eines Kämpfers. Aber, so wird ihm gesagt, dieser Mut muss mit „Gehorsam" zusammengehen, wenn er eines Christen würdig sein soll. Gehorsam, das Sich-Einfügen in Ordnungen, die man einmal für richtig erkannt und denen man sich unterworfen hat, gilt als das höhere Gut. Dem Leser wird in der Ballade vorgeführt, wie jemand nach dem Drachen auch sich selbst besiegt, indem er das Urteil der Vorgesetzten akzeptiert. GOETHE fand 1798 die Behandlung des mittelalterlichen Gehorsamsgelübdes der Ordensritter „sehr schön und zweckmäßig". Aber es ist nicht überliefert, ob er das Gebot des unbedingten Gehorsams selbst gebilligt hätte, das er an anderer Stelle „unausstehlich" nennt. Er wird diesen christlichen Mut als typisches Merkmal mittelalterlichen Denkens historisch gerechtfertigt haben, und er wird die Erziehungsregel seiner Zeit, derzufolge das Gehorchen-Lernen (durch Einsicht) die Voraussetzung dafür ist, befehlen zu können, für „zweckmäßig" gehalten haben.
Für SCHILLER ging es in dieser Ballade auch um seinen Begriff von **Freiheit.** Der junge Ordensritter unterwirft sich freiwillig der Ordensregel des absoluten Gehorsams. Freiheit ist also in diesem Fall – so paradox das klingen mag – der Verzicht des Ritters auf den eigenen Willen.
SCHILLER steht hier gedanklich sehr nahe bei IMMANUEL KANT. Für KANT gilt derjenige als „frei", der sein Verhalten in jedem Einzelfall an den einmal für richtig erkannten moralischen Prinzipien ausrichten kann. (Tue, was dein Verstand und dein moralisches Gewissen dir zu tun vorgeben – dann bist du frei!)

GOETHES Ballade *Johanna Sebus* erzählt die Tat der jungen Frau von der ersten Strophe an mit Sympathie und Bewunderung. Wichtig ist hier, dass Johannas Mut die Natur verwandelt. Im Verlauf des Geschehens ist das Wasser der übermächtige Feind („Da gähnet und wirbelt der schäumende Schlund"), am Schluss der Ballade nehmen die Wellen des Hochwassers die Ertrinkende „schmeichelnd" in sich auf, so als handle es sich beim Ertrinken eines Menschen um eine Rückkehr in die Natur. GOETHE entfernt sich hier weit von dem Denken seiner Zeit und verwandelt die Gott zugeschriebene Macht, Leben zu geben, zu nehmen und wieder zu Erde werden zu lassen, in die der **göttlichen Natur.** Das Gedicht ist ein geschriebenes Denkmal. Es charakterisiert die selbstlose „Heldin" und die einfachen und einfach (naiv) denkenden Leute um sie her in einer für die Region typischen Situation der Auseinandersetzung und der Verbundenheit von Mensch und Natur.

Themenkreis 2: Die Natur – Betrachten, Erforschen, Erleben

Johann Wolfgang Goethe: Nachtgedanken (1781)

Euch bedaur ich, unglückselge Sterne,
Die ihr schön seid und so herrlich scheinet,
Dem bedrängten Schiffer gerne leuchtet,
Unbelohnt von Göttern und von Menschen:
5 Denn ihr liebt nicht, kanntet nie die Liebe!
Unaufhaltsam führen ewge Stunden
Eure Reihen durch den weiten Himmel.
Welche Reise habt ihr schon vollendet!
Seit ich weiland in dem Arm der Liebsten
10 Euer und der Mitternacht vergessen!

Vincent van Gogh: Sternennacht (1889)

Johann Wolfgang Goethe: Italienische Reise (1816/1817) Auszug 8./9./10. Mai 1787

[Am 3. September 1786 brach Goethe heimlich nach Italien auf. Vier Monate blieb er inkognito in Rom. Im Februar 1787 reiste er nach Neapel weiter. Er bestieg mehrmals den Vesuv. Ende März setzte er nach Sizilien über. Im Juni kehrte er für fast ein volles Jahr nach Rom zurück. Unter Tränen verließ er die Stadt, in der er „das erste Mal unbedingt glücklich war". Am 18. Juni 1788 traf er wieder in Weimar ein. Nahezu dreißig Jahre später schrieb er in seinem italienischen Reisebericht zum 8., 9. und 10. Mai 1787 über den Weg nach Messina:]

Man hat hohe Kalkfelsen links. Sie werden farbiger und machen schöne Meerbusen; dann folgt eine Art Gestein, das man Tonschiefer oder Grauwacke nennen möchte. In den Bächen finden sich
5 schon Granitgeschiebe. Die gelben Äpfel des Solanum[1], die roten Blüten des Oleanders machen die Landschaft lustig. Der Fiume[2] Nisi bringt Glimmerschiefer so wie auch die folgenden Bäche.
Vom Ostwinde bestürmt, ritten wir zwischen
10 dem rechter Hand wogenden Meere und den Felswänden hin, an denen wir vorgestern oben herabgesehen hatten, diesen Tag beständig mit dem Wasser im Kampfe; wir kamen über unzählige Bäche, unter welchen ein größerer, Nisi, den Eh-

rentitel eines Flusses führt; doch diese Gewässer, 15 so wie das Gerölle, das sie mitbringen, waren leichter zu überwinden als das Meer, das heftig stürmte und an vielen Stellen über den Weg hinweg bis an die Felsen schlug und zurück auf die Wanderer spritzte. Herrlich war das anzusehen 20 und die seltsame Begebenheit ließ uns das Unbequeme ertragen.
Zugleich sollte es nicht an mineralogischer Betrachtung fehlen. Die ungeheuren Kalkfelsen, verwitternd, stürzen herunter, deren weiche Teile, durch die Bewegung der Wellen aufgerieben, 25 die zugemischten, festeren übrig lassen, und so ist der ganze Strand mit bunten, hornsteinartigen Feuersteinen überdeckt, wovon mehrere Muster aufgepackt worden. 30
Und so gelangten wir nach Messina, bequemten uns, weil wir keine Gelegenheit kannten, die erste Nacht in dem Quartier des Vetturins[3] zuzubringen, um uns den andern Morgen nach einem bessern Wohnort umzusehen. 35

1 **Solanum:** Untergattung der Nachtschattengewächse. Gemeint sein könnte hier die gelbe Tomate.
2 **Fiume:** *italienisch:* Fluss
3 **Vetturin:** Kutscher

Friedrich Schiller: Brief an die Schwestern Lengefeld (1789) Auszug
Erhabne Einfachheit und reiche Fülle der Natur

[Schiller war als Professor für Geschichte nach Jena berufen worden. Er schreibt an die Schwestern Lengefeld, seine spätere Frau Charlotte und deren Schwester Caroline.]

O meine teure Caroline! Meine teure Lotte! Wie so anders ist jetzt alles um mich her, seitdem mir auf jedem Schritt meines Lebens nur Euer Bild begegnet. Wie eine Glorie schwebt Eure Liebe um mich, wie ein schöner Duft hat sie mir die ganze Natur überkleidet. Ich komme von einem Spaziergang zurück. In dem großen freien Raume der Natur, wie in meinem einsamen Zimmer – es ist immer derselbe Äther[1], in dem ich mich bewege, und die schönste Landschaft ist nur ein schönerer Spiegel der immer bleibenden Gestalt. Nie hab ich es noch so sehr empfunden, wie frei unsre Seele mit der ganzen Schöpfung schaltet – wie wenig sie doch für sich selbst zu geben im Stande ist und alles alles von der Seele empfängt. Nur durch das, was wir ihr leihen, reizt und entzückt uns die Natur. Die Anmut, in die sie sich kleidet, ist nur der Widerschein der innern Anmut in der Seele ihres Beschauers, und großmütig küssen wir den Spiegel, der uns mit unserm eigenen Bilde überrascht. Wer würde auch sonst das ewige Einerlei ihrer Erscheinungen ertragen, die ewige Nachahmung ihrer selbst. Nur durch den Menschen wird sie mannigfaltig, nur darum, weil *wir* uns verneuen, wird sie neu. Wie oft ging mir die Sonne unter, und wie oft hat meine Fantasie ihr Sprache und Seele geliehn, aber nie nie, als jetzt, hab ich in ihr meine Liebe gelesen. Bewundernswert ist mir doch immer die erhabne Einfachheit und dann wieder die reiche Fülle der Natur. Ein einziger und immer derselbe Feuerball hängt über uns – und er wird millionenfach verschieden gesehen von Millionen Geschöpfen, und von demselben Geschöpf wieder tausendfach anders. *Er* darf ruhen, weil der menschliche Geist sich statt seiner bewegt – und so liegt alles in toter Ruhe um uns herum, und nichts lebt als unsre Seele.

1 **Äther:** *griechisch:* blauer Himmel

Friedrich Hölderlin: Der Spaziergang (nach 1806)

[Die Entstehung dieses Gedichts fällt in die Zeit der Erkrankung Hölderlins. Wilhelm Waiblinger schrieb es in seiner ersten Biografie Hölderlins dem „wahnsinnigen" Dichter zu.]

Ihr Wälder schön an der Seite,
Am grünen Abhang gemalt,
Wo ich umher mich leite,
Durch süße Ruhe bezahlt
Für jeden Stachel im Herzen,
Wenn dunkel mir ist der Sinn,
Den Kunst und Sinnen hat Schmerzen
Gekostet von Anbeginn.
Ihr lieblichen Bilder im Tale,
Zum Beispiel Gärten und Baum,
Und dann der Steg, der schmale,
Der Bach zu sehen kaum,

Wie schön aus heiterer Ferne
Glänzt einem das herrliche Bild
Der Landschaft, die ich gerne
Besuch' in Witterung mild.
Die Gottheit freundlich geleitet
Uns erstlich mit Blau,
Hernach mit Wolken bereitet,
Gebildet wölbig und grau,
Mit sengenden Blitzen und Rollen
Des Donners, mit Reiz des Gefilds,
Mit Schönheit, die gequollen
Vom Quell ursprünglichen Bilds.

Kommentar

Vom **GOETHE** der frühen Weimarer Jahre weiß man, dass er sehr bald den Beinamen „der Wanderer" erhielt, weil er sich so häufig von der Gesellschaft absonderte und allein durch die Natur wanderte oder ritt. Das Alleinsein war für ihn ein Ausgleich für das durch gesellschaftliche Regeln eingeengte Weimarer Leben. In der **Natur** hielt er **Zwiesprache** mit Mond und Sternen. Bekannt wurde sein Gedicht *An den Mond* („Füllest wieder Busch und Tal / Still mit Nebelglanz, / Lösest endlich auch einmal / Meine Seele ganz"). Umso erstaunlicher ist das hier abgedruckte nahezu zeitgleich entstandene Gedicht *Nachtgedanken,* in dem den Naturphänomenen gerade die Eigenschaft, Seelenfreunde der Menschen zu sein, abgesprochen wird. Der Widerspruch löst sich auf, wenn man bedenkt, dass der Mond als Gedankenfreund Teil eines Selbstgesprächs des Wanderers in der Natur ist, während die unfühlenden Sterne bedauert werden als dem gefühls- und liebesfähigen Menschen abgewandte, nur „schöne" Natur. Sie ziehen ihre ewigen Bahnen am Himmel, während der Sprecher im Arm der Geliebten Zeit „erlebt".

Auf seiner **Italienreise** erarbeitet sich GOETHE eine „klassische" Haltung gegenüber der Natur, die er durchwandert. Er sieht sie nicht als Gesprächspartner. Er beschreibt vielmehr geologische und botanische Besonderheiten mit Anteilnahme. Was er sieht, behandelt er als Erlebtes („Herrlich war das anzusehn"). Eine Zwiesprache mit der Natur gibt es nicht mehr. Stattdessen finden sich erklärende mineralogische Beobachtungen, insgesamt Zeichen einer eher **wissenschaftlichen Haltung gegenüber der Natur.**

SCHILLER erklärt in seinem Brief den beiden geliebten Schwestern einen philosophischen Gedankengang: Unsere Wahrnehmungen zeigen uns nicht die Natur, so wie sie ohne unser Zutun (KANT: „an sich") ist, sondern vermitteln uns ein Bild von der Natur, das durch subjektive Erfahrungen, Gefühle, Gedanken geprägt ist. Der Gedanke an die Schwestern LENGEFELD hat SCHILLERS Naturerleben bestimmt. Was zuerst aussieht wie eine geschickt formulierte Liebeserklärung (der Gedanke an die Schwestern bestimmt seine Wahrnehmung der Natur), entpuppt sich als philosophische Belehrung darüber, „wie frei unsre Seele mit der ganzen Schöpfung schaltet". Die **Natur** ist ihm Spiegel der Seele nur insofern, als sie eine **Projektionsfläche** der inneren Zustände des Betrachters ist. Was uns in der Natur interessiert, sind immer wir selbst.

HÖLDERLIN geht in SCHILLERS Spuren, aber er stellt den zentralen Gedanken SCHILLERS auf den Kopf. Nicht die Natur ist Produkt der Seele, sondern die **Bilder der** durchwanderten **Natur prägen den Geist des Wandernden.** Die lieblichen Bilder im Tale, die heitere Ferne, die milde Witterung, das Blau des Himmels und die ziehenden Wolken sind da, auch ohne den Betrachter. Aber sie werden von dem Wanderer aufgesucht, damit er Ruhe findet und eine Idee gewinnt von den harmonischen Ursprüngen der Welt, von der „Schönheit, die gequollen / Vom Quell ursprünglichen Bilds".

Themenkreis 3: Philosophische Gedanken in Gedichten

Friedrich Schiller: **Die Worte des Glaubens** (1797)

Drei Worte nenn ich euch, inhaltschwer,
Sie gehen von Munde zu Munde,
Doch stammen sie nicht von außen her,
Das Herz nur gibt davon Kunde;
5 Dem Menschen ist aller Wert geraubt,
Wenn er nicht mehr an die drei Worte glaubt.

Der Mensch ist frei geschaffen, ist frei,
Und würd' er in Ketten geboren,
Lasst euch nicht irren des Pöbels Geschrei,
10 Nicht den Missbrauch rasender Toren;
Vor dem Sklaven, wenn er die Kette bricht,
Vor dem freien Menschen erzittert nicht.

Und die Tugend, sie ist kein leerer Schall,
Der Mensch kann sie üben im Leben,
15 Und sollt' er auch straucheln überall,
Er kann nach der göttlichen streben;
Und was kein Verstand der Verständigen sieht,
Das übet in Einfalt ein kindlich Gemüt.

Und ein Gott ist, ein heiliger Wille lebt,
20 Wie auch der menschliche wanke;
Hoch über der Zeit und dem Raume webt
Lebendig der höchste Gedanke;
Und ob alles in ewigem Wechsel kreist,
Es beharret im Wechsel ein ruhiger Geist.

25 Die drei Worte bewahret euch, inhaltschwer,
Sie pflanzet von Munde zu Munde,
Und stammen sie gleich nicht von außen her,
Euer Innres gibt davon Kunde;
Dem Menschen ist nimmer sein Wert geraubt,
30 Solang er noch an die drei Worte glaubt.

Titelbild eines Kinderbuchs, das die beiden Gedichte Goethes in Bilder umsetzt (2004)

Johann Wolfgang Goethe: **Meeresstille** und **Glückliche Fahrt** (1795)

Meeresstille

Tiefe Stille herrscht im Wasser,
Ohne Regung ruht das Meer,
Und bekümmert sieht der Schiffer
Glatte Fläche ringsumher.
5 Keine Luft von keiner Seite!
Todesstille fürchterlich!
In der ungeheuern Weite
Reget keine Welle sich.

Glückliche Fahrt

Die Nebel zerreißen,
Der Himmel ist helle,
Und Äolus[1] löset
Das ängstliche Band.
5 Es säuseln die Winde,
Es rührt sich der Schiffer.
Geschwinde! Geschwinde!
Es teilt sich die Welle,
Es naht sich die Ferne;
10 Schon seh ich das Land!

1 **Äolus:** griechischer Gott des Windes

Friedrich Schiller: **Das Mädchen aus der Fremde** (1796)

In einem Tal bei armen Hirten
Erschien mit jedem jungen Jahr,
Sobald die ersten Lerchen schwirrten,
Ein Mädchen, schön und wunderbar.

5 Sie war nicht in dem Tal geboren,
Man wusste nicht, woher sie kam,
Und schnell war ihre Spur verloren,
Sobald das Mädchen Abschied nahm.

Beseligend war ihre Nähe,
10 Und alle Herzen wurden weit,
Doch eine Würde, eine Höhe
Entfernte die Vertraulichkeit.

Sie brachte Blumen mit und Früchte,
Gereift auf einer andern Flur,
15 In einem andern Sonnenlichte,
In einer glücklichern Natur.

Und teilte jedem eine Gabe,
Dem Früchte, jenem Blumen aus,
Der Jüngling und der Greis am Stabe,
20 Ein jeder ging beschenkt nach Haus.

Willkommen waren alle Gäste,
Doch nahte sich ein liebend Paar,
Dem reichte sie der Gaben beste,
Der Blumen allerschönste dar.

Johann Wolfgang Goethe: **Gedichte sind gemalte Fensterscheiben**
(undatiert, gedruckt 1827)

Gedichte sind gemalte Fensterscheiben!
Sieht man vom Markt in die Kirche hinein,
Da ist alles dunkel und düster;
Und so sieht's auch der Herr Philister[1].
5 Der mag denn wohl verdrießlich sein
Und lebenslang verdrießlich bleiben.

Kommt aber nur einmal herein!
Begrüßt die heilige Kapelle;
Da ist's auf einmal farbig helle,
10 Geschicht und Zierrat glänzt in Schnelle,
Bedeutend wirkt ein edler Schein.
Dies wird euch Kindern Gottes taugen,
Erbaut euch und ergetzt die Augen!

1 **Philister:** (Klein-)Bürger, Spießer (im Gegensatz zum
Künstler)

Kommentar

SCHILLERS philosophisches Gedicht nennt die drei Begriffe **Freiheit, Tugend** und **Gott Worte des Glaubens,** weil sie eben nicht gewusst, sondern empfunden werden. Die Freiheit als Naturrecht des Menschen ist etwas anderes als die „Freiheit", in deren Namen die Erben der Französischen Revolution Tausende ihrer vermeintlichen Feinde töteten. Die Tugend ist eine Herausforderung für das Leben. Sie steht dem Strebenden als Ideal vor Augen. Naive Gemüter, die dem Naturzustand noch nahestehen, sind tugendhaft, ohne weiter darüber nachzudenken. Hier scheint das klassische Bild von der „schönen Seele" auf, die anmutig und spontan aus sich heraus tut, was andere sich nach langer Erfahrung und aus schmerzlicher Einsicht abringen müssen. Das dritte Wort nennt die allen Menschen eingeborene Vorstellung eines höchsten Wesens, dessen Wille unwandelbar, ewig und heilig ist, während der durch Zeit und

Raum beschränkte Mensch in seinem Urteil schwankt und den „höchsten Gedanken", d.h. Gott selbst, nur ahnen kann.

1799 schrieb SCHILLER einen Paralleltext zu diesem Gedicht. Es behandelt drei *Worte des Wahns.* Es sind dies:
- der Glaube an eine goldene Zeit in der Zukunft,
- der Glaube daran, dass das Gute belohnt und das Böse bestraft wird,
- der Glaube daran, dass das Wahre ein für alle Mal erkannt werden könne.

GOETHES Gedichte *Meeresstille* und *Glückliche Fahrt* sind philosophisch in einem weit weniger abstrakten Sinne als die SCHILLERS. Es geht um **Lebenserfahrung.** Im Bilde des Kaufmanns, dessen Schiff bei Windstille untätig im Hafen liegen muss und das bei günstigen Winden zur Fahrt aufbricht, aber auch in Stürme und Unwetter geraten kann, entwirft GOETHE seine eigene Lebensphilosophie. Sie besagt, dass es im Leben **Phasen des Stillstands,** der Stagnation, und **Phasen des Wagnisses** und der Tätigkeit gibt und dass es darauf ankommt, in beiden seinen „Mann zu stehen". Der am Steuer des (Lebens-)Schiffes stehende Steuermann ist das Ideal des Tätigen. Für ihn gilt, was im zweiten der Gedichte in Aussicht gestellt wird: Er sieht das zu Erreichende und schöpft daraus Kraft, es auch wirklich zu erlangen.

In den Gedichten *Das Mädchen aus der Fremde* und *Gedichte sind gemalte Fensterscheiben* behandeln SCHILLER und GOETHE die sie besonders beschäftigende **Idee der Kunst.**

SCHILLER stellt die Kunst als ein „Mädchen aus der Fremde" vor, die zu den Bewohnern in einem abgelegenen Tal kommt, sie beschenkt und wieder verschwindet. Alle Einzelheiten, die erzählt werden, sagen etwas über die Poesie, die Kunst aus: Die Kunst entstammt einer anderen Welt. Man weiß nicht genau, woher sie kommt, wann sie kommt, wie lange sie bleibt. Sie beseligt, aber sie bleibt unnahbar, sie beschenkt alle, aber sie wählt selbst aus, wer welche Geschenke bekommt. Ihre Geschenke sind kostbar, weil sie nicht von dieser Welt sind. Sie hat ein besonders enges Verhältnis zur Liebe. Das entspricht exakt den Auffassungen SCHILLERS vom Wesen der Poesie, der dichterischen Inspiration.

GOETHES Gedicht wird vom Autor in seinen gesammelten Gedichten als „parabolisch" ausgewiesen. Der Gegensatz zwischen dem Blick auf farbig helle und lichtdurchflutete Kirchenfenster und dem Blick von außen (vom Markt) auf die gleichen Fenster, die nun dunkel und fast düster erscheinen, wird übertragen auf den Blick, den ein Leser auf die Kunst („Gedichte") haben kann. Blickt er von außen, aus der Perspektive des „Philisters", so erscheint ihm alles dunkel, blickt er von innen, aus der Sicht des Künstlers selbst, ist es hell und ergötzlich. „Wer den Dichter will verstehen / Muss in Dichters Lande gehen", hat GOETHE an anderer Stelle (als Motto für die Lektüre seiner Gedichtsammlung *West-östlicher Diwan*) geschrieben.

Beide Klassiker verdeutlichen ihre Idee der Kunst durch Bilder, die als Vergleiche aufgebaut sind. Das Bild des Mädchens aus der Fremde ist aus dem antiken Mythos der Musen gewonnen, die aus der Welt der Götter stammen und Menschen beschenken und beglücken. Das Bild von dem doppelten Blick auf verglaste Kirchenfenster vergleicht den Blick des Laien mit dem des Kenners. Nur der, der sich auf Gedichte einlässt, wird erkennen können, wie bunt sie die Welt zeigen.

Themenkreis 4: Entscheidungssituationen in Monologen und Dialogen

In Monologen durchdenken klassische Dramenfiguren ihre Situation. Sie lassen das Publikum in ihr Inneres sehen und an ihren Entscheidungen teilhaben. In Dialogen müssen die Zuhörer aus den Worten der Personen auf deren Gesinnung schließen.

Friedrich Schiller: Wilhelm Tell (1804) IV/3 Auszug. Tells Rechtfertigungsmonolog

Die hohle Gasse bei Küssnacht. Man steigt von hinten zwischen Felsen herunter und die Wanderer werden, ehe sie auf der Szene erscheinen, schon von der Höhe gesehen. Felsen umschließen die ganze Szene, auf ei-
5 *nem der vordersten ist ein Vorsprung mit Gesträuch bewachsen.*

Ferdinand Hodler: Wilhelm Tell (1897)

Tell *tritt auf mit der Armbrust:*
Durch diese hohle Gasse muss er kommen,
Es führt kein andrer Weg nach Küssnacht – Hier
10 Vollend ich's – Die Gelegenheit ist günstig.
Dort der Holunderstrauch verbirgt mich ihm,
Von dort herab kann ihn mein Pfeil erlangen,
Des Weges Enge wehret den Verfolgern.
Mach deine Rechnung mit dem Himmel, Vogt[1],
15 Fort musst du, deine Uhr ist abgelaufen.

Ich lebte still und harmlos – Das Geschoss
War auf des Waldes Tiere nur gerichtet,
Meine Gedanken waren rein von Mord –
Du hast aus meinem Frieden mich heraus
20 Geschreckt, in gärend Drachengift hast du
Die Milch der frommen Denkart mir verwandelt,
Zum Ungeheuren hast du mich gewöhnt –
Wer sich des Kindes Haupt zum Ziele setzte[2],
Der kann auch treffen in das Herz des Feinds.
25 [...]

Du bist mein Herr und meines Kaisers Vogt,
Doch nicht der Kaiser hätte sich erlaubt,
Was du – Er sandte dich in diese Lande,
Um Recht zu sprechen – strenges, denn er zürnet –
30 Doch nicht um mit der mörderischen Lust
Dich jedes Gräuels straflos zu erfrechen,
Es lebt ein Gott, zu strafen und zu rächen.

Komm du hervor, du Bringer bittrer Schmerzen,
Mein teures Kleinod jetzt, mein höchster Schatz –
35 Ein Ziel will ich dir geben, das bis jetzt
Der frommen Bitte undurchdringlich war –
Doch dir soll es nicht widerstehn – Und du,
Vertraute Bogensehne, die so oft
Mir treu gedient hat in der Freude Spielen,
40 Verlass mich nicht im fürchterlichen Ernst.
Nur jetzt noch halte fest, du treuer Strang,
Der mir so oft den herben Pfeil beflügelt –
Entränn er jetzo kraftlos meinen Händen,
Ich habe keinen zweiten zu versenden.

1 **Vogt:** hier: der vom Kaiser eingesetzte Rechtsvertreter (Reichsvogt)
2 Der Vogt Geßler hatte Tell gezwungen, einen Apfel vom Kopf seines Kindes zu schießen.

Heinrich von Kleist: Die Herrmannsschlacht (1808) V/13 Auszug
Herrmann des Cheruskers Entscheidung gegen Rom und für Germanien

[Nachdem napoleonische Truppen Preußen und andere deutsche Gebiete besetzt hatten, schrieb Heinrich von Kleist 1808 ein patriotisches Drama über Herrmann den Cherusker, der als Arminius bei den Römern in Sold gestanden hatte und der nun darangeht, die Römer aus Germanien zu vertreiben. Er arbeitet dazu mit Täuschung, rechtfertigt das aber mit dem Ziel, Freiheit für sein Vaterland zu erlangen. Varus seufzt: „O Herrmann! Herrmann! / So kann man blondes Haar und blaue Augen haben / Und doch so falsch sein wie ein Punier?"

In der dreizehnten Szene des fünften Aktes trifft Herrmann auf den römischen Heerführer Varus Septimius, dessen Legion an der Zerstörung des Lagers der Cherusker beteiligt war. Er lässt ihn töten, um, allen sichtbar, die Brücken zu den Römern abzubrechen. Dem Doppelspiel der Römer, die vorgeben, die Cherusker gegen die Sueben zu unterstützen, während sie mit Marbod, dem Fürst der Sueben, ein ähnliches Abkommen haben, setzt er ein gleiches politisches Spiel entgegen. Hinter dem Rücken der Römer hat er sich mit seinem germanischen Gegner verbündet. Kleists Stück wurde in der gesamten ersten Hälfte des 20. Jahrhunderts als patriotisches Drama, das sich gegen Frankreich richtete, gespielt.]

Dreizehnter Auftritt

Septimius tritt auf. Die Vorigen.

HERRMANN *kalt:*
    Dein Schwert, Septimius Nerva, du musst
      sterben.
5 SEPTIMIUS:
    – Mit wem sprech ich?
HERRMANN: Mit Herrmann, dem Cherusker,
    Germaniens Retter und Befreier
    Von Roms Tyrannenjoch!
10 SEPTIMIUS: Mit dem Armin? –
    Seit wann führt der so stolze Titel?
HERRMANN:
    Seit August sich so niedre zugelegt.
SEPTIMIUS:
15   So ist es wahr? Arminius spielte falsch?
    Verriet die Freunde, die ihn schützen wollten?
HERRMANN:
    Verriet euch, ja; was soll ich mit dir streiten?
    Wir sind verknüpft, Marbod und ich,
20   Und werden, wenn der Morgen tagt,
    Den Varus, hier im Walde, überfallen.
SEPTIMIUS:
    Die Götter werden ihre Söhne schützen!
    – Hier ist mein Schwert
25 HERRMANN *indem er das Schwert wieder weggibt:*
      Führt ihn hinweg,
    Und lasst sein Blut, das erste, gleich
    Des Vaterlandes dürren Boden trinken!
Zwei Cherusker ergreifen ihn.

30 SEPTIMIUS:
    Wie, du Barbar! Mein Blut? Das wirst du nicht –!
HERRMANN: Warum nicht?
SEPTIMIUS *mit Würde:*
      – Weil ich dein Gefangner bin!
35   An deine Siegerpflicht erinnr' ich dich!
HERRMANN *auf sein Schwert gestützt:*
    An Pflicht und Recht! Sieh da, so wahr ich lebe!
    Er hat das Buch vom Cicero gelesen.
    Was müsst' ich tun, sag an, nach diesem Werk?
40 SEPTIMIUS:
    Nach diesem Werk? Armsel'ger Spötter, du!
    Mein Haupt, das wehrlos vor dir steht,
    Soll deiner Rache heilig sein;
    Also gebeut dir das Gefühl des Rechts,
45   In deines Busens Blättern aufgeschrieben!
HERRMANN *indem er auf ihn einschreitet:*
    Du weißt, was Recht ist, du verfluchter Bube,
    Und kamst nach Deutschland, unbeleidigt,
    Um uns zu unterdrücken?
50   Nehmt eine Keule doppelten Gewichts
    Und schlagt ihn tot!
SEPTIMIUS:
    Führt mich hinweg! – hier unterlieg' ich,
    Weil ich mit Helden würdig nicht zu tun!
55   Der das Geschlecht der königlichen Menschen
    Besiegt, in Ost und West, der ward
    Von Hunden in Germanien zerrissen:
    Das wird die Inschrift meines Grabmals sein!
Er geht ab; Wache folgt ihm.

Kommentar

Tell, der eher wortkarge Naturmensch und Alpenjäger, argumentiert in diesem Monolog wie ein beredter Verteidiger vor Gericht. Offensichtlich hatte SCHILLER Bedenken, sein Publikum könne den Tyrannenmord missverstehen. Dafür spricht, dass er im Schlussakt den Mörder des Kaisers, Johann Parricida, bei Tell Schutz suchen lässt. Der freie Schweizer lehnt es ab, seine Tat mit der des Mörders zu vergleichen. Die abgedruckten Abschnitte akzentuieren die Schuld des Opfers. Tells Rhetorik: „Wer sich des Kindes Haupt zum Ziele setzte, / Der kann auch treffen in das Herz des Feinds" (Z. 23 f.) arbeitet mit der Opposition von Gut und Böse. Tell scheut dabei nicht die starken Worte („Zum Ungeheuren hast du mich gewöhnt" / sich „mit der mörderischen Lust" des „Gräuels […] erfrechen"), sodass er selbst als das Werkzeug des rächenden Gottes dasteht.

Die **klassisch-kunstvolle Sprache** dieser Rede, die den Helden bis ins Unnatürliche idealisiert (Tell redet sogar mit den Einzelteilen seiner Waffe wie mit Freunden und Kampfgefährten: der Bogen als „Kleinod", „Schatz" und „Bringer bitterer Schmerzen", die Bogensehne als treue Vertraute, der Pfeil mit dem Beiwort „herb" geschmückt),

Tell-Denkmal in Altdorf (1895)

zeigt, wie weit die **Idealisierung** sprachlich aus der Wirklichkeit hinausführt. Derartige Stellen werden denn auch heute bei Aufführungen des Dramas von den Regisseuren oft gestrichen.

Die historische Figur WILHELM TELL hat eine bewegte Rezeptionsgeschichte. Die Schweizer nehmen ihn so, wie ihn SCHILLER dargestellt hat, als Nationalhelden. Schon früh wurde TELL zum politischen Symbol für Widerstand. Gleich, ob es sich um die Demonstration von Arbeitern gegen das Kapital oder um die Ablehnung des Völkerbundes aus nationalen Interessen ging – man berief sich auf TELL. Der kraftvoll auf sich selbst vertrauende und die Seinen schützende Mann war zunächst auch ein Ideal der nationalsozialistischen Propaganda. Er erschien mit Sohn und Armbrust auf Plakaten zu Theateraufführungen. Dann aber misstraute HITLER dem Tyrannenmörder SCHILLERS. Er ließ die Lektüre von *Wilhelm Tell* ebenso wie die Aufführungen von SCHILLERS Drama 1941 verbieten.

Auch **KLEIST** verwendet die Sprache der Klassik, aber er verzichtet darauf, dass **Herrmann** seine politisch motivierten Mordtaten ethisch rechtfertigt. Ihm geht es um das Bild eines kompromisslosen Politikers und Heerführers. Herrmann ist, anders als Tell, kein idealer Naturmensch, sondern ein dem Bilde NAPOLEONS nachgestellter „moderner" General. Sein Gegenspieler, der römische Feldherr Septimius, muss – wie das Publikum auch – erkennen, dass dieser Herrmann ein anderer ist als der, der er zu

J. Ernst von Bandel: Hermannsdenkmal im Teutoburger Wald (1875)

sein schien. Kriegslist und Verrat werden dadurch gerechtfertigt, dass auch der Gegner sich nicht scheut, verbrecherische Methoden einzusetzen. Wichtig ist, dass Herrmann im Streitgespräch mit dem Römer, der eine klassisch-humane Haltung einfordert (Ich bin dein Gefangener, du darfst mich nicht töten), auf das Ideal „Deutschland" setzt, das seinen Mord rechtfertigt. Die Mentalität der sogenannten „Befreiungskriege" gegen NAPOLEON (es gibt Wissenschaftler, die von einer frühen „Partisanenmentalität" sprechen) verherrlicht als deutschen Charakter Härte und Rücksichtslosigkeit um des Vaterlands willen. Spottend konfrontiert Herrmann den Römer damit, dass es die Römer selbst waren, die den Verrat im Dienste ihres Vaterlands gerechtfertigt hatten. Es ist anzunehmen, dass KLEISTS Herrmann hier auf den Fall des REGULUS anspielt, der in einer Rede des CICERO als Vorbild römischer Tugend zitiert wird. Im Krieg der Römer gegen Karthago wurde der römische Konsul REGULUS von den Karthagern gefangen genommen.

Mit dem Versprechen, nach Karthago zurückzukehren, reiste er als Unterhändler für Karthago nach Rom. Dort warb er, entgegen seinem Auftrag, für die Fortsetzung des Krieges. REGULUS kehrte, seinem gegebenen Wort getreu, von Rom nach Karthago zurück, wo er von den Karthagern grausam bestraft wurde. Herrmann wird nicht nach Rom zurückkehren, weil auch in Rom das Recht gebrochen wird.

Die damals „aktuelle" Bedeutung, dass hinter Rom Frankreich, hinter „Germaniens Befreier" der preußische König zu sehen sei, macht deutlich, dass es KLEISTS **politische Romantik** ist, die die Verletzung der Menschenrechte (Achtung der Menschenrechte ist eine Forderung der Aufklärung) im Dienste der Nation als dem höheren Wert rechtfertigte.

Die beiden abgebildeten Denkmäler heroisieren Ende des 19. Jahrhunderts die Nationalhelden. Die Ideale „Freiheit" und „Nation" sind in beiden Figuren zu Gesten kämpferischer Entschlossenheit zusammengeführt. Auch die in Frankreich gefertigte Freiheitsstatue in New York (1886) hat die gleiche Haltung wie Hermann der Cherusker im Teutoburger Wald. Sie hält die Fackel der Freiheit hoch, wie Hermann das Schwert, mit dem er gegen die römischen Unterdrücker kämpft und Germanien befreit.

3.2 Romantik – Die Spannung zwischen Welt und Ich

Der Begriff „Romantik" sagt – von seiner Herkunft her gesehen – bereits viel über die literarische Strömung aus, die die deutsche Literatur im ersten Drittel des 19. Jahrhunderts bestimmte. „Romance" war im Provenzalischen eine Geschichte um Ritter und Abenteuer, in denen sich auch Märchenhaftes ereignen konnte. Um 1800 war es vor allem das Interesse am Mittelalter (nicht an der Antike), das die neue Dichtung von den Werken der Klassiker unterschied. Der Begriff „Romantik" wurde als Epochenbegriff dann von der Gattung des Romans gelöst und bezeichnete allgemein eine gefühlsbetonte, das Gemüt ansprechende Haltung, die den banalen Alltag mied und das **Prinzip einer künstlerischen Fantasie** gegenüber dem der bürgerlichen Nützlichkeit aufwertete. So entstand der Typus des romantischen Träumers, der nicht in den bürgerlichen Alltag passt, aber im Reich der Fantasie ein Held oder König ist.

Unterschieden wird eine **Frühromantik** (etwa 1796–1801), welche die Jenenser Studenten AUGUST WILHELM und FRIEDRICH SCHLEGEL sowie ihren Freund FRIEDRICH VON HARDENBERG, der sich NOVALIS nannte, umfasste und zu der wenig später der Erzähler von Novellen und Romanen LUDWIG TIECK stieß. Das Zentrum der Gruppe war die von den Brüdern SCHLEGEL herausgegebene Zeitschrift *Athenäum,* die allerdings nur drei Jahrgänge (insgesamt 6 Hefte) erlebte. Die „frühen" Romantiker waren sehr stark philosophisch interessiert. Es ging ihnen um eine Poesie, die mit Hilfe der Fantasie Grenzen überschreitet, die Welt verändert.

Die **Hochromantik** (etwa 1805–1815) hatte ihr Zentrum in **Heidelberg** (▶ S. 102). Hier waren es vor allem die Autoren CLEMENS BRENTANO, JOSEPH VON EICHENDORFF und ACHIM VON ARNIM, die den Ton angaben. Auch die Brüder GRIMM gehörten dazu. Sie sammelten *Volkslieder* und *Märchen,* denn sie verstanden sich als Bewahrer der nationalen Kultur und volkstümlichen Tradition.

In den Jahren der Befreiungskriege (1813–1815) und nach NAPOLEONS Sturz (1815) bildete sich in **Berlin** ein weiteres Zentrum romantischer Literatur. ARNIM und BRENTANO, auch JOSEPH VON EICHENDORFF waren nun hier, hinzu kam E. T. A. HOFFMANN. ADELBERT VON CHAMISSO lebte zeitweise hier, in den Jahren 1810/11 auch HEINRICH VON KLEIST. Man traf sich im Salon der RAHEL VARNHAGEN. KLEISTS Zeitung *Berliner Abendblätter* hielt sich nur kurze Zeit (1810/11).

Schließlich entwickelte sich um 1810 auch im deutschen Südwesten eine eigene „**Schwäbische Romantik**". In Ludwigsburg, Tübingen, Stuttgart, der Heimat SCHILLERS und HÖLDERLINS, schrieben **LUDWIG UHLAND, JUSTINUS KERNER, WILHELM HAUFF** und **EDUARD MÖRIKE** Gedichte, Balladen, Erzählungen und Märchen. Sie waren in besonderem Maße Verehrer des deutschen Mittelalters. Sie machten diese Zeit beim Publikum so populär, dass nach dem Roman *Lichtenstein* von WILHELM HAUFF sogar die mittelalterliche Burg, der Schauplatz des Romans, nachgebaut wurde.

In allen Kreisen spielten **Frauen** eine bedeutende Rolle. CAROLINE SCHLEGEL, spätere SCHELLING, und DOROTHEA VEIT, spätere SCHLEGEL, standen im Zentrum des Jenenser Romantikerkreises. CAROLINE übersetzte zusammen mit AUGUST WILHELM SCHLEGEL die Dramen SHAKESPEARES. SOPHIE MEREAU, die spätere Frau CLEMENS BRENTA-

NOS, war eine erfolgreiche Romanautorin, HENRIETTE HERZ und RAHEL LEVIN, spätere VARNHAGEN VON ENSE, führten nicht nur die berühmten Berliner Salons, sondern schrieben Rezensionen und Briefe, die dann z.T. von ihren Männern veröffentlicht wurden. KAROLINE VON GÜNDER(R)ODE schrieb unter dem Pseudonym TIAN *Gedichte und Fantasien.* BETTINA VON ARNIM (geb. BRENTANO), die Gattin ACHIM VON ARNIMS, führte Gespräche mit GOETHES Mutter und machte daraus eine später sehr beachtete Publikation *(Goethes Briefwechsel mit einem Kinde),* 1843 veröffentlichte sie sozialkritische Reportagen unter dem Titel *Dies Buch gehört dem König* (▶ S. 135).

Es ist schwer, in den verschiedenen Spielarten der Romantik Gemeinsamkeiten zu finden. Es werden in den allgemeinen Darstellungen dieser Literatur unterschiedliche Vorschläge gemacht:
– Romantik sei eine **Wiederentdeckung des Gefühls,** insbesondere der Gefühlsschwankungen („himmelhoch jauchzend, zu Tode betrübt" sei eine angemessene Charakteristik romantischer Gefühlslagen) und der **Sehnsucht nach dem Unbekannten, dem Unendlichen.**
– Die Romantiker seien Autoren, die den „Weg nach innen" gingen, seelische Prozesse erkundeten, **Abgründe und Grenzerfahrungen** zum Thema machten.
– Romantik sei die **Mentalität der Aussteiger** aus der behaglichen Bürgerlichkeit und der alltäglichen praktischen Lebensbewältigung hin in ein exzentrisches Künstlertum, **Flucht in ein** poetisches **Atlantis** (mythisches, ideales Inselreich) oder ein **fantasiertes Mittelalter.** Romantik sei eben ein **Allmachtstraum der Fantasie.**
– Zur Mittelalterfantasie der Romantik gehört auch der Traum von einer einheitlichen, **alle umfassenden christlichen Religion.** Viele Romantiker, so FRIEDRICH SCHLEGEL oder CLEMENS BRENTANO, wurden katholisch. Auch in der Malerei der

Romantik spielten Mittelalter und katholische Religion eine bedeutende Rolle. Die Brüder BOISSERÉE legten eine große Sammlung mittelalterlicher Tafelbilder an (die zum Grundstock der Alten Pinakothek in München werden sollte). In Rom bildete sich die Schule der Nazarener um PETER VON CORNELIUS und JOHANN FRIEDRICH OVERBECK, die Szenen aus dem Leben Jesu in großen Gemälden darstellten. FRIEDRICH OVERBECK stilisierte sich selbst, seine Frau und sein erstes Kind sogar nach dem Muster eines mittelalterlichen Altarbildes der Heiligen Familie.

Johann Friedrich Overbeck: Selbstbildnis mit Familie (1820/1830)

Stichworte zu Klassik (1786–1805) und Romantik (etwa 1790–1830)

Stichwort	Klassik	Romantik
Naturauffassung	Erleben der Natur (Wandern); Idee der Naturentwicklung (Metamorphose)	Zauber der unendlich belebten Natur (verkörpert in Elfen, Nixen, Zwergen, Feen)
Kunstauffassung	Die Kunst hat eine soziale Aufgabe: durch das Schöne zum Guten und Wahren zu führen, das Vorbild ist die Antike.	Kunst zielt auf die Verwandlung (Poetisierung) der Welt, sie hat eine spirituelle Aufgabe: Unbewusstes und eine verstandesmäßig nicht zu fassende geistige Welt zu erschließen, Vorbild: mittelalterliche Kunst.
Menschenbild	Humanismus: das menschliche Individuum als Maß aller Dinge	der Mensch auf der Suche nach sich selbst und nach seiner Position im Kosmos
Geschichtsauffassung	Arkadien (den glücklichen Urzustand) neu gewinnen	drei „Stationen" der Menschheitsentwicklung: Arkadien – Jetztzeit – Elysium (die erhoffte paradiesische Zukunft)
Bild von Staat und Gesellschaft	Weltbürger in einem Kleinstaat	Nation als Staats- und Gesellschaftsverband
Gottesbild/ Religion	Gott als Weltingenieur oder als schöpferische Kraft in der Natur	Wiederentdeckung des Katholizismus

„Romantik" ist ein schillernder Begriff. Nicht nur die Romantiker selbst, auch ihre späteren Leserinnen und Leser haben in dem Begriff sehr oft sehr Verschiedenes zusammengefasst.

Die „blaue Blume" der Romantik

In dem Roman *Heinrich von Ofterdingen* des FRIEDRICH VON HARDENBERG (genannt NOVALIS) träumt der junge Held von einer blauen Blume. Er sagt: *„fernab liegt mir alle Habsucht: aber die blaue Blume sehn ich mich zu erblicken."* Er wandert im Traum durch einen Wald, ersteigt einen Berg, dringt in eine Höhle ein und durchschwimmt ein Wasser. Da sieht er die Blume: *„Rund um sie her standen unzählige Blumen von allen Farben und der köstliche Geruch erfüllte die Luft. Er sah nichts als die blaue Blume und betrachtete sie lange mit unnennbarer Zärtlichkeit. Endlich wollte er sich ihr nähern, als sie auf einmal sich zu bewegen und zu verändern anfing; die Blätter wurden glänzender und schmiegten sich an den wachsenden Stängel, die Blume neigte sich nach ihm zu und die Blütenblätter zeigten einen blauen ausgebreiteten Kragen, in welchem ein zartes Gesicht schwebte. Sein süßes Staunen wuchs mit der sonderbaren Verwandlung."* Die Blume verwandelt sich in das Gesicht eines Mädchens, das er lieben wird. Die blaue Blume ist das Symbol dessen, nach dem man sich sehnt, ohne es genau bezeichnen zu können. Bezogen auf die Strömung der Romantik zeigt sie zugleich, dass man glaubte, in Bildern der Fantasie und mit den Mitteln der Poesie das andeuten zu können, was nicht genau benannt und beschrieben werden konnte. So konnte die blaue Blume sowohl **Streben nach Erkenntnis, Wunsch nach Liebe** als auch **Poesie oder Religion** bedeuten.

Romantische Ironie

ist ebenfalls ein mehrdeutiges Stichwort. Während die alltägliche Ironie relativ leicht zu definieren ist (das Gegenteil dessen zu meinen, was man sagt, dabei durch ein „Ironiesignal" aber zu verstehen geben, wie das Gesagte einzuordnen ist), kann man „romantische" Ironie nicht so einfach an Redeweise oder Stil eines Textes festmachen. Hier bedeutet der Begriff vor allem das Zusammenwirken von einander Entgegengesetztem: **Imagination** (Einbildungskraft) und **Reflexion, poetische Fantasie** und **kritische Stellungnahme.** Romantische Ironie möchte die Kunst im Kunstwerk selbst zum Thema machen (oder – so sagt es Friedrich Schlegel – den Prozess des Produzierens im Produkt darstellen). In einem Theaterstück können dann zum Beispiel der Autor und das Publikum auf der Bühne erscheinen und ihre kritischen Urteile über das Stück in das Stück selbst einbringen.

Romantische Sehnsucht

ist nicht der Wunsch nach etwas Konkretem, nach Ruhm, Sehnsucht nach der Ferne, nach der Heimat. Sie bezeichnet die Sehnsucht nach einem Zustand, in dem ist, was alles nicht ist. Der Romantiker leidet beispielsweise unter den verschiedenen Erfahrungen der **Entfremdung.** „Entfremdung" bedeutet, dass der Mensch nicht seinem eigentlichen Wesen gemäß lebt, sondern zum Beispiel im Beruf oder in der Beziehung zu anderen Menschen nur äußeren, fremden Vorgaben gehorcht. „Sehnsucht" bedeutet dann den Wunsch, dass diese Formen der Entfremdung wenigstens punktuell oder vielleicht sogar auf Dauer aufgehoben sind. Der Romantiker glaubt, dass dieser Zustand einmal war (am Anfang der Welt) und dass er auch einmal wieder hergestellt werden kann (in einer fernen, als glücklich erträumten Welt).

Wichtige Autoren der Romantik

Novalis (1772–1801), eigentlich **Friedrich von Hardenberg,** gilt als wichtigster Dichter der Frühromantik. Alle seine Werke blieben Fragmente, z.B. *Hymnen an die Nacht,* 1800, die Romane *Die Lehrlinge zu Sais* und *Heinrich von Ofterdingen,* 1802. Seine Schrift *Die Christenheit oder Europa* (1799), in der er ein idealisiertes Bild des christlichen Mittelalters (als „goldenes Zeitalter") zeichnete, wurde erst 1826 gedruckt. Novalis gehörte zu dem Jenaer Freundeskreis um Tieck, Schelling und die Brüder Schlegel.

Clemens Brentano (1778–1842)
war neben Achim von Arnim der Hauptvertreter der sogenannten Heidelberger Romantik. Zu seinen Geschwistern gehörte Bettina Brentano (besser bekannt als Bettina von Arnim). Als Medizinstudent in Jena lernte er die Frühromantiker (Friedrich Schlegel, Ludwig Tieck) kennen. Er schrieb den Roman *Godwi,* in dem auch einige seiner bekanntesten Gedichte enthalten sind (z.B. das berühmte *Lied von der Lore Lay:* „Zu Bacharach am Rheine …"). Bis 1811 arbeiteten die Freunde Arnim und Brentano immer wieder zusammen in Heidelberg. Sie sammelten Volkslieder *(Des Knaben Wunderhorn)* und widmeten die Sammlung Johann Wolfgang Goethe.

Ernst Theodor Amadeus Hoffmann (1776–1822)

nahm aus Verehrung für Wolfgang Amadeus Mozart den Namen Amadeus an. Er war Jurist, sah sich aber in erster Linie als Musiker. Er zeichnete Karikaturen und schrieb Erzählungen, Märchen. Hoffmann hatte auf all seinen Tätigkeitsfeldern mit Problemen zu kämpfen. Seine Karikaturen kosteten ihn die Anstellung. Sein Engagement in der Musik verschaffte ihm in Bamberg, später in Dresden einen Posten am Theater, aber Intrigen vergällten ihm das Leben. Er kehrte nach Berlin zurück und trat als Jurist in den Staatsdienst ein. Er veröffentlichte romantische Erzählungen in Almanachen und wurde wegen seiner Bekanntheit als Richter in der sogenannten Immediat-Kommission eingesetzt, die Demokraten (wie den „Turnvater Jahn") zu verurteilen hatte. Hoffmann hielt dieses System für absurd, behandelte es satirisch in einer Erzählung *(Meister Floh)* und sollte prompt wieder disziplinarisch belangt werden. Sein Tod kam seiner Entlassung aus dem Staatsdienst zuvor.

Die Brüder Grimm, Jacob (1785–1863) und Wilhelm (1786–1859)

waren nicht nur Romantiker und Sammler von Märchen *(Kinder- und Hausmärchen)*, sie waren vor allem auch Sprachwissenschaftler. Sie gelten als „Gründungsväter" der Germanistik. Sie suchten in Sagen und Literatur der germanischen Vergangenheit die Wurzeln für die zeitgenössischen Zustände. 1812 veröffentlichten sie den ersten Band ihrer Märchensammlung. Etwa zehn Jahre später erschien die gekürzte Fassung für Kinder, illustriert von ihrem Bruder Ludwig Emil. Die Brüder gehörten zu den „Göttinger Sieben", den Professoren, die das gebrochene Verfassungsversprechen ihres Hannoverschen Landesvaters kritisiert und daraufhin aus ihren Ämtern entfernt worden waren. Die Grimms begannen ihr größtes Werk, das *Deutsche Wörterbuch*, das sie nicht mehr selbst vollenden konnten. Die letzten Jahre ihres Lebens arbeiteten sie in Berlin. Der preußische König hatte sie als Sprachwissenschaftler an die 1810 gegründete Universität (seit 1949: Humboldt-Universität) berufen.

Joseph von Eichendorff (1788–1857)

gilt als der typische Dichter der deutschen Romantik. Seine Gedichte sind immer wieder vertont worden. Sangbarkeit war ein wichtiges Merkmal romantischer Grenzüberschreitung zwischen Wort- und Tonkunst. Eichendorff ist auch als Prosadichter *(Aus dem Leben eines Taugenichts, Das Marmorbild)* hervorgetreten. 1807 hatte er in Heidelberg Arnim und Brentano kennen gelernt, 1810 studierte er an der neuen Berliner Universität und machte Bekanntschaft mit den dortigen Romantikern. Das Examen in Jura bestand er 1812 in Wien. Als Offizier kämpfte er in den „Befreiungskriegen" gegen Napoleon. Danach arbeitete er bis 1844 in verschiedenen Ministerien, nahm aus gesundheitlichen Gründen seinen Abschied. Er verfasste eine der ersten deutschen Literaturgeschichten.

Heinrich Heine (1797–1856)

Heine bezeichnete sich selbst als den letzten Dichter der Romantik und gleichzeitig als deren Überwinder. Bekannt wurde er zuerst durch seine kritischen und witzigen *Reisebilder,* dann als Lyriker *(Buch der Lieder)*. 1830 ging er nach Paris, um von dort über die Weltereignisse zu berichten. Seine Artikel wurden bewundert (seine Sprache sei geistreich, verständlich, politisch wirksam), aber er hatte auch viele Feindseligkeiten zu ertragen. 1835 wurden seine Schriften im Deutschen Bund verboten. Als kritischer, politisch engagierter Journalist, Essayist, Satiriker war Heine gefürchtet. Wegen seiner jüdischen Herkunft und seiner politischen Einstellung wurde er besonders von den schwäbischen Romantikern angefeindet.

Städte der Romantik

Jena

Das Jenaer „Romantikerhaus" – um 1800 Wohnhaus des Philosophen JOHANN GOTT-LIEB FICHTE – enthält heute ein Museum, das den romantischen Aufbruch um 1800 dokumentiert. Eine Teilausstellung zur „Jenenser Frühromantik" zeigt die Bedingungen auf, unter denen Jena zu einem fortschrittlichen geistigen Zentrum werden konnte. Berühmte Professoren (Philosophen wie FICHTE, Historiker wie SCHILLER, bedeutende Naturwissenschaftler) sorgten dafür, dass die Anzahl der Studierenden sich verdoppelte. Zu SCHILLERS Zeit kam auf vier Jenenser Bürger ein Student.

In Jena wohnten und studierten in den Jahren vor der Jahrhundertwende NOVALIS, die Brüder AUGUST WILHELM und FRIEDRICH SCHLEGEL, deren Ehefrauen CAROLINE und DOROTHEA, der Philosoph FRIEDRICH WILHELM SCHELLING. Auch GOETHE hielt sich oft monatelang in Jena auf.

Heidelberg

Die Stadt mit der ältesten Universität Deutschlands gilt auch heute noch als eine Stadt der Romantik. Zahlreiche Touristen kommen, um den „Mythos Heidelberg" zu erleben. Im Dreißigjährigen Krieg wurde Heidelberg verwüstet, die kostbare Bibliothek („Palatina") an den Vatikan verschenkt. Das Schloss zerstörten die Soldaten LUDWIGS XIV., es blieb als romantische Ruine bestehen.

Heidelberg: Blick über den Neckar auf das Schloss (Stahlstich, 1845)

In Heidelberg bauten die Brüder BOISSERÉE in klassisch-romantischer Zeit ihre Gemäldesammlung alter deutscher Meister auf, die heute in der Alten Pinakothek in München zu sehen ist.

Berlin

In Berlin war um 1800 der „prosaische Zeitgeist" (Madame DE STAËL) zu Hause. Es war noch im Wesentlichen die Stadt FRIEDRICHS II., obwohl die Einwohnerzahl um 1820 auf 200 000 angewachsen war (Berlin war damit nach London, Paris, St. Petersburg und Wien die fünftgrößte Stadt Europas). Die rege Bautätigkeit stand ganz im Zeichen der Bauten KARL FRIEDRICH SCHINKELS, die – besonders in den Jahren der napoleonischen Herrschaft – neben dem klassizistischen Stil (JOHANN GOTTFRIED SCHADOW) den „altdeutschen Stil" (Anlehnungen an die Gotik) umzusetzen suchten. Wichtig für die Kultur der Romantiker waren die Salons (z.B. RAHEL VARNHAGEN), in denen sich Musiker, Literaten, Künstler und Intellektuelle trafen. Berlin war das Zentrum der national und antinapoleonisch gesinnten Romantik. KLEIST gab die *Berliner Abendblätter* heraus, E. T. A. HOFFMANN schrieb hier die Oper *Undine* und seine Erzählungen, TIECK den *Phantasus,* WILHELM MÜLLER die Gedichte der *Winterreise.*

Themenkreis 1: Kunsterlebnisse und wandernde Künstler

Wilhelm Wackenroder: Herzensergießungen eines kunstliebenden Klosterbruders (1797)
Auszug. Das doppelte Erlebnis des Romantikers in Italien: Rom und alte Musik

[Das Pantheon (ital.: La Rotonda) hat die größte Kuppel der Welt und gilt als das am besten erhaltene Bauwerk der römischen Antike. Kaiser Hadrian ließ diesen allen Göttern Roms geweihten Tempel um 120 n. Chr. erbauen. Seit dem Jahre 609 wird das Pantheon als römisch-katholische Kirche (Santa Maria ad Martyres) genutzt.]

Ich ging neulich in die Rotonda, weil ein großes Fest war, und eine prächtige lateinische Musik sollte aufgeführt werden, oder eigentlich anfangs nur, um meine Geliebte dort unter der betenden
5 Menge wiederzusehen und mich an ihrer himmlischen Andacht zu bessern. Der herrliche Tempel, die wimmelnde Menge Volks, die nach und nach hereindrang und mich immer enger umgab, die glänzenden Vorbereitungen, das alles stimm-
10 te mein Gemüt zu einer wunderbaren Aufmerksamkeit. Mir war sehr feierlich zu Mute, und wenn ich auch, wie es einem bei solchem Getümmel zu gehen pflegt, nichts deutlich und hell dachte, so wühlte es doch auf eine so seltsame Art
15 in meinem Innern, als wenn auch in mir selber etwas Besonderes vorgehen sollte. Auf einmal ward alles stiller, und über uns hub die allmächtige Musik in langsamen, vollen, gedehnten Zügen an, als wenn ein unsichtbarer Wind über unsern
20 Häuptern wehte: Sie wälzte sich in immer größeren Wogen fort, wie ein Meer, und die Töne zogen meine Seele ganz aus ihrem Körper heraus. Mein Herz klopfte, und ich fühlte eine mächtige Sehnsucht nach etwas Großem und Erhabenem, was
25 ich umfangen könnte. Der volle lateinische Gesang, der sich steigend und fallend durch die schwellenden Töne der Musik durchdrängte, gleich wie Schiffe, die durch Wellen des Meeres segeln, hob mein Gemüt immer höher empor.
30 Und indem die Musik auf diese Weise mein ganzes Wesen durchdrungen hatte und alle meine Adern durchlief – da hob ich meinen in mich gekehrten Blick und sah um mich her – und der ganze Tempel ward lebendig vor meinen Augen,
35 so trunken hatte mich die Musik gemacht. In dem Moment hörte sie auf, ein Pater trat vor den Hochaltar, erhob mit einer begeisterten Gebärde die Hostie und zeigte sie allem Volke – und alles Volk sank in die Knie, und Posaunen, und ich weiß selbst nicht was für allmächtige Töne,
40 schmetterten und dröhnten eine erhabene Andacht durch alles Gebein. Alles, dicht um mich herum, sank nieder, und eine geheime, wunderbare Macht zog auch mich unwiderstehlich zu Boden, und ich hätte mich mit aller Gewalt nicht
45 aufrechterhalten können. Und wie ich nun mit gebeugtem Haupte kniete und mein Herz in der Brust flog, da hob eine unbekannte Macht meinen Blick wieder; ich sah um mich her, und es kam mir ganz deutlich vor, als wenn alle die Ka-
50 tholiken, Männer und Weiber, die auf den Knien lagen und, den Blick bald in sich gekehrt, bald auf den Himmel gerichtet, sich inbrünstig kreuzten und sich vor die Brust schlugen und die betenden Lippen rührten, als wenn alle um meiner Seelen
55 Seligkeit zu dem Vater im Himmel beteten, als wenn alle die Hunderte um mich herum um den einen Verlorenen in ihrer Mitte flehten und mich in ihrer stillen Andacht mit unwiderstehlicher Gewalt zu ihrem Glauben hinüberzögen.
60

Innenraum des Pantheons (der „Rotonda") in Rom

Heinrich Heine: Die Harzreise (1824) Auszug. Sonnenuntergang für wandernde Touristen

[Der Schreiber der Harzreise gefällt sich in einem frischen, respektlosen, studentischen Ton, aber seine Themen sind ernsterer Natur. Es geht ihm um Kritik am Philistertum (▶ S. 91, 106), das er am Beispiel des zeitgenössischen Reisenden, des Touristen, veranschaulicht. Die Gruppe der Touristen hat sich auf der Plattform des Brockengipfels eingefunden, um den Sonnenuntergang zu genießen.]

Ich suchte gleich die schöne Dame in ein Gespräch zu verflechten: denn Naturschönheiten genießt man erst recht, wenn man sich auf der Stelle darüber aussprechen kann. Sie war nicht
5 geistreich, aber aufmerksam sinnig. Wahrhaft vornehme Formen. Ich meine nicht die gewöhnliche, steife, negative Vornehmheit, die uns genau weiß, was unterlassen werden muss; sondern jene seltnere, freie, positive Vornehmheit, die uns
10 genau sagt, was wir tun dürfen, und die uns, bei aller Unbefangenheit, die höchste gesellige Sicherheit gibt. Ich entwickelte, zu meiner eigenen Verwunderung, viele geografische Kenntnisse, nannte der wissbegierigen Schönheit alle Namen
15 der Städte, die vor uns lagen, suchte und zeigte ihr dieselben auf meiner Landkarte, die ich über den Steintisch, der in der Mitte der Turmplatte steht, mit echter Dozentenmiene ausbreitete. Manche Stadt konnte ich nicht finden, vielleicht
20 weil ich mehr mit den Fingern suchte als mit den Augen, die sich unterdessen auf dem Gesicht der holden Dame orientierten und dort schönere Partien fanden als „Schierke" und „Elend"[1]. [...]
Jene ältere Dame war die Mutter der jüngeren
25 und auch sie besaß die vornehmsten Formen. Ihr Auge verriet einen krankhaft schwärmerischen Tiefsinn, um ihren Mund lag strenge Frömmigkeit, doch schien mir 's, als ob er einst sehr schön gewesen sei und viel gelacht und viele Küsse
30 empfangen und viele erwidert habe. [...]
Derweilen wir sprachen, begann es zu dämmern: Die Luft wurde noch kälter, die Sonne neigte sich tiefer und die Turmplatte füllte sich mit Studenten, Handwerksburschen und einigen ehrsamen
35 Bürgersleuten samt deren Ehefrauen und Töchtern, die alle den Sonnenuntergang sehen wollten. Es ist ein erhabener Anblick, der die Seele zum Gebet stimmt. Wohl eine Viertelstunde stan-

den alle ernsthaft schweigend und sahen, wie der schöne Feuerball im Westen allmählich versank; 40 die Gesichter wurden vom Abendrot angestrahlt, die Hände falteten sich unwillkürlich; es war, als ständen wir, eine stille Gemeinde, im Schiffe eines Riesendoms und der Priester erhöbe jetzt den Leib des Herrn und von der Orgel herab ergösse 45 sich Palestrinas ewiger Choral.
Während ich so in Andacht versunken stehe, höre ich, dass neben mir jemand ausruft: „Wie ist die Natur doch im Allgemeinen so schön!" Diese Worte kamen aus der gefühlvollen Brust meines 50 Zimmergenossen, des jungen Kaufmanns. Ich gelangte dadurch wieder zu meiner Werkeltagsstimmung[2], war jetzt im Stande, den Damen über den Sonnenuntergang recht viel Artiges zu sagen und sie ruhig, als wäre nichts passiert, nach ih- 55 rem Zimmer zu führen. Sie erlaubten mir auch, sie noch eine Stunde zu unterhalten. Wie die Erde selbst drehte sich unsre Unterhaltung um die Sonne. Die Mutter äußerte: Die in Nebel versinkende Sonne habe ausgesehen wie eine glühende 60 Rose, die der galante Himmel herabgeworfen in den weit ausgebreiteten, weißen Brautschleier seiner geliebten Erde. Die Tochter lächelte und meinte, der öftere Anblick solcher Naturerscheinungen schwäche ihren Eindruck. Die Mutter 65 berichtigte diese falsche Meinung durch eine Stelle aus Goethes Reisebriefen und frug mich, ob ich den Werther gelesen. Ich glaube, wir sprachen auch von Angorakatzen, etruskischen Vasen, türkischen Shawls, Makkaroni und Lord Byron[3], aus 70 dessen Gedichten die ältere Dame einige Sonnenuntergangsstellen, recht hübsch lispelnd und seufzend, rezitierte. Der jüngeren Dame, die kein Englisch verstand und jene Gedichte kennen lernen wollte, empfahl ich die Übersetzungen mei- 75 ner schönen, geistreichen Landsmännin, der Baronin Elise von Hohenhausen [...].

1 **Schierke, Elend:** Namen von Gemeinden im Harz
2 **Werkeltag:** eine von Heine erfundene Wortform, die den bürgerlichen Alltag bzw. Werktag bezeichnet
3 **Lord Byron** (1788–1824): bedeutender Dichter der englischen Spätromantik

Joseph von Eichendorff: Nachts (1826)

Ich wandre durch die stille Nacht,
Da schleicht der Mond so heimlich sacht
Oft aus der dunklen Wolkenhülle,
Und hin und her im Tal
5 Erwacht die Nachtigall,
Dann wieder alles grau und stille.

O wunderbarer Nachtgesang:
Von fern im Land der Ströme Gang,
Leis Schauern in den dunklen Bäumen –
10 Wirrst die Gedanken mir,
Mein irres Singen hier
Ist wie ein Rufen nur aus Träumen.

Achim von Arnim: Auf der Durchreise (1805)

Flüchtiger Schnee
Sprühende Funken
Wie ich euch seh
Seid ihr versunken

5 Flüchtige sprühende Blicke
Bleibet vom Fenster zurücke
Glühend vereise
Ich auf der Reise.

Wilhelm Müller: Die Winterreise (1823) Auszug

Gute Nacht

Fremd bin ich eingezogen,
Fremd zieh ich wieder aus.
Der Mai war mir gewogen
5 Mit manchem Blumenstrauß.
Das Mädchen sprach von Liebe,
Die Mutter gar von Eh' –
Nun ist die Welt so trübe,
Der Weg gehüllt in Schnee.

10 Ich kann zu meiner Reisen
Nicht wählen mit der Zeit:
Muss selbst den Weg mir weisen
In dieser Dunkelheit.
Es zieht ein Mondenschatten
15 Als mein Gefährte mit,
Und auf den weißen Matten
Such ich des Wildes Tritt.

Was soll ich länger weilen,
Bis man mich trieb hinaus?
20 Lass irre Hunde heulen
Vor ihres Herren Haus!
Die Liebe liebt das Wandern –
Gott hat sie so gemacht –
Von einem zu dem andern –
25 Fein Liebchen, gute Nacht!

Will dich im Traum nicht stören,
Wär schad um deine Ruh,
Sollst meinen Tritt nicht hören –
Sacht, sacht die Türe zu!
30 Ich schreibe nur im Gehen
Ans Tor noch Gute Nacht,
Damit du mögest sehen,
Ich hab an dich gedacht.

Kommentar

Italien und Rom waren nicht nur für GOETHE Reiseziele, als er 1786 von Weimar Abstand zu gewinnen und sich selbst als Künstler und Mensch neu zu finden suchte. Auch den jungen Romantikern ist um die gleiche Zeit der Gang über die Alpen so etwas wie die Rückkehr zu den Ursprüngen der Kultur, zu den Werken der großen Meister der Renaissance. Auch sie sind Kunstreisende, keine Touristen. Franz Sternbald, der junge Maler in LUDWIG TIECKS Erstlingsroman *Franz Sternbalds Wanderungen* (1798), reist wie sein Vorbild ALBRECHT DÜRER nach Italien, um sich als Künstler zu bilden. Eine Generation später lässt JOSEPH VON EICHENDORFF seinen *Taugenichts* (1823/26) seine Geige einpacken und nach Italien ziehen.

Reiseerfahrungen und Kunsterlebnisse gehören für die Romantiker zusammen. In Rom, der Hauptstadt der Welt, erleben sie indes weniger als GOETHE die „Roma antica", das heißt die Kunstwerke der Antike, sondern eher das „moderne", und das heißt das katholische Rom der Renaissance und des Barock (MICHELANGELO, TIZIAN). Kunsterfahrungen und religiöse Erfahrungen gehen dabei ineinander über.

WILHELM HEINRICH WACKENRODERS *Herzensergießungen eines kunstliebenden Klosterbruders* (1797) gelten als erstes Dokument romantischer Kunstanschauung. Herausgeber war LUDWIG TIECK, WACKENRODERS Freund, der auch einige eigene Teile beisteuerte. In dem Kapitel *Brief eines jungen deutschen Malers in Rom an seinen Freund in Nürnberg* geht es um ein romantisches Kunsterlebnis, das zugleich ein religiöses Bekehrungserlebnis ist. Es fällt auf, dass der Maler zuerst nur als Künstler neugierig ist, er (der deutsche Protestant) will sehen, wie schön seine (katholische) Geliebte in ihrer Andacht ist. Dann aber wandelt sich seine gesteigerte Aufmerksamkeit in seelischen Aufruhr. Die Atmosphäre unter der riesigen Kuppel, dann die Musik, dann auch das Beispiel der fromm niederknienden Gläubigen verwandeln den Betrachter in einen Enthusiasten, einen durch das Kunsterlebnis angeregten, begeisterten Briefschreiber. Er spürt den Geist dieser Musik als „unsichtbare[n] Wind über unsern Häuptern". Die Musik „wälzte sich in immer größeren Wogen fort, wie ein Meer, und die Töne zogen meine Seele ganz aus ihrem Körper heraus". Das ist ein **Erweckungserlebnis,** und der Briefschreiber teilt am Ende seinem Nürnberger Freund mit, dass er katholisch geworden ist.

Kunsterlebnisse, reisende Kunstenthusiasten, die ihr Erleben in kunstvolle Erzählungen verwandeln, kommen in der Romantik „in Mode". Eine Generation später, also etwa zeitgleich mit EICHENDORFFS „Märchen" von der Reise des „Taugenichts" nach Italien, wandert der junge Student und Autor **HEINRICH HEINE** – auf GOETHES Spuren – durch den Harz. Wie GOETHE besteigt auch er den Brocken. Aber es ist nicht Winter, sondern das Sommersemester ist eben zu Ende gegangen und Wanderungen in den Harz sind inzwischen eine Touristenattraktion. HEINRICH HEINE ironisiert das Naturerlebnis der Touristen (= der Philister), indem er es zwischen den Zeilen mit dem Kunsterlebnis von WACKENRODERS jungem Maler in Rom in Verbindung bringt. Auf dem Brocken war eine Plattform errichtet worden, damit die Touristen den Sonnenuntergang besser bewundern konnten. Sie stehen in Andacht dort und erleben den Sonnenuntergang so wie der junge Maler im Pantheon die Musik des katholischen Gottesdienstes. Ironische Brechungen zerstören das Erlebnis. HEINES Text begegnet dem romantischen Kunstenthusiasmus mit **romantischer Ironie.**

Vergleicht man die beiden Szenen miteinander, so entdeckt man die zwei Seiten des romantischen Wanderns und des romantischen Kunsterlebnisses: Getrieben von einer Sehnsucht, deren Ursprung man nicht kennt, sucht der romantische Held im Natur- oder Kunsterleben eine Erfahrung, die ihn an eine religiöse Erweckung erinnert. Das wichtige Merkmal dieser Erfahrung ist der Enthusiasmus. Der ist allerdings sehr empfindlich gegenüber einer bloß vorgetäuschten Begeisterung. Die Ironie ist das Scheidewasser, das den falschen Enthusiasmus der frühen bürgerlichen Touristen der Lächerlichkeit preisgibt. Durch die lustvoll erlebte Desillusionierung wird auch HEINES Leser in die „Werkeltagsgesinnung" zurückgeholt.

Beides, der enthusiastische Aufschwung des jungen Malers in der Rotonda und der desillusionierende Scherz des Studenten HEINE auf dem Brocken, machen die Spannbreite romantischen Kunst- und Naturerlebens aus.

„Wie von unsichtbaren Geistern gepeitscht, gehen die Sonnenpferde der Zeit mit unsers Schicksals leichtem Wagen durch, und uns bleibt nichts als, mutig und gefasst, die Zügel festzuhalten und bald rechts, bald links, vom Steine hier, vom Sturze da, die Räder wegzulenken. Wohin es geht, wer weiß es? Erinnert er sich doch kaum, woher er kam." *(Egmont)* – Hier spricht JOHANN WOLFGANG GOETHE, der Wanderer, dem Reisen und Aufbruch ins Ungewisse zu einer Lebensmetapher geworden sind. Aus dem Bewusstsein heraus, dass er diese Metapher stets aufs Neue erleben kann, indem er sich wirklich auf Reisen begibt, entsteht eine für ihn als Person und Autor spezifische Vernetzung zwischen Lebensgefühl, konkreten Reiseerfahrungen und dem Schreiben auf Reisen oder über diese Reisen.

So, als Lenker des eigenen Lebens-Wagens, reisen Romantiker nicht. Sie erleben sich weniger als Herren, die die Zügel fest in der Hand halten, eher sehen sie sich als zum Reisen Verlockte oder von Sehnsucht Getriebene. Wenn sie das konkrete Reisen als Lebensfahrt-Metapher sehen, ist Reisen für sie Welt-Erfahrung, Kunst-Erfahrung, Lebens-Erfahrung. Aber dabei bedeutet ihnen das **Reisen** eine **Grenzüberschreitung hin zum Fantastischen,** zum Beispiel **in die Welten des Traums, der Naturgeister** oder **der Vergangenheit.** Der romantische Reisende staunt über das, was er erlebt, aber er ist nicht neugierig wie ein Tourist, der anhand eines Reiseführers jeweils kontrollieren möchte, was es zu sehen gibt.

Reisegedichte der Romantiker gehen dementsprechend, anders als diejenigen GOETHES, nicht von konkreten Ereignissen aus. NOVALIS lässt seinen Helden Ofterdingen am Beginn seines Romans *(Heinrich von Ofterdingen)* träumen, im Traum wandern – und dann die dazugehörige Reise antreten. EICHENDORFFS *Nachts* nennt weder Ort noch Jahreszeit. Die Stichworte Mond, Nacht, Wolken, Tal, Nachtigall sind als Zeichen (Chiffren) gesetzt. Alle Konturen verschwimmen wie im Traum. Das Gedicht kann ebenso gut eine **Fantasiereise** wie eine wirkliche Reise abbilden. Am Schluss der Gedichte findet sich in der Regel ein Schlüssel, wie das Ganze zu verstehen sei. Das zu Beginn des Gedichts entworfene Bild des Nachthimmels, an dem Wolken ziehen, verwirrt die Gedanken. Das eigentliche Thema ist der Gesang des Dichters. Auch der ist in dieser Umgebung wie verzaubert. Das „irre" Singen ist nicht das eines Geisteskranken, sondern das eines Staunenden, der sich in dem Gesang verliert.

Auch **ACHIM VON ARNIMS** kurzes Gedicht *Auf der Durchreise,* eine Reiseimpression und ein Spiel mit Reimen, behandelt ganz allgemein das Thema **Flüchtigkeit.** Vergleicht man ein solches Gedicht etwa mit FRIEDRICH SCHILLERS großer Elegie *Der Spaziergang,* in der die gesamte Entwicklung der Menschheit – von dem glücklichen Volk der Gefilde bis hin zum erhofften Elysium (Paradies) – durchdacht wird, so sieht man deutlich den Kontrast zwischen der gedanklichen Schwere der Klassik und der Leichtigkeit romantischer Reiseeindrücke. Dabei ist das Thema „Flüchtigkeit" des Lebens sehr wohl gewichtig. Die „Pointe" am Schluss der wenigen Verse bringt die Flüchtigkeit in gedrängter Form zum Ausdruck, nämlich in der widersprüchlichen Aussage eines glühenden Vereisens und im Wortspiel „vereisen – verreisen". So entsteht eine Überraschung, die das Reisen als Folge von gegensätzlichen Eindrücken charakterisiert: Schnee und glühende Funken, kalter Winter und einladende Augen an den Fenstern, alles ist flüchtig und ohne Halt, erweckt widersprüchliche Gefühle, heiß und kalt zugleich.

WILHELM MÜLLERS Gedichtzyklus *Die Winterreise,* 1827 von FRANZ SCHUBERT vertont, lebt davon, dass sich jeder Leser eine traurige Liebesgeschichte hinter den Texten vorstellen kann. Hier spielen Erfahrungen der Zeit eine große Rolle. Der wandernde Handwerksbursche, der Arbeit und Aufnahme findet, der hofft, ans Ende seiner Wanderung gelangt zu sein, als das Mädchen und ihre Familie von „Liebe" und von „Ehe" sprechen, wird verraten und enttäuscht. Bevor er weggeschickt wird, geht er heimlich selbst. Er reflektiert seine Situation, klagt, dass er verstoßen und verlassen wurde, ist aber noch ganz von den Erinnerungen an die Geliebte bestimmt. Hier ist der Gedanke des romantischen Wanderns verbunden mit Melancholie, Trauer um Verlorenes und dem Wissen, dass das einmal Besessene nicht zurückzubekommen ist. Am Ende des Zyklus wird der Todeswunsch stehen. Der reisende Wanderer ist unglücklich, sein Reiseziel wurde verfehlt, eine Umkehr seines Schicksals ist nicht in Sicht. Dem Leser bleibt Mitleiden und Bedauern. Dementsprechend stimmen ihn diese Wanderlieder nicht fröhlich, sondern traurig.

Themenkreis 2: Übergänge – „Die Nacht schwingt ihre Fahn"

Philipp Otto Runge: Der Abend (1807)

Eduard Mörike: Um Mitternacht (1827)

Gelassen stieg die Nacht ans Land,
Lehnt träumend an der Berge Wand,
Ihr Auge sieht die goldne Waage nun
Der Zeit in gleichen Schalen stille ruhn;
5   Und kecker rauschen die Quellen hervor,
    Sie singen der Mutter, der Nacht, ins Ohr
      Vom Tage,
    Vom heute gewesenen Tage.

Das uralt alte Schlummerlied,
10 Sie achtet 's nicht, sie ist es müd;
Ihr klingt des Himmels Bläue süßer noch,
Der flüchtgen Stunden gleichgeschwungnes Joch.
    Doch immer behalten die Quellen das Wort,
    Es singen die Wasser im Schlafe noch fort
15   Vom Tage,
    Vom heute gewesenen Tage.

Joseph von Eichendorff: Zwielicht (1815)

Dämmrung will die Flügel spreiten,
Schaurig rühren sich die Bäume,
Wolken ziehn wie schwere Träume –
Was will dieses Graun bedeuten?

5 Hast ein Reh du lieb vor andern,
Lass es nicht alleine grasen,
Jäger ziehn im Wald und blasen,
Stimmen hin und wieder wandern.

Hast du einen Freund hienieden,
10 Trau ihm nicht zu dieser Stunde,
Freundlich wohl mit Aug' und Munde,
Sinnt er Krieg im tück'schen Frieden.

Was heut' müde gehet unter,
Hebt sich morgen neugeboren.
15 Manches bleibt in Nacht verloren –
Hüte dich, bleib wach und munter!

Friedrich Hölderlin: Hälfte des Lebens (1805)

Mit gelben Birnen hänget
Und voll mit wilden Rosen
Das Land in den See,
Ihr holden Schwäne,
5 Und trunken von Küssen
Tunkt ihr das Haupt
Ins heilignüchterne Wasser.

Weh mir, wo nehm' ich, wenn
Es Winter ist, die Blumen, und wo
10 Den Sonnenschein,
Und Schatten der Erde?
Die Mauern stehn
Sprachlos und kalt, im Winde
Klirren die Fahnen.

Kommentar

Tageszeiten haben ihre jeweils eigene Symbolik. Der Morgen mit der aufsteigenden Sonne gilt der Aufklärung als Bildzeichen des anbrechenden neuen Zeitalters (siècle de lumière – wörtlich: Jahrhundert des Lichts). Die Nacht und die Dämmerung (als Übergang zur Nacht) sind hingegen die Tageszeiten, die die Romantiker für ihre Sicht der Welt vorziehen. Der Abend, der Sonnenuntergang, der Mondschein und der Gesang der Nachtigall lösen Assoziationen aus. Die Nacht hat etwas Mütterliches, die Dämmerung ist ein faszinierender Übergang von dem einen, dem „bekannten", in einen anderen, den „unbekannten" Gemüts- oder Seelenzustand. Diese kulturelle Bewertung der Tageszeiten ist nicht neu. Die Nacht galt etwa im Barock als Zeit der Besinnung, der Einkehr, des Nachdenkens über das Leben, der Tag hingegen als hastig, schnell, der Tätigkeit gewidmet. Das im Titel des Abschnitts zitierte Sonett des Barockdichters ANDREAS GRYPHIUS („Die Nacht schwingt ihre Fahn") soll darauf aufmerksam machen, dass die weltanschaulichen Wurzeln der Romantik bis in das Barock reichen.

PHILIPP OTTO RUNGES Kupferstich *Der Abend* aus dem Zyklus *Die Zeiten* (1803/07) ist ein allegorisches Bild. Es zeigt den **Abend als Mutter** mit zahlreichen Kindern. Aber der Zyklus besagt auch, dass RUNGE sich allen Tageszeiten gleichermaßen zuwendete und nicht, wie NOVALIS (der ihn sehr beeindruckte) oder MÖRIKE (den er kaum kannte), Abend und Nacht als symbolisch für den Urgrund der Welt verherrlichte.

EDUARD MÖRIKES Gedicht *Um Mitternacht* personalisiert die **Nacht als Mutter.** Sie steigt (wie in alten Bildern die Morgenröte) aus dem Meer ans Land. Die Dämmerung erscheint als eine Waage zwischen beiden Tageszeiten, es ist ein Augenblick der Harmonie und Ausgewogenheit.

Doch dann kommen die Quellen ins Spiel. Sie sind lebhaft, bilden einen Gegensatz zur Ausgewogenheit der Mutter Nacht. Sie erzählen vom gewesenen Tage, bis sie die Mutter ermüden. So entsteht ein Gleichgewicht zwischen der aufgeregten Tages- und Erlebnisorientierung der Kinder und der Erinnerungen nachhängenden Mutter. Die flüchtigen Stunden (die Zeit also) ruhen in einem „gleichgeschwungenen Joch", das die Nacht (wie eine Landfrau) über den Rücken trägt.

Der Kontrast von Gelassenheit (der Nacht) und Rastlosigkeit (der Quellen) spiegelt sich im verwendeten Versmaß – Jambus (xx́) im auf die Nacht bezogenen Teil der Strophen, ein unregelmäßigeres daktylisches Metrum (x́xx) in den Zeilen, die sich auf die Quellen beziehen.

„Zwielicht" ist ein im Alltag negativ besetzter Begriff. Das sieht man besonders an dem Adjektiv „zwielichtig". EICHENDORFFS Gedicht wertet anders. Zwar ist von Grauen und schweren Träumen die Rede. Es wird auch gewarnt vor falschen Freunden. Aber das alles ereignet sich vor dem Hintergrund, dass Altes müde untergeht, um sich demnächst neugeboren zu erheben. Das heimliche Thema des Zwielichts ist also der Prozess der Wandlung. Wachheit und Munterkeit (Tageseigenschaften) sind gefordert, wenn es Abend wird und die Nacht kommt. Bezieht man diese Warnung auf die bislang bekannte Lyrik, in der „Abend" mit Ruhe und Frieden zusammengeht (MATTHIAS CLAUDIUS: „Und lass uns ruhig schlafen / Und unsern kranken Nachbarn auch"), so erkennt man, dass der Romantiker bei seinem Bild des Übergangs zwischen Tag und Nacht Wert auf die Forderung legt, wach und munter durch das Leben zu gehen. Die auffällige Umakzentuierung von Wachheit zu Wachsamkeit gibt zu denken. EICHENDORFFS „Botschaft" ist offenbar, dass es Zeiten in dem bekannten Wechsel von Hell und Dunkel gibt, die besondere Aufmerksamkeit erfordern. Das sind die Augenblicke der Übergänge, in denen Altes verschwindet und noch nicht klar ist, ob es sich erneuert oder (in der „Nacht") versinkt.

Der Sprecher von **FRIEDRICH HÖLDERLINS** *Hälfte des Lebens* steht genau an dem Übergang zwischen den zwei Lebenshälften, mit Blick auf Vergangenheit und Zukunft. Der Blick zurück in den Sommer (Jugend) korrespondiert mit „Tag" und „Glück", der Blick voraus mit „Nacht" und „Winterkälte" (Alter). Liebe ist im Spiel (das Bild der liebenden Schwäne weist darauf hin). Sie gehört zu Leben, Tag, Sommer. Gleichzeitig ist die Vorausschau auf das Kommende Teil des Übergangs in die zweite Hälfte des Lebens. Noch ist es nicht Winter, aber er wird kommen. Die im Winde klirrende Wetterfahne, die kalt und sprachlos dastehenden Mauern zeigen im September, wie es im Dezember sein wird.

Themenkreis 3: Übergänge – Im Gegenwärtigen Vergangenes

Novalis: **Die Christenheit oder Europa** (1798) Auszug

Es waren schöne, glänzende Zeiten, wo Europa ein christliches Land war, wo *eine* Christenheit diesen menschlich gestalteten Weltteil bewohnte; *ein* großes gemeinschaftliches Interesse verband die entlegensten Provinzen dieses weiten geistlichen Reichs. – Ohne große weltliche Besitztümer lenkte und vereinigte *ein* Oberhaupt die großen politischen Kräfte. – Eine zahlreiche Zunft, zu der jedermann den Zutritt hatte, stand unmittelbar unter demselben und vollführte seine

Winke und strebte mit Eifer, seine wohltätige Macht zu befestigen. Jedes Glied dieser Gesellschaft wurde allenthalben geehrt, und wenn die gemeinen Leute Trost oder Hülfe, Schutz oder Rat bei ihm suchten und gerne dafür seine mannigfaltigen Bedürfnisse reichlich versorgten, so fand es auch bei den Mächtigeren Schutz, Ansehn und Gehör, und alle pflegten diese auserwählten, mit wunderbaren Kräften ausgerüsteten Männer, wie Kinder des Himmels, deren Gegenwart und Zuneigung mannigfachen Segen verbreitete. [...]

Nun wollen wir uns zu dem politischen Schauspiel unsrer Zeit wenden. Alte und neue Welt sind in Kampf begriffen, die Mangelhaftigkeit und Bedürftigkeit der bisherigen Staatseinrichtungen sind in furchtbaren Phänomenen offenbar geworden. [...]

Es ist unmöglich, dass weltliche Kräfte sich selbst ins Gleichgewicht setzen, ein drittes Element, das weltlich und überirdisch zugleich ist, kann allein diese Aufgabe lösen. Unter den streitenden Mächten kann kein Friede geschlossen werden, aller Friede ist nur Illusion, nur Waffenstillstand [...]. Wer weiß, ob des Kriegs genug ist, aber er wird nie aufhören, wenn man nicht den Palmenzweig ergreift, den allein eine geistliche Macht darreichen kann. Es wird so lange Blut über Europa strömen, bis die Nationen ihren fürchterlichen Wahnsinn gewahr werden, der sie im Kreise herumtreibt, und, von heiliger Musik getroffen und besänftigt, zu ehemaligen Altären in bunter Vermischung treten, Werke des Friedens vornehmen und ein großes Liebesmahl, als Friedensfest, auf den rauchenden Wahlstätten mit heißen Tränen gefeiert wird. Nur die Religion kann Europa wieder aufwecken und die Völker sichern und die Christenheit mit neuer Herrlichkeit sichtbar auf Erden in ihr altes, friedenstiftendes Amt installieren.

Karoline von Günderode: **Vorzeit, und neue Zeit** (zwischen 1799 und 1802)

> Ein schmaler rauer Pfad schien sonst die Erde.
> Und auf den Bergen glänzt der Himmel über ihr,
> Ein Abgrund ihr zur Seite war die Hölle,
> Und Pfade führten in den Himmel und zur Hölle.
>
> 5 Doch alles ist ganz anders nun geworden,
> Der Himmel ist gestürzt, der Abgrund ausgefüllt,
> Und mit Vernunft bedeckt, und sehr bequem zum Gehen.
>
> Des Glaubens Höhen sind nun demolieret.
> Und auf der flachen Erde schreitet der Verstand
> 10 Und misset alles aus, nach Klafter und nach Schuhen.

Joseph von Eichendorff: **Das Marmorbild** (1818) Auszug

[Florio, ein junger Edelmann, ist auf einer Reise in Italien. Er wird in eine Gartengesellschaft in ein Landhaus eingeladen. Er entfernt sich von der Festgesellschaft und geht durch den Park.]

So in Gedanken schritt er noch lange fort, als er unerwartet bei einem großen, von hohen Bäumen rings umgebenen Weiher anlangte. Der Mond, der eben über die Wipfel trat, beleuchtete scharf ein marmornes Venusbild, das dort dicht am Ufer auf einem Stein stand, als wäre die Göttin soeben erst aus den Wellen aufgetaucht und betrachte nun, selber verzaubert, das Bild der eigenen Schönheit, das der trunkene Wasserspiegel zwischen den leise aus dem Grunde aufblühenden Sternen widerstrahlte. Einige Schwäne beschrieben still ihre einförmigen Kreise um das Bild, ein leises Rauschen ging durch die Bäume ringsumher.

15 Florio stand wie eingewurzelt im Schauen, denn ihm kam jenes Bild wie eine lang gesuchte, nun plötzlich erkannte Geliebte vor, wie eine Wunderblume, aus der Frühlingsdämmerung und träumerischen Stille seiner frühesten Jugend her-

20 aufgewachsen. Je länger er hinsah, je mehr schien es ihm, als schlüge es die seelenvollen Augen langsam auf, als wollten sich die Lippen bewegen zum Gruße, als blühe Leben wie ein lieblicher Gesang erwärmend durch die schönen Glieder her-

25 auf. Er hielt die Augen lange geschlossen vor Blendung, Wehmut und Entzücken.

Als er wieder aufblickte, schien auf einmal alles wie verwandelt. Der Mond sah seltsam zwischen Wolken hervor, ein stärkerer Wind kräuselte den

30 Weiher in trübe Wellen, das Venusbild, so fürchterlich weiß und regungslos, sah ihn fast schreckhaft mit den steinernen Augenhöhlen aus der grenzenlosen Stille an. Ein nie gefühltes Grausen überfiel da den Jüngling. Er verließ schnell den

35 Ort und immer schneller und ohne auszuruhen, eilte er durch die Gärten und Weinberge wieder

Sandro Botticelli: Geburt der Venus (1486) Ausschnitt

fort, der ruhigen Stadt zu; denn auch das Rauschen der Bäume kam ihm nun wie ein verständiges, vernehmliches Geflüster vor, und die langen, gespenstischen Pappeln schienen mit ihren weit 40 gestreckten Schatten hinter ihm dreinzulangen. So kam er sichtbar verstört in der Herberge an.

Heinrich Heine: Helena (1844)

Du hast mich beschworen aus dem Grab
Durch deinen Zauberwillen,
Belebtest mich mit Wollustglut –
Jetzt kannst du die Glut nicht stillen.

5 Press deinen Mund an meinen Mund,
Des Menschen Odem ist göttlich!
Ich trinke deine Seele aus,
Die Toten sind unersättlich.

Kommentar

Wir machen uns ein Bild unserer Gegenwart durch Blicke auf unsere Vergangenheit. Wir „organisieren" zugleich das Bild unserer Vergangenheit, indem wir das, was wir jetzt wissen, einbeziehen. Wir erzählen z.B. unsere Kindheit, indem wir dem Kind, das wir waren, das, was wir jetzt sind, als dessen Zukunft zuschreiben. Diese doppelte „Organisation" der Gegenwart durch die Vergangenheit und der Vergangenheit durch die Gegenwart leisten wir beim Erzählen. Das Erzählen stiftet so einen Sinn, in dem beide, Gegenwart und Vergangenheit, voneinander abhängig sind.

Den romantischen Gedanken einer gegenwärtigen Vergangenheit, die in Erzählungen auflebt, entwickelt FRIEDRICH VON HARDENBERG (NOVALIS) in seiner Schrift *Die Christenheit oder Europa.* Sie entstand bereits 1798, wurde jedoch erst 1826 veröffentlicht. Sie entwickelt eine **rückwärtsgewandte politische Utopie.** Diese zielt auf ein neues Europa, in dem die Gegenwart, ihre durch die Aufklärung geprägte Rationalität und Zersplitterung, überwunden wird durch ein „poetisches Christentum". Die ursprüngliche *Einheit* des Mittelalters soll mit der *Freiheit* des modernen Lebens zu einer neuen Einheit verschmelzen.

So dachten viele der Romantiker, die von den Fortschritten des aufgeklärten Denkens enttäuscht waren. Als Beleg kann KAROLINE VON GÜNDERODES Gedicht gelten, in dem die geistige Welt des Mittelalters mit dem Wagnis eines unsicheren Gebirgspfads zwischen Himmel und Hölle verglichen wird, während die Gegenwart als geebnete und reizlose Fläche erscheint. Der Verstand hat die Welt eintönig gemacht. Höhen und Tiefen aber garantieren der Sprecherin Intensität des Lebens. Sie spricht damit eine romantische Lebensauffassung aus: Die **Welt** muss wieder **poetisiert,** das heißt mit dem Abenteuer möglichen Aufschwungs, aber auch mit dem des möglichen Scheiterns ausgestattet werden.

Eine andere, erzählerisch ausgestaltete Begegnung von Gegenwart und faszinierender Vergangenheit bietet JOSEPH VON EICHENDORFF in seiner Novelle *Das Marmorbild.* Auch hier geht es um eine Italienreise, um die Begegnung mit der Kunst der Antike. Das „Romantische" besteht darin, dass der Übergang von Vergangenheit und Gegenwart mit dem **Übergang von Tod und Leben** verknüpft wird. Das Motiv der in der Gegenwart heimlich weiterlebenden Vergangenheit ist an der Figur der Venus entfaltet. Venus ist auch in den Zeiten des Christentums mächtig. Ihr heidnisches Konzept heißt erotische Verführung. Sie kann – zumindest in der Fantasie sensibler Betrachter – lebendig werden. Die Erzählung lässt kunstvoll in der Schwebe, ob die italienische Besitzerin des verzauberten Gartens, die den Helden Florio fasziniert und die ihn beinahe verführt, eine Reinkarnation (Wiederverkörperung) der Venus ist – oder ob sich alles in der Fantasie des Reisenden aus Deutschland abspielt. „Gerettet" wird der junge Mann vor den Verführungen der antiken Venus durch die Erinnerung an seine christliche Kindheit: Die ist in der Erzählung als altes Kinderlied vorhanden. So leben das **Christliche** und das **Heidnische** im Romantiker und beide kämpfen auf Tod und Leben um seine Seele. In dem Augenblick, in dem klar ist, dass die Kindheitserinnerung den Helden vor den Verführungen antiker Erotik bewahrt, ist in der Erzählung die Verwandlung der Venus in eine „Teufelinne" in Szene gesetzt: Ihre Blumen verwandeln sich in Schlangen, ihr Gesicht wird wieder zu Stein, der Gerettete kann aus ihrem Bannkreis fliehen. Er hat ein glücklicheres Schicksal als der Ritter „Tannhäuser", von dem das Volkslied erzählt, er habe zwei Jahre bei Venus in deren „Venusberg" zugebracht und dabei sein Seelenheil verspielt.

HEINRICH HEINE schließt in *Helena* an dieses romantische Muster an. Als traditionelles Motiv greift er die Beschwörung der Vergangenheit auf, die schon in dem Volksbuch vom Dr. Faustus eine Rolle spielte (▶ S. 29). Gleichzeitig ist das kleine Gedicht ein Beispiel der **„schwarzen Romantik",** in der Geister aus dem Jenseits – ebenso wie Naturgeister, Elfen und Nixen – das Schicksal der Menschen unheilvoll bestimmen. Die Vampire in der Unterhaltungsliteratur der Gegenwart sind deren Nachfahren.

Themenkreis 4: Übergänge – Wachbewusstsein, Wahnsinn

E. T. A. Hoffmann: **Der Sandmann** (1816) Auszug

[Nathanael, ein „romantischer" Student, der Verse schreibt, ist verlobt mit Klara, die einen sehr klaren Verstand besitzt. Nathanael fühlt sich von Klara verkannt und verliebt sich in die Puppe Olimpia, die ihm wie ein lebendiges Wesen erscheint. Als er durch die Zerstörung der Puppe seine Täuschung erkennt, verfällt er in Wahnsinn und wird ins „Tollhaus" gebracht. Nach einiger Zeit ist er wieder gesund.]

Jede Spur des Wahnsinns war verschwunden, bald erkräftigte sich Nathanael in der sorglichen Pflege der Mutter, der Geliebten, der Freunde. Das Glück war unterdessen in das Haus eingekehrt;
5 denn ein alter karger Oheim, von dem niemand etwas gehofft, war gestorben und hatte der Mutter nebst einem nicht unbedeutenden Vermögen ein Gütchen in einer angenehmen Gegend unfern der Stadt hinterlassen. Dort wollten sie hin-
10 ziehen, die Mutter, Nathanael mit seiner Klara, die er nun zu heiraten gedachte, und Lothar. [...] – Es war an der Zeit, dass die vier glücklichen Menschen nach dem Gütchen ziehen wollten. Zur Mittagsstunde gingen sie durch die Straßen der
15 Stadt. Sie hatten manches eingekauft, der hohe Ratsturm warf seinen Riesenschatten über den Markt. „Ei!", sagte Klara, „steigen wir doch noch einmal herauf und schauen in das ferne Gebirge hinein!" Gesagt, getan! Beide, Nathanael und Kla-
20 ra, stiegen herauf, die Mutter ging mit der Dienstmagd nach Hause, und Lothar, nicht geneigt, die vielen Stufen zu erklettern, wollte unten warten. Da standen die beiden Liebenden Arm in Arm auf der höchsten Galerie des Turmes und schauten
25 hinein in die duftigen Waldungen, hinter denen das blaue Gebirge, wie eine Riesenstadt, sich erhob.
„Sieh doch den sonderbaren kleinen grauen Busch, der ordentlich auf uns loszuschreiten
30 scheint", frug Klara. – Nathanael fasste mechanisch nach der Seitentasche; er fand Coppolas Perspektiv[1], er schaute seitwärts – Klara stand vor dem Glase! – Da zuckte es krampfhaft in seinen Pulsen und Adern – totenbleich starrte er Klara
35 an, aber bald glühten und sprühten Feuerströme durch die rollenden Augen, grässlich brüllte er

Elke Riemer: Der Sandmann (1970)

auf wie ein gehetztes Tier; dann sprang er hoch in die Lüfte, und grausig dazwischen lachend, schrie er in schneidendem Ton: „Holzpüppchen, dreh dich – Holzpüppchen, dreh dich" – und mit ge-
40 waltiger Kraft fasste er Klara und wollte sie herabschleudern, aber Klara krallte sich in verzweifelnder Todesangst fest an das Geländer. Lothar hörte den Rasenden toben, er hörte Klaras Angstgeschrei, grässliche Ahnung durchflog ihn, er
45

---

1 Coppola (Coppelius), der böse Geist Nathanaels, hatte diesem ein Fernglas verkauft. Wenn er durch dieses „Augenglas" schaute, erlebte er die Welt ganz nach den Mustern seiner romantischen Fantasie. Auch Olimpia, die Puppe, hatte er zuerst durch dieses Glas gesehen und für einen lebendigen Menschen gehalten.

rannte herauf, die Tür der zweiten Treppe war verschlossen – stärker hallte Klaras Jammergeschrei. Unsinnig vor Wut und Angst stieß er gegen die Tür, die endlich aufsprang. – Matter und 50 matter wurden nun Klaras Laute: „Hilfe – rettet – rettet –" so erstarb die Stimme in den Lüften. „Sie ist hin – ermordet von dem Rasenden", so schrie Lothar. Auch die Tür zur Galerie war zugeschlagen. – Die Verzweiflung gab ihm Riesenkraft, er 55 sprengte die Tür aus den Angeln. Gott im Himmel – Klara schwebte, von dem rasenden Nathanael erfasst, über der Galerie in den Lüften – nur mit einer Hand hatte sie noch die Eisenstäbe umklammert. Rasch wie der Blitz erfasste Lothar die 60 Schwester, zog sie hinein und schlug in demselben Augenblick mit geballter Faust dem Wütenden ins Gesicht, dass er zurückprallte und die Todesbeute fahren ließ.

Lothar rannte herab, die ohnmächtige Schwester in den Armen. – Sie war gerettet. – Nun raste 65 Nathanael herum auf der Galerie und sprang hoch in die Lüfte und schrie: „*Feuerkreis*, dreh dich – *Feuerkreis*, dreh dich." – Die Menschen liefen auf das wilde Geschrei zusammen; unter ihnen ragte riesengroß der Advokat Coppelius hervor, 70 der eben in die Stadt gekommen und gerades Weges nach dem Markt geschritten war. Man wollte herauf, um sich des Rasenden zu bemächtigen, da lachte Coppelius, sprechend: „Ha ha – wartet nur, der kommt schon herunter von 75 selbst", und schaute wie die Übrigen hinauf. Nathanael blieb plötzlich wie erstarrt stehen, er bückte sich herab, wurde den Coppelius gewahr und mit dem gellenden Schrei: „Ha! Sköne Oke – Sköne Oke"[2] sprang er über das Geländer. 80 Als Nathanael mit zerschmettertem Kopf auf dem Steinpflaster lag, war Coppelius im Gewühl verschwunden.

2 „Schöne Augen!" – Mit diesen Worten hatte Coppola einst seine Ferngläser angeboten.

Kommentar

ERNST THEODOR AMADEUS HOFFMANNS Erzählung über die Erlebnisse des Studenten Nathanael, der als Kind das Märchen vom Sandmann hört und der glaubt, dass diese Figur Verderben bringend in sein Leben eingreift, ihm die Augen nimmt, ist nicht nur ein Kunstmärchen der das Unheimliche hervorkehrenden **„schwarzen Romantik"**. Sie ist auch eine frühe **psychologische Novelle**. Sie wurde in dem Zyklus *Nachtstücke* veröffentlicht und von dem Psychologen SIGMUND FREUD als Beispielerzählung für Kastrationsangst interpretiert, von JACQUES OFFENBACH in der Oper *Hoffmanns Erzählungen* musikalisch umgesetzt (der als Frau gestaltete Automat Olimpia singt wie eine mechanische Nachtigall). Die Angst des Knaben, eine unheimliche Macht würde ihm seine Augen nehmen, zeigt die Nachtseiten der menschlichen Seele, die Lebensangst als immer bedrohliche Instanz. Der Name „Nathanael" macht darauf aufmerksam: Schon mit der Geburt (*lat.* nata: geboren) ist der Tod verknüpft (*griech.* thanatos: Tod). Ein Mensch mit diesem Wissen hat es schwer, sich ein waches Tagesbewusstsein zu bewahren.

Nathanael versinkt in Wahnsinn, nachdem er hat erleben müssen, dass sich alles, woran er geglaubt hat, verflüchtigt, dass die Liebe zu der schönen Olimpia ein Selbstbetrug war, dass seine Begeisterung ihn eine Holzpuppe für eine kunstsinnige Frau hat halten lassen. Er wird in eine Klinik eingewiesen, nach einiger Zeit aber entlassen. Nathanael will ins normale Leben zurückkehren, Klara heiraten und mit ihr aufs Land ziehen.

Der abgedruckte Schlussabschnitt erzählt, wie Nathanael bei einem abschließenden Besuch in der Stadt auf dem Ratsturm erneut vom Wahnsinn gepackt wird und sich – als er Coppelius am Fuße des Turms in der Menschenmenge erblickt – in den Tod stürzt.

Themenkreis 5: Gesammelt und erdacht: Lieder, Romanzen und Märchen

Der Tannhäuser (Volkslied, aufgezeichnet 1806) Auszug

Nun will ich aber heben an,
Vom Tannhäuser wollen wir singen,
Und was er wunders hat getan
Mit Frau Venussinnen.

5 Der Tannhäuser war ein Ritter gut,
Er wollt' groß Wunder schauen,
Da zog er in Frau Venus Berg
Zu andern schönen Frauen.

„Herr Tannhäuser, Ihr seid mir lieb,
10 Daran sollt Ihr gedenken,
Ihr habt mir einen Eid geschworen,
Ihr wollt nicht von mir wanken."

„Frau Venus, ich hab es nicht getan,
Ich will dem widersprechen;
15 Denn niemand spricht das mehr als Ihr,
Gott helf mir zu den Rechten."

„Herr Tannhäuser, wie saget Ihr mir!
Ihr sollet bei uns bleiben,
Ich geb Euch meiner Gespielen ein'
20 Zu einem ehelichen Weibe."

„Nehme ich dann ein ander Weib,
Als ich hab in meinem Sinne,
So muss ich in der Höllenglut
Da ewiglich verbrennen."

25 „Du sagst mir viel von der Höllenglut,
Du hast es doch nicht befunden;
Gedenk an meinen roten Mund,
Der lacht zu allen Stunden."

„Was hilft mich Euer roter Mund,
30 Er ist mir gar unmehre,
Nun gib mir Urlaub, Frau Venus zart,
Durch aller Frauen Ehre."

„Herr Tannhäuser, wollt Ihr Urlaub han,
Ich will Euch keinen geben,
35 Nun bleibet, edler Tannhäuser zart,
Und frischet Euer Leben."

„Mein Leben ist schon worden krank,
Ich kann nicht länger bleiben,
Gebt mir Urlaub, Fraue zart,
40 Von Eurem stolzen Leibe."

„Herr Tannhäuser, nicht sprecht also,
Ihr seid nicht wohl bei Sinnen;
Nun lasst uns in die Kammer gehn
Und spielen der heimlichen Minnen."

45 „Eure Minne ist mir worden leid,
Ich hab in meinem Sinne,
O Venus, edle Jungfrau zart,
Ihr seid eine Teufelinne."

„Tannhäuser, ach, wie sprecht Ihr so,
50 Bestehet Ihr mich zu schelten?
Sollt ihr noch länger bei uns sein,
Des Worts müsst Ihr entgelten.

Tannhäuser, wollt Ihr Urlaub han,
Nehmt Urlaub von den Greisen,
55 Und wo Ihr in dem Land umfahrn,
Mein Lob, das sollt Ihr preisen."

Der Tannhäuser zog wieder aus dem Berg,
In Jammer und in Reuen:
„Ich will gen Rom in die fromme Stadt,
60 All auf den Papst vertrauen. [...]

Herr Papst, Ihr geistlicher Vater mein,
Ich klag Euch meine Sünde,
Die ich mein Tag begangen hab,
Als ich Euch will verkünden.

65 Ich bin gewesen ein ganzes Jahr
Bei Venus, einer Frauen,
Nun will ich Beicht und Buß empfahn,
Ob ich möcht Gott anschauen."

Der Papst hat einen Stecken weiß,
70 Der war vom dürren Zweige:
„Wann dieser Stecken Blätter trägt,
Sind dir deine Sünden verziehen."

Eduard Mörike: **Die Geister am Mummelsee** (1829)

Vom Berge was kommt dort um Mitternacht spät
Mit Fackeln so prächtig herunter?
Ob das wohl zum Tanze, zum Feste noch geht?
Mir klingen die Lieder so munter.
5   O nein!
So sage, was mag es wohl sein?

Das, was du da siehest, ist Totengeleit,
Und was du da hörest, sind Klagen.
Dem König, dem Zauberer, gilt es zu Leid,
10 Sie bringen ihn wieder getragen.
    O weh!
So sind es die Geister vom See!

Sie schweben herunter ins Mummelseetal –
Sie haben den See schon betreten –
15 Sie rühren und netzen den Fuß nicht einmal –
Sie schwirren in leisen Gebeten –
    O schau,
Am Sarge die glänzende Frau!

Jetzt öffnet der See das grünspiegelnde Tor;
20 Gib Acht, nun tauchen sie nieder!
Es schwankt eine lebende Treppe hervor,
Und – drunten schon summen die Lieder.
    Hörst du?
Sie singen ihn unten zur Ruh.

25 Die Wasser, wie lieblich sie brennen und glühn!
Sie spielen in grünendem Feuer;
Es geisten die Nebel am Ufer dahin,
Zum Meere verzieht sich der Weiher –
    Nur still!
30 Ob dort sich nichts rühren will?

Es zuckt in der Mitten – o Himmel! ach hilf!
Nun kommen sie wieder, sie kommen!
Es orgelt im Rohr und es klirret im Schilf;
Nur hurtig, die Flucht nur genommen!
35   Davon!
Sie wittern, sie haschen mich schon!

William Bouton: Prozession der Geisterballons (1982)

Hans Christian Andersen: **Das Mädchen mit den Schwefelhölzchen** (1840) Auszug

[Das kleine Mädchen muss Streichhölzer verkaufen. Verkauft sie nichts, bekommt sie vom Vater Schläge. Sie friert und hofft, dass jemand ihr etwas abkauft.]

[...] In einem Winkel, von zwei Häusern gebildet, von denen das eine etwas mehr vorsprang als das andere, setzte sie sich hin und kauerte sich zusammen. Die kleinen Füße hatte sie an sich gezo-
5 gen; aber es fror sie noch mehr und nach Hause zu gehen wagte sie nicht: Sie hatte ja keine Schwefelhölzchen verkauft und brachte keinen Pfennig Geld. [...]
Ihre kleinen Hände waren beinahe vor Kälte er-
10 starrt.
Ach! Ein Schwefelhölzchen konnte ihr gar wohl-tun, wenn sie nur ein einziges aus dem Bunde herausziehen, es an die Wand streichen und sich die Finger erwärmen dürfte.
15 Sie zog eines heraus. Rrscht! wie sprühte, wie brannte es! Es war eine warme, helle Flamme, wie ein Lichtchen, als sie die Hände darüberhielt; es war ein wunderbares Lichtchen! Es schien wirk-lich dem kleinen Mädchen, als säße sie vor einem
20 großen, eisernen Ofen mit polierten Messingfü-ßen und einem messingenen Aufsatz. Das Feuer brannte so gesegnet, es wärmte so schön. Die Kleine streckte schon die Füße aus, um auch diese zu wärmen; – doch – da erlosch das Flämmchen,
25 der Ofen verschwand, sie hatte nur die kleinen Überreste des abgebrannten Schwefelhölzchens in der Hand.
Ein zweites wurde an der Wand abgestrichen; es leuchtete, und wo der Schein auf die Mauer fiel,
30 wurde diese durchsichtig wie ein Schleier. Sie konnte in das Zimmer hineinsehen.
Auf dem Tische war ein schneeweißes Tischtuch ausgebreitet, darauf stand glänzendes Porzellan-geschirr und herrlich dampfte die gebratene
35 Gans, mit Äpfeln und getrockneten Pflaumen ge-füllt. Und was noch prächtiger anzusehen war: Die Gans hüpfte von der Schüssel herunter und wackelte auf dem Fußboden, Messer und Gabel in der Brust, bis zu dem armen Mädchen hin. Da er-
40 losch das Schwefelhölzchen und es blieb nur die dicke, feuchtkalte Mauer zurück.
Sie zündete noch ein Hölzchen an. Da saß sie nun unter dem herrlichen Christbaume; er war noch

Anastassija Archipowa: Titelbild zu einer Ausgabe von *Das Mädchen mit den Schwefelhölzchen* (1994)

größer und geputzter als der, den sie durch die Glastür bei dem reichen Kaufmanne gesehen hat- 45
te.
Tausende von Lichterchen brannten auf den grü-nen Zweigen, und bunte Bilder, wie sie an Schau-fenstern zu sehen waren, blickten auf sie herab. Die Kleine drehte ihre Hände danach aus. Da er- 50
losch das Schwefelhölzchen.
Die Weihnachtslichter stiegen höher und höher; sie sah sie jetzt als Sterne am Himmel; einer da-von fiel herunter und bildete einen langen Feuer-streifen. 55
„Jetzt stirbt jemand!", dachte das kleine Mädchen, denn ihre alte Großmutter, die Einzige, die sie lieb gehabt hatte und die jetzt gestorben war, hat-te ihr erzählt, dass, wenn ein Stern herunterfällt, eine Seele zu Gott emporsteigt. 60
Sie strich wieder ein Hölzchen an der Mauer ab, es wurde wieder hell, und in dem Glanze stand die alte Großmutter so klar und schimmernd, so mild und liebevoll.
„Großmutter!", rief die Kleine. „Oh! Nimm mich 65
mit! Ich weiß, du entfernst dich, wenn das Schwe-felhölzchen erlischt. Du verschwindest wie der

warme Ofen, wie der herrliche Gänsebraten und der große, prächtige Weihnachtsbaum!"

70 Und sie strich schnell das ganze Bund Schwefelhölzchen, denn sie wollte die Großmutter recht festhalten.

Und die Schwefelhölzchen leuchteten mit einem solchen Glanze, dass es heller wurde als mitten

75 am Tage. Die Großmutter war nie früher so schön, so groß gewesen. Sie nahm das kleine Mädchen auf ihre Arme und beide flogen in Glanz und Freude so hoch, so hoch; und dort oben war weder Kälte noch Hunger noch Angst – sie waren bei

80 Gott.

Aber im Winkel an die Mauer gelehnt, saß in der kalten Morgenstunde das arme Mädchen mit roten Backen und mit lächelndem Munde – erfroren an des alten Jahres letztem Abend.

Die Neujahrssonne ging auf über der kleinen Leiche. 85

Starr saß das Kind dort mit den Schwefelhölzchen, von denen ein Bund abgebrannt war.

„Sie hat sich erwärmen wollen!", sagte man.

Niemand ahnte, was sie Schönes gesehen hatte, 90 in welchem Glanze sie mit der Großmutter zur Neujahrsfreude eingegangen war.

Kommentar

Die Klassiker verstanden sich als Weltbürger, die Romantiker betonten nationale Traditionen. Ihre **Volksverbundenheit** und **Volkstümlichkeit** zeigten sich als Stolz auf die Geschichte des mittelalterlichen Kaiserreiches „deutscher Nation", auf die deutsche Sprache, auf Zeugnisse mittelalterlicher nationalsprachiger Dichtung. Hatte JOHANN GOTTFRIED HERDER noch spanische, englische, dänische Lieder gesammelt und herausgegeben, so konzentrierten sich die Romantiker auf Zeugnisse der mündlichen deutschen Tradition. Das **Volkslied *Der Tannhäuser,*** eine seit 1515 belegte Ballade, endet mit der Verdammung durch den Papst. In einer späteren Fassung wird das Verhalten des Papstes kritisiert und dem Tannhäuser durch das Stabwunder (der Stab des Papstes grünt) angekündigt, dass er Vergebung erhalten hat. In seiner Schrift *Götter im Exil* erfindet HEINRICH HEINE 1853 eine neue Variante, nach der der Tannhäuser zu seiner Geliebten zurückkehrt, seine christliche Verachtung ihrer Reize bereut, ihr auch von seiner Reise über die Alpen berichtet und dabei eine Satire auf das schlafmützige Deutschland entwickelt:

> Und als ich auf dem Sankt Gotthard stand,
> Da hört' ich Deutschland schnarchen;
> Es schlief da unten in sanfter Hut
> Von sechsunddreißig Monarchen.
>
> In Schwaben besah ich die Dichterschul,
> Gar liebe Geschöpfchen und Tröpfchen!
> Auf kleinen Kackstühlchen saßen sie dort,
> Fallhütchen auf den Köpfchen.

In dieser Anpassung eines Volkslieds an die Bedürfnisse der jeweiligen Benutzer zeigt sich die Lebendigkeit der Volkslieder nicht nur zum Zeitpunkt ihrer Sammlung durch ARNIM und BRENTANO. Katholische Autoren hatten das sündige Leben des Tannhäusers verdammt, protestantische einen Schluss ersonnen, in welchem ihm unverdient Gnade zuteil wird. HEINRICH HEINE verherrlicht die Liebesleidenschaft. Diese Variante, die an eine Episode aus HOMERS *Odyssee* erinnert, nämlich an den siebenjährigen Aufenthalt des Odysseus bei der Nymphe Kallypso, wird von den Malern der Zeit in Bilder umgesetzt. Unser Beispiel, **JOHN COLLIER** (1850–1934), gehört zu den englischen Präraffaeliten. Das war eine Bruderschaft von Malern, die – ähnlich wie die

John Collier: Tannhäuser im Venusberg (1901)

Gruppe deutscher romantischer Maler in Rom um J. F. OVERBECK, P. CORNELIUS (▶ S. 78, 98) – den von ihnen verehrten Meister der italienischen Renaissance RAFFAEL (1483–1520) an Natürlichkeit und Schönheit noch übertreffen wollten. Die Figurengruppe der Venus und des Tannhäuser ist aus dem Venusberg in eine italienische Parklandschaft versetzt. Die Venus erinnert an Venusfiguren des RAFFAEL oder des TIZIAN.

Im Stile der Volkslieder und Volksballaden verfassten Romantiker **Balladen** oder **Romanzen zu Volkssagen.** EDUARD MÖRIKES *Die Geister am Mummelsee* (im Schwarzwald) ist dafür ein Beispiel. Das Gedicht beschreibt eine Geisterprozession. In der Volkssage ist davon die Rede, dass sich die Wasserlilien des Sees nachts in Wassernixen verwandeln, die ihren König zu Grabe tragen. MÖRIKES Gedicht gehört in den Umkreis seines Märchenspiels *Der letzte König von Orplid.* Es geht um die Faszination, die der Geisterzug auf den Beobachter ausübt. Dichter wie MÖRIKE oder EICHENDORFF stellen immer wieder Menschen dar, die sich mit Wasser- oder Luftgeistern (Nixen, Elfen) einlassen und oft den Elementargeistern verfallen. Wasser steht in der Romantik für Tiefe, Versinken, Dunkelheit und letztendlich den Tod. In MÖRIKES Ballade ziehen die Geister vorbei. Die Atmosphäre ist unheimlich, aber der Beobachter wird nicht von den Geistern „mitgenommen".

ACHIM VON ARNIM und CLEMENS BRENTANO rieten den Brüdern GRIMM, **Volksmärchen** zu sammeln. Die Brüder betrieben die Suche nach mündlichen Zeugnissen in wissenschaftlicher Weise. Sie ließen sich von Frauen, die in ihren Familien Märchen erzählten, die Geschichten vortragen, forschten nach deren Quellen, legten eine umfangreiche Sammlung von Varianten an und kommentierten jedes aufgenommene Märchen. Von Ausgabe zu Ausgabe bearbeiteten sie ihre Texte. Sie nahmen Umstellungen vor, schieden Texte aus und fügten weitere hinzu. Diese Form der Bearbeitung zeigt uns, dass die „Volksmärchen", so wie sie uns heute in den *Kinder- und Hausmärchen* vorliegen, intensiv bearbeitete Fassungen darstellen.

Die Brüder GRIMM, insbesondere der jüngere Bruder WILHELM, passten das, was sie gesammelt hatten, der Leserschaft an. Sie wandelten etwa die eitle und böse Mutter des Schneewittchen, die dessen Tod wünscht, in eine „Stiefmutter" um. Dasselbe taten sie bei Hänsel und Gretel. Zum „Märchenstil" der GRIMMS gehörte es, dass die Märchen ein glückliches Ende nahmen und dass sie Anknüpfungspunkte an die Lebenswelt bekamen. So änderten sie etwa im Märchen vom Rumpelstilzchen und der Müllerstochter, die Stroh zu Gold spinnen soll, die „Spindel" (die nicht mehr im Gebrauch war) in „Spinnrad" (das die Kinder kannten).

Ein besonders einleuchtendes Beispiel solcher Bearbeitung ist das **Märchen vom *Rotkäppchen*.** Es wurde den GRIMMS von einer jungen Frau aus einer Hugenottenfamilie erzählt. Die französische Fassung, die uns von dem berühmten Märchenerzähler am

Hofe des Sonnenkönigs Ludwig XIV., Charles Perrault (1628–1703), überliefert ist, endet ganz anders als die der Grimms. Die „deutsche" Variante sieht vor, dass der böse Wolf vom Jäger überrascht und erschossen wird, dass Rotkäppchen und seine Großmutter unversehrt aus seinem Leib befreit werden. Perrault hingegen kennt diesen rettenden Jäger nicht. Seine Geschichte endet mit der Katastrophe: Der Wolf frisst das Rotkäppchen. Der Autor fügt eine elegante Moral an, die sich (augenzwinkernd) an Mädchen richtet:

> „Großmutter, was habt Ihr für große Arme?" „Damit ich dich besser umarmen kann, mein Kind." „Großmutter, was habt Ihr für große Beine?" „Damit ich schneller laufen kann, mein Kind." „Großmutter, was habt Ihr für große Ohren?" „Damit ich besser hören kann, mein Kind." „Großmutter, was habt Ihr für große Augen?" „Damit ich besser sehen kann, mein Kind!" „Großmutter, was habt Ihr für große Zähne?" „Damit ich dich fressen kann." Und mit diesen Worten stürzte sich der böse Wolf auf Rotkäppchen und fraß es auf.

> **Moral**
> Man sieht hier, dass die jungen Leute
> und im Besonderen die kleinen Mädchen –
> so hübsch gewachsen, schön und lieb –
> sehr schlecht dran tun, wenn sie auf jeden hören:
> nicht selten ist 's der Wolf, der sie dann frisst.
> Ich sage ‚Wolf'; jedoch nicht alle Wölfe sind gleich.
> Es gibt die von gewandtem Wesen,
> die sind nicht laut, nicht rau und wütend;
> sie tun sehr zahm, gefällig und so sanft
> und folgen dann den kleinen Fräulein
> bis in die Häuser, in die Kammern nach.
> Und auch, wer weiß nicht, dass grad diese Schmeichler
> von allen Wölfen doch die schlimmsten sind.

Die Bearbeitungen der Märchen durch die „Sammler" Grimm schaffen einen einheitlichen Typus des Märchens, der Volksmärchen genannt wird, obwohl keines der Märchen wirklich genau so, wie wir es heute lesen, vom „Volk" erzählt worden ist. Deswegen ist die Unterscheidung „Volksmärchen" und „Kunstmärchen" eine künstliche Trennung. **Kunstmärchen** sind nach der geläufigen Auffassung solche, deren Autor man kennt. Aber diese Autoren richteten sich mehr oder eben weniger am Typus des Volksmärchens aus. Und es waren keineswegs nur deutsche Romantiker, die die Gattung des Märchens in dieser Weise pflegten.

Der Däne **Hans Christian Andersen** (1805–1875) schrieb mehr als 160 Märchen, die ebenso bekannt wurden wie die der Grimms (Beispiele: *Die Prinzessin auf der Erbse, Des Kaisers neue Kleider, Das hässliche Entlein, Die kleine Meerjungfrau, Der standhafte Zinnsoldat*). Um 1840 erschienen sie in deutschen Übersetzungen. Einige Märchen Andersens verzichten auf den guten Schluss. Die Stimmung, die sie nach der Lektüre hinterlassen, ist oft eine romantische Melancholie. Das gilt auch für das Märchen vom ***Mädchen mit den Schwefelhölzchen.*** Andersen, der selbst als Kind in bitterer Armut aufwuchs, kann sich in die Gedankenwelt der frierenden Straßenverkäuferin einfühlen. Den „Trost", den er am Ende den Lesern zuspricht, kann man als Anklage gegen eine harte und ungerechte Welt lesen.

4   Vom frühen zum poetischen Realismus

Adolph von Menzel: Die Aufbahrung der Märzgefallenen zu Berlin (1848)

Moritz von Schwind:
Morgenstunde (1858)

ADOLPH VON MENZELS Historiengemälde vermittelt mit „realistischen" Darstellungsmitteln, ohne pathetische Überhöhung oder Verklärung, die Aufbruchsstimmung der Märzrevolution von 1848, in der eine demokratische Grundordnung Deutschlands erstritten werden sollte.

MORITZ VON SCHWINDS Gemälde zeigt idyllisierend, in mildes Licht getaucht, einen bürgerlichen Innenraum als Ort der Behaglichkeit.

Allgemeingeschichtlicher und weltanschaulicher Hintergrund

NAPOLEON war in Russland, in Leipzig, schließlich bei Waterloo von den Heeren der vereinigten europäischen Fürsten geschlagen und auf die Insel St. Helena (im Südatlantik, vor Afrika) verbannt worden. Auf dem **Wiener Kongress** (1814/15) wurden die politischen Verhältnisse neu geordnet. Im Rahmen des neu gegründeten deutschen Staatenbundes wurden allerdings die während der Kriege gegen NAPOLEON gemachten Versprechen, die Bürger durch Verfassungen an der politischen Macht zu beteiligen, nicht eingelöst. Zu den beschlossenen Maßnahmen gehörte eine strenge **Zensur** der Buch- und Zeitungsveröffentlichungen zur Unterdrückung liberaler Bestrebungen.

Die Enttäuschung im Bürgertum war groß. Als in der **Julirevolution 1830 in Frankreich** die wieder eingesetzten BOURBONEN abdanken mussten, versuchten auch in Deutschland Bürger, die Forderungen nach mehr Freiheit (Parlamente, Verfassungen, nationale Einheit) durchzusetzen. Es fanden Zusammenkünfte liberal gesinnter Bürger statt, so z.B. das **Hambacher Fest** (1832). Das Ergebnis war indes eine Verschärfung der **Zensur.** 1835 wurden die Werke der Autoren des **Jungen Deutschland** (▶ S. 124), darunter die **HEINRICH HEINES,** verboten. Besonders Preußen und Österreich taten sich bei der **„Demagogenverfolgung"** hervor. Man pflegte einerseits nationale Vorurteile (wenn es – wie 1840 – um die Rheingrenze und gegen Frankreich ging), war aber wenig bereit, die Idee eines einigen Deutschlands zu akzeptieren. **AUGUST HEINRICH HOFFMANN VON FALLERSLEBEN** verfasste 1841 das Lied *Deutschland, Deutschland über alles* mit den Forderungen nach „Einigkeit und Recht und Freiheit". 1842 wurde er seiner Professur enthoben und des Landes verwiesen.

Schriftsteller wie **GEORG HERWEGH** (*Gedichte eines Lebendigen,*1841/43) oder **FERDINAND FREILIGRATH** (*Ça ira,* 1846) hatten mit ihren revolutionären Texten beim bürgerlichen Publikum großen Erfolg. Als **1848 Frankreich** eine **Republik** wurde, kam es auch **in Deutschland** zu **Aufständen,** zu **Barrikadenkämpfen** in Wien, Berlin, schließlich zu Wahlen und zum ersten deutschen Parlament (Paulskirchenparlament). Aber die Fürsten, voran Preußen, ließen sich nicht auf die politischen Vorstellungen ein, um die in der **Frankfurter Nationalversammlung** gerungen wurde (einheitlicher, demokratisch verfasster Nationalstaat). Eine zeitgenössische Karikatur zeigt den deutschen Michel im Frühjahr 1848 mit Mütze und Kokarde (Symbol der französischen Revolutionäre), im Herbst schon wieder mit einer Schlafmütze.

Der Politiker, der in den Jahrzehnten nach dem **Scheitern der Revolution von 1848** von Preußen aus die Zügel in festen Händen hielt und der verhinderte, dass sich andere als obrigkeitsstaatliche Denkmuster durchsetzen konnten, war **OTTO VON BISMARCK,** ein erklärter Gegner der inzwischen zu einer gewichtigen politischen Kraft gewordenen **Sozialdemokratie.** Durch eine geschickte Sozialpolitik (Kranken-, Renten-, Unfallversicherung) suchte er „sozialen Frieden" und eine Dreiklassengesellschaft (Adel – Besitzbürgertum – Arbeiterschaft) zu etablieren. Außenpolitisch setzte er auf nationale Einheit unter Preußens Führung. Sein entscheidender Schritt war der **Deutsch-Französische Krieg von 1870/71,** an dessen Ende die Proklamierung des **Deutschen Reiches** mit dem Preußenkönig **WILHELM I.** als **deutschem Kaiser** stand. Wirtschaftlich erbrachten die von Frankreich erpressten Reparationszahlungen einen wirtschaftlichen Aufschwung. Der neue deutsche Kaiser **WILHELM II.** entließ BIS-

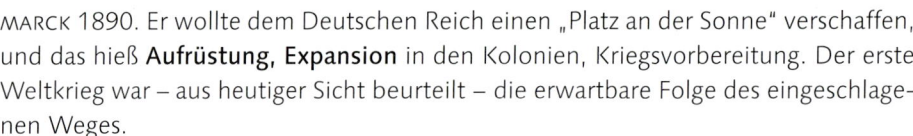

MARCK 1890. Er wollte dem Deutschen Reich einen „Platz an der Sonne" verschaffen, und das hieß **Aufrüstung, Expansion** in den Kolonien, Kriegsvorbereitung. Der erste Weltkrieg war – aus heutiger Sicht beurteilt – die erwartbare Folge des eingeschlagenen Weges.

Entwicklung der Literatur

Die **Hinwendung zur Wirklichkeit** war das gemeinsame Merkmal aller literarischen Strömungen in der Zeit nach GOETHES Tod. Dabei galt den einen Literatur als „realistisch", wenn sie in diese Wirklichkeit verändernd *eingreifen* wollte, den anderen, wenn sie die Wirklichkeit poetisch *gestaltete*. Schriftsteller der ersten Gruppe machten sich zu Wortführern des „Volkes", das in den sogenannten Befreiungskriegen mit vaterländischer Begeisterung für ein demokratisch verfasstes und einiges Deutschland eingetreten war. Während sich noch die späten Romantiker wie JOSEPH VON EICHENDORFF in märchenhaften Reisenovellen (*Aus dem Leben eines Taugenichts*, 1826) die Poetisierung der Welt zum Ziel setzten, waren die *Reisebilder* HEINRICH HEINES (*Reise von München nach Genua*, 1829) bereits kritische Abrechnungen mit der österreichischen und preußischen Politik. In einer bewussten **Abkehr vom Idealismus der Klassik** entwickelte GEORG BÜCHNER schon in den Dreißigerjahren eine **realistische Perspektive** auf die Lebensverhältnisse der Zeit, indem er Szenen aus dem Leben des von Vorgesetzten und Medizinern in seiner Menschenwürde verletzten einfachen Wachsoldaten Woyzeck vorstellte (*Woyzeck*, 1836/37).

Neben der Kritik an der Politik Preußens standen Themen wie die heuchlerische Moral, die Untertanengesinnung, die Verfolgung demokratisch gesinnter Bürger und die religiöse Bemäntelung dieser Missstände im Zentrum des Interesses des **Jungen Deutschland,** einer Gruppe junger **politisch engagierter Schriftsteller.** In den Vierzigerjahren verschärfte sich die Kritik. Von den Autoren und Autorinnen des **Vormärz** (eine Bezeichnung für die im Sinne der bürgerlichen Revolution im März 1848 engagierte Literatur) wurde in polemischem Ton Stellung genommen – etwa gegen die Unterdrückung des Weberaufstands von 1844 (HEINRICH HEINE, *Die schlesischen Weber*, 1844).

Nicht alle Autoren erblickten in öffentlichem Auftreten und gesellschaftskritischem Engagement die Hauptaufgabe der Literatur. Sie sahen sich eher in der Tradition von Klassik und Romantik und konzentrierten sich auf die überschaubare **Welt des bürgerlichen Individuums** und die im „inneren Kreis" entstehenden Probleme. Dabei spielte auch die Kunst, insbesondere die Musik, eine wichtige Rolle. Als ein Beispiel für die Sicht des **Biedermeier** auf die Wirklichkeit kann EDUARD MÖRIKES Novelle *Mozart auf der Reise nach Prag* (1856) angesehen werden. Hier wird eine Episode aus dem Leben des Musikgenies erzählt. In einer kunstsinnigen adeligen Gesellschaft spielt MOZART aus seiner noch nicht ganz fertiggestellten Oper *Don Giovanni*. Die Anwesenden sind einerseits betroffen von der Dramatik der Szenen, andererseits von der Melancholie einzelner Teile. Am Ende findet die besonders sensible Braut, deren Verlobung eben gefeiert worden war, ein Gedicht (*Denk es, o Seele*), aus dem sie den frühen Tod MOZARTS erahnen kann.

Der **poetische Realismus** kann als literarische Antwort auf das Scheitern der bürgerlichen Revolution von 1848 angesehen werden. Die Autoren hatten mit dem frühen Realismus Büchners gemeinsam, dass sie die Wirklichkeit zeigen wollten, mit dem Biedermeier aber, dass sie das nicht schonungslos zu tun beabsichtigten. Mit dieser Haltung entsprachen sie dem **Realidealismus** als vorherrschender „Philosophie" des Bismarckreiches. Realidealismus sucht **das Schöne (das Ideale) mit dem Wirklichen (dem Realen) zu verbinden.** Während sich die Sozialdemokratie formierte und demokratische Entwicklungen einforderte, konzentrierten sich diese bürgerlichen Autoren auf die Psyche interessanter Individuen: die hilflosen Jugendlichen als Opfer ihrer Väter (GOTTFRIED KELLER, *Romeo und Julia auf dem Dorfe,* 1856), die lebensunerfahrene Kindfrau in einer unglücklichen Ehe (THEODOR FONTANE, *Effi Briest,* 1894), der innovativ denkende, am Ende dennoch scheiternde Deichbauer (THEODOR STORM, *Der Schimmelreiter,* 1888).

Prinzipien des realistischen Schreibens im 19. Jahrhundert

- Der Realismus ist **Mimesis** (Nachahmung der Wirklichkeit), aber nicht als einfache („fotografische") Abbildung, sondern als literarische „Gestaltung".
- Die **Gestaltung** soll zweierlei leisten: einmal die „Wahrheit" hinter den vielfältigen Erscheinungen der Wirklichkeit aufzeigen, also auf Regeln und Gesetzmäßigkeiten, die in der Wirklichkeit gelten, aufmerksam machen, zum anderen das „Schöne" dieser Regeln und Gesetzmäßigkeiten erkennen lassen.
- Realismus sucht das Charakteristische, **das Typische** gegenüber dem Außergewöhnlichen, Spektakulären zu betonen. Daher verzichten die Realisten auf alles, was verblüfft, erstaunt, aus dem Rahmen fällt.
- Realismus verfolgt bei seiner Darstellung der Welt zumeist ein Ziel, er hat eine **Perspektive.** Das heißt, der Leser soll sich ein Urteil bilden, etwas erfahren, was er mit „bloßem Auge" so nicht gesehen hätte. Das können – wie bei dem **frühen Realismus** BÜCHNERS – soziale Missstände oder seelische Zwänge sein, das kann – wie bei den Autoren des **Vormärz** – den Blick auf die politische Ordnung mit Aufrufen zum Handeln verbinden.
- Es entsteht eine Literatur, die sowohl die äußere Natur (das, was der Realist beobachtet) als auch das Innere der Menschen (das, was er durch den Blick nach innen, auf Gedanken und Gefühle, erfasst) berücksichtigt und beides aufeinander bezieht. Dabei wird oft das **Versöhnliche** hervorgehoben – vor allem im **Biedermeier** und im **poetischen Realismus.** In den Interpretationen wird das häufig als „Humor" des Autors bezeichnet.
- Auch der poetische Realismus ist aber immer der **Wahrheit** verpflichtet. Schminke, Tünche, klassische „Idealisierungen" – etwa im Dienste eines Bildungsauftrages der Kunst – gehören nicht dazu.
- Die realistische Literatur in der zweiten Hälfte des 19. Jahrhunderts unterscheidet sich von den Spielarten des Realismus, die im 20. Jahrhundert bedeutsam werden (Neue Sachlichkeit, ▶ S. 192 ff., Sozialistischer Realismus, ▶ S. 210, 215), vor allem durch die **Betonung der ästhetischen Wirklichkeitsabbildung.** Ihr ist der „Selbstwert" (die „Autonomie" des literarischen Kunstwerks) wichtiger als die politische oder moralische Bewertung der Wirklichkeit und der „Gebrauchswert" der Literatur.

Bedeutende Bilder der Zeit

Gustave Courbet: Die Begegnung
(1854)

Jean-François Millet:
Die Ährenleserinnen (1857)

Der realistische Maler **GUSTAVE COURBET** zeigt an einem „romantischen" Motiv, dem der Begegnung von Wanderern, wie anders ein Realist beobachtet als ein Romantiker. Er malt seine Figuren wiedererkennbar nach der Wirklichkeit. Er selbst ist im Bild mit seinen Malutensilien im Rucksack.

JEAN-FRANÇOIS MILLET macht als „Realist" das harte Leben auf dem Lande zum Gegenstand seiner Kunst. Die Ährenleserinnen sammeln liegen gebliebene Ähren, im Hintergrund werden die Erntewagen des reichen Bauern weggefahren.

Eugène Delacroix: Das Massaker von Chios (1824)

EUGÈNE DELACROIX nimmt sich als realistischer Maler der politischen Ereignisse an. Er malt ein Massaker türkischer Soldaten an griechischen Freiheitskämpfern. Die Sympathie des Betrachters wird auf die Opfer gelenkt.

Zwei Jahre nach der „Aufbahrung der Märzgefallenen" (▶ S. 122) malt **ADOLPH VON MENZEL** einen Blick in das bürgerliche Mädchenzimmer, aus dem seine Schwester neugierig und befangen „in die Welt" blickt. Das Bild entspricht dem Stil des poetischen Realismus.

Adolph von Menzel: Die Schwester des Malers (1850)

4.1 Vormärz – Literarischer Protest

GEORG BÜCHNER ist ein der eigenen Zeit vorauseilender Autor. **Realistisch** und **wirklichkeitsnah** sollten seine Figuren sein, nichts wollte er – wie die idealisierenden Werke der Klassiker – schöner darstellen, als es in Wirklichkeit war. Er studierte und **verarbeitete historische Quellen und Dokumente.** In seiner Novelle *Lenz* und seinen Dramen *Dantons Tod* und *Woyzeck* setzte er seinen „Realismus" so überzeugend um, dass er heute zu den wichtigsten Dichtern der Epoche nach GOETHES Tod zählt. Von seinen Zeitgenossen wurde er vergessen. Seine Werke passten nicht zum Geschmack der späten Romantik und des Biedermeier.

Als **HEINRICH HEINE** in Paris einem französischen Lesepublikum die literarische Entwicklung in Deutschland vorstellte (*Die romantische Schule,* 1836), konnte er noch nicht wissen, dass seine Charakteristik der klassischen und der romantischen Poesie als unfruchtbar-schöne „Kunstperiode" eine in die Zukunft weisende Literaturgeschichtsschreibung sein würde. Die nachfolgende Generation bezeichnete HEINE als „Kunst der Bewegung", die wieder „lebendige Kinder" zeugen werde, weil sie sich um die Bedürfnisse der Menschen kümmere. Der heute geläufige Begriff **Vormärz** bestätigt sein Urteil. Denn die Literatur, um die es in diesem Teilkapitel geht, erhebt den Anspruch, politisch auf die dann tatsächlich im **März** des Jahres **1848** erfolgende erste **bürgerliche Revolution in Deutschland** hingearbeitet zu haben.

1841 erschien der erste Band der *Gedichte eines Lebendigen* von **GEORG HERWEGH,** die den Autor über Nacht zu einem der bekanntesten Dichter machten. Eine Lesereise durch deutsche Städte glich einem Triumphzug, so sehr fühlte sich das bürgerliche Publikum in seinen **patriotischen** wie **demokratischen Bestrebungen** verstanden. Sogar der neue preußische König (FRIEDRICH WILHELM IV., der „Romantiker auf dem Königsthron"), empfing ihn zu einer Audienz. Als HERWEGH dieses Treffen allerdings zum Anlass nahm, um die in seinen Gedichten erhobenen **Forderungen nach mehr Demokratie und Freiheit** vorzutragen, wurde er verhaftet und über die preußische Grenze abgeschoben. Die wichtigsten Autoren des Vormärz lebten ohnehin im **Exil** in Frankreich (Paris), der Schweiz oder Belgien (Brüssel). Denn in den Staaten des Deutschen Bundes, besonders aber in Preußen, fielen nicht nur ihre Werke unter **Publikationsverbot,** sondern es drohte ihnen selbst Festungshaft. HEINRICH HEINE konnte 1843 unter allerlei Täuschungsmanövern nach zwölf Jahren das erste Mal wieder in das als liberal geltende Hamburg reisen. Er schrieb darüber satirische Verse, die als *Deutschland. Ein Wintermärchen* (1844) viel Aufsehen erregten, obwohl sie sofort nach Veröffentlichung verboten worden waren.

GEORG HERWEGH hatte in einem seiner Gedichte (*Aufruf,* 1841) gefordert:
> Reißt die Kreuze aus der Erden! / Alle sollen Schwerter werden,
> Gott im Himmel wird 's verzeihn. / Gen Tyrannen und Philister!
> Auch das Schwert hat seine Priester, / Und wir wollen Priester sein!

Nun begannen die Autoren überall, ihre **Verse als Waffen gegen die Restauration** (die Wiederherstellung der alten undemokratischen Verhältnisse durch den Wiener Kongress) einzusetzen. **FERDINAND FREILIGRATH,** der bislang mit spätromantischer „Wüsten- und Löwenpoesie" hervorgetreten war, wählte 1846 einen Slogan aus der Französischen Revolution, „*Ça ira",* zum Titel einer Gedichtsammlung, an deren An-

fang er ein „Glaubensbekenntnis" setzte und seine Hinwendung zur politisch engagierten Dichtung begründete:

> Fest und unerschütterlich trete ich auf die Seite derer, die mit Stirn
> und Brust der Reaktion sich entgegenstemmen! Kein Leben mehr
> für mich ohne Freiheit!

Einige dieser Autoren, etwa GEORG WEERTH, arbeiteten mit KARL MARX zusammen
und publizierten ihre Texte in dessen Pariser Zeitung *„Vorwärts!"*. 1848, als die revolutionäre Bewegung nach Deutschland hinüberwuchs, wollte GEORG HERWEGH
einen praktisch-kämpferischen Beitrag leisten. Er griff mit einer kleinen Interven-
tionsarmee von Frankreich aus in die badischen Kämpfe ein. Seine Mitstreiter waren
jedoch schlecht bewaffnet. Württembergische Truppen rieben sie schnell auf und
HERWEGH musste unter dramatischen Umständen in die Schweiz fliehen. Der schwäbische Romantiker JUSTINUS KERNER spottete unter Anspielung auf seinen Namen,
sein „Herweg" sei triumphaler gewesen als sein „Hinweg".
Das kann man leider als eine für die gesamte Literatur des Vormärz gültige Aussage
nehmen. Von der engagierten Literatur dieser zehn Jahre ist in der Literaturgeschichte außer den Gedichten HEINES und einigen Gedichten HERWEGHS oder GEORG
WEERTHS wenig geblieben.

Wichtige Autoren des Vormärz

HEINRICH HEINE (1797–1856)
wurde als Verfasser satirischer und geistreicher Reisebilder bekannt, als
Dichter romantischer Lieder (*Buch der Lieder,* 1827) berühmt, war in der Zeit
des Vormärz aber auch als Journalist tätig. Die letzten sieben Jahre verbrachte er nahezu gelähmt im Bett (er nannte das seine Matratzengruft). In dieser
Zeit schuf er bedeutende Gedichte (*Romanzero,* 1851), die sich politischen,
philosophischen Fragen widmeten und sich vor allem mit der Geschichte
des deutschen Judentums auseinandersetzten.

FERDINAND FREILIGRATH (1810–1876)
arbeitete zunächst als Kaufmann, veröffentlichte (zusammen mit LEVIN
SCHÜCKING) 1840 *Das malerische und romantische Westphalen.* Dieses Werk
der „Rheinromantik" belohnte FRIEDRICH WILHELM IV. mit einer Pension.
FREILIGRATH gab 1844 seine politischen Gedichte heraus, die Pension zurück
und ging ins Exil. 1849 machte man ihm den Prozess wegen „Aufreizung zu
hochverräterischen Unternehmungen". 1868 kehrte er nach Deutschland
zurück und begrüßte 1871 als „Volksdichter" mit „Hurra, Germania!" die
Reichsgründung.

GEORG BÜCHNER (1813–1837)
Der Sohn eines Arztes studierte Medizin in Straßburg, danach in Gießen. Als
Student engagierte er sich politisch. Er gründete eine „Gesellschaft der
Menschenrechte". Zusammen mit dem Pfarrer LUDWIG WEIDIG verfasste er
eine kämpferische Flugschrift, *Der hessische Landbote,* in der die Landbevöl-
kerung zum Aufstand aufgerufen wurde. BÜCHNER musste fliehen, ging wie-

der nach Straßburg und veröffentlichte sein erstes Drama, *Dantons Tod* (1835). Er hatte die Geschichte des Scheiterns der Französischen Revolution genau studiert und realistisch dargestellt. Dann begann er sein Stück *Woyzeck* über den Fall eines Affektmörders, dessen Akten er in Gießen hatte einsehen können. Für seine wissenschaftlichen Arbeiten erhielt er eine Privatdozentur für Medizin in Zürich. Er starb dort bereits 1837 an Typhus.

Georg Herwegh (1817–1875)

Der Gastwirtssohn studierte Jura und Theologie als Stipendiat des „Tübinger Stifts", musste in die Schweiz fliehen, um nicht für das württembergische Militär zwangsrekrutiert zu werden. Er schrieb als Journalist für Schweizer deutschsprachige Zeitungen, plante auch für Deutschland ein politisches Blatt. Das wurde jedoch schon vor seinem ersten Erscheinen verboten. Die *Gedichte eines Lebendigen* (1841) hatten ihn bereits ins Visier der Zensoren gebracht. Herwegh lernte in Paris, Brüssel, Zürich viele Männer der frühen kommunistischen Bewegung kennen (Karl Marx, Michael Bakunin, Wilhelm Weitling, später Ferdinand Lassalle, August Bebel). Er blieb der Arbeiterbewegung zeitlebens verbunden.

Herwegh war der einzige der bekannteren Vormärzautoren, der sich 1871 gegen Bismarcks deutsches Kaiserreich wandte.

Georg Weerth (1822–1856)

Der Pfarrerssohn machte eine Lehre als Kaufmann, ging als Vertreter rheinischer Firmen nach Yorkshire, studierte die Lebensbedingungen der Arbeiterschaft in der englischen Textilindustrie und im Bergbau, lernte Karl Marx und Friedrich Engels kennen und schloss sich der kommunistischen Bewegung an. 1848 war er Redakteur der Kölner *Neuen Rheinischen Zeitung*. Hier erschienen auch seine Gedichte und seine Satiren. 1850 wurde er zu Haft und fünf Jahren Ehrverlust verurteilt. Nach der Haftentlassung ging er wieder als Firmenvertreter auf Reisen. Er starb in Havanna an Typhus. Friedrich Engels nannte ihn später den „ersten Dichter des deutschen Proletariats".

Themenkreis 1: Literatur nach der „Kunstperiode" – Aufrufe

Georg Büchner: Der hessische Landbote (1834) Auszug

[Büchners Flugschrift „Der hessische Landbote" wurde 1834 auf einer Geheimpresse gedruckt und in etwa 1000 Exemplaren verbreitet.]

Friede den Hütten! Krieg den Palästen!

Im Jahr 1834 siehet es aus, als würde die Bibel Lügen gestraft. Es sieht aus, als hätte Gott die Bauern und Handwerker am 5ten Tage und die Fürsten und Vornehmen am 6ten gemacht, und als hätte der Herr zu diesen gesagt: Herrschet über alles Getier, das auf Erden kriecht, und hätte die Bauern und Bürger zum Gewürm gezählt. Das Leben der Vornehmen ist ein langer Sonntag, sie wohnen in schönen Häusern, sie tragen zierliche Kleider, sie haben feiste Gesichter und reden eine eigne Sprache; das Volk aber liegt vor ihnen wie Dünger auf dem Acker. Der Bauer geht hinter dem Pflug, der Vornehme aber geht hinter ihm und dem Pflug und treibt ihn mit den Ochsen am Pflug, er nimmt das Korn und lässt ihm die Stoppeln. Das Leben des Bauern ist ein langer Werktag; Fremde verzehren seine Äcker vor seinen Augen, sein Leib ist

eine Schwiele, sein Schweiß ist das Salz auf dem
20 Tische des Vornehmen. [...]
Im Jahr 1789 war das Volk in Frankreich müde,
länger die Schindmähre seines Königs zu sein. Es
erhob sich und berief Männer, denen es vertraute,
und die Männer traten zusammen und sagten,
25 ein König sei ein Mensch wie ein anderer auch, er
sei nur der erste Diener im Staat, er müsse sich
vor dem Volk verantworten, und wenn er sein
Amt schlecht verwalte, könne er zur Strafe gezogen werden. Dann erklärten sie die Rechte des
30 Menschen: „Keiner erbt vor dem andern mit der
Geburt ein Recht oder einen Titel, keiner erwirbt
mit dem Eigentum ein Recht vor dem andern. Die
höchste Gewalt ist in dem Willen aller oder der
Mehrzahl. [...]" Der König schwur, dieser Verfas-
35 sung treu zu sein, er wurde aber meineidig an
dem Volke und das Volk richtete ihn, wie es einem Verräter geziemt. Dann schafften die Franzosen die erbliche Königswürde ab und wählten
frei eine neue Obrigkeit, wozu jedes Volk nach
40 der Vernunft und der Heiligen Schrift das Recht
hat. Die Männer, die über die Vollziehung der Gesetze wachen sollten, wurden von der Versammlung der Volksvertreter ernannt, sie bildeten die
neue Obrigkeit.

Steckbrief zur Fahndung nach Georg Büchner (1835)

Georg Herwegh: **Morgenruf** (1843) Auszug

Die Lerche war's, nicht die Nachtigall,
Die eben am Himmel geschlagen:
Schon schwingt er sich auf, der Sonnenball,
Vom Winde des Morgens getragen.
Der Tag, der Tag ist erwacht!
5   Die Nacht,
Die Nacht soll blutig verenden. –
Heraus, wer ans ewige Licht noch glaubt!
Ihr Schläfer, die Rosen der Liebe vom Haupt
Und ein flammendes Schwert um die Lenden!
10 [...]

Die Lerche war's, nicht die Nachtigall:
Kein Küssen gilt es und Kosen,
Sie singt von nahendem Donnerhall,
Sie singt von des Schlachtfelds Rosen,
15 Den Rosen, damit in Todeslust

    Die Brust,
Die Brust der Helden sich schmücket.
Drum auf und wohlan: bis frei die Welt,
Sei der Himmel ein einig Kriegergezelt
20 Und der Dolch der Rache gezücket!
[...]

Die Lerche war's, nicht die Nachtigall:
Die kecke Gespielin der Wolke
Fliegt jauchzend hinter dem Sonnenball
25 Hoch über dem staunenden Volke;
Und unter dem Scheffel bleibt auch nicht
    Das Licht,
Das Licht der Freiheit verborgen;
Viel tausend Herzen sind angefacht,
30 Und preiset die Liebe die Sterne der Nacht:
Die Völker, sie preisen den Morgen.

Heinrich Heine: Deutschland. Ein Wintermärchen. Caput I (1844) Auszug

Im traurigen Monat November war 's,
Die Tage wurden trüber,
Der Wind riss von den Bäumen das Laub,
Da reist' ich nach Deutschland hinüber.

5 Und als ich an die Grenze kam,
Da fühlt ich ein stärkeres Klopfen
In meiner Brust, ich glaube sogar,
Die Augen begunnen zu tropfen.

Und als ich die deutsche Sprache vernahm,
10 Da ward mir seltsam zu Mute;
Ich meinte nicht anders, als ob das Herz
Recht angenehm verblute.

Ein kleines Harfenmädchen sang.
Sie sang mit wahrem Gefühle
15 Und falscher Stimme, doch ward ich sehr
Gerühret von ihrem Spiele.

Sie sang von Liebe und Liebesgram,
Aufopfrung und Wiederfinden
Dort oben, in jener besseren Welt,
20 Wo alle Leiden schwinden.

Sie sang vom irdischen Jammertal,
Von Freuden, die bald zerronnen,
Vom Jenseits, wo die Seele schwelgt
Verklärt in ewgen Wonnen.

25 Sie sang das alte Entsagungslied,
Das Eiapopeia vom Himmel,
Womit man einlullt, wenn es greint[1],
Das Volk, den großen Lümmel.

Ich kenne die Weise, ich kenne den Text,
30 Ich kenn auch die Herren Verfasser;
Ich weiß, sie tranken heimlich Wein
Und predigten öffentlich Wasser.

Ein neues Lied, ein besseres Lied,
O Freunde, will ich euch dichten!
35 Wir wollen hier auf Erden schon
Das Himmelreich errichten.

Wir wollen auf Erden glücklich sein
Und wollen nicht mehr darben;
Verschlemmen soll nicht der faule Bauch,
40 Was fleißige Hände erwarben.

Es wächst hienieden Brot genug
Für alle Menschenkinder,
Auch Rosen und Myrten, Schönheit und Lust,
Und Zuckererbsen nicht minder.

45 Ja, Zuckererbsen für jedermann,
Sobald die Schoten platzen!
Den Himmel überlassen wir
Den Engeln und den Spatzen.

Und wachsen uns Flügel nach dem Tod,
50 So wollen wir euch besuchen
Dort oben, und wir, wir essen mit euch
Die seligsten Torten und Kuchen.

Ein neues Lied, ein besseres Lied,
Es klingt wie Flöten und Geigen!
55 Das Miserere[2] ist vorbei,
Die Sterbeglocken schweigen.

Die Jungfer Europa ist verlobt
Mit dem schönen Geniusse[3]
Der Freiheit, sie liegen einander im Arm
60 Und schwelgen im ersten Kusse.

Und fehlt der Pfaffensegen dabei,
Die Ehe wird gültig nicht minder –
Es lebe Bräutigam und Braut
Und ihre zukünftigen Kinder!
[...]

1 **greinen:** weinen
2 **Miserere:** *lat.:* „Erbarme dich!", Bußgebet
3 **Genius:** im antiken Rom: Schutzgeist

Ferdinand Freiligrath: **Trotz alledem!** (1844) Auszug

Nach Robert Burns

Ob Armut euer Los auch sei,
hebt hoch die Stirn, trotz alledem!
Geht kühn dem feigen Knecht vorbei:
Wagt 's, arm zu sein, trotz alledem!
5 Trotz alledem und alledem,
trotz niederm Plack¹ und alledem,
der Rang ist das Gepräge nur,
der Mann das Gold trotz alledem!

Und sitzt ihr auch beim kargen Mahl
10 in Zwilch² und Lein und alledem,
gönnt Schurken Samt und Goldpokal –
ein Mann ist Mann trotz alledem!
Trotz alledem und alledem,
trotz Prunk und Pracht und alledem!
15 Der brave Mann, wie dürftig auch,
ist König doch trotz alledem!

Heißt „Gnäd'ger Herr" das Bürschchen dort,
man sieht 's am Stolz und alledem;
doch lenkt auch Hunderte sein Wort,
20 's ist nur ein Tropf trotz alledem!
Trotz alledem und alledem;
trotz Band und Stern und alledem!
Der Mann von unabhängigem Sinn
sieht zu und lacht zu alledem!

25 Ein Fürst macht Ritter, wenn er spricht,
mit Sporn und Schild und alledem;
den braven Mann kreiert er nicht,
der steht zu hoch trotz alledem:
Trotz alledem und alledem!
30 Trotz Würdenschnack und alledem –
des innern Wertes stolz Gefühl
läuft doch den Rang ab alledem!
[...]

1 **Plack:** Plackerei: schwere Arbeit, Mühsal
2 **Zwilch:** kräftiges Gewebe, grober Stoff

Kommentar

Georg Büchners Flugblatt richtet sich an ein Publikum, das in der Bibel besser bewandert war als in Geschichte und Ökonomie. Daher sucht er in der Bibel nach einem Vergleich, um den Unterschied zwischen Arm und Reich als gegen Gottes Ordnung der Welt gerichtetes Übel zu kennzeichnen. So entwickelt das Flugblatt folgenden Gedankengang: Gott hat den Menschen am sechsten Tag geschaffen. Er hat alle Menschen als Herren der Schöpfung eingesetzt und nicht nur die Reichen. Zu den Tieren und zum Gewürm gezählt zu werden, ist eine Demütigung, die nicht hinnehmbar ist, solange man das Recht in Anspruch nimmt, Mensch zu sein.
Die Franzosen haben das erkannt. Sie haben in der **Französischen Revolution** die Menschenrechte proklamiert. Der König musste auf die Verfassung schwören und wurde, als er Verrat beging, bestraft. Das ist eine einseitige Darstellung der Pariser Ereignisse, aber sie passt zu der Botschaft des ersten Absatzes: Das Volk war es leid, von seinem König wie Vieh gehalten zu werden. Es nimmt seine Rechte wahr, es wählt Vertreter, die arbeiten eine Verfassung aus, und auf diesem Wege wird nach Frankreich auch Deutschland ein freies Land werden können.
Die **Rhetorik des Flugblatts** ist einfach und durchschaubar. Sie arbeitet vorwiegend mit den Mitteln der Anschauung, der **Berufung auf die Bibel** und des vereinfachenden Berichts. Die Geschichte der Französischen Revolution liest sich wie ein Volksmärchen. Dass dieselbe in die napoleonische Diktatur mündete, wird verschwiegen.

Georg Herwegh verwendet eine ähnlich einfache Rhetorik. Er nimmt als Kernmetapher die Lerche, den Vogel, der zur Sonne fliegt, der morgens laut und vernehmlich singt. Der Vormärz kennt ein ganzes Bildfeld, das die **Tageszeiten politisch** deutet: Der **Morgen** steht für **Aufbruch,** die Lerche ist – wie der Hahn der französischen

133

Revolution – Vorbote und Prophet einer neuen Zeit. „Nacht", „Nachtigall" stehen für Traum und Romantik, Liebe und Privates. Dazu passen dann die Rosen, während das Schwert zur kämpferischen Gesinnung des heraufkommenden Tages gehört. **Nacht** hat noch eine zweite Bedeutung: Sie ist die **Zeit des Schlafes,** der **Untätigkeit.** Der Weckruf der Lerche richtet sich an die deutschen Zuhörer, die politisch zu lange geschlafen haben und nun wach werden und ihre Rechte erkämpfen sollen.

HEINRICH HEINES erstes Caput (Kapitel) des *Wintermärchens* beschreibt, wie die „Jungfer Europa" sich mit dem **„Genius der Freiheit"** verbindet und so ein **„neues Geschlecht"** entsteht, das freier denkt und empfindet als das jetzige. Für diese Zukunft ist das **„neue Lied"** (Strophen 9 ff.) gedacht, während die ersten acht zunächst in romantischer, dann in ironischer Manier von der Reise in ein winterlich schlafendes Deutschland erzählen.

Der Beginn mit dem „traurigen Monat November" entspricht nicht ganz der Reisewirklichkeit (HEINE reiste schon im Oktober und ohne Wintermantel), er ist symbolisch zu lesen. Das Rheinland ist unter der Herrschaft Preußens unfreundlich und unfroh geworden. Das „Harfenmädchen" singt das **christliche Lied von Verzicht und Entsagung,** das zur Beruhigung des Volkes auch in den Kirchen gepredigt wird. Der Sprecher schaut hinter die Kulissen und berichtet von der Doppelzüngigkeit derer, die anderen diesen Verzicht predigen:

„Ich weiß, sie tranken heimlich Wein / Und predigten öffentlich Wasser."

Das ist eine – literarisch gesehen – sehr alte, anspielungsreiche Rede. Denn schon in den Bauernkriegen der frühen Neuzeit war die theologische Rechtfertigung der Ungleichheit unter den Menschen in Zweifel gezogen worden.

Die **Prophetie des neuen Liedes** hingegen, die sich als Gegenrede zu dem „Entsagungslied" verstehen lässt, verspricht nicht nur Brot genug, sondern auch eine **neue Gesinnung.** Das sieht man besonders deutlich an der Forderung nach „Zuckererbsen für jedermann". Gemeint ist der Luxus, der das Leben schön macht. HEINE wendet sich hier gegen die Forderung der Frühsozialisten nach dem Lebensminimum. Er will mehr als das Lebensnotwendige. Er will auch „Rosen und Myrten, Schönheit und Lust", weil Menschen nicht nur materielle, sondern auch emotionale, soziale, erotische Bedürfnisse haben. Deshalb – so die witzige Pointe – soll die **Religion abgeschafft** werden: „Den Himmel überlassen wir / Den Engeln und den Spatzen".

FERDINAND FREILIGRATHS Übersetzung des Liedes *A Man's a Man* des schottischen Dichters ROBERT BURNS (1759–1796) richtet sich an die arbeitende Klasse und fordert von ihr mehr Selbstbewusstsein. Auch dies ist eine Form der **politischen Lyrik,** die in Deutschland auf eine lange Tradition zurückgreifen kann.

„Als Adam grub und Eva spann, wo war denn da der Edelmann?", hatte es in den Bauernkriegen geheißen. Nun steht der Edelmann als „Bürschchen" da und „Tropf", trotz aller Orden und Ehrenzeichen, trotz Reichtums und Macht. Denn das, was zählt, ist das **Selbstwertgefühl dessen, der arbeitet.** FREILIGRATH hat diesen Gedanken mehrfach in eigenen Gedichten entfaltet. So auch in dem berühmten *Von unten auf!,* in dem er am Beispiel eines Dampfschiffes auf dem Rhein zeigt, wie die Fahrt des gesamten Staatsschiffes vom Heizer und vom Maschinisten (den Repräsentanten der Arbeiterschaft) abhängt. Die zentralen Verse dieses Gedichts lauten:

„Wir sind die Kraft! Wir hämmern jung das alte morsche Ding, den Staat,
die wir von Gottes Zorn sind bis jetzt das Proletariat!"

Des „innern Wertes stolz Gefühl", das ROBERT BURNS vermitteln wollte, verherrlicht FREILIGRATH in *Von unten auf!* in der Figur des an der Feuerung des Dampfkessels stehenden und Kohle schaufelnden Heizers:

> Das glüh'nde Eisen in der Hand, Antlitz und Arme rot erhitzt,
> mit der gewölbten haar'gen Brust auf das Geländer breit gestützt –
> so lässt er schweifen seinen Blick, so murrt er leis dem Fürsten zu:
> „Wie mahnt dies Boot mich an den Staat! Licht auf den Höhen wandelst *du!*
>
> Tief unten aber, in der Nacht und in der Arbeit dunkelm Schoß,
> tief unten, von der Not gespornt, da schnür und schmied ich mir mein Los! [...]"

Das Dampfschiff „Prinzessin Charlotte von Preußen". Kolorierte Radierung nach Friedrich August Calau (1818)

Themenkreis 2: Das Elend, die Ausbeutung und der Kampf dagegen

Bettina von Arnim: Dies Buch gehört dem König (1843) Auszug

Vogtländer, bejammre nicht dein eignes Geschick.
Beklage nur die, die kein Mitleid fühlen mit dir.

Am leichtesten übersieht man einen Teil der Armengesellschaft in den sogenannten „Familien-
5 häusern". Sie sind in viele kleine Stuben abgeteilt, in welchen jede einer Familie zum Erwerb, zum Schlafen und Küche dient. In vierhundert Gemächern wohnen zweitausendfünfhundert Menschen. [...]
10 In No. 92, Stube 27, wohnte der Arbeitsmann *Weber*. Seine Frau ist auf einige Jahre wegen Betteln eingesperrt, die Familie also von der Polizei auseinandergerissen. – (Wer einmal beim Betteln ertappt wird, kommt auf vier Wochen ins Arbeitshaus. Den ersten Rückfall straft man mit acht
15 haus. Den ersten Rückfall straft man mit acht

Wochen, den zweiten mit einem Jahr Arrest usf. bis auf vier Jahre.) Solche Strenge gegen das Betteln ist unmenschlich, wo man den Klagen der Armen nicht durch genaue Untersuchung und Abhilfe der Lage dürftiger Familien zuvorkommt. 20 Vor einigen Tagen ging *Weber*, durch Hunger getrieben, mit einem sechsjährigen Knaben in die Stadt. Dieser musste im Hause betteln und der Vater wartete vor der Türe. Jener wurde von den Polizeidienern erwischt und dieser wollte ihn nicht 25 verlassen. Man hat beide nach dem Arbeitshause gebracht. Ein Mädchen von zwölf Jahren und ein Knabe von acht Jahren sind unter Aufsicht des Verwalters der Familienhäuser gestellt und treiben sich bei guten Bekannten herum, bis der Vater losgelassen wird. 30

Georg Weerth: **Das Hungerlied** (1844)

Verehrter Herr und König,
Weißt du die schlimme Geschicht?
Am Montag aßen wir wenig,
Und am Dienstag aßen wir nicht.

5 Und am Mittwoch mussten wir darben,
Und am Donnerstag litten wir Not;
Und ach, am Freitag starben
Wir fast den Hungertod!

Drum lass am Samstag backen
10 Das Brot, fein säuberlich –
Sonst werden wir sonntags packen
Und fressen, o König, dich!

Elend einer Weberfamilie (um 1850)

Georg Herwegh: **Bundeslied für den Allgemeinen Deutschen Arbeiterverein** (1863) Auszug

Bet'! und arbeit'!, ruft die Welt,
Bete kurz! Denn Zeit ist Geld.
An die Türe pocht die Not –
Bete kurz! Denn Zeit ist Brot.

5 Und du ackerst und du säst,
Und du nietest und du nähst,
Und du hämmerst und du spinnst!
Sag, o Volk, was du gewinnst!
[...]

10 Mann der Arbeit, aufgewacht!
Und erkenne deine Macht!
Alle Räder stehen still,
Wenn dein starker Arm es will.

Deiner Dränger Schar erblasst,
15 Wenn du, müde deiner Last,
In die Ecke lehnst den Pflug,
Wenn du rufst: Es ist genug!

Brecht das Doppeljoch entzwei!
Brecht die Not der Sklaverei!
20 Brecht die Sklaverei der Not!
Brot ist Freiheit, Freiheit Brot!

Kommentar

BETTINA VON ARNIMS Reportagen richten sich an den König, der als der Verantwortliche für die Not in den Randbezirken Berlins und deren preußische Mängelverwaltung angesehen wird. Die Autorin, Schwester CLEMENS BRENTANOS und Gattin von dessen Freund ACHIM VON ARNIM, gehörte zum engen Kreis der Romantiker. Sie war bekannt geworden durch ihr Buch *Goethes Briefwechsel mit einem Kinde* (1835).

Nach dem Tode ihres Mannes (1831) engagierte sie sich für die unter Armut leidende Berliner Bevölkerung. Ihr *Armenbuch* machte sie sogar verdächtig, **1844** den **Weberaufstand in Schlesien** mit initiiert zu haben. Dabei scheint sie davon überzeugt zu sein, dass der König, wüsste er um die Not und die unzureichende Armenpflege in der wachsenden Stadt, würde Abhilfe schaffen wollen. Der Titel *Dies Buch gehört dem König* ist nicht ironisch gemeint, sondern eine **politische Ermahnung.**

Die abgedruckte Elendsgeschichte ist ein „Fall", wie er auch heute noch in der Zeitung stehen könnte. BETTINA VON ARNIM spricht soziale und politische Verantwortung gleichermaßen an. Kritisiert wird die mangelnde Fürsorge des Staates für unverschuldet in Not geratene Bürger und die bürokratische Abwicklung des „Falles" durch verschiedene Behörden (die Justiz, die Betteln bestraft, ohne auf die Folgen des Urteils zu achten; die Polizei, die ohne Urteil aufgegriffene Bettler ins Arbeitshaus sperrt und nicht berücksichtigt, dass dadurch Kinder von den Eltern getrennt und der Sozialfürsorge übergeben werden müssen).

Ganz anders geht GEORG WEERTH in seinem Gedicht den König an. Der Sprecher duzt den „Herrn König", ganz wie das in Grimm'schen Märchen die Sprache des Volkes ist. Auch hier wird ungläubig gefragt, ob denn der König die „schlimme Geschicht" der bitteren Armut seiner Untertanen überhaupt kenne. Es ist allerdings die **Drohung** angeschlossen, dass das Volk den König „fressen" werde, sollte der nicht eine Besserung der Lage herbeiführen wollen oder können. Die Struktur des Textes ist einfach und durchschaubar. Sie nimmt die Abfolge der Wochentage als Muster einer Steigerung. Die „Pointe" steht am Ende der Woche. WEERTH hat mit diesem Gedicht einen Typ des „Volkslieds" geschaffen, der deutlich die **volkstümlich-naive Sprache** der romantischen Märchen und Volkslieder **mit** den **aktuellen politischen Inhalten** und der proletarischen Perspektive verbindet.

Der „Realismus" der Reportagen BETTINA VON ARNIMS wie der Gedichte GEORG WEERTHS wurde im Übrigen von den Regierenden sehr wohl verstanden. BETTINA schützte ihre enge Beziehung zum preußischen Königshaus, aber sie „fiel in Ungnade". GEORG WEERTH wurde gerichtlich verfolgt, die Zeitung, in der er schrieb (die *Neue Rheinische Zeitung*), verboten. **Investigativer Journalismus** (von *lateinisch* investigare = aufspüren, genauestens untersuchen) war den Regierenden schon damals ein Dorn im Auge. Sowohl BETTINAS Reportagen als auch GEORG WEERTHS *Humoristische Skizzen aus dem deutschen Handelsleben* (1847/48) können als dessen frühe Beispiele gelten, insofern, als sie Wirklichkeit erforschten und beschrieben.

GEORG und EMMA HERWEGH waren nach ihrer dramatischen Flucht vor den württembergischen Soldaten erneut in die Schweiz und dann nach Frankreich ins Exil gegangen. Aber sie blieben der Sache der **Arbeiterbewegung** verbunden. GEORG HERWEGH arbeitete eng mit FERDINAND LASSALLE zusammen, dem Gründer des „Allgemeinen Deutschen Arbeitervereins". HERWEGH erhielt den Auftrag, für die Arbeiter eine „Hymne" zu schreiben. Es wurde das *Bundeslied,* das auch heute noch das lyrische Manifest des Deutschen Gewerkschaftsbundes ist. In diesem Lied ist der „Aufruf", der den deutschen Vormärz charakterisiert, in den Aufruf, der die Geschichte der deutschen Sozialdemokratie begleitet, überführt worden.

4.2 Biedermeier – Wiederentdeckung des Privaten

Mit dem Begriff „Biedermeier" verbindet man heute zumeist Vorstellungen wie häusliche Gemütlichkeit, behagliches Wohnen, einen eingeschränkten Horizont und vor allem Zurückhaltung bei jeder Form öffentlichen Engagements. Das ist eine sehr einseitige Sicht auf die unter dieser Epochenbezeichnung zusammengefassten Autoren und Autorinnen. Der wichtigste Gesichtspunkt, der sie auszeichnet, ist die **Aufmerksamkeit für die Details des wirklichen Lebens.** Nicht nur die Natur, auch die zwischenmenschlichen Beziehungen werden durchleuchtet. Als Beispiel kann **Annette von Droste-Hülshoffs** Novelle *Die Judenbuche* (1842), ▶ S. 153 f., gelten, die bereits auf den poetischen Realismus der folgenden Jahrzehnte (▶ S. 148 ff.) vorausweist. Sie erzählt das Leben eines ehrsüchtigen jungen Mannes, der nach einem Mord, für den man ihn verantwortlich macht, in die Fremde flieht, nach Jahren unerkannt aus der Sklaverei in Afrika zurückkehrt und versucht, nicht aufzufallen. Die Erzählerin gibt nicht nur eine exakte Analyse der Befindlichkeit eines solchen Menschen, sie charakterisiert auch dessen Umwelt im „gebirgichten Westfalen": die Bauern, dörflichen Handwerker, Häusler (Dorfbewohner mit sehr kleinem Anwesen). Sie erzählt von dem schweren Leben einer Witwe, die ihr vaterloses Kind allein großziehen muss, von dem ständigen Kleinkrieg zwischen Holzdieben und Förstern, von dörflichen Festlichkeiten und von judenfeindlichen Tendenzen in der Landbevölkerung.

Ein anderes Beispiel ist **Adalbert Stifters** frühe Erzählung *Der Kondor* (1840), ▶ S. 143 f., in der es um das Schicksal einer jungen Frau geht, die sich nicht mit der ihr zugeschriebenen sozialen Rolle zufriedengibt. In einem der vier Erzählabschnitte (die Geschichte wurde für eine Frauenzeitschrift geschrieben) hat sie durchgesetzt, dass sie an einem Ballonflug teilnehmen kann. Stimmungsvoll beschreibt der Erzähler die Atmosphäre in der kleinen Kanzel, die unter dem riesigen Gasballon hängt, das Erlebnis der machtvoll dahinziehenden Wolken und das Eintauchen des Ballons in atmosphärische Turbulenzen. Die junge Frau reagiert mit Panik. Der kurze Kommentar des „erfahrenen Aviatikers" (Fliegers) ist: „Das Weib erträgt den Himmel nicht." Dies Urteil entspricht genau der biedermeierlichen Auffassung von Geschlechterrollen. **Emanzipationsbestrebungen** werden registriert, aber **nicht gebilligt. Annette von Droste-Hülshoff** schrieb 1842 das autobiografische Gedicht *Am Turme,* in dem eine junge Frau davon träumt, ein Soldat, ein Weltreisender, zumindest aber ein Mann zu sein. Diesen Traum darf sie nicht laut äußern. Das Einzige, was sie tun kann, ist, ihre Haare zu lösen und im Winde flattern zu lassen:

> Wär' ich ein Jäger auf freier Flur,
> Ein Stück nur von einem Soldaten,
> Wär' ich ein Mann doch mindestens nur,
> So würde der Himmel mir raten;
> Nun muss ich sitzen so fein und klar,
> Gleich einem artigen Kinde,
> Und darf nur heimlich lösen mein Haar
> Und lassen es flattern im Winde.

Die Wiederentdeckung der Privatsphäre im Biedermeier wird zu Unrecht mit „Idylle" gleichgesetzt. Zwar gibt es in der Tat in der Literatur und Malerei die **Tendenz zum Idyllischen** (siehe das Bild **Moritz von Schwinds** auf S. 122), aber im Biedermeier wird zugleich immer wieder die **Gefährdung der Idylle** (zum Beispiel durch bürgerliches Streben nach Gewinn, nach Aufstieg, Ansehen) zum Thema gemacht.

Wichtige Autoren und Autorinnen des Biedermeier

ANNETTE VON DROSTE-HÜLSHOFF (1797–1848)

Das adelige Fräulein lebte zurückgezogen auf ihrem westfälischen Wasserschloss bei Münster und später in Meersburg am Bodensee. Ihre Novelle *Die Judenbuche* (1842) basiert auf einem Zeitungsbericht ihres Onkels und porträtiert die südwestfälische Bergwelt und deren bäuerliche Bevölkerung. Auch in einigen ihrer bekanntesten Balladen *(Der Knabe im Moor)* und Gedichten *(Heidebilder)* spielt die westfälische Landschaft eine wichtige Rolle. Ihr eigentliches Thema ist aber nicht die Landschaft, sondern sind die Menschen (einschließlich sie selbst), die von der Natur, in der sie leben, geprägt sind und sich oftmals schwertun, mit diesem „Erbe" umzugehen.

Von 1841 an wohnte sie auf Schloss Meersburg am Bodensee. Dort war LEVIN SCHÜCKING als Bibliothekar angestellt. Unter dessen Einfluss entstanden die meisten ihrer „weltlichen" Gedichte, darunter *Am Turme.*

EDUARD MÖRIKE (1804–1875)

studierte als Stipendiat des Tübinger Stifts Theologie. Acht Jahre war er Vikar (Pfarrer in der Ausbildung, Hilfspfarrer). Nach zehn Jahren als Pfarrer in Cleversulzbach ließ er sich pensionieren, zog nach Stuttgart, unterrichtete Schülerinnen in Literatur, arbeitete als Übersetzer griechischer und lateinischer Dichter und als freier Autor. Schon als Student und Pfarrvikar, später als Pfarrer, war er mit Gedichten, einem Roman und Erzählungen bekannt geworden. Er wurde vor allem in Schwaben hochgeschätzt und öffentlich geehrt. Viele seiner Gedichte wurden vertont, einige seiner Erzählungen, z.B. die *Historie von der schönen Lau* (1855) und *Mozart auf der Reise nach Prag* (1856), sind später Vorlagen für Verfilmungen geworden.

Da Mörike häufig in seinen Gedichten und Erzählungen die vertraute Welt seiner schwäbischen Heimat zum Thema nimmt, galt er lange Zeit als typischer Autor des Biedermeier. Vor allem aber seine Novelle über Mozart macht klar, dass er darüber hinaus die unsichere Stellung des Künstlers in der Welt, seine Desorientierung und seine Abhängigkeit vom reichen und gebildeten Publikum behandelt. So gesehen war Mörike ein Vorläufer der Moderne.

ADALBERT STIFTER (1805–1868)

studierte nach der Lateinschule Jura in Wien. Nach Abbruch des Studiums und ohne Aussicht auf eine Stelle als Lehrer begann er zu schreiben. Eine der ersten Erzählungen, *Der Kondor* (1840), ▶ S. 143 f., machte ihn bekannt. Fürst METTERNICH beschäftigte ihn als Hauslehrer. 1844 erschienen seine gesammelten Erzählungen als *Studien*. 1848 wurde er einer der Wahlmänner für die Nationalversammlung. Er kümmerte sich um die Landschulen, schrieb 1849 auch eine Erzählung darüber *(Die Landschule)*, wurde 1853 Schulrat. STIFTER war Alkoholiker und trat 1865 unheilbar krank in den Ruhestand. Im Krankenhaus beging er Selbstmord. Heutige Literaturwissenschaftler betonen, dass STIFTER keineswegs „biedermeierlich" geschrieben habe, sondern durch die Spiegelung menschlicher Leidenschaften in der Natur und natürlicher Prozesse in der Seele von Menschen eher der Moderne zuzurechnen sei.

Themenkreis 1: Naturbeobachtung – Naturbetrachtung

Annette von Droste-Hülshoff: **Der Weiher** (1844) Auszug

Er liegt so still im Morgenlicht,
So friedlich, wie ein fromm Gewissen;
Wenn Weste[1] seinen Spiegel küssen,
Des Ufers Blume fühlt es nicht;
5 Libellen zittern über ihn,
Blaugoldne Stäbchen und Karmin[2],
Und auf des Sonnenbildes Glanz
Die Wasserspinne führt den Tanz;
Schwertlilienkranz am Ufer steht
10 Und horcht des Schilfes Schlummerliede;
Ein lindes Säuseln kommt und geht,
Als flüstre 's: Friede! Friede! Friede! –
[...]

Kinder am Ufer

15 „O sieh doch! siehst du nicht die Blumenwolke
Da drüben in dem tiefsten Weiherkolke[3]?
O, das ist schön! hätt' ich nur einen Stecken.
Schmalzweiße Kelch' mit dunkelroten Flecken,
Und jede Glocke ist frisiert so fein
20 Wie unser wächsern Engelchen im Schrein.
Was meinst du, schneid' ich einen Haselstab
Und wat' ein wenig in die Furt hinab?
Pah! Frösch' und Hechte können mich nicht schrecken –
Allein, ob nicht vielleicht der Wassermann
25 Dort in den langen Kräutern hocken kann?

Ich geh', ich gehe schon – ich gehe nicht –
Mich dünkt', ich sah am Grunde ein Gesicht –
Komm, lass uns lieber heim, die Sonne sticht!"

1 **Weste:** Westwinde
2 **Karmin:** roter Farbton, Farbstoff
3 **Kolk:** *niederdeutsch:* kleine Vertiefung auf dem
   Grund eines Gewässers

Gustav Klimt: Sumpf (1900)

Eduard Mörike: Im Frühling (1828)

Hier lieg ich auf dem Frühlingshügel:
Die Wolke wird mein Flügel,
Ein Vogel fliegt mir voraus.
Ach, sag mir, all-einzige Liebe,
5 Wo *du* bleibst, dass ich bei dir bliebe!
Doch du und die Lüfte, ihr habt kein Haus.

Der Sonnenblume gleich steht mein Gemüte offen,
Sehnend,
Sich dehnend
10 In Lieben und Hoffen.
Frühling, was bist du gewillt?
Wann werd ich gestillt?

Die Wolke seh ich wandeln und den Fluss,
Es dringt der Sonne goldner Kuss
15 Mir tief bis ins Geblüt hinein;
Die Augen, wunderbar berauschet,
Tun, als schliefen sie ein,
Nur noch das Ohr dem Ton der Biene lauschet.
Ich denke dies und denke das,
20 Ich sehne mich und weiß nicht recht, nach was:
Halb ist es Lust, halb ist es Klage;
Mein Herz, o sage,
Was webst du für Erinnerung
In golden grüner Zweige Dämmerung?
25 – Alte unnennbare Tage!

Franz von Lenbach: Hirtenknabe (1860)

Wilhelm Busch: Balduin Bählamm der verhinderte Dichter (1883) Siebentes Kapitel

Der Mond. Dies Wort so ahnungsreich,
So treffend, weil es rund und weich –
Wer wäre wohl so kaltbedächtig,
So herzlos, hart und niederträchtig,
5 Dass es ihm nicht, wenn er es liest,
Sanftschauernd durch die Seele fließt?

Das Dörflein ruht im Mondenschimmer,
Die Bauern schnarchen fest wie immer;
Es ruh'n die Ochsen und die Stuten,
10 Und nur der Wächter muss noch tuten,
Weil ihn sein Amt dazu verpflichtet,
Der Dichter aber schwärmt und dichtet.

Kommentar

Die lyrischen Naturbeobachtungen und -betrachtungen der dem „Biedermeier" zugeordneten Dichterinnen und Dichter zeigen deutlich die **engen Beziehungen zwischen Biedermeier und später Romantik.** Wilhelm Busch, der Realist, kommentiert humorvoll in der Figur seines verhinderten Dichters das Schwärmen in und von der Natur.

Annette von Droste-Hülshoffs Bild des im Morgenlicht daliegenden Teiches ist ganz auf die **Detailbeobachtungen** konzentriert: Libellen, Wasserspinnen, Schwertlilien, Schilf. Aber alle diese Details ergeben ein Bild des Friedens. Der Eindruck von Harmonie wird durch die Vermenschlichung der Dinge unterstützt: Der Westwind „küsst" die Wasseroberfläche, die Wasserspinne tanzt, die Schwertlilien horchen auf des Schilfes Schlummerlied. Menschen kommen nicht in den Blick. Das Bild der Selbstgenügsamkeit der Natur ist das Thema dieses Gedichts.
Ganz anders das dazugehörige Gedicht *Kinder am Ufer.* Die Wasserrosen locken, die Kinder stellen Überlegungen an, wie sie an diese Blumen kommen könnten. Sie sind mutig und würden in das Wasser waten. Aber sie verzichten, denn es könnte ein Wassermann auf sie lauern. **Realistisch** ist in diesem Gedicht die „Übersetzung" der Naturbeobachtung in die Sichtweise der Kinder. Der tiefe See, dessen Grund man nicht sehen kann, ist ihnen unheimlich. Der Wasserspiegel lässt Gesichter sehen – wer weiß, was unter der Oberfläche ist. Man kann gegenüber dem Wasser seinen Sinnen nicht trauen. Verlockungen darf man nicht nachgeben.

Eduard Mörikes *Im Frühling* kommt dem Stil des romantischen Erlebnisgedichts am nächsten. An den Freund Johannes Mährlen schreibt er am 13. Mai 1828 über den Platz, an dem das Gedicht entstand:

> […] der Garten liegt etwas erhöht; über die niedrige Mauer weg, auf der man sich wie auf einem Gesimse setzen kann, sieht man unmittelbar auf den Wiesenplan, auf welchem die Donau ihre Schere bildet. Links mild ansteigende Hügel, rechts ein weiter Bogen von Bergwald. Eine Wachtel schlägt in der jungen Saat.

Das Gedicht ist – anders als der Brief – keine Naturbeschreibung, sondern ein **Seelenporträt** des Schreibenden. Seine Eindrücke rufen Frühlings*gefühle* hervor, mit denen er nicht recht umzugehen weiß. Das beherrschende Gefühl ist Sehnsucht nach etwas Unbekanntem, vielleicht nach Liebe. Aber zum Stichwort „Liebe" gehen dem Sprecher widersprüchliche Gedanken durch den Kopf. Sie sei unstet und ohne Haus, sie öffne das Gemüt für Sehnen und Hoffen, sie vermische sich mit den Naturerfahrungen (der Sonne Kuss, der in das „wie Sonnenblumen" offenstehende Gemüt trifft), sodass am Ende nicht mehr klar ist, ob über Natur oder über die Erinnerungen des träumenden Dichters gesprochen wird. Diese Vermischung von innen und außen ist noch romantisch. Die **Reduktion der Natur auf einzelne Details** (der Hügel, die Wolke, der Vogel, der Fluss, die Bienen, die der Sprecher nur hört, nicht sieht) kann dem frühen **biedermeierlichen Realismus** zugerechnet werden. Der an die vierte Strophe angehängte Vers: „Alte unnennbare Tage!" kann als Schlüssel der Interpretation dienen. Für Mörike ist „Frühling" nicht, wie für die Vormärzautoren, Zeichen des Neuanfangs, sondern ein Anlass, Erinnerungen und Fantasien zu entfalten.

WILHELM BUSCH lässt den heutigen Leser über die gefühlsbetonte Betrachtung der Natur überlegen lächeln. Er legt das Gefühlswort „Mond" **humoristisch** aus, indem er es ganz unpassend mit dem unpoetischen dörflichen Nachtleben konfrontiert. Sein Dichter Bählamm ist kein Realist: Er „schwärmt", das heißt, er lebt in seiner Fantasiewelt und übersieht dabei willentlich, was um ihn herum geschieht.

Themenkreis 2: Mann und Frau – Geschlechterrollen

Adalbert Stifter: **Der Kondor** (1840) Auszug

[In einer angesehenen Frauenzeitschrift veröffentlicht der noch unbekannte junge Autor Adalbert Stifter die Geschichte eines genialen Malers und der von ihm verehrten Cornelia. Diese junge Frau nimmt für sich die gleiche Bewegungsfreiheit in Anspruch, die sie bei Männern beobachten kann. Sie wagt einen Ballonflug (daher der Name der Erzählung: „Der Kondor"). Als der Ballon in Turbulenzen gerät, verzagt sie, man muss landen. Der junge Maler (und wohl auch der Autor, der sich hier in Übereinstimmung mit seinen Leserinnen befand) hatte diese „Emanzipation" nie gutgeheißen. Nach geraumer Zeit kommt es zu einer Aussprache.]

Damen- und Herrenmode im 19. Jahrhundert

[...] und auf einmal – er wusste nicht, warum – trat er an das Fenster und sah hinaus. Es war draußen still, wie drinnen; ein traurig blauer Himmel zog über reglose grüne Bäume – der Jüngling meinte,
5 er ringe mit einer Riesenschlange, um sie zu zerdrücken. Plötzlich war es, als höre er hinter sich einen dumpfen Ton, wie wenn etwas niedergelegt würde – er sah um: Wirklich waren Palette und Malerstab weggelegt und die Jungfrau saß im
10 Stuhle rückgelehnt, die beiden Hände fest vor ihr Antlitz drückend. Einen Moment schaute er auf sie und begann zu beben; – dann ging er leise näher – sie regte sich nicht – dann noch näher – sie regte sich nicht – er hielt den Atem an, er sah auf
15 die schönen Finger, die sich gegen die Blüte des Antlitzes drückten – und da sah er endlich, wie quellend Wasser zwischen ihnen vordrang – mit eins lag er auf seinen Knien vor ihr. Man erzählt von einer fabelhaften Blume der Wüste, die jahre-
20 lang ein starres Kraut war, aber in einer Nacht bricht sie in Blüten auf, sie erschrickt und schauert in der eignen Seligkeit – so war 's hier: Mit Angst suchte er unter ihren Händen empor in ihr

Angesicht zu schauen; allein er konnte es nicht sehen – er suchte sanft den Arm zu fassen, um ih- 25 re eine Hand herabzuziehen; – allein sie ließ den Arm nicht. Da pressten seine Lippen das heiße Wort heraus: „Liebe, teure Cornelia!"
Sie drückte ihre Hände nur noch fester gegen das Gesicht und nur noch heißer und nur noch reich- 30 licher flossen die Tränen hervor.
Ihm aber – – wie war ihm denn? Angst des Todes war es über diese Tränen, und dennoch rollte jede wie eine Perle jauchzenden Entzückens über sein Herz – – wo ist die Schlange am Fenster hin? wo 35

der drückende blaue Himmel? – Ein lachendes Gewölbe sprang über die Welt und die grünen Bäume wiegten ein Meer von Glanz und Schimmer!

40 Er hatte noch immer ihren Arm gefasst, aber er suchte nicht mehr ihn herabzuziehen – sie ward ruhiger – endlich stille. Ohne das Antlitz zu enthüllen, sagte sie leise: „Sie haben mir einst über mein den Männern nachgebildetes Leben ein

45 Freundeswort gesagt …"

„Lassen wir das", unterbrach er sie, „es war Torheit, Anmaßung von mir …"

„Nein, nein", sagte sie, „ich muss reden, ich muss Ihnen sagen, dass es anders werden wird – – ach,

50 ich bin doch nur ein armes, schwaches Weib, wie schwach, wie arm selbst gegen jenen greisen hinfälligen Mann – – sie erträgt den Himmel nicht! – –."

Hier stockte sie und wieder wollten Tränen kommen.

55 Der Jüngling zog nun ihre Hände herab; sie folgte, aber der erste Blick, den sie auf ihn tat, machte sie erschrecken, dass plötzlich die Tränen stockten. Wie war er verwandelt! Aus den Locken des Knaben schaute ein gespanntes, ernstes Män-

60 nerantlitz empor, schimmernd in dem fremden Glanze des tiefsten Fühlens – aber auch sie war anders: In den stolzen dunklen Sonnen lag ein Blick der tiefsten Demut, und diese demütigen Sonnen hafteten beide auf ihm, und so weich, so

65 liebreich wie nie – – hingegeben, hilflos, willenlos – sie sahen sich sprachlos an – die heiße Lohe[1] des Gefühles wehte – das Herz war ohnmächtig – ein leises Ansichziehen – ein sanftes Folgen – und die Lippen schmolzen heiß zusammen, nur noch

70 ein unbestimmter Laut der Stimme – und der seligste Augenblick zweier Menschenleben war gekommen und – vorüber.

Der Kranz aus Gold und Ebenholz um ihre Häupter hatte sich gelöset, der Funke war gesprungen

75 und sie beugten sich auseinander – aber die Häupter blickten sich nun nicht an, sondern sahen zur Erde und waren stumm.

Nach langer, langer Pause wagte der Jüngling zuerst ein Wort und sagte gedämpft: „Cornelia, was

80 soll nun dieser Augenblick bedeuten?"

„Das Höchste, was er kann", erwiderte sie stolz und leise.

„Wohl, er ist das Schönste, was mir Gott in meinem Leben vorgezeichnet", sagte er, „aber hinter der großen Seligkeit ist mir jetzt, als stände ein 85 großer langer Schmerz – Cornelia – wie werde ich diesen Augenblick vergessen lernen?!"

„Um Gott nicht", sagte sie erschrocken, „Gustav, lieber, einziger Freund, den allein ich auf dieser weiten Erde hatte, als ich mich verblendet über 90 mein Geschlecht erheben wollte – wir wollen ihn auch nicht vergessen; ich müsste mich hassen, wenn ich es je könnte. – Und auch Sie, bewahren Sie mir in Liebe und Wahrheit Ihr großes, schönes Herz." 95

Er schlug nun plötzlich die Augen zu ihr auf, erhob sich von dem Sitze, trat vor sie, ordentlich höher geworden, wie ein starker Mann, und rief: „Vielleicht ist dieses Herz reicher, als ich selber weiß; eben kommt ihm ein Entschluss, der mich 100 selber überrascht, aber er ist gut: Meine vorgenommene Reise trete ich sogleich, und zwar morgen schon, an. – Ich kann noch an das neue Glück nicht glauben – ist es etwa nur ein Moment, ein Blitz, in dem zwei Herzen sich begegneten, und 105 ist es dann wieder Nacht? Lass uns nun sehen, was diese Herzen sind. Verloren kann diese Minute nie sein, aber was sie bringen wird!? Sie bringe, was sie muss und kann – und so gewiss eine Sonne draußen steht, so gewiss wird sie eines Ta- 110 ges die Frucht der heutigen Blume beleuchten, sie sei so oder so – – – ich weiß nur eines, dass draußen eine andere Welt ist, andere Bäume, andere Lüfte – und ich ein anderer Mensch. O Cornelia, hilf mir 's sagen, welch ein wundervoller Sternen- 115 himmel in meinem Herzen ist, so selig, leuchtend, glänzend, als sollt ich ihn in Schöpfungen ausströmen, so groß als das Universum selbst – aber ach, ich kann es nicht, ich kann ja nicht einmal sagen, wie grenzenlos, wie unaussprechlich 120 und wie ewig ich Sie liebe und lieben will, solange nur eine Faser dieses Herzens halten mag."

---

1 **Lohe:** Flamme, Glut

Friedrich Hebbel: **Barbier Zitterlein** (1836) Auszug. Rede eines Vaters an seine Tochter

[Der Friseurmeister Zitterlein hat einen neuen Gesellen eingestellt. Er will, obwohl der Geselle Leonhard auch in seinem Hause wohnt und mit ihm und seiner Tochter isst, dass sich zwischen dem jungen Mann und der Tochter keinerlei Verhältnis anspinnt. Er betrachtet seine Tochter als seinen alleinigen Besitz. Er macht ihr das klar, als sie dem jungen Mann nachschaut, der zu einem Bekannten zu Besuch geht.]

„Sieh, liebe Tochter", sagte er, „als ich diesen Gesellen annahm, da versprach ich ihm zwanzig Groschen Wochenlohn, Essen und Trinken und eine Kammer zum Schlafen. Alles dieses habe ich
5 ihm gegeben und vollkommen gehalten, was ich ihm versprach. Freundlichkeiten aber habe ich ihm nicht versprochen, und ich sähe es gern, wenn du die deinigen besser zu Rate hieltest. Es schneidet mir durch die Seele, wenn du ihn an-
10 siehst, ich möchte dich schlagen, wenn du mit ihm redest."

„Ihr verlangt das Unmögliche von mir, Vater", erwiderte Agathe. „Ich kann doch gegen den Gesellen nicht steif und abgemessen sein, als wenn ich
15 von Stein wäre."

„Sollst es auch nicht!", unterbrach sie Zitterlein. „Bewahre, wenn er dich grüßt, so dankst du ihm, wenn er sagt: Es ist schönes Wetter!, so sagst du: Jawohl. Aber dann eilst du schnell in dein Zim-
20 mer zurück und setzest, wenn die Zunge nicht ruhen kann, das Gespräch fort mit dem Kanarienvogel. Teuerste Tochter, wenn du wüsstest, welche entsetzliche Pein du mir dadurch erspartest – du würdest gewiss alles tun, was ich von dir verlange. Wird es dir denn so schwer? Fühlst du
25 dich nicht ebenso fest und unauflöslich an mich gebunden wie ich mich an dich? Bist du nicht mein Fleisch und Blut? Mir kommst du vor wie ein Teil meiner selbst; was du denkst und empfindest, ist mein, ich kann mein Eigentum nicht mit
30 einem andern teilen; und auch du, Tochter, sei überzeugt, nur meine Brust versteht das Leben, welches die deinige bewegt."

Eine Träne trat dem alten bleichen Mann ins Auge. Agathe warf sich in seine Arme. Plötzlich fass-
35 te er ihre beiden Hände, schaute ihr ins Gesicht und sagte:

„Agathe, willst du mir etwas schwören? Willst du mir schwören, dich nie einem Manne zu ergeben?"
40

Agathe sah ihren Vater lange an, dann legte sie ihre Hände kreuzweis vor die Brust und sprach: „Vater, ich lieb' Euch, so sehr, wie jemals eine Tochter ihren Vater geliebt hat. Das weiß der allmächtige Gott; was soll ich mehr? Ihr quält
45 mich!"

„Schlaf wohl, liebes Kind!", sagte Zitterlein und verließ schnell das Zimmer.

Agathe stand lange regungslos, dann trat sie ans Fenster und schaute hinaus in die Nacht. Der
50 Mond schien hell und klar. Sie faltete die Hände und betete.

Kommentar

Die beiden Texte der jungen Autoren **Adalbert Stifter** und **Friedrich Hebbel** zeigen das von Stifter später so genannte „sanfte Gesetz", das besagt, dass zwischen Menschen die gleichen Naturgesetze herrschten wie überall in der äußeren Natur. Eins davon sei der **von der Natur gewollte Unterschied zwischen Mann und Frau**. Deswegen sei etwa das Emanzipationsbegehren einer Frau gegen die Natur und deren unabänderliche Gesetze gerichtet und führe ins Unglück.

Dieser Gedanke ist in dem hier aufgenommenen Abschnitt aus **Adalbert Stifters** *Der Kondor* so erzählt, dass der Leser weitgehend die Perspektive des Mannes einnimmt. Das heimliche Thema dieses dritten Kapitels mit dem symbolischen Titel „Blumenstück" ist die Einsicht der jungen Frau in ihre **weibliche Bestimmung**. In den beiden ersten Kapiteln war der Gegensatz in der Weltsicht zwischen dem Mann und der Frau sichtbar geworden („Nachtstück" – die Sorge des Malers um die verehrte

Cornelia; „Tagstück" – das Experiment der Ballonfahrt Cornelias). Jetzt trüben finstere Gedanken das Gemüt des Malers. Die Naturbilder (der traurig blaue Himmel, die reglos grünen Bäume) spiegeln sein Inneres. Die Erwähnung der Schlange, mit der er zu kämpfen glaubt, macht den Inhalt seiner Sorge klar: Cornelia ist in der Rolle der Eva. Adam soll sie vor der bedrohlichen, verführerischen Schlange schützen und weiß nicht, ob ihm das gelingt. Dann bemerkt der Mann, dass Cornelia weint. Nahezu kitschig ist das Aufbrechen des Gefühls durch Naturvergleiche in Szene gesetzt. Hier ist STIFTERS *Kondor* Unterhaltungsliteratur. Genussvoll schildert der Erzähler dann die seelische Befindlichkeit des Mannes: Jede Träne der Frau rollt „wie eine Perle jauchzenden Entzückens über sein Herz", denn er sieht, dass nun das Bekenntnis zur Übernahme der weiblichen Rolle kommen wird. Cornelia ist für ihn nicht verloren. Er wird darüber zum Manne. Das berichtet der Erzähler aus der Perspektive der Frau: „Aus den Locken des Knaben schaute ein gespanntes, ernstes Männerantlitz empor, schimmernd in dem fremden Glanze des tiefsten Fühlens."

Nachdem nun beide Blumen des Stückes erblüht und die Rollen gefestigt sind, kann der nächste Schritt des „sanften Gesetzes" zwischen Menschen erfolgen: die Liebeserklärung. Sie ist ganz der Liebeserklärung von GOETHES Werther an Lotte nachgebildet. Dort hatte es geheißen:
„Die Welt verging ihnen, er schlang seine Arme um sie her, presste sie an seine Brust und deckte ihre zitternden, stammelnden Lippen mit wütenden Küssen."
Hier heißt es gedämpft und fast partnerschaftlich: „… die Lippen schmolzen heiß zusammen."
Die Liebeserklärung bestätigt das Gesetz der komplementären Geschlechterrollen. Er ist „gespannt und ernst", sie antwortet mit einem Blick „tiefster Demut". Gar nicht genug kann der Erzähler diesen Blick ausgestalten, „hingegeben, hilflos, willenlos" nennt er ihn. Auch das ist Stil der Unterhaltungsliteratur, aber es ist zugleich die Gestaltung des „sanften Gesetzes" der Geschlechterordnung. Cornelia formuliert es zuletzt wie ein Gebot: Du sollst dich nicht über dein Geschlecht erheben wollen. Diese Anerkennung des Gesetzes stärkt den Mann. Und auch das wird noch ausdrücklich gesagt: Gustav ist „ordentlich höher geworden", ein „starker Mann", der auch gleich hinaus ins feindliche Leben strebt und „sogleich" seine Reise antreten wird, um dann zu prüfen, welche „Früchte" die erblühten Blumen des wechselseitigen Gefühls tragen werden.
Oben wurde gesagt, dass dieser Text, der STIFTER berühmt gemacht hat, eine gewisse Nähe zur Unterhaltungsliteratur der Zeit hat. Die Frauenzeitschriften des Biedermeier wurden von den Frauen der „gebildeten Stände" gelesen. Hier wurden gesellschaftlich strittige Fragen wie die nach der Selbstständigkeit einer höheren Tochter öffentlich erörtert und im Sinne des gesellschaftlich führenden Bürgertums beantwortet. Cornelias Versuch, sportlich in die Domäne der Männer einzudringen, wird ebenso abgelehnt wie der Wunsch zahlreicher Mädchen, studieren zu dürfen. Erst im 20. Jahrhundert wird diese – eben auch durch die Unterhaltungsliteratur gestützte – Idee von den „natürlichen" sozialen Rollen von Mann und Frau aufgehoben werden können.

FRIEDRICH HEBBELS Agathe steht als Tochter in Abhängigkeit gegenüber ihrem Vater. Sie führt ihm den Haushalt, ist Ziel seiner besitzergreifenden Vaterliebe. Sie spürt deren Krallen in dem Augenblick, in dem sie sich für einen jungen Mann zu interessieren beginnt. Der Vater kennt die Welt, er kennt auch die Regeln der Generationen und Geschlechter, aber er will den Gang der Welt aufhalten. Dieser Verstoß gegen das **Gesetz menschlichen Lebens** wird sein Unglück ausmachen. Es ist schon hier zu erwarten, dass Agathe und der Geselle Leonhard zusammengehören und der Meister Zitterlein starrsinnig und uneinsichtig seine eigene Einsamkeit schafft. Die Welt ist im Vergleich zu Stifters Erzählung enger geworden. Die Welt der Kleinbürger und Handwerker kennt keine großen Gefühle, keine Kunstbegeisterung, auch keine Ausflüge in die interessante Welt der erwachenden und sich rasant entfaltenden Naturwissenschaften.

Der Vergleich der beiden so unterschiedlichen Szenen lässt erkennen, dass in beiden das **Gesetzmäßige der menschlichen Beziehungen** im Zentrum steht. Bei STIFTER wird dies Gesetz von den Beteiligten anerkannt. Deswegen könnten sie glücklich werden. Bei HEBBEL ist das nicht der Fall, das Ergebnis ist eine persönliche Katastrophe.

STIFTERS Text wird allgemein dem **Biedermeier,** HEBBELS Text dem **poetischen Realismus** zugerechnet. Da, wo die literaturgeschichtliche Einteilung Grenzen zieht, zeigen sich hier fließende Übergänge. Beide Strömungen des 19. Jahrhunderts spiegeln die **patriarchalische** (den Mann bevorzugende) **Sicht ihrer Zeit.** Die Rollenverteilung zwischen Mann und Frau wird als Naturgesetz angesehen. Alle Versuche, das anders zu sehen, die es in der zweiten Hälfte des 19. Jahrhunderts auch gab, werden als Verstöße gegen die Natur gewertet. Das Biedermeier ist in diesem Punkt Erbe der Klassik, in der SCHILLERS Verse aus der „Glocke" galten, dass der Mann hinaus ins feindliche Leben müsse, die Hausfrau aber bei den Kindern im Haus die Herrschaft führen solle.

Auch auf Bildern der Epoche, die junge Männer und Frauen porträtieren, sind die Rollenstereotypen deutlich zu erkennen:

Ferdinand Georg Waldmüller: Junge Dame am Toilettentisch (1840)

Wilhelm Leibl: Die Wildschützen (1886)

4.3 Poetischer Realismus – Realität, subjektiv beleuchtet

Der poetische Realismus, wie er sich in den Jahren des Bismarckreiches (1871–1890) in Deutschland durchsetzte, kann einerseits als Fortführung des frühen Realismus eines GEORG BÜCHNER und des Vormärz angesehen werden, andererseits aber auch als Weiterführung des Biedermeier. Letzteres insofern, als auch hier die **bürgerliche Welt der mittleren und oberen Schichten** zum zentralen Thema gemacht wurde. Während die großen französischen Vorbilder der Realisten wie HONORÉ DE BALZAC, später auch EMILE ZOLA, in riesigen Romanzyklen die ganze Gesellschaft zu ihrem literarischen Gegenstand machten, konzentrierten sich die deutschen poetischen Realisten auf eine **literarische Gestaltung** der gesellschaftlichen Stoffe, die es ihnen ermöglichte, die **eigenen Empfindungen** – etwa eine leichte **Melancholie** oder eine **humorvolle Distanzierung** – in ihre Texte einfließen zu lassen. Sie konnten dabei darauf rechnen, dass ihre Leser und Leserinnen klassische und romantische Autoren kannten, dass sie auch mit den wesentlichen Errungenschaften der **Naturwissenschaften,** etwa der Evolutionstheorie DARWINS, vertraut waren. So konnten sie einerseits sehr „modern" Fragen ihrer Zeit aufgreifen, andererseits aber auch die **idealistische Tradition der deutschen Klassik** fortsetzen. Ihr Hauptinteresse galt der **Darstellung menschlicher Charaktere in Abhängigkeit von Herkunft, Tradition,** auch von der jeweiligen **Region. GOTTFRIED KELLER,** der Schweizer, erfindet eine spezifisch schweizerische Kleinstadt (Seldwyla) und komponiert einen ganzen Novellenzyklus um einzelne Einwohner dieses Ortes. Der in Husum geborene **THEODOR STORM** siedelt seine Novellen vorwiegend in Norddeutschland an. Die letzte, *Der Schimmelreiter* (1888), erzählt von dem Kampf eines begabten und beeindruckenden Mannes um eine neue Konstruktion von Deichen. Ein besonderes Augenmerk richtet der Autor dabei auf die harten Auseinandersetzungen zwischen dem Neuerer und den Dorfbewohnern und auf die Beziehung, die sich dabei zwischen dem einzelnen Menschen und der Natur, in der er lebt und gegen die er kämpft, herstellt.

THEODOR FONTANE, der bekannteste der poetischen Realisten, wählt als Handlungsort seiner Romane und Erzählungen vorwiegend die Mark Brandenburg und Berlin. Seine Darstellung kommt der **Gesellschaft des Bismarckreiches** am nächsten. Der Roman *Frau Jenny Treibel* (1892) etwa stellt **Besitzbürgertum** und **Bildungsbürgertum** einander gegenüber. *Irrungen und Wirrungen* (1887/88) behandelt die nicht standesgemäße Liebe zwischen einem Adeligen und einem Mädchen aus dem Volke. *Effi Briest* (1894/95) greift ein reales Vorkommnis auf, das zu einem gesellschaftlichen Skandal führte. Der Autor gestaltet einen Fall ehelicher Untreue, der mit einem Duell endet, zu einem Zeit- und Personenporträt aus, das die Enge der Ehrauffassung in der preußischen Oberschicht kritisch zum Thema macht. Durch das anrührende Schicksal der unglücklichen jungen Frau provoziert FONTANE **Kritik an** diesen **Wertvorstellungen.**

Neben dem Regionalismus gibt es auch die Spielart eines **realistischen Historismus,** der sich besonders für die geschichtliche Dimension der Realität interessiert. **CONRAD FERDINAND MEYER** etwa erzählt Geschichten aus der Renaissance, den Religionskriegen. Er lässt auch bedeutende historische Personen als Erzähler von Novellen auftreten. So in *Die Hochzeit des Mönchs* (1884), worin er den italienischen Dichter DANTE den versammelten Adeligen am Hofe in Verona eine Geschichte aus der oberitalienischen Stadt Padua erzählen lässt.

Wichtige Autoren des poetischen Realismus

FRIEDRICH HEBBEL (1813–1863)

Sohn eines Maurers, geboren in Norderdithmarschen. Unterstützt durch verschiedene Frauen und ein Stipendium des dänischen Königs, konnte er studieren, reisen und erste Gedichte veröffentlichen. Sein letztes Lebensdrittel verbrachte er in Wien. Sein Drama *Maria Magdalene* (1843) wurde ein Erfolg. HEBBEL wurde schließlich als Erster mit dem neu geschaffenen Schillerpreis ausgezeichnet.

THEODOR STORM (1817–1888)

war Jurist und Anwalt in Husum, nach dem dänischen Krieg 1864 dort Landvogt (eine Art Bürgermeister in ländlichem Gebiet). STORM veröffentlichte schon als Schüler im Husumer Wochenblatt Gedichte und Prosatexte. 1849 erschien sein Märchen *Der kleine Häwelmann,* 1856 seine *Gedichte,* in den 1870er- und 1880er-Jahren seine Novellen. Die letzte, *Der Schimmelreiter,* wurde 1888, kurz vor seinem Tode, fertig.

GOTTFRIED KELLER (1819–1890)

wollte ursprünglich Maler werden, wurde dann aber einer der erfolgreichsten Erzähler des Realismus. Seine bekanntesten Werke sind sein autobiografischer Roman *Der grüne Heinrich* (1854/1880) und der Novellenzyklus *Die Leute von Seldwyla I und II* (1856/1873). In der Vormärzzeit gehörte er zu den revolutionär gesinnten jungen Autoren, später wurde er Stadtschreiber in Zürich.

THEODOR FONTANE (1819–1898)

arbeitete in verschiedenen Städten (Dresden, Berlin) als Apothekengehilfe. 1847 erhielt er seine Zulassung als Apotheker, kämpfte 1848 auf den Berliner Barrikaden, gab 1849 den Beruf auf und wurde Journalist. Als solcher arbeitete er mehrere Jahre in England, schrieb danach für die konservative *Kreuz-Zeitung* in Berlin, ging 1870 als Kriegsberichterstatter nach Frankreich. Erst 1876 begann er, Romane zu schreiben. Die bekanntesten sind: *Irrungen, Wirrungen* (1888), *Frau Jenny Treibel* (1892), *Effi Briest* (1894/95), *Der Stechlin* (1897/98).

CONRAD FERDINAND MEYER (1825–1898)

gehört mit GOTTFRIED KELLER und JEREMIAS GOTTHELF zu den bedeutendsten deutschsprachigen Schweizer Dichtern des 19. Jahrhunderts. Er schrieb neben Gedichten und Balladen (*Die Füße im Feuer,* 1864) vorwiegend historische Novellen (*Das Amulett,* 1873; *Der Schuss von der Kanzel,* 1878; *Gustav Adolfs Page,* 1882; *Angela Borgia,* 1891).

WILHELM BUSCH (1832–1908)

zeigt in seinen Gedichten besonders deutlich den Humor der realistischen Autoren. BUSCH war auch Zeichner und Maler. Er gilt – wegen seiner satirischen Bildergeschichten in Versen – als Wegbereiter des Comics. Die Bildgeschichten von *Max und Moritz* (1865) und dem Unglücksraben *Hans Huckebein* (1867) werden von Kindern gern gelesen.

Themenkreis 1: Augenblicke – Denkanstöße in Gedichten

Conrad Ferdinand Meyer: Möwenflug (1881)

Möwen sah um einen Felsen kreisen
Ich in unermüdlich gleichen Gleisen,
Auf gespannter Schwinge schweben bleibend,
Eine schimmernd weiße Bahn beschreibend,
5 Und zugleich in grünem Meeresspiegel
Sah ich um dieselben Felsenspitzen
Eine helle Jagd gestreckter Flügel
Unermüdlich durch die Tiefe blitzen.
Und der Spiegel hatte solche Klarheit,
10 Dass sich anders nicht die Flügel hoben
Tief im Meer als hoch in Lüften oben,
Dass sich völlig glichen Trug und Wahrheit.

Allgemach beschlich es mich wie Grauen,
Schein und Wesen so verwandt zu schauen,
15 Und ich fragte mich, am Strand verharrend,
Ins gespenstische Geflatter starrend:
Und du selber? Bist du echt beflügelt?
Oder nur gemalt und abgespiegelt?
Gaukelst du im Kreis mit Fabeldingen?
20 Oder hast du Blut in deinen Schwingen?

Michelangelo Merisi da Caravaggio: Narziss (1594–96)

Gottfried Keller: Am fließenden Wasser
(1883) Auszug

1

Hell im Silberlichte flimmernd
Zieht und singt des Baches Welle,
Goldengrün und tiefblau schimmernd
Küsst sie flüchtig die Libelle;
5 Und ein Drittes kommt dazu,
Eine Blüte hergeschwommen:
Alle haben drauf im Nu
Heitern Abschied schon genommen.

Und die Esche beugt sich drüber,
10 Schaut in Ruh das holde Treiben,
Denkt: Ihr Lieben, zieht vorüber,
Ich will grünen hier und bleiben!
Und ich unterm Eschenbaum:
Was soll denn mit mir geschehen
15 In dem reizend leichten Traum?
Soll ich bleiben? Soll ich gehen?
[...]

3

Ein Fischlein steht am kühlen Grund,
Durchsichtig fließen die Wogen,
20 Und senkrecht ob ihm hat sein Rund
Ein schwebender Falk gezogen.

Der ist so lerchenklein zu sehn
Zuhöchst im Himmelsdome;
Er sieht das Fischlein ruhig stehn,
25 Glänzend im tiefen Strome!

Und dieses auch hinwieder sieht
Ins Blaue durch seine Welle;
Ich glaube gar, das Sehnen zieht
Eins an des andern Stelle!

Theodor Storm: Meeresstrand (1856)

Ans Haff nun fliegt die Möwe
Und Dämmrung bricht herein;
Über die feuchten Watten
Spiegelt der Abendschein.

5 Graues Geflügel huschet
Neben dem Wasser her;
Wie Träume liegen die Inseln
Im Nebel auf dem Meer.

Ich höre des gärenden Schlammes
10 Geheimnisvollen Ton,
Einsames Vogelrufen –
So war es immer schon.

Noch einmal schauert leise
Und schweiget dann der Wind;
15 Vernehmlich werden die Stimmen,
Die über der Tiefe sind.

Theodor Storm: Über die Heide (1875)

Über die Heide hallet mein Schritt;
Dumpf aus der Erde wandert es mit.

Herbst ist gekommen, Frühling ist weit –
Gab es denn einmal selige Zeit?

5 Brauende Nebel geisten umher;
Schwarz ist das Kraut und der Himmel so leer.

Wär ich hier nur nicht gegangen im Mai!
Leben und Liebe – wie flog es vorbei!

Valentin Ruths: In
der Heide (1887)

Kommentar

Alle Gedichte dieses Themenkreises sind **Momentaufnahmen,** Eindrücke, die dann **poetisch gestaltet** werden.

CONRAD FERDINAND MEYERS Blick auf den Flug der Möwen um einen Felsen im Wasser herum ist alltäglich, er erfasst einen sich ständig wiederholenden Vorgang. Durch die Verwendung von Partizipien und Infinitiven betont MEYER das Dauernde und das Gleichförmige der Bewegung. Die Überraschung für den Betrachter liegt in der Spiegelung des Vorgangs im Wasser. Das Spiegelbild erscheint sogar lebendiger, dynamischer („helle Jagd", „blitzen") als der Flug in der Luft. Der Vergleich beider Bewegungen lässt an der Unterscheidung von Sein und Schein, Wirklichkeit und Spiegelung der Wirklichkeit zweifeln.

Das Bild des Spiegels hat bei der **Reflexion über** Trug und Wahrheit, **Schein und Sein** eine lange Tradition. Im antiken Mythos schaute der schöne Jüngling Narziss ins Wasser und verliebte sich in sein eigenes Spiegelbild (daher stammt unser Begriff „Narzissmus"). Der Hund in LESSINGS Fabel *Der Hund und das Stück Fleisch* verliert, weil er gierig nach dem Fleisch im Maul seines Spiegelbildes schnappt, seine eigene Beute. ANNETTE VON DROSTE-HÜLSHOFF hatte in ihrem Gedicht *Das Spiegelbild* (1844) eine Selbstbegegnung inszeniert, bei der sie sich fragt, ob sie sich lieben oder hassen würde, wenn sie sich selbst im Leben gegenüberträte.

Poetisch und realistisch zugleich an dem Gedicht MEYERS ist die zum Nachdenken anregende **Verbindung einer philosophischen Frage mit einer Sinneswahrnehmung.** Die Frage wirkt auf die Naturwahrnehmung zurück. Nun ist der Flug der Möwen kein Schweben, Gleiten, Jagen mehr, sondern „gespenstisches Geflatter". Und die Frage, die das Ich sich stellt, ist ebenfalls beängstigend. Es ist die Frage nach der eigenen dichterischen Begabung („beflügelt" ist als ein Hinweis auf den von der Fantasie beflügelten Dichter zu sehen). Auch sie ist eine Frage nach Sein und Schein, nach poetischer Kraft oder bloßer Spielerei mit „Fabeldingen".

GOTTFRIED KELLERS *Am fließenden Wasser (1)* ist ganz ähnlich aufgebaut, wenn auch ein anderer Gedanke in den Mittelpunkt rückt. Es ist der **Gedanke des Fließens** – nicht nur im Wasser, sondern auch **in Zeit und Leben.** Singend zieht der Bach vorüber, die Wellen flimmern „im Silberlichte". Die dahinhuschende Libelle fasziniert durch ihre intensiven Farben und die Leichtigkeit ihrer Bewegungen. Doch die Leichtigkeit ihrer Bewegungen heißt hier schon „flüchtig". Eine Idylle ist entworfen und auch das dahintreibende Blütenblatt scheint in diesen Rahmen des „heiteren Abschieds" zu passen. Ein Baum, immer schon Symbol des Beständigen in einer wechselnden Natur, wird vermenschlicht und denkt das, was dem lyrischen Sprecher durch den Kopf geht. Es ist der tröstliche Gedanke des Bleibenden im Wechsel.
Aber dann wendet sich der Sprecher sich selbst zu, aus der **poetisch gestalteten Wahrnehmung** der Natur wird eine **Selbstreflexion.** Und die ist nicht mehr tröstlich, sondern eher besorgt. Was tue ich? Was geschieht mit mir? Die Fragen werden nicht beantwortet, sondern bleiben beunruhigend stehen.

Das dritte der Gedichte *Am fließenden Wasser* fügt einen weiteren Gedanken in eine einfache Naturbeobachtung ein: Im durchsichtigen Wasser steht eine Forelle. Über ihr zieht ein Falke seine Kreise. Die Sphären Wasser und Himmel sind getrennt. Aber ist das so oder scheint es nur so? Der Falke erspäht aus der Luft und durch das durchsichtige Wasser den Fisch, der Fisch sieht durch sein Wasser hindurch das Blau des Himmels und den Falken. Aus der Sicht des Sprechers im Gedicht zieht es jeden an die Stelle des anderen. Der Wasserbewohner träumt vom Himmel, der Himmelsbewohner vom Dasein im Wasser. Das kurze Gedicht greift in **Anlehnung an die Romantik** das **Motiv des Sehnens** auf sowie den Gedanken der Verbundenheit und Einheit alles Seienden.

THEODOR STORMS *Am Meeresstrand* schildert in der ersten Strophe den Abend am Strand. Auch hier fliegen Möwen, steigt die Dämmerung, liegt das Watt im Abendsonnenschein. Bis zu diesem Punkt scheint das Gedicht romantisch, von HEINRICH HEINE inspiriert zu sein. Die zweite Strophe bringt einen düsteren Ton ins Spiel. „Graues Geflügel" könnten immer noch die Möwen der ersten Strophe sein, es könnten die für die norddeutsche Küste charakteristischen Graugänse sein, in jedem Falle sind sie nun unheimlich. Nebel und Traum bilden Stichworte, die das Unheimliche steigern. Der hörbar werdende Gärungsprozess im Schlamm und der einsame Vogelruf lassen die Idylle vollends zerfließen. „So war es immer schon", dieser Kernsatz ist auf beides anzuwenden, auf die Abendsonne und auf das Unheimliche. Letzteres behält die Überhand. Das Geheimnisvolle des Meeresstrandes vermischt sich mit dem Geheimnisvollen von Sagen und Märchen: „Vernehmlich werden die Stimmen, / Die über der Tiefe sind."

In *Über die Heide* verstärkt sich das düstere Bild der herbstlichen Natur. Der Wandernde hat den Eindruck, dass die „Stimmen, die über der Tiefe sind", nun aus der Tiefe des Heidebodens kommen. Wie in den Sagen ist ein Sprecher dieser Stimmen nicht auszumachen. Der Himmel ist „leer", die Nebel „geisten umher". Die Empfindung der Leere und Verlassenheit beim Gang über die Heide erzeugt die Erinnerung an Leben und Liebe, an „selige Zeit", aber das Nachdenken darüber führt zu der Einsicht, dass Frühling und Mai eben vergänglich sind und dass nach dem Herbst die Hoffnung auf einen neuen Frühling nicht gegeben ist.

Realistisch an dieser **Verbindung von Naturbeobachtung und Selbstreflexion** ist, dass nicht einfach und tröstlich das zyklische Jahreszeitenmodell auf das menschliche Leben übertragen wird, sondern dass nach Auffassung des Sprechers im Gedicht nach dem „Herbst" des Lebens keine beglückenden Erfahrungen mehr zu erwarten sind.

Themenkreis 2: Eltern und Kinder – Realistischer Regionalismus

Annette von Droste-Hülshoff: **Die Judenbuche** (1842) Auszug

[Die Novelle, ein „Sittengemälde aus dem gebirgichten Westfalen", erzählt das Schicksal des Friedrich Mergel, eines jungen Mannes, der bei seinem kriminellen Onkel groß wird, das richtige Maß in der Beziehung zu anderen Menschen des Dorfes nicht findet, anmaßend und großsprecherisch wird, einen Mord an einem Juden begeht, fliehen muss, nach Jahren gebrochen und unerkannt aus der Sklaverei zurückkehrt und sich an der „Judenbuche" erhängt. Der Textauszug blickt in Friedrich Mergels Kindertage.]

„Mutter, kommt der Vater heute nicht?", fragte er. – „Nein, Kind, morgen." – „Aber warum nicht, Mutter? Er hat 's doch versprochen." – „Ach Gott, wenn der alles hielte, was er verspricht! Mach, mach voran, dass du fertig wirst!"

5

153

Sie hatten sich kaum niedergelegt, so erhob sich eine Windsbraut, als ob sie das Haus mitnehmen wollte. Die Bettstatt bebte und im Schornstein rasselte es wie ein Kobold. – „Mutter – es pocht draußen!" – „Still, Fritzchen, das ist das lockere Brett im Giebel, das der Wind jagt." – „Nein, Mutter, an der Tür!" – „Sie schließt nicht; die Klinke ist zerbrochen. Gott, schlaf doch! Bring mich nicht um das armselige bisschen Nachtruhe." – „Aber wenn nun der Vater kommt?" – Die Mutter drehte sich heftig im Bett um. – „Den hält der Teufel fest genug!" – „Wo ist der Teufel, Mutter?" – „Wart, du Unrast! Er steht vor der Tür und will dich holen, wenn du nicht ruhig bist!"

Friedrich ward still; er horchte noch ein Weilchen und schlief dann ein. Nach einigen Stunden erwachte er. Der Wind hatte sich gewendet und zischte jetzt wie eine Schlange durch die Fensterritze an seinem Ohr. Seine Schulter war erstarrt; er kroch tief unters Deckbett und lag aus Furcht ganz still. Nach einer Weile bemerkte er, dass die Mutter auch nicht schlief. Er hörte sie weinen und mitunter: „Gegrüßt seist du, Maria!" und: „Bitte für uns arme Sünder!" Die Kügelchen des Rosenkranzes glitten an seinem Gesicht hin. – Ein unwillkürlicher Seufzer entfuhr ihm. – „Friedrich, bist du wach?" – „Ja, Mutter." – „Kind, bete ein wenig – du kannst ja schon das halbe Vaterunser – dass Gott uns bewahre vor Wasser- und Feuersnot."

Friedrich dachte an den Teufel, wie der wohl aussehen möge. Das mannigfache Geräusch und Getöse im Hause kam ihm wunderlich vor. Er mein-

te, es müsse etwas Lebendiges drinnen sein und draußen auch. „Hör, Mutter, gewiss, da sind Leute, die pochen." – „Ach nein, Kind; aber es ist kein altes Brett im Hause, das nicht klappert." – „Hör! Hörst du nicht? Es ruft! Hör doch!"

Die Mutter richtete sich auf; das Toben des Sturms ließ einen Augenblick nach. Man hörte deutlich an den Fensterläden pochen und mehrere Stimmen: „Margret! Frau Margret, heda, aufgemacht!" – Margret stieß einen heftigen Laut aus: „Da bringen sie mir das Schwein wieder!"

Der Rosenkranz flog klappernd auf den Brettstuhl, die Kleider wurden herbeigerissen. Sie fuhr zum Herde und bald darauf hörte Friedrich sie mit trotzigen Schritten über die Tenne[1] gehen. Margret kam gar nicht wieder; aber in der Küche war viel Gemurmel und fremde Stimmen. Zweimal kam ein fremder Mann in die Kammer und schien ängstlich etwas zu suchen. Mit einem Male ward eine Lampe hereingebracht; zwei Männer führten die Mutter. Sie war weiß wie Kreide und hatte die Augen geschlossen. Friedrich meinte, sie sei tot; er erhob ein fürchterliches Geschrei, worauf ihm jemand eine Ohrfeige gab, was ihn zur Ruhe brachte, und nun begriff er nach und nach aus den Reden der Umstehenden, dass der Vater von Ohm Franz Semmler und dem Hülsmeyer tot im Holze gefunden sei und jetzt in der Küche liege.

1 **Tenne:** zum Getreidedreschen befestigte Diele zwischen Wohn- und Stallbereich eines niederdeutschen Hallenhauses

Gottfried Keller: **Romeo und Julia auf dem Dorfe** (1856) Auszug

[Der Autor macht durch den Titel „Romeo und Julia" und eine einleitende Bemerkung darauf aufmerksam, dass er eine Geschichte aus seinem erfundenen Schweizer Ort Seldwyla erzählen wird, die ihm selbst wie eine Wieder-Erzählung einer seit Langem bekannten Geschichte erscheint.
Zwei Bauern sprechen beim gemeinsamen Frühstück, das ihnen ihre beiden Kinder Sali und Vrenchen aufs Feld gebracht haben, über den verwilderten Acker, der zwischen ihren beiden Feldern liegt. Die Kinder hören zu und spielen dann miteinander.]

Hiemit war die Mahlzeit und das Zwiegespräch der Bauern geendet, und sie erhoben sich, den Rest ihrer heutigen Vormittagsarbeit zu vollbringen. Die beiden Kinder hingegen, welche schon den Plan entworfen hatten, mit den Vätern nach Hause zu ziehen, zogen ihr Fuhrwerk unter den Schutz der jungen Linden und begaben sich dann auf einen Streifzug in dem wilden Acker, da derselbe mit seinen Unkräutern, Stauden und Steinhaufen eine ungewohnte und merkwürdige Wildnis darstellte. Nachdem sie in der Mitte dieser grünen Wildnis einige Zeit hingewandert, Hand in Hand, und sich daran belustigt, die verschlungenen Hände über die hohen Distelstauden zu schwingen, ließen sie sich endlich im Schatten einer solchen nieder und das Mädchen begann, seine Puppe mit den langen Blättern des Wegekrautes zu bekleiden, sodass sie einen schönen grünen und ausgezackten Rock bekam; eine einsame rote Mohnblume, die da noch blühte, wurde ihr als Haube über den Kopf gezogen und mit einem Grase festgebunden, und nun sah die kleine Person aus wie eine Zauberfrau, besonders nachdem sie noch ein Halsband und einen Gürtel von kleinen roten Beerchen erhalten. Dann wurde sie hoch in die Stängel der Distel gesetzt und eine Weile mit vereinten Blicken angeschaut, bis der Knabe sie genugsam besehen und mit einem Steine herunterwarf. Dadurch geriet aber ihr Putz in Unordnung und das Mädchen entkleidete sie schleunigst, um sie aufs Neue zu schmücken; doch als die Puppe eben wieder nackt und bloß war und nur noch der roten Haube sich erfreuete, entriss der wilde Junge seiner Gefährtin das Spielzeug und warf es hoch in die Luft. Das Mädchen

sprang klagend darnach, allein der Knabe fing die Puppe zuerst wieder auf, warf sie aufs Neue empor, und indem das Mädchen sie vergeblich zu haschen sich bemühte, neckte er es auf diese Weise eine gute Zeit. Unter seinen Händen aber nahm die fliegende Puppe Schaden, und zwar am Knie ihres einzigen Beines, allwo ein kleines Loch einige Kleiekörner durchsickern ließ. Kaum bemerkte der Peiniger dies Loch, so verhielt er sich mäuschenstill und war mit offenem Munde eifrig beflissen, das Loch mit seinen Nägeln zu vergrößern und dem Ursprung der Kleie nachzuspüren. Seine Stille erschien dem armen Mädchen höchst verdächtig und es drängte sich herzu und musste mit Schrecken sein böses Beginnen gewahren. „Sieh mal!", rief er und schlenkerte ihr das Bein vor der Nase herum, dass ihr die Kleie ins Gesicht flog, und wie sie darnach langen wollte und schrie und flehte, sprang er wieder fort und ruhte nicht eher, bis das ganze Bein dürr und leer herabhing als eine traurige Hülse. Dann warf er das misshandelte Spielzeug hin und stellte sich höchst frech und gleichgültig, als die Kleine sich weinend auf die Puppe warf und dieselbe in ihre Schürze hüllte. Sie nahm sie aber wieder hervor und betrachtete wehselig die Ärmste, und als sie das Bein sah, fing sie abermals an, laut zu weinen, denn dasselbe hing an dem Rumpfe nicht anders denn das Schwänzchen an einem Molche. Als sie gar so unbändig weinte, ward es dem Missetäter endlich etwas übel zumut und er stand in Angst und Reue vor der Klagenden, und als sie dies merkte, hörte sie plötzlich auf und schlug ihn einige Mal mit der Puppe, und er tat, als ob es ihm wehtäte, und schrie au! so natürlich, dass sie zufrieden war und nun mit ihm gemeinschaftlich die Zerstörung und Zerlegung fortsetzte. Sie bohrten Loch auf Loch in den Marterleib und ließen aller Enden die Kleie entströmen, welche sie sorgfältig auf einem flachen Steine zu einem Häufchen sammelten, umrührten und aufmerksam betrachteten. Das einzige Feste, was noch an der Puppe bestand, war der Kopf und musste jetzt vorzüglich die Aufmerksamkeit der Kinder erregen; sie trennten ihn sorgfältig los von dem ausgequetschten Leichnam und guckten erstaunt in sein hohles Innere. Als sie die bedenkliche Höhlung sahen und auch die Kleie sahen, war es der nächste und natürlichste Gedankensprung, den

Eduard Kurzbauer: Sali und Vrenchen auf dem wilden Acker (1878)

85 Kopf mit der Kleie auszufüllen, und so waren die Fingerchen der Kinder nun beschäftigt, um die Wette Kleie in den Kopf zu tun, sodass zum ersten Mal in seinem Leben etwas in ihm steckte. Der Knabe mochte es aber immer noch für ein
90 totes Wissen halten, weil er plötzlich eine große blaue Fliege fing und, die summende zwischen beiden hohlen Händen haltend, dem Mädchen gebot, den Kopf von der Kleie zu entleeren. Hierauf wurde die Fliege hineingesperrt und das Loch
95 mit Gras verstopft. Die Kinder hielten den Kopf an die Ohren und setzten ihn dann feierlich auf einen Stein; da er noch mit der roten Mohnblume bedeckt war, so glich der Tönende jetzt einem weissagenden Haupte und die Kinder lauschten
100 in tiefer Stille seinen Kunden und Märchen, indessen sie sich umschlungen hielten.
Aber jeder Prophet erweckt Schrecken und Un-

dank; das wenige Leben in dem dürftig geformten Bilde erregte die menschliche Grausamkeit in den Kindern, und es wurde beschlossen, das Haupt zu begraben. So machten sie ein Grab und 105 legten den Kopf, ohne die gefangene Fliege um ihre Meinung zu befragen, hinein und errichteten über dem Grabe ein ansehnliches Denkmal von Feldsteinen. Dann empfanden sie einiges Grauen, da sie etwas Geformtes und Belebtes be- 110 graben hatten, und entfernten sich ein gutes Stück von der unheimlichen Stätte. Auf einem ganz mit grünen Kräutern bedeckten Plätzchen legte sich das Dirnchen auf den Rücken, da es müde war, und begann in eintöniger Weise einige 115 Worte zu singen, immer die nämlichen, und der Junge kauerte daneben und half, indem er nicht wusste, ob er auch vollends umfallen solle, so lässig und müßig war er.

Theodor Storm: **Hans und Heinz Kirch** (1883) Auszug

[Hans Kirch hat sich zum Kapitän hochgearbeitet. Sein Ziel ist öffentliche Anerkennung, ein Sitz im Rat der Gemeinde. Für seinen Sohn erträumt er einen noch weiteren, steilen Aufstieg. Er liebt in dem Sohn auch und vor allem seine Pläne, die er mit diesem vorhat.]

Als Heinz das sechste Jahr erreicht hatte, nahm ihn der Vater zum ersten Male mit sich auf die Fahrt, als „Spielvogel", wie er sagte; die Mutter sah ihnen mit besorgten Augen nach; der Knabe
5 aber freute sich über sein blankes Hütchen und lief jubelnd über das schmale Brett an Bord; er freute sich, schon jetzt ein Schiffer zu werden wie sein Vater, und nahm sich im Stillen vor, recht tüchtig mitzuhelfen. Frühmorgens waren sie aus-
10 gelaufen; nun beschien sie die Mittagssonne auf der blauen Ostsee, über die ein lauer Sommerwind das Schiff nur langsam vorwärtstrieb. Nach dem Essen, bevor der Kapitän zur Mittagsruhe in die Kajüte ging, wurde Heinz dem Schiffsjungen
15 anvertraut, der mit dem Spleißen[1] zerrissener Taue auf dem Deck beschäftigt war; auch der Knabe erhielt ein paar Tauenden, die er eifrig ineinanderzuverflechten strebte.
Nach einer Stunde etwa stieg Hans Kirch wieder
20 aus seiner Kajüte und rief, noch halb im Taumel:

„Heinz! Komm her, Heinz, wir wollen Kaffee trinken!" Aber weder der Knabe selbst noch eine Antwort kam auf diesen Ruf; stattdessen klang drüben vom Bugspriet her der Gesang einer Kinderstimme. Hans Kirch wurde blass wie der Tod; denn 25 dort, fast auf der äußersten Spitze, hatte er seinen Heinz erblickt. Auf der Luvseite[2], behaglich an das matt geschwellte Segel lehnend, saß der Knabe, als ob er hier von seiner Arbeit ruhe. Als er seinen Vater gewahrte, nickte er ihm freundlich 30 zu; dann sang er unbekümmert weiter, während am Bug das Wasser rauschte; seine großen Kinderaugen leuchteten, sein schwarzbraunes Haar wehte in der sanften Brise.
Hans Kirch aber stand unbeweglich, gelähmt von 35 der Ratlosigkeit der Angst; nur er wusste, wie leicht bei der schwachen Luftströmung das Segel flattern und vor seinen Augen das Kind in die Tiefe schleudern konnte. Er wollte rufen; aber noch zwischen den Zähnen erstickte er den Ruf; Kin- 40 der, wie Nachtwandler, muss man ja gewähren lassen; dann wieder wollte er das Boot aussetzen und nach dem Bug des Schiffes rudern; aber auch

1 **Spleißen:** Flechten eines Seils
2 **Luv:** die dem Wind zugewandte Seite

das verwarf er. Da kam von dem Knaben selbst
die Entscheidung; das Singen hatte er satt, er
wollte jetzt zu seinem Vater und dem seine Taue
zeigen. Behutsam, entlang dem unteren Rande
des Segels, das nach wie vor sich ihm zur Seite
blähte, nahm er seinen Rückweg; eine Möwe
schrie hoch oben in der Luft, er sah empor und
kletterte dann ruhig weiter. Mit stockendem
Atem stand Hans Kirch noch immer neben der
Kajüte; seine Augen folgten jeder Bewegung seines Kindes, als ob er es mit seinen Blicken halten
müsse. Da plötzlich, bei einer kaum merklichen
Wendung des Schiffes, fuhr er mit dem Kopf herum: „Backbord!"[3], schrie er nach der Steuerseite;
„Backbord!", als ob es ihm die Brust sprengen sollte. Und der Mann am Steuer folgte mit leisem
Druck der Hand, und die eingesunkene Leine-
wand des Segels füllte sich aufs Neue.
Im selben Augenblicke war der Knabe fröhlich
aufs Verdeck gesprungen; nun lief er mit ausgebreiteten Armen auf den Vater zu. Die Zähne des
gefahrgewohnten Mannes schlugen noch aneinander: „Heinz, Heinz, das tust du mir nicht wieder!" Krampfhaft presste er den Knaben an sich;
aber schon begann die überstandene Angst dem
Zorne gegen ihren Urheber Platz zu machen. „Das
tust du mir nicht wieder!" Noch einmal sagte er

es; aber ein dumpfes Grollen klang jetzt in seiner
Stimme; seine Hand hob sich, als wolle er sie auf
den Knaben fallen lassen, der erstaunt und furcht-
sam zu ihm aufblickte.
Es sollte für diesmal nicht dahin kommen; der
Zorn des Kapitäns sprang auf den Schiffsjungen
über, der eben in seiner lässigen Weise an ihnen
vorüberschieben wollte; aber mit entsetzten Augen musste der kleine Heinz es ansehen, wie sein
Freund Jürgen, er wusste nicht weshalb, von
seinem Vater auf das grausamste gezüchtigt wurde. – – Als im nächsten Frühjahr Hans Kirch seinen Heinz wieder einmal mit aufs Schiff nehmen
wollte, hatte dieser sich versteckt und musste, als
er endlich aufgefunden wurde, mit Gewalt an
Bord gebracht werden; auch saß er diesmal nicht
mehr singend unterm Klüversegel; er fürchtete
seinen Vater und trotzte ihm doch zugleich. Die
Zärtlichkeit des Letzteren kam gleicherweise immer seltener zu Tage, je mehr der eigne Wille in
dem Knaben wuchs; glaubte er doch selber nur
den Erben seiner aufstrebenden Pläne in dem
Sohn zu lieben.

---

3 **Backbord:** die in Fahrtrichtung gesehen linke Seite eines
Schiffes

Theodor Fontane: **Meine Kinderjahre** (1893) Auszug

*[Humorvoll erzählt Fontane von dem Haus in Swine-
münde, das sein Vater erworben hat. Es hat ein ungeheuer hohes Dach mit fünf Böden. „Ich erzähle nur
Kleinkram. Meine Überzeugung, dass das das Richtige sei, ist unerschütterlich", schreibt er über seinen
„autobiografischen Roman".]*

Unser nächstes Ziel waren die Böden, deren sich
nicht weniger als fünf unter dem Riesendache befanden. Der erste Boden, zu dem eine knarrende
Treppe mit abgelaufenen Stufen hinaufführte,
war ein Prachtstück in seiner Art, hoch und frisch
und zugleich mit einer Welt von Dingen ausgestattet, die mich sofort für sich einnahmen:
Schornsteine von beinah lächerlich mächtigem
Umfang, eingegitterte Verschläge mit Vorlege-
schlössern, gezogene Leinen, daran Wäsche hing,

und dazu, an diesem ersten Morgen wenigstens,
Schwalben und Schmetterlinge, die durch die
vielen Fenster und Gucklöcher beständig aus-
und einflogen. In verhältnismäßiger Nähe des
umfangreichen Schornsteins aber stieg eine
zweite Treppe, eigentlich bloß eine geradlinige
Leiter, zunächst bis auf den zweiten Boden und
von diesem in unmittelbarer Fortsetzung bis auf
den dritten hinauf. Zur Seite hing ein geteertes
Tau, daran man sich festhielt. Als wir an die Stelle
gekommen waren, wo die Leiter, und zwar ohne
einen Knick oder Absatz zu machen, einfach die
Dielung des zweiten Bodens durchbrach, sah ich,
dass ein schweres Rad, aber nur von geringem
Durchmesser, hart neben dem Durchschlüpfe-
loch lag, ein Anblick, bei dem ich, ich weiß nicht
warum, sofort fühlte, dass es damit was Besonde-

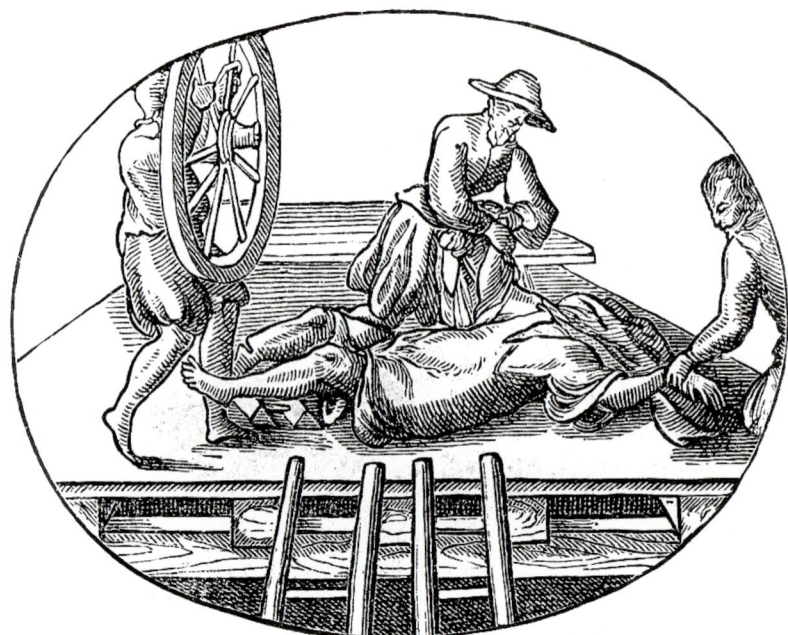

Hinrichtung durch Rädern
(Holzschnitt, Ende des
16. Jahrhunderts)

res auf sich haben müsse. Mein Vater empfand gerad' ebenso, schob aber alles Fragen danach
30 vorläufig hinaus, weil wir fortgesetzt im Steigen waren und das Klettern auf den immer schmaler werdenden Leitern die größte Vorsicht gebot. Erst als wir eine Weile danach und nach Musterung des dicht unter dem Dachfirst hinlaufenden Glas-
35 und Krukenbodens[1] wieder abwärtsstiegen und auf diesem Abstieg die Terra firma[2] des ersten Bodens erreicht hatten, setzte sich mein Vater, um auszuruhen, auf eine der großen Kräuterkisten und sagte: „Das ist ja zum Halsbrechen, Ehm[3].
40 Und dann das Rad da oben? Was ist es mit dem Rad? Wie kommt das da hin?"
Ehm erzählte nun in seinem Plattdeutsch, dass es das Rad sei, womit der Mörder Hannacher – aber das sei nun schon lange, das Jahr vorher, ehe die
45 Franzosen ins Land kamen – vom Leben zum Tode gebracht worden sei[4]. Hannacher habe dicht

bei dem Dorfe Morgnitz einen Schäfer erschlagen und bloß einen Münzgroschen bei ihm gefunden, und als er den Münzgroschen im Morgnitzer Krug vertrunken habe, da sei 's auch schon her- 50 ausgekommen.
„Ein wahres Glück", sagte mein Vater, „je eher so was rauskommt, desto besser. Aber das Rad! Was soll das da? Wie kommt das dahin?!"
„Dat hett de oll Geisler[5] an sich bracht, ick weet 55 nich mehr, för wieveel. Un he wull ja woll, dat et em Glück in't Huus bringen sall."

1 **Kruke:** Aufbewahrungsbehälter, Krug
2 **terra firma:** *lateinisch:* fester Boden
3 **Ehm:** der Kutscher der Familie Fontane
4 Das „Rädern" war eine grausame Art der Hinrichtung, bei der dem Verurteilten vor der Tötung durch Stöße mit einem Wagenrad schwerste Verletzungen zugefügt wurden.
5 **der alte Geisler:** der Vorbesitzer des Hauses, von dem gesagt wird, er spuke immer noch in diesem Haus

Kommentar

Die Autoren realistischer Novellen wollten die fassbare Welt genau beobachten. Sie beschränkten sich jedoch nicht auf die **Beschreibung der Wirklichkeit**, sondern **integrierten** auch **Erinnertes, Gedachtes, Erfundenes**. Das Ergebnis war eine „**poetisch gestaltete Realität**". Alles Beobachtete konnte bedeutsam werden. Die handelnden Figuren entstammten in der Regel dem Bürgertum, Konflikte entstanden oft dadurch, dass bürgerliche Wertvorstellungen sich mit der bürgerlichen Wirklichkeit nicht in Übereinstimmung befanden.

ANNETTE VON DROSTE-HÜLSHOFFS Novelle *Die Judenbuche* passt nicht ganz in dieses poetische Konzept. Sie wählt als Helden Personen der **ländlichen Bevölkerung,** Personen des Bürgertums kommen nicht vor, auch die Werte, um die es geht, zeigen eine bäuerliche, keine bürgerliche Gesellschaft: Die Bauern denken bei ihren Vorstellungen von Rechtschaffenheit nicht daran, ob „bürgerliches Recht" gebrochen wird – bandenmäßig organisierter Holzdiebstahl z.B. wird nicht als Delikt verstanden, sondern hartnäckig als Inanspruchnahme eines verweigerten Rechts gesehen. Geisterglaube, katholische Religiosität und der Glaube an eine rächende göttliche Gerechtigkeit charakterisieren die Mentalität der Landbevölkerung.

Die abgedruckte Leseprobe dient der indirekten Personencharakteristik. Die Mutter ist zu Recht ungehalten über das Verhalten des Vaters, der wieder trinkt und nicht nach Hause kommt. Sie bringt auch wenig Verständnis für die Fragen des Knaben auf. Er ist ihr eher lästig mit seinen Fragen und Bemerkungen. Es wird erkennbar, dass dem Kind in dieser Atmosphäre nicht viel Liebe entgegengebracht werden kann, obwohl die Mutter niemanden hat, an den sie sich halten kann, als eben an dieses Kind. Die Autorin stellt ihrer Novelle ein kurzes Gedicht voran, in dem sie den Leser davor warnt, den ersten Stein auf das „arm verkümmert Sein" des Friedrich Mergel zu werfen: „Lass ruhn den Stein – er trifft dein eignes Haupt!"

Wie schon in der Romantik entspricht das Wetter draußen der inneren Gefühlswelt der beteiligten Menschen. Der Sturm, der die Läden klappern und den Wind im Schornstein heulen lässt, ist ein Vorbote dessen, was sich ereignen wird. Der Knabe scheint etwas zu ahnen, ängstlich fragt er immer wieder nach dem Vater. Der wird dann tot ins Haus gebracht. Er ist im Brederholz (einem nahe gelegenen Wäldchen) betrunken zu Tode gekommen. Die Mutter muss sich zusammennehmen, „das Gesicht wahren". Um den Jungen kümmert sich niemand. Es ist insgesamt eine lieblose Welt, in der Friedrich Mergel aufwächst. Später wird die Erzählerin mit diesen frühen kindlichen Erfahrungen Charakterzüge des jungen Mannes und mutmaßlichen Mörders erklären.

GOTTFRIED KELLERS Novellenzyklus *Die Leute von Seldwyla* beschreibt in der Rahmenerzählung die Schweizer Stadt als typisch **kleinbürgerliche Welt.** Zu der Welt einer **ländlichen Kleinstadt** gehören auch die **Bauern,** die im Ort wohnen. Für sie ist der Besitz von Ackerland und Wiesen Teil ihrer Identität. Sie suchen ihn zu mehren und scheuen dabei auch nicht vor den Tricks der kleinbürgerlichen Umgebung zurück (dosierter Betrug, Nötigung, Verleumdung).

In dieser Welt entsteht der von KELLER als „Fabel [= Handlungsgerüst] großer alter Werke" bezeichnete tragische Konflikt, dass sich die Kinder zweier verfeindeter Familien lieben. Wieder begegnet man dem „sanften Gesetz" STIFTERS (▶ S. 145 f.), indem im Großen wie im Kleinen, in der Stadt Verona und dem Dorf Seldwyla, die gleichen Handlungs- und Verhaltensmuster sichtbar werden. Durch den Verweis auf *Romeo und Julia* im Titel hebt der Autor KELLER das Exemplarische dessen, was er über die Bauernkinder Sali und Vrenchen erzählen wird, hervor.

Der vorgestellte Auszug scheint eine Idylle zu sein, und doch ist bereits hier die Welt doppelbödig. Die Kinder verstehen sich, spielen kindliche Spiele, aber was sie am Ende anstellen, ist die gemeinschaftliche Zerstörung einer Puppe, wobei der Erzähler offensichtlich Wert darauf legt, die **Geschlechterrollen** genau zu berücksichtigen.

Sali verhält sich wie ein typischer Junge, Vrenchen wie ein typisches kleines Mädchen. Am Ende ist die Puppe in mehreren Schritten zu Tode gebracht. Wie ein Fetisch wurde sie zuerst geschmückt, danach auf kindliche Weise „untersucht", später spielerisch in ein „weissagendes Haupt", in dem eine Fliege herumschwirrt, verwandelt und schließlich begraben. Für den Leser enthält das hier dargestellte Geschehen eine Vorausdeutung auf das Schicksal von Sali und Vrenchen, die am Ende der Novelle gemeinsam in den Tod gehen werden.

Die mannigfachen Bezüge, die unter der Oberfläche des erzählten Geschehens durch Wortwahl, Anspielung, Vorausdeutung geschaffen werden, können hier nicht alle aufgezeigt werden. Ein Beispiel möge genügen: Der Umgang der Kinder mit der Puppe wird vom Erzähler mitgeteilt und ist doch ganz aus der Perspektive der Kinder gesehen. Die Puppe ist für sie eine Person, kein Ding. Deswegen rinnen die Kleiekörner wie Blut, der Junge, der die Füllung (den „Marterleib") der Puppe untersucht, wird als deren „Peiniger" erlebt, ebenso peinigt er das Mädchen, dessen Spielzeug er „misshandelt". Und dann, als er Reue zeigt, ist das Mädchen gleich versöhnt und spielt mit bei der „Zerlegung" der Puppe. Dieses auffällige Merkmal von Vrenchens Verhalten gegenüber Sali, nämlich die blitzschnelle Übernahme seiner Sicht und das Hinnehmen seines Verhaltens, ist immer wieder in der realistischen Literatur als „typisch" für weibliches Denken und Empfinden zu finden.

Die Novelle – eine realistische Erzählform des 19. Jahrhunderts

Die Novelle (*italienisch:* novella = Neuigkeit) ist eine Erzählung, in deren Zentrum eine **ungewöhnliche Begebenheit** steht. Diese Begebenheit gibt oftmals dem Leben eines Menschen eine neue Wendung (Beispiel: der Mord an dem Juden in ANNETTE VON DROSTE-HÜLSHOFFS *Die Judenbuche*).

Häufig sind Novellen zu **Gruppen** oder **Zyklen** zusammengestellt oder sie sind in eine **Rahmenerzählung** eingebettet (Beispiele: GOTTFRIED KELLER: *Die Leute von Seldwyla;* THEODOR STORM: *Der Schimmelreiter*).

Von anderen Erzählformen (Kalendergeschichte, Märchen, Erzählung, Kurzgeschichte) unterscheidet sich die Novelle durch ihre **strenge Form,** die an den **Aufbau eines Dramas** erinnert: **Exposition** (Vorstellung der handelnden Personen) – **Entwicklung des Konflikts** (enge Handlungsführung) – das **ungewöhnliche Ereignis** (oft eine Katastrophe) – **Schluss** (oft eine verallgemeinernde Reflexion des Erzählers).

Literaturhistorisch gesehen ist die Novelle eine Kunstform des Erzählens, die in Italien und Frankreich in der Renaissance (▶ S. 21 ff.) gepflegt wurde. GIOVANNI BOCCACCIOS Sammlung *Il Decamerone* (1348–1353) besteht aus zehnmal zehn Novellen, die in eine Rahmenhandlung eingebettet sind. In Deutschland ist die Novelle – neben dem Roman – die beherrschende Prosaform des 19. Jahrhunderts.

Die „norddeutsche" Variante des poetischen Realismus wird hier durch THEODOR STORMS *Hans und Heinz Kirch* vertreten. Die Novelle behandelt nicht nur den **Konflikt** zwischen **Vater und Sohn,** sondern auch den zwischen zwei Weltanschauungen. Der Vater Hans lebt die typischen Werte des aufstrebenden Besitzbürgertums. Sozialer Aufstieg ist ihm alles. Härte und Selbstdisziplin sind dafür nötig. Diese verlangt er auch von seinem Sohn. Der aber ist anders. Er ist ein Abenteurer. Sein einziger Halt im Leben ist die Liebe zu einem Mädchen, das sozial nicht anerkannt, vom Vater also abgelehnt wird. Heinz kehrt von der Chinafahrt, auf die er geht, nicht zurück. Der Vater verstößt ihn, macht sich damit selbst unglücklich.

Der abgedruckte Abschnitt aus dem ersten Kapitel der Novelle stellt eine Kernszene aus Heinz' Kindheit dar. Die Unbesonnenheit des Knaben zeigt sich in seiner Unbedachtheit und seiner Unkenntnis der Gefahr. Der Vater, der in dem Sohn die Verwirklichung seiner Aufsteigerträume verkörpert sieht, ist starr vor Angst, dann löst sich die Anspannung und der Schiffsjunge, der auf Heinz aufpassen sollte, wird so grausam bestraft, dass Heinz davon einen dauernden psychischen Schaden davonträgt. Das Vertrauensverhältnis zu seinem Vater ist zerstört.

Der erzählte Vorgang ist symbolisch zu verstehen. Beide Personen verhalten sich gemäß ihres jeweiligen Charakters. Die Katastrophe bahnt sich an, weil beide nicht aus ihrer Haut können oder wollen und auch nicht begreifen oder im Gespräch bewältigen können, was zwischen ihnen steht. Später, im extremen Realismus des Naturalismus (▶ S. 165, 168–174), wird die Ansicht vertreten, dass „race, moment, milieu (= Herkunft, Lebensumstände, soziales Umfeld)" das Leben eines Menschen restlos bestimmen. STORMS *Hans und Heinz Kirch* könnte in diesem Sinne bereits als eine naturalistische Erzählung gelten.

Die letzte Leseprobe zum Themenkreis „Kindheit" ist **THEODOR FONTANES** „autobiografischem Roman" *Meine Kinderjahre* entnommen. Die **Nähe zur Wirklichkeit** ist mit der Textsorte „Lebensbericht" grundsätzlich gegeben. Dennoch sind Formen der **Poetisierung** der Wirklichkeit zu erkennen. Die Dachböden werden von dem sich erinnernden alten FONTANE ganz aus der Sicht des erlebenden Kindes Theodor romantisierend vorgestellt. Die Böden haben etwas Geheimnisvolles, die Treppen knarren, sie haben abgelaufene Stufen. Es gibt Verschläge mit Schlössern (wie Gefängnisse), Teerstricke, mit deren Hilfe man Leitern hinaufsteigen muss. Andererseits beobachtet der Junge ein- und ausfliegende Schwalben und Schmetterlinge, die etwas Idyllisches ins Spiel bringen. Im Zentrum des Wunderbaren aber steht das Relikt aus alter Zeit, das Rad, mit dem Hinrichtungen vorgenommen worden sein sollen. Auf Plattdeutsch, also in einer besonders „volkstümlichen" Rede, wird erzählt, was natürlich eher Volksglaube als Realität ist: dass „de oll Geisler" das Rad an sich gebracht hat, damit es dem Hause Glück bringe. Wie Marterwerkzeuge zu Glücksbringern werden, bleibt ungeklärt. Es zeigt aber, wie sich auch im Märkischen die Wirklichkeit des ärmlichen Lebens und das Bild dieser Wirklichkeit im Kopf der Menschen nicht immer in Übereinstimmung befinden. Die Verschrobenheit im Denken (das, was anderen den Tod bringt, bringt mir das Glück) wird von dem Erzähler FONTANE nicht näher verfolgt. Es ist ein realistischer Hinweis auf die damalige Denkweise der Menschen der „Mark Brandenburg". Gleichzeitig kann man die Parallele, dass nämlich Christen das Marterwerkzeug Christi, das Kreuz, als Glücksbringer am Hals tragen, als Zeichen für FONTANES hintergründigen „Humor" sehen. Kreuz und Rad haben ein Moment gemeinsam: Es handelt sich bei beiden um Tötungsinstrumente, die den Tod des Verurteilten hinauszögern, damit er Qualen leidet. In dem alten Haus aus FONTANES Jugend – es ist die Zeit der Romantik – soll der alte Besitzer als Geist umgehen. FONTANE hat diesen Abschnitt seiner Biografie motivlich der Zeit, von der er erzählt, angepasst.

Pablo Picasso: Wanderndes Volk. Harlekin und Gefährtin (1901)

Otto Dix: Bild der Eltern (1924)

Wassily Kandinsky: Composition IV (1911)

Die Bilder auf S. 162 zeigen Paare. Der junge **PABLO PICASSO** malt in seiner „blauen Periode" 1901 zwei Artisten als melancholische Gruppe. Das Moderne an diesem Bild ist die Reduktion der Formen und die Kargheit der Farbgebung. Die tiefe Traurigkeit des Paares zeigt ihr Leben von der bitteren Seite.

In **WASSILY KANDINSKYS** expressionistischer *Composition IV* (1911) ist das diagonal über die rechte untere Bildecke gelegte Menschenpaar nahezu ganz in der abstrakten Konstellation verschwunden. KANDINSKY nannte die *Composition* auch *Die Schlacht*.

OTTO DIX' Paar sind seine Eltern. Sie sind im Stile der Neuen Sachlichkeit so gemalt, dass man ihr entbehrungsreiches Leben von ihren Gesichtern ablesen kann.

Allgemeingeschichtlicher Hintergrund

Die geschichtliche Entwicklung der letzten zehn Jahre des 19. und des ersten Drittels des 20. Jahrhunderts ist in Europa gekennzeichnet durch die Turbulenzen, die die Politik des neu gegründeten Deutschen Reiches verursachte. Der deutsche **Kaiser WILHELM II.** forderte für seinen Staat einen „Platz an der Sonne". Das hieß für ihn in erster Linie **Expansion, Kolonien, Aufrüstung.**

Dabei war das „Reich" keineswegs so stabil, wie es sich nach außen darstellte. Vor allem die massive Auseinandersetzung zwischen Regierung, tonangebendem Bürgertum und **Sozialdemokratie** barg Zündstoff. Die **Forderung** Letzterer **nach mehr Demokratie** und **mehr sozialer Gerechtigkeit** erschütterte die konservative, „vaterländische" Ordnung des **Wilhelminismus.**

Der Ausbruch des **Ersten Weltkriegs** (1914–1918) und mehr noch dessen Verlauf (Anfangserfolge, die Begeisterungsstürme entfachten, Festfahren der Fronten, sinnlose Opfer in den Materialschlachten und den Grabenkriegen, schließlich Hunger und Entbehrungen in der Heimat) zeigten bald, dass es kein Zurück zu den alten monarchischen Ordnungen mehr gab. Sowohl in Russland als auch in Deutschland führten revolutionäre Bestrebungen mit dem Kriegsende auch zu einem **Ende der Monarchien.**

Deutschland wurde eine **Demokratie (Weimarer Republik).** Aber der **Friedensvertrag von Versailles** beschnitt die Souveränität, sah militärische Entmachtung und hohe Reparationszahlungen vor und wurde von vielen als nationale Demütigung verstanden. Die Versöhnung der Kriegsgegner ging nur schleppend voran. Die Aufnahme Deutschlands in den 1920 gegründeten **Völkerbund** war ein Erfolg, doch er kam spät (1926).

Hinzu traten massive wirtschaftliche Probleme. Die **Geldentwertung** führte zu einer Verarmung weiter bürgerlicher Kreise, die globale Wirtschaftskrise (1929) zu **Massenarbeitslosigkeit.** 1932 waren in Deutschland mehr als sechs Millionen Menschen ohne Arbeit. Diese Entwicklung begünstigte Demokratieverdrossenheit und eine Radikalisierung der Bevölkerung. Auf der linken Seite des Spektrums gewannen die **Kommunisten** an Einfluss, auf der rechten der **Nationalsozialismus.** Die „bürgerlichen" Parteien paktierten mit dem Nationalsozialismus. **ADOLF HITLER** wurde **1933** zum **Reichskanzler** gewählt. Gleich nach seiner „Machtübernahme" trat das Deutsche Reich wieder aus dem Völkerbund aus. Politische Gegner – Kommunisten, Sozialdemokraten, kritische Journalisten – wurden gnadenlos verfolgt.

Weltbild und Lebensauffassung

Der Umbruch von den hierarchisch geordneten Verhältnissen der Kaiserreiche in Deutschland und Österreich zu Krieg, Nachkrieg, zu Demokratie und Parteiensystem kann als ein massiver und verunsichernder Modernisierungsschub verstanden werden. Er verlangte in hohem Maße von allen, vor allem aber von bürgerlichen Intellektuellen, Um- und Neuorientierungen. Deswegen spricht man in Bezug auf den Zeitabschnitt vor, während und nach dem Ersten Weltkrieg von **Moderne,** deren Hauptmerkmal die **Erfahrung von Desorientierung** ist.

Ein spezifisches Zeichen des Krisenbewusstseins der Epoche gerade bei Dichtern und Schriftstellern ist die **Sprachkrise.** Dichter wie **Hugo von Hofmannsthal** äußerten Skepsis vor allem gegenüber politisch und philosophisch benutzten Allgemeinbegriffen wie „Vaterland", „Gerechtigkeit", „Fortschritt".

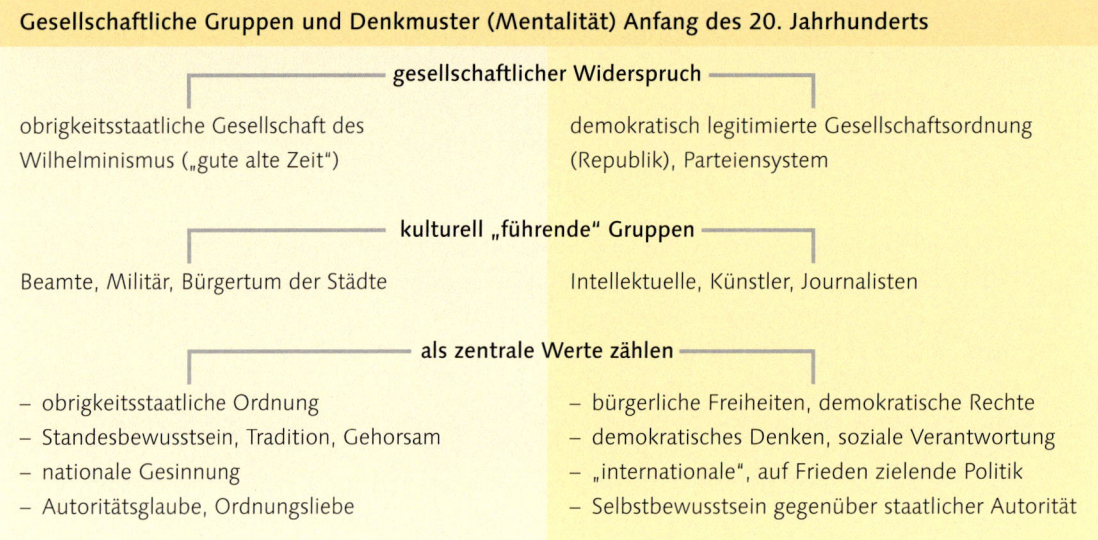

Gesellschaftliche Gruppen und Denkmuster (Mentalität) Anfang des 20. Jahrhunderts

gesellschaftlicher Widerspruch

| obrigkeitsstaatliche Gesellschaft des Wilhelminismus („gute alte Zeit") | demokratisch legitimierte Gesellschaftsordnung (Republik), Parteiensystem |

kulturell „führende" Gruppen

| Beamte, Militär, Bürgertum der Städte | Intellektuelle, Künstler, Journalisten |

als zentrale Werte zählen

– obrigkeitsstaatliche Ordnung	– bürgerliche Freiheiten, demokratische Rechte
– Standesbewusstsein, Tradition, Gehorsam	– demokratisches Denken, soziale Verantwortung
– nationale Gesinnung	– „internationale", auf Frieden zielende Politik
– Autoritätsglaube, Ordnungsliebe	– Selbstbewusstsein gegenüber staatlicher Autorität

Mit dem Ende des Ersten Weltkriegs endete auch die bislang vorherrschende bürgerliche Lebensauffassung. Das Oben und Unten in der Gesellschaft geriet durcheinander, ein sozialdemokratischer Sattlergeselle (Friedrich Ebert) war Reichspräsident geworden, das Geld wurde in der Inflation entwertet, die Sicherheiten der sozialen Hierarchien, der öffentlichen Moral, der gesellschaftlichen Werte waren geschwunden.

Zu diesem Umbuch und dem damit einhergehenden Wandel der Mentalität gehören auch folgende zwei Aspekte: zum einen die **Lockerung sozialer** und **moralischer Normen** in der Großstadtgesellschaft der „Roaring Twenties" (▶ S. 194), zum anderen die **Radikalisierung breiter Bevölkerungsschichten** am linken und rechten Rand des Parteienspektrums. Armut und Arbeitslosigkeit hatten viele sozialdemokratische Arbeiter zu Kommunisten werden lassen, die die Weimarer Parteiendemokratie in ein politisches System nach sowjetischem Muster umwandeln wollten. Auf der rechten Seite des Parteienspektrums gewannen die Nationalsozialisten Anhänger im Bürgertum und bei der Arbeiterschaft. Sie stellten eine Verbindung von konservativen und sozialen Werten in Aussicht, sie schürten den Hass auf Juden und Kapitalisten und sie versprachen ein neues nationales Selbstbewusstsein.

Entwicklung der Literatur

Moderne ist als Epoche nicht einheitlich, sondern in sich widersprüchlich. **Viele konkurrierende Strömungen** oder **Stilrichtungen in Kunst und Literatur** entwickelten sich gleichzeitig oder kurz nacheinander: Naturalismus, Impressionismus, Symbolismus, Expressionismus, Neue Sachlichkeit. Sie betonten nicht nur jeweils unterschiedliche Aspekte der Moderne, sie entwickelten auch unterschiedliche Weltanschauungen. Der **Naturalismus** setzte auf Wissenschaftlichkeit. Die Sozialwissenschaften und die Psychologie suchten nach Gesetzmäßigkeiten des Lebens, und die Naturalisten legten deren Ergebnisse ihren Werken zu Grunde. Der **Impressionismus** gilt als eine „Oberflächenkunst". Gemeint ist, dass die literarischen Werke in erhöhtem Maße auf Wahrnehmungen achteten und versuchten, Sinneseindrücke sehr genau wiederzugeben. Der **Symbolismus** ging einen Schritt weiter und entdeckte in diesen Wahrnehmungen Hinweise auf dahinterliegende (oftmals sehr subjektive) Bedeutungen. So kann Rainer Maria Rilke aus einer blassblauen Hortensie und der Erinnerung an eine blassblaue Kinderschürze Erinnerungen an die Kindheit aufsteigen lassen. Der **Expressionismus** etablierte sich als Gegenbewegung zu der gesteigerten Sensibilität der Sinne bei den Symbolisten. Seine Autoren setzten auf Schock, auf den Verstoß gegen ästhetische Normen, insgesamt auf eine intensive, dynamische und Konventionen sprengende bildliche Sprache. Die **Neue Sachlichkeit** hingegen suchte einen Anschluss an den Naturalismus. Es ging um ein sachliches Aufzeichnen der Lebenswelt und auch um eine politische Kommentierung dessen, was sich ereignete.

Daneben entstanden **bedeutende Werke, die keiner der Stilrichtungen voll zuzurechnen sind.** So ist es bis heute noch nicht zufriedenstellend geklärt, ob das aus deutsch-österreichischer und jüdischer Tradition erwachsene Werk Franz Kafkas einfach dem Expressionismus zuzuordnen ist. Ähnliches gilt für Robert Musil. Dessen Romane sind exakte literarische Zeitanalysen und zugleich genaue psychologische Studien.

Einen wirklichen **Bruch in der kulturellen Entwicklung in Deutschland** bedeutete die **nationalsozialistische „Machtergreifung".** Gleich nach dem Reichstagsbrand am 27./28. Februar 1933 mussten zahlreiche Autoren, Journalisten, Künstler, die sich als Gegner der Nationalsozialisten öffentlich betätigt hatten, ins **Exil** gehen. Die Bilder der Expressionisten wurden als „artfremde Verfallskunst" diffamiert und 1937 als „entartete Kunst" ausgestellt. Die Bücher missliebiger Autoren waren von nationalsozialistischen Studenten schon im Verlaufe des Sommers 1933 in großen Aktionen öffentlich verbrannt worden. Was blieb, war eine Kunst, die der Rassenideologie des Nationalsozialismus hörig war (Blut-und-Boden-Literatur), und eine Malerei, die die kinderreiche deutsche Familie und den heldenhaften Kämpfer zum Thema wählte.

Der nationalsozialistische Staat brachte im kulturellen Sektor seine neu gewonnene Macht umfassend zur Geltung. Die Presse wurde gleichgeschaltet und vom Reichspropagandaministerium aus eng geführt, Bücher wurden zensiert und verboten. Film und Rundfunk waren von Anfang an in den Dienst der Parteipropaganda gestellt.

Bedeutende Bilder der Zeit

Ludwig Meidner: Ich und die Stadt (1913)

George Grosz: Deutschland. Ein Wintermärchen (1917)

Ernst L. Kirchner: Potsdamer Platz (1914)

LUDWIG MEIDNERS Stadtpanorama zeigt ein Chaos aus wankenden Mietskasernen, Straßenschluchten und zerberstenden Schornsteinen, im Zentrum ein Selbstporträt als groteske Grimasse mit dem Ausdruck des Schreckens.

GEORGE GROSZ' Bild ist ein frühes satirisches Porträt der Perversionen in der Großstadt Berlin. GROSZ stellt sich, das sagt der Titel, in die Tradition HEINRICH HEINES, der schon 1844 mit *Deutschland. Ein Wintermärchen* scharfe Kritik an dem in Deutschland zur Macht kommenden Preußentum geübt hatte. Am unteren Rand des Bildes sind die „Stützen" dieser Gesellschaft positioniert: Militär, Kapital, Kirche. Im Zentrum dieses „Zeitporträts" sitzt isoliert der als dienstuntauglich entlassene kriegsfreiwillige Infanterist (GROSZ) bei Bier und Zeitung.

Der Expressionist ERNST LUDWIG KIRCHNER malt die „elegante Welt" der Großstadt. Die Damen zeigen sich den im Hintergrund vorbeihuschenden Herren wie auf einem Präsentierteller.

HUGO KRAYN (1885–1919) malte 1914 Berlin als Industriestadt. Vor Fabrikgebäuden fährt die Hochbahn. Im Vordergrund ärmliche Gestalten, sie schleppen und ziehen unter großer Anstrengung Lasten. Die „Arme-Leute-Malerei" KRAYNS kann als eine Verbindung zwischen Naturalismus und Neuer Sachlichkeit angesehen werden.

Hugo Krayn: Großstadt (1914)

PAUL KLEES Aquarell *Kalte Stadt* aus der Frühzeit der „blauen Vier" (KLEE, KANDINSKY, FEININGER, JAWLENSKY) zeigt eine menschenleere Stadt, hohe Häuser mit gleichförmigen Fensterfronten, ohne Grün, ohne Baum. Natur scheint aufgesogen in hellen Kreisen und Fassaden, die Lichtquellen darstellen könnten. Die Kälte der Stadt ist ein Effekt der stumpfen, sandgelben bis braunen Farbgebung. KLEES Abstraktionen vermitteln die kalte Atmosphäre entsprechend seinem Leitsatz „Kunst gibt nicht das Sichtbare wieder, sondern macht sichtbar".

Paul Klee: Kalte Stadt (1921)

5.1 Naturalismus –
Der wissenschaftliche Blick auf die Gesellschaft

Die enormen **Fortschritte von Naturwissenschaften und Technik** veränderten das Leben der Menschen, vor allem in den großen Städten. Das erzeugte auch neue (man sagte damals schon: „moderne") Denkweisen. Der Fortschrittsoptimismus war die Basis einer Philosophie, die von den Errungenschaften der Wissenschaft auch das Ende jeder „Metaphysik" erwartete.

Die Erkenntnis setzte sich durch, dass der **Mensch von den Tieren abstammt.** Man sah ihn **geprägt durch** seine **Herkunft** *(race),* die **Zeit,** in der er lebt *(moment),* und das **Milieu,** in dem er sich bewegt *(milieu).* Diese „Milieutheorie" hatte auch bedeutenden Einfluss auf die Literatur. Die modernen Autoren studierten Charles Darwin, Karl Marx und Sigmund Freud und entwickelten in ihren Werken einen **radikalen Realismus,** der die **sozialen und psychischen Gesetze der Wissenschaft in literarische Texte einführen** sollte. „Die Basis unseres gesamten modernen Denkens bilden die Naturwissenschaften. Das vornehmste Objekt der Forschung ist der Mensch", fasste Wilhelm Boelsche, der Sachbuchautor *(Das Liebesleben in der Natur,* 1898) und führende Kopf des „Friedrichshagener Dichterkreises", diese neue Erkenntnis zusammen.

Das zentrale Schlagwort in den Auseinandersetzungen um eine moderne, wissenschaftsorientierte Literatur war „Wahrheit". „Die moderne Dichtung soll den Menschen mit Fleisch und Blut, mit seinen Leidenschaften in unerbittlicher Wahrheit zeigen", forderte der Germanist Eugen Wolf, der 1886 im Berliner Verein „Durch" in einem Vortrag zuerst die Begriffe „Naturalismus" und „Die Moderne" verwendete. Andere Theoretiker präzisierten diese Forderung im Hinblick auf die literarische Gestaltung naturalistischer Texte: „Überall ist die Natur in dem gleichen Grade von dem göttlichen Hauch ihrer Größe und Vernunft erfüllt. Darum gibt es für den Künstler keine Stoffe zweiten und dritten Ranges", stellte Conrad Alberti fest, der Chefredakteur der *Berliner Morgenpost,* der einen sechsbändigen Roman, *Der Kampf ums Dasein* (1888–1895), vorgelegt hatte, in dem er auch „unzüchtige" Stoffe aufgriff, deretwegen er dann in Leipzig in einem „Realistenprozess" angeklagt wurde. Erst später bürgerte sich der Begriff „Naturalismus" zur Charakteristik der literarischen Strömung ein, welche die gesellschaftliche Realität mit Hilfe der sozialen und psychologischen „Naturgesetze" Darwins und Freuds durchschaubar machen wollte.

Ein Beispiel für einen solchen Erklärungsversuch findet sich in Gerhart Hauptmanns frühem Drama *Vor Sonnenaufgang,* das das Problem des Alkoholismus besonders in den unteren Schichten der Bevölkerung aufgreift (▶ S. 173 f.). Während die Sozialdemokraten Kampagnen gegen den Alkoholmissbrauch führten, stellte der junge Gerhart Hauptmann eine reich gewordene Bauernfamilie vor, in der der Alkohol seine zerstörerische Wirkung tut. Er zeigte zugleich einen in der wissenschaftlichen Diskussion seiner Zeit bewanderten jungen Ingenieur, der das Mädchen aus dieser Familie, das er liebt, nicht heiratet, weil er – nach medizinischer Beratung durch einen Freund – befürchtet, dass auf Grund der Erbgesetze der Alkoholismus der Familie an seine zukünftigen Kinder weitergereicht würde.

Das Gesetz, nach dem die jungen Autoren des Naturalismus ihre sozialkritischen Texte schreiben wollten, wurde von Arno Holz auf die Formel gebracht „**Kunst = Natur – x**". Das x, das man von der Natur (der Wirklichkeit) abziehen muss, um „Kunst" zu erhalten, meint die Unvollkommenheit des einzelnen Künstlers. Sie verhindert es, dass Kunst und Wirklichkeit voll übereinstimmen. Die Bemühungen der Naturalisten gingen dahin, das x möglichst klein zu halten. Die Folge der **größtmöglichen Nähe der Literatur zur Wirklichkeit** war, dass die Naturalisten die poetische Überformung der Sprache ablehnten. Sie schrieben meist Prosa, nur sehr selten Verse; sie benutzten Umgangssprache und, wenn sie ihre Texte im „Milieu" spielen ließen, den Dialekt ihrer Figuren. Beim Erzählen versuchten sie, durch den sogenannten Sekundenstil die Erzählzeit möglichst der erzählten Zeit anzugleichen.

Im Gegensatz zu den poetischen Realisten, von denen sie sich abwandten, sollte die „Gestaltung" der Naturalisten nicht ein schönes Abbild der Welt erzeugen. Sie wollten auch das **Hässliche**, die Hinterhöfe, **die soziale Verwahrlosung und das Elend** zeigen. Insofern knüpften sie eher an Georg Büchners Frührealismus (▶ S. 128 ff.) an. Gerhart Hauptmann war einer der Ersten, der Georg Büchner als bedeutenden Vorläufer seiner eigenen literarischen Werke entdeckte.

Der Naturalismus war keine spezifisch deutsche Entwicklung, auch wenn Berlin als schnell wachsende Industrie-Großstadt führendes Zentrum der naturalistischen Avantgarde war. Aus europäischer Perspektive gesehen, griffen die jungen Berliner Autoren auf die realistische Tradition in Frankreich zurück (vor allem auf Emile Zola, 1840–1902). Auch den Skandinavier Henrik Ibsen (1828–1906) nahmen sie als Vorbild. Zolas gesellschaftskritische Romane und Ibsens Dramen behandelten die großen gesellschaftlichen Fragen der Industrialisierung, der Armut und des Elends auf der einen Seite, des ungeheuren Reichtums auf der anderen Seite. Ibsen war zudem der Erste, der in einem Drama die Frage der Frauenemanzipation aufwarf (*Nora oder Ein Puppenheim*, 1879).

Wichtige Autoren des Naturalismus

Gerhart Hauptmann (1862–1946)
gilt als der bedeutendste deutsche Vertreter des Naturalismus. Sein erstes Drama *Vor Sonnenaufgang* (1889) prangert den Alkoholismus in allen Schichten der Bevölkerung an. Sein bekanntestes Drama, *Die Weber* (1892), provozierte vor allem das preußische Herrscherhaus, weil es nicht gelungen war, das Elend der schlesischen Weber in der Zeit zwischen 1844 (dem Aufstand) und der Zeit der Aufführung des Stückes zu mildern. Hauptmann hat neben den naturalistischen auch andere Schreibweisen und Schreibstile benutzt. 1912 erhielt er den Nobelpreis für Literatur.

Arno Holz (1863–1929)
war Dramatiker des Naturalismus und Dichter des Impressionismus. Als sein naturalistisches Hauptwerk gilt das zusammen mit Johannes Schlaf verfasste Drama *Die Familie Selicke*. Später wandte sich Holz der Lyrik zu. Sein lyrischer Zyklus *Phantasus* (1898/99), der die ganze Natur- und Gesellschaftsentwicklung in Versen durcheilt, kann nicht mehr zum Naturalismus, sondern sollte zum Ästhetizismus (▶ S. 175 ff.) gerechnet werden.

Themenkreis 1: Verelendung als Thema der Literatur

Oskar Jerschke: **An die oberen Zehntausend** (1885)

O kehrtet einmal ihr aus den Palästen
Im dunstigen Dunkel enger Gassen ein!
O kehrtet einmal ihr von euren Festen
Ins vierte Stockwerk, wo beim Öllichtschein
5 Blutarme Näherinnen um den Bissen
Des lieben Brots zehn Stunden nähen müssen!

Kröcht' einmal ihr, mit eurem Schmuck behangen,
Zur Kellerwohnung, wo der Schuster flickt,
Sein armes Weib mit hungerbleichen Wangen
10 Den Säugling an die welken Brüste drückt,
Von einer Mark oft sieben Menschen leben,
Die doch dem Kaiser noch den Groschen geben!

Es würd' euch grausen, und in eure Stirnen
Käm' Flammen gleich das Krösusblut gerollt,
15 Und durch den Puder eurer feilen Dirnen
Bräch' sich die Schamglut um das Sündengold,
Und wie wenn Eise sich mit Feuern mischen,
Würd' euch das Herz in frost'gen Schaudern zischen.

Ihr müsstet zittern, dächtet ihr im Düster
20 Des Vorstadtelends an der Schlösser Pracht,
An Baldachin und Purpurbett und Lüster,
An Wein und Sillery[1] und Wonnenacht,
Und tausendfach müsst' euch von allen Mauern
Vernichtung flammengrell entgegenschauern ...

1 **Sillery:** eine damals häufig konsumierte Champagnermarke

Heinrich Zille: Hunger (1924)

Arno Holz/Johannes Schlaf: **Die Familie Selicke, Szene I/1** (1889/90) Auszug

[Das Gemeinschaftswerk der beiden jungen Autoren versucht ihre Forderung umzusetzen, Kunst solle genaue Wiedergabe der Realität sein. Das führte zu experimentellen Ausdrucksweisen, dem Sekundenstil, dem Einsatz des Dialekts. So konnte das soziale Elend einer durch Alkoholismus des Vaters und Tuberkulose eines Kleinkindes schwer belasteten Familie sehr genau geschildert werden.]

Das Wohnzimmer der Familie Selicke

Es ist mäßig groß und sehr bescheiden eingerichtet. Im Vordergrunde rechts führt eine Tür in den Korridor, im Vordergrunde links eine in das Zimmer Wendts. Et-
5 *was weiter hinter dieser eine Küchentür mit Glasfens-*
tern und Zwirngardinen. Die Rückwand nimmt ein al-
tes, schwerfälliges, großgeblumtes Sofa ein, über welchem
zwischen zwei kleinen, vergilbten Gipsstatuetten „Schil-
ler und Goethe" der bekannte Kaulbachsche Stahlstich
„Lotte, Brot schneidend" hängt. Darunter im Halbkran-
10 *ze, symmetrisch angeordnet, eine Anzahl fotografi-*
scher Familienporträts. Vor dem Sofa ein ovaler Tisch,
auf welchem zwischen allerhand Kaffeegeschirr eine
brennende weiße Glaslampe mit grünem Schirm steht.
Rechts von ihm ein Fenster, links von ihm eine kleine
15 *Tapetentür, die in eine Kammer führt. Außerdem noch,*
zwischen den beiden Türen an der linken Seitenwand,
ein Tischchen mit einem Kanarienvogel, über welchem
ein Regulator¹ tickt, und, hinten an der rechten Seiten-
wand, ein Bett, dessen Kopfende, dem Zuschauerraum
20 *zunächst, durch einen Wandschirm verdeckt wird.*
Über ihm zwei große, alte Lithografien in fingerdün-
nem Goldrahmen, der alte Kaiser und Bismarck. Am
Fußende des Bettes, neben dem Fenster, schließlich
noch ein kleines Nachttischchen mit Medizinflaschen.
25 *Zwischen Kammer- und Küchentür ein Ofen; Stühle.*

Frau Selicke, etwas ältlich, vergrämt, sitzt vor dem Bett und strickt. Abgetragene Kleidung, lila Seelen-wärmer², Hornbrille auf der Nase, ab und zu ein we-nig fröstelnd. Pause.

30 FRAU SELICKE *(seufzend):* Ach Gott, ja!
WALTER *(noch hinter der Szene, in der Kammer):* Mamchen?!
FRAU SELICKE *(hat in Gedanken ihren Strickstrumpf fallen lassen, zieht ihr Taschentuch halb aus der Ta-*
35 *sche, bückt sich drüber und schnäuzt sich).*
WALTER *(steckt den Kopf durch die Kammertür. Paus-backen, Pudelmütze, rote, gestrickte Fausthand-schuhe):* Mamchen? Darf ich mir noch schnell 'ne Stulle schneiden?

FRAU SELICKE *(ist zusammengefahren):* Ach, geh, du 40 ungezogner Junge! Erschrick einen doch nich immer so! *(ist aufgestanden und an den Tisch ge-treten)* Kannst du denn auch gar nich 'n biss-chen Rücksicht nehmen?! Siehst du denn nich, dass das Kind krank ist? 45
WALTER *(ist unterdessen aufs Sofa geklettert und trinkt nun nacheinander die verschiedenen Kaffeereste aus. Den Zucker holt er sich mit dem Löffel extra raus):* Aber ich hab doch noch solchen Hunger, Mamchen? 50
ALBERT *(ebenfalls noch hinter der Szene, in der Kam-mer, deren Tür jetzt weit aufsteht. Man sieht ihn vor einer kleinen Spiegelkommode, auf der ein Licht brennt. Knüpft sich grade seine Krawatte um. Hemdärmel):* Ach was, Mutter! Jieb ihm lieber 55 'n Katzenkopp³ un denn is jut!
FRAU SELICKE *(die jetzt Walter die Stulle schneidet):* Na, du, Großer, sei doch man schon ganz still! Du verdienst ja noch alle Tage welche! Ich denk, ihr seid überhaupt schon lange weg? 60
ALBERT *(ärgerlich):* Ja doch! Gleich! Aber ich wer' mir doch wohl noch erst den Rock abbürsch-ten können?
FRAU SELICKE: Na ja, gewiss doch! Steh du man im-mer recht vorm Spiegel und vertrödle recht 65 viel Zeit! Da werd't ihr ja euern lieben Vater si-cher noch finden! Der wird heute grade noch auf 'm Comptoir⁴ sitzen!
ALBERT: Ach Jott! Nu tu doch man nicht wieder so! Vor sechs kann er ja doch heute sowieso nich 70 aus 'm Geschäft!
FRAU SELICKE: So! Na! Und wie spät denkste denn, dass es jetz' is? *(hat während des Streichens der Stulle einen Augenblick innegehalten, den Schirm von der Lampe gerückt und nach dem Regulator* 75 *gesehen)* ... Jetz' is gleich drei viertel!

1 **Regulator:** Pendeluhr
2 **Seelenwärmer:** gestrickte häusliche Oberbekleidung
3 **Katzenkopp:** Kopfnuss, Schlag auf den Kopf
4 **Comptoir:** Geschäftsraum eines Kaufmanns

ALBERT: Ach, Unsinn! Die jeht ja vor!

FRAU SELICKE *(für sich, fast weinend):* Hach nee! Ich sag schon! Sicher is er nu wieder weg, und vor morgen früh wer'n wir 'n ja dann natürlich nicht wieder zu sehn kriegen! Nein, so ein Mann! So ein Mann! ...

ALBERT *(noch immer in der Kammer und vorm Spiegel):* Hurrjott, Mutter! Räsonier doch nicht immer so! Du weißt ja noch gar nich!

FRAU SELICKE: Ach was! Lass mich zufrieden! Beruf mich nich immer! Ich weiß schon, was ich weiß! *(unwirsch zu Walter)* Da – haste! Klapp se dir zusammen und dann macht, dass ihr endlich fortkommt! Aus euch wird auch nischt!

(Es klingelt. Einen Augenblick lang horchen beide. Frau Selicke ist zusammengefahren, Walter starrt, die Stulle in der Hand, mit offenem Munde über die Lampe weg nach der Tür, die ins Entree führt.)

FRAU SELICKE *(endlich):* Na? Machste nu auf, oder nich? 95

(Walter hat die Stulle liegen lassen und läuft auf die Tür zu. Er klinkt diese auf und verschwindet im Entree.)

ALBERT *(der eben aus der Kammer getreten ist, in der er das Licht ausgelöscht hat, zieht sich noch gerade seinen Überzieher an. Aus der Brusttasche stecken Glacés⁵, zwischen den Zähnen hält er eine brennende Zigarette, an einem breiten, schwarzen Bande baumelt ihm ein Kneifer herab. Modern gescheitelt. Hut und Stöckchen hat er einstweilen auf den Stuhl neben dem Sofa platziert. Zu Frau Selicke, indem er mit dem Fuße die Tür hinter sich zudrückt):* Nanu? Das kann doch unmöglich schon der Vater sein? 100 105

FRAU SELICKE *(die sich wieder mit dem Kaffeegeschirr zu tun macht, unruhig):* Ach wo! 110

---

5 **Glacés:** Handschuhe

Kommentar

JERSCHKES Gedicht gehört zur **naturalistischen Elendspoesie.** Solche Gedichte suchten durch die Beschreibung von Elend und Not Mitleid zu wecken. Sie waren oft sentimental und zeigten den Verelendeten keine Perspektive. Der sozialkritische Autor arbeitet mit den Kontrasten der Zeit: Übermäßig angewachsener Reichtum der „Gründerzeit" steht im Gegensatz zu bitterster Armut. Charakteristisch für die Großstadt der Zeit ist zusätzlich, dass Arm und Reich sehr nahe beieinander wohnten, in unterschiedlichen Etagen der gleichen Häuser (nicht, wie heute, in getrennten Stadtvierteln), oder in Vorderhaus und Hinterhaus voneinander abgesondert. Von daher musste es den Reichen schon schwerfallen, das Elend in ihrer nächsten Umgebung nicht zu sehen. Der Wunsch des Sprechers nach Bestrafung des Luxuslebens angesichts des Elends erinnert an die Texte des Vormärz (▶ S. 130 ff.).

Die ausgewählte Szene aus *Die Familie Selicke* ist ein naturalistisches Porträt **einer** realen **verarmten Familie.** Es ist die Eingangsszene, die die Aufgabe hat, die Zuschauer ins „Milieu" einzuführen. Eine ausführliche Regieanweisung überschreitet die Textgrenze vom Drama hin zur Erzählliteratur. Frau Selicke ist verhärmt; ihre beiden Jungen verwöhnt sie. Der Kleine hat Hunger und will seine Stulle, der ältere macht sich zum Ausgehen schick. Alle haben Angst vor dem Vater, der noch nicht nach Hause gekommen ist, von dem sie aber befürchten, dass er, wenn er kommt, wieder getrunken haben wird und dann die Familie tyrannisiert. Selicke ist ein haltloser Säufer. Die Zuschauer werden durch die Vorstellung seiner Familienumgebung auf sein schreckliches Erscheinen vorbereitet.

Charakteristisch für den Naturalismus ist die Benutzung der **schichtspezifischen Umgangssprache.** Das war für das bürgerliche Theater eine Provokation. Als zur sprachlichen Provokation noch politische Kritik hinzukam (in GERHART HAUPTMANNS Stück *Die Weber*), kündigte der deutsche Kaiser WILHELM II. sein Abonnement im Deutschen Theater. Die konservativen Kritiker sprachen von „Rinnsteinkunst".

Auffällig ist die Gefühlsarmut der meisten Figuren. Alle verfolgen ihre eigenen Interessen. Der Familienverbund hält kaum noch zusammen, lediglich das Verantwortungsbewusstsein der Frauen rettet den Säufer Selicke vor dem totalen Ruin. Auf dieser Ebene spielt sich dann auch die Tragödie des Stückes ab. Toni, die ältere Tochter, die nicht trinkt, opfert sich, bricht ihre Beziehung zu einem Theologen ab, durch die sie sich aus dieser Familie hätte lösen können.

Themenkreis 2: Alkoholismus und Vererbung – Milieutheorie

Gerhart Hauptmann: **Vor Sonnenaufgang** (1889) Auszug aus dem fünften Akt

[Gerhart Hauptmanns erstes großes Sozialdrama spielt im schlesischen Kohlerevier. Eine Bauernfamilie ist durch Landverkauf an die Kohlegruben unmäßig reich geworden, dem Alkohol verfallen und verwahrlost. Der Schwiegersohn Hoffmann erhält Besuch von seinem Studienfreund Loth, einem überzeugten Sozialisten und Alkoholgegner. Loth verliebt sich in Helene, die Tochter des Hauses, die noch nicht verdorben ist wie ihre Familie. Aber für Loth kommt nur eine Frau in Frage, die einwandfreies Erbgut besitzt. Dr. Schimmelpfennig, ein alter Studienfreund, klärt ihn über Alkoholismus und sexuelle Ausschweifung in diesem Hause auf, und so beschließt Loth, heimlich abzureisen. Helene bringt sich um.]

DR. SCHIMMELPFENNIG *Nach einigen unruhigen Anläufen:* Die Geschichte ist leider die: Ich halte mich für verpflichtet ... ich schulde dir unbedingt eine Aufklärung. Du wirst Helene Krau-
5   se, glaub ich, nicht heiraten können.
LOTH *kalt:* So, glaubst du?
DR. SCHIMMELPFENNIG: Ja, ich bin der Meinung. Es sind da Hindernisse vorhanden, die gerade dir ...
10 LOTH: Hör mal, du, mach dir darüber um Gottes willen keine Skrupel. Die Verhältnisse liegen auch gar nicht mal so kompliziert, sind im Grunde sogar furchtbar einfach.
DR. SCHIMMELPFENNIG: Einfach f u r c h t b a r, soll-
15 test du eher sagen.
LOTH: Ich meine, was die Hindernisse anbetrifft.
DR. SCHIMMELPFENNIG: Ich auch zum Teil. Aber auch überhaupt: Ich kann mir nicht denken, dass du diese Verhältnisse hier kennen solltest.
20 LOTH: Ich kenne sie aber doch ziemlich genau.
DR. SCHIMMELPFENNIG: Dann musst du notwendigerweise deine Grundsätze geändert haben.

LOTH: Bitte, Schimmel, drück dich etwas deutlicher aus.
DR. SCHIMMELPFENNIG: Du musst unbedingt deine   25
Hauptforderung in Bezug auf die Ehe fallengelassen haben, obgleich du vorhin durchblicken ließt, es käme dir nach wie vor darauf an, ein an Leib und Seele gesundes Geschlecht in die Welt zu setzen.   30
LOTH: Fallengelassen? ... Fallengelassen? Wie soll ich denn das ...
DR. SCHIMMELPFENNIG: Dann bleibt nichts übrig ... dann kennst du eben doch die Verhältnisse nicht. Dann weißt du zum Beispiel nicht, dass   35
Hoffmann einen Sohn hatte, der mit drei Jahren bereits am Alkoholismus zu Grunde ging.
LOTH: Wa... was – sagst du?
DR. SCHIMMELPFENNIG: 's tut mir leid, Loth, aber sagen muss ich dir 's doch, du kannst ja dann   40
noch machen, was du willst. Die Sache war kein Spaß. Sie waren gerade wie jetzt zum Besuch hier. Sie ließen mich holen, eine halbe Stunde zu spät. Der kleine Kerl hatte längst verblutet. *Loth mit den Zeichen tiefer, furchtbarer*   45
Erschütterung an des Doktors Munde hängend. Nach der Essigflasche hatte das dumme Kerlchen gelangt in der Meinung, sein geliebter Fusel sei darin. Die Flasche war herunter- und das Kind in die Scherben gefallen. Hier unten,   50
siehst du, die vena saphena[1], die hatte es sich vollständig durchschnitten.
LOTH: W...w...essen Kind, sagst du ...?
DR. SCHIMMELPFENNIG: Hoffmanns und ebenderselben Frau Kind, die da oben wieder ... und auch   55
die trinkt, trinkt bis zur Besinnungslosigkeit, trinkt, so viel sie bekommen kann.

1   **vena saphena:** Vene im Bein

LOTH: Also von Hoffmann ... Hoffmann geht es nicht aus?!

60 DR. SCHIMMELPFENNIG: Bewahre! Das ist tragisch an dem Menschen, er leidet darunter, soviel er überhaupt leiden kann. Im Übrigen hat er 's gewusst, dass er in eine Potatorenfamilie[2] hineinkam. Der Bauer[3] nämlich kommt über-
65 haupt gar nicht mehr aus dem Wirtshaus.

LOTH: Dann freilich – begreife ich manches – nein! Alles begreife ich – alles. *Nach einem dumpfen Schweigen.* Dann ist ihr Leben hier ... Helenes Leben – ein ... ein – wie soll ich sagen?!
70 Mir fehlt der Ausdruck dafür – ... nicht? [...] *Loth nimmt langsam Hut und Stock und hängt sich sein Täschchen um.*

DR. SCHIMMELPFENNIG: Was gedenkst du zu tun, Loth?

75 LOTH: ... Nicht begegnen ...!

DR. SCHIMMELPFENNIG: Du bist also entschlossen?

LOTH: Wozu entschlossen?

DR. SCHIMMELPFENNIG: Euer Verhältnis aufzulösen?

LOTH: Wie sollt' ich wohl dazu nicht entschlossen 80 sein.

DR. SCHIMMELPFENNIG: Ich kann dir als Arzt noch sagen, dass Fälle bekannt sind, wo solche vererbte Übel unterdrückt worden sind, und du würdest ja gewiss deinen Kindern eine ratio- 85 nelle Erziehung geben.

LOTH: Es mögen solche Fälle vorkommen.

DR. SCHIMMELPFENNIG: Und die Wahrscheinlichkeit ist vielleicht nicht so gering, dass ...

LOTH: Das kann uns nichts helfen, Schimmel. 90 So steht es: Es gibt drei Möglichkeiten! Entweder ich heirate sie, und dann ... nein, dieser Ausweg existiert überhaupt nicht. Oder – die bewusste Kugel. Na ja, dann hätte man wenigstens Ruhe. Aber nein! So weit sind wir noch 95 nicht, so was kann man sich einstweilen noch nicht leisten – also leben! Kämpfen! – Weiter, immer weiter.

2 **Potatoren:** Alkoholabhängige
3 **der Bauer:** Gemeint ist der alte Krause.

Kommentar

Das zentrale Thema der Gesellschaftskritik in HAUPTMANNS Drama *Vor Sonnenaufgang* ist der Niedergang der Familie Krause. Die Zerrüttung der Familie ist das Ergebnis gesellschaftlicher Missstände, die mit der schnellen Expansion des Kohlebergbaus zusammenhängen. Die Familie ist zu unerwartetem Reichtum gekommen und kann damit nicht umgehen. Ein wichtiger Grund für den Zerfall der Familie ist der Alkohol. HAUPTMANN gehörte offenbar – wie seine Figuren Loth und Schimmelpfennig – zu den modernen, wissenschaftsgläubigen Intellektuellen, die daran glaubten, dass **Alkoholismus** eine **Erbkrankheit** sei. CHARLES DARWIN hatte den Einfluss der Lebensbedingungen auf die Entwicklung der Arten bewiesen, HIPPOLYTE TAINE die Bedeutung von Vererbung und Milieu gleichermaßen betont. Für viele stand fest, dass der Alkoholismus im Milieu der Unterschichten für die dort auftretenden Krankheiten, die Willensschwäche und die geringe Lebenstüchtigkeit der Kinder verantwortlich sei.

Christen und Sozialisten suchten die Trunksucht in den Arbeiterfamilien einzudämmen (Gründung des Blauen Kreuzes). Für die Naturalisten war das ein idealistischer Versuch, gegen die gesellschaftlich belastete menschliche Natur anzugehen.

Das Gespräch der beiden Freunde zeigt, wie sehr das alles konstruiert ist. Helene soll keine gesunden Kinder bekommen können? Als sie geboren wurde, gab es noch keinen Alkoholismus in der Familie Krause. Sie lebt, wie Loth richtig feststellt, keusch, also unbeeinflusst von dem Verhalten der anderen Familienmitglieder. Wo ist hier Vererbung im Spiel, die Loth hätte bestimmen müssen, die Beziehung abzubrechen?

5.2 Ästhetizismus, Symbolismus, Expressionismus

Gegen eine realistische, später naturalistische Literatur, die sich in dem letzten Jahrzehnt vor dem Beginn eines neuen Jahrhunderts dem naturwissenschaftlichen Studium des Menschen verschrieben hatte, die soziales Elend zum Thema machte und die die Milieuabhängigkeit des Menschen betonte, wandten sich junge Autoren, die in der Literatur nicht auf **Ästhetik des Schönen, sensible Empfindungsfähigkeit,** vornehme oder gebildete Umgangsformen der literarischen Figuren verzichten wollten. Verschiedenartige, zum Teil sogar widersprüchliche Konzepte waren im Umlauf und wurden in ganz unterschiedlicher Weise in Literatur umgesetzt. Grundsätzlich aber lassen sich zwei große Richtungen unterscheiden. Die einen begegnen der Welt als sensible Künstler, deren Aufgabe in der Gestaltung des Schönen als Antwort auf das Hässliche der Welt besteht. Die andere Gruppe protestiert – ähnlich wie am Ende des 18. Jahrhunderts die jungen Autoren des Sturm und Drang – drastisch und aufbegehrend gegen herrschende Denkweisen in Gesellschaft, Polititk und Kunst.
Zu der zuerst genannten Gruppe gehörten z.B. Rainer Maria Rilke, Hugo von Hofmannsthal und Hermann Hesse. Als Beispiele für diese Kunstrichtung können hier die Gedichte Rilkes gelten. Sie verwandeln ihre jeweiligen „Gegenstände" in Kunst. Rilke glaubt an einen „Innenraum" der Welt, in dem die banalen Dinge der Außenwelt ihr „Wesen" haben. Ein Raubtier in einem Zoo kann so zu einem faszinierenden Symbol von Kraft, Geschmeidigkeit und gleichzeitig von Melancholie werden. Der Panther, den Rilke im Botanischen Garten (Jardin des Plantes) in Paris beobachtet, wird in seinem Gedicht zu einem Wesen, das sich jeder Kontaktaufnahme mit den menschlichen Zuschauern vor den Käfigstangen verweigert (▶ S. 179).

Für die eben beschriebene Kunstauffassung sind viele Namen im Umlauf, die jeweils unterschiedliche Aspekte betonen. **Fin de Siècle** hebt den melancholischen Blick auf den Zerfall der klassischen Kultur hervor, **Symbolismus** die Verwandlung der Gegenstände der Welt durch ihre Behandlung in der Kunst in Symbole für unanschauliche seelische Vorgänge, **Surrealismus** das Heraustreten aus der Realität in die Welten des Traums und der Fantasie. Allen diesen Richtungen gemeinsam ist ihre Tendenz zum **Ästhetizismus:** Kunst soll nicht an ihrem sozialen Nutzen gemessen werden, der Wert der Kunst gründet in der **verfeinerten subjektiven ästhetischen (künstlerischen) Gestaltung.** Fast alle Dichter mit dieser Kunstauffassung beschäftigen sich auch intensiv mit dem Thema „Sprache". Sie sehen, dass die Alltagsrede nicht für ihre Lyrik geeignet ist. Sie pflegen daher eine stilisierte Sprache, die auf wenig geläufige, „erlesene" Worte, interessante Reime und gesuchte sprachliche Bilder Wert legt. Ihre elitäre Haltung gegenüber der Alltagswelt begründeten sie oft mit Bezug auf den Philosophen Friedrich Nietzsche, der seinerseits den großen Einzelnen als tragische Figur gegen die heraufkommende Massengesellschaft betonte.

Die andere oben genannte Gruppe wandte sich weniger dem Kunstschönen zu als den **Problemen und Spannungen in der Gesellschaft, der Kunst und** nicht zuletzt **im eigenen Ich.** Diese Künstler sahen in der Welt des wissenschaftlichen und ökonomischen Fortschritts eher eine der gesellschaftlichen Stagnation, in der wohlgeordneten wilhelminischen Welt ihrer Väter eine Herausforderung, das bisher Gültige auf den Kopf zu stellen. Ihre Kunst sollte **„ausdrücken",** was sie an seelischer Frustration in der sie umgebenden wohlanständigen Welt erfuhren. Ihre Kunst war Ausdruck ihrer Weltsicht. Das **Nach-außen-Kehren der inneren Kämpfe und Zweifel** fassten sie in den zuerst für die Malerei verwendeten Begriff **Expressionismus.**

Die **Expressionisten** fühlten sich selbst provoziert durch alle Formen der angepassten Kultur, von der das wilhelminische Publikum eine Verschönerung des Daseins erwartete. Deswegen wurden sie zuerst auch vehement abgelehnt. Die Realisten wollten genau hinsehen, die Expressionisten sahen sich eher als **Visionäre,** die schauen, was sich hinter den Dingen verbirgt. Sie verabscheuten die saubere Trennung von Außenwelt (die man beschreibt) und Innenwelt (Gedanken, Ängste, Träume), die man schildert oder reflektiert. Ihre Texte mischen die Sphären. Sie verzichten dabei auch auf geordnete Sprache. Manche ihrer Gedichte sind scheinbar unzusammenhängende Aneinanderreihungen von gleichzeitig sich ereignenden Dingen („Simultangedicht"). Manche ihrer Erzähltexte wenden das Innere nach außen, so wie ein Schneider einen Rock wendet, und machen aus alten Kleidern (zum Beispiel traditionellen Formen wie Fabel oder Parabel) neue, wie FRANZ KAFKAS oder ROBERT MUSILS Parabeln (▶ S. 188 ff.), deren Sinn eher in einem Rätsel als in einer Botschaft besteht.

Wichtige Autoren und Autorinnen

FRIEDRICH NIETZSCHE (1844–1900)
Philosoph, Dichter, Philologe. Seine Kritik an der verlogenen Moral der Gesellschaft, seine Umwertung der ästhetischen Maßstäbe vom Schönen („Apollinischen") hin zum Rauschhaften („Dionysischen"), seine Philosophie von der Überwindung des Menschen im „Übermenschen" beeinflussten die Dichter der Jahrhundertwende.

ELSE LASKER-SCHÜLER (1869–1945)
deutsche Dichterin jüdischen Glaubens. Jugend in Wuppertal, zwei Ehen in Berlin. 1917 erschienen ihre *Gesammelten Gedichte.* 1933 emigrierte sie in die Schweiz. Von Zürich aus reiste sie in den folgenden Jahren dreimal nach Palästina. Da ihr 1939 nach Ausbruch des Krieges das Wiedereinreisevisum von der Schweiz verweigert wurde, blieb sie endgültig in Palästina. 1943 erschien dort ihr letzter Gedichtband *Mein blaues Klavier* (▶ S. 202). ELSE LASKER-SCHÜLER starb 1945 in Jerusalem.

HUGO VON HOFMANNSTHAL (1874–1929)
österreichischer Schriftsteller, Dramatiker, Lyriker, Essayist, Librettist sowie Mitbegründer der Salzburger Festspiele. Er gilt als einer der wichtigsten Repräsentanten des deutschsprachigen Fin de Siècle und der Wiener Moderne. Sein Stück *Jedermann. Das Spiel vom Sterben des reichen Mannes* (1903–1911) wird seit 1920 jedes Jahr bei den Salzburger Festspielen aufgeführt.

RAINER MARIA RILKE (1875–1926)
einer der bedeutendsten Lyriker der Zeit. Er schrieb auch Erzählungen, einen Roman (*Die Aufzeichnungen des Malte Laurids Brigge,* 1910) und Aufsätze zu Kunst und Kultur. Sein umfangreicher Briefwechsel bildet einen wichtigen Bestandteil seines literarischen Schaffens. Seine „Dinggedichte" zeigen Tiere, Pflanzen, Kunstwerke als sprachliche „Wesensbilder".

THOMAS MANN (1875–1955)

zählt zu den bedeutendsten Erzählern deutscher Sprache im 20. Jahrhundert. Er knüpft an Erzählweisen des poetischen Realismus an. Seine Erzähler distanzieren sich indes oft ironisch von den Figuren. Für seinen Roman *Buddenbrooks* (1901) erhielt er 1929 den Nobelpreis für Literatur.

HERMANN HESSE (1877–1962)

gilt vielen als Dichter der Jugend. Seine Helden sind oft Jugendliche, die auf der Suche nach einem Sinn für ihr Dasein sind. Seine bekanntesten Werke sind die Romane *Peter Camenzind* (1904), *Unterm Rad* (1906), *Demian* (1919), *Siddhartha* (1922), *Der Steppenwolf* (1927), *Narziß und Goldmund* (1930), in denen es immer um Selbstverwirklichung geht. HESSE erhielt 1946 den Nobelpreis für Literatur.

ROBERT MUSIL (1880–1942)

studierte Maschinenbau und wurde Ingenieur. Im Ersten Weltkrieg war er Offizier, gab eine Soldatenzeitung heraus. Als freier Schriftsteller und Theaterkritiker arbeitete er in Wien und Berlin. Nach dem Anschluss Österreichs an Deutschland und dem Verbot seiner Bücher emigrierte er in die Schweiz. In seinem frühen Roman *Die Verwirrungen des Zöglings Törleß* (1906) beschreibt Musil Konflikte und Probleme der Pubertät in einem Internat. In seinem Fragment gebliebenen Hauptwerk, dem Roman *Der Mann ohne Eigenschaften* (1930–1942), bietet er ein Bild der dekadenten österreichischen Adelsgesellschaft vor dem Ersten Weltkrieg.

FRANZ KAFKA (1883–1924)

stammte aus einer jüdischen Kaufmannsfamilie in Prag. Sein Hauptwerk bilden neben drei Romanen bzw. Romanfragmenten (*Der Verschollene*, 1912; *Der Prozess*, 1914; *Das Schloss*, 1922) zahlreiche Erzählungen: *Das Urteil, Die Verwandlung, In der Strafkolonie, Ein Landarzt, Ein Hungerkünstler, Josefine die Sängerin oder Das Volk der Mäuse.* KAFKAS Texte beeinflussten stark die gesamte literarische Entwicklung in der Bundesrepublik. In der DDR wurde er teilweise als dekadenter Autor abgelehnt.

GOTTFRIED BENN (1886–1956)

war Arzt, Dichter und Essayist. Er trennte strikt berufliches Leben und künstlerische Existenz, obwohl er die Motive seiner ersten Gedichtsammlung *Morgue* (1912) aus dem Berufsfeld des Arztes nahm. Im Ersten Weltkrieg war er Militärarzt. 1933 unterschrieb er ein Gelöbnis für ADOLF HITLER. Er wurde HEINRICH MANNS Nachfolger in der Preußischen Akademie der Künste. Wegen seiner expressionistischen Lyrik erhielt er trotzdem Schreibverbot, ließ sich wieder für die Armee rekrutieren. 1951 erhielt er den Georg-Büchner-Preis, den bedeutendsten bundesdeutschen Literaturpreis.

GEORG HEYM (1887–1912)

war der erste junge Lyriker des frühen Expressionismus. HEYM hasste sein bürgerlich-konservatives Elternhaus. Er studierte lustlos Jura. Am 29. November 1910 schrieb er in sein Tagebuch: „Meine Natur sitzt wie in der Zwangsjacke. Ich platze schon in allen Gehirnnähten. […] Und nun muss ich mich vollstopfen wie eine alte Sau auf der Mast mit der Juristerei, es ist zum Kotzen." Er trat in den Berliner „Neuen Club" ein, begann, seine Gedichte zu veröffentlichen. 1912 ertrank er beim Eislaufen auf der Havel.

JAKOB VAN HODDIS (geb. HANS DAVIDSOHN, 1887–1942)
geboren in Berlin, ermordet im Vernichtungslager Sobibór in Polen. Sein berühmtes Gedicht *Weltende* (1911) eröffnet die erfolgreichste Sammlung expressionistischer Lyrik, KURT PINTHUS' *Menschheitsdämmerung* (1920).

GEORG TRAKL (1887–1914)

österreichischer Lyriker des Expressionismus. Er verbrachte seine Kindheit in Salzburg, entwickelte zu seiner jüngeren Schwester MARGARETHE eine enge Beziehung. TRAKL trat als Apothekengehilfe in den Militärdienst ein. Er verfiel in Drogenexzesse und Depression. 1914 wurde er als Militärapotheker eingezogen und erlebte die Schlacht bei Grodek. Er hatte Schwerverwundete zu versorgen und erlitt einen Nervenzusammenbruch. In dem Gedicht *Grodek* verarbeitete er wenige Tage vor seinem Tod seine Kriegserfahrung.

Themenkreis 1: Verwandlungen – Dinge als Zeichen und Wunder

Friedrich Nietzsche: **Vereinsamt** (1884)

Die Krähen schrein
Und ziehen schwirren Flugs zur Stadt:
Bald wird es schnein –
Wohl dem, der jetzt noch – Heimat hat!

5 Nun stehst du starr,
Schaust rückwärts, ach! wie lange schon!
Was bist du Narr,
Vor Winters in die Welt – entflohn?

Die Welt – ein Tor
10 Zu tausend Wüsten, stumm und kalt!
Wer das verlor,
Was du verlorst, macht nirgends Halt.

Nun stehst du bleich,
Zur Winter-Wanderschaft verflucht,
15 Dem Rauche gleich,
Der stets nach kältern Himmeln sucht.

Flieg, Vogel, schnarr
Dein Lied im Wüsten-Vogel-Ton! –
Versteck, du Narr,
20 Dein blutend Herz in Eis und Hohn!

Die Krähen schrein
Und ziehen schwirren Flugs zur Stadt:
Bald wird es schnein –
Weh dem, der keine Heimat hat!

Rainer Maria Rilke: Der Panther (1902)

Jardin des Plantes, Paris

Sein Blick ist vom Vorübergehn der Stäbe
so müd geworden, dass er nichts mehr hält.
Ihm ist, als ob es tausend Stäbe gäbe
und hinter tausend Stäben keine Welt.

5 Der weiche Gang geschmeidig starker Schritte,
der sich im allerkleinsten Kreise dreht,
ist wie ein Tanz von Kraft um eine Mitte,
in der betäubt ein großer Wille steht.

Nur manchmal schiebt der Vorhang der Pupille
10 sich lautlos auf –. Dann geht ein Bild hinein,
geht durch der Glieder angespannte Stille –
und hört im Herzen auf zu sein.

Franz Marc: Der Tiger (1912)

Rainer Maria Rilke: Der Schwan (1906)

Diese Mühsal, durch noch Ungetanes
schwer und wie gebunden hinzugehn,
gleicht dem ungeschaffnen Gang des Schwanes.

Und das Sterben, dieses Nichtmehrfassen
5 jenes Grunds, auf dem wir täglich stehn,
seinem ängstlichen Sich-Niederlassen –:

in die Wasser, die ihn sanft empfangen
und die sich, wie glücklich und vergangen,
unter ihm zurückziehn, Flut um Flut;
10 während er unendlich still und sicher
immer mündiger und königlicher
und gelassener zu ziehn geruht.

Hermann Hesse: Piktors Verwandlungen (1922) Auszug

Kaum hatte Piktor das Paradies betreten, so stand er vor einem Baume, der war zugleich Mann und Frau. Piktor grüßte den Baum mit Ehrfurcht und fragte: „Bist du der Baum des Lebens?" Als aber
5 statt des Baumes die Schlange ihm Antwort geben wollte, wandte er sich ab und ging weiter. Er war ganz Auge, alles gefiel ihm sehr. Deutlich spürte er, daß er in der Heimat und am Quell des Lebens sei. [...]
10 Einen Vogel sah Piktor sitzen, sah ihn im Grase sitzen und von Farben blitzen, alle Farben schien der schöne Vogel zu besitzen. Den schönen bunten Vogel fragte er: „O Vogel, wo ist denn das Glück?"
15 „Das Glück?" sprach der schöne Vogel und lachte mit seinem goldenen Schnabel, „das Glück, o Freund, ist überall, in Berg und Tal, in Blume und Kristall."
Mit diesen Worten schüttelte der frohe Vogel sein
20 Gefieder, ruckte mit dem Hals, wippte mit dem Schwanz, zwinkerte mit dem Auge, lachte noch einmal, dann blieb er regungslos sitzen, saß still im Gras, und siehe: der Vogel war jetzt zu einer bunten Blume geworden, die Federn Blätter, die
25 Krallen Wurzeln. Im Farbenglanze, mitten im Tanze, ward er zur Pflanze. Verwundert sah es Piktor.
Und gleich darauf bewegte die Vogelblume ihre Blätter und Staubfäden, hatte das Blumentum
30 schon wieder satt, hatte keine Wurzeln mehr, rührte sich leicht, schwebte langsam empor und war ein glänzender Schmetterling geworden, der wiegte sich schwebend, ohne Gewicht, ganz Licht, ganz leuchtendes Gesicht. Piktor machte
35 große Augen.
Der neue Falter aber, der frohe bunte Vogelblumenschmetterling, das lichte Farbengesicht flog im Kreise um den erstaunten Piktor, glitzerte in der Sonne, ließ sich sanft wie eine Flocke zur Erde
40 nieder, blieb dicht vor Piktors Füßen sitzen, atmete zart, zitterte ein wenig mit den glänzenden Flügeln und war alsbald in einen farbigen Kristall verwandelt, aus dessen Kanten ein rotes Licht strahlte. [...]
45 Piktor wurde ein Baum. Er wuchs mit Wurzeln in die Erde ein, er reckte sich in die Höhe, Blätter trieben und Zweige aus seinen Gliedern. [...]

Der Baum Piktor war glücklich und zählte die Jahre nicht, welche vergingen. Sehr viele Jahre gingen hin, ehe er merkte, daß sein Glück nicht 50 vollkommen sei. Langsam nur lernte er mit den Baum-Augen sehen. Endlich war er sehend und wurde traurig.
Er sah nämlich, daß rings um ihn her im Paradiese die meisten Wesen sich sehr häufig verwandelten, ja daß alles in einem Zauberstrome ewiger 55 Verwandlung floß. [...]
Er selbst aber, der Baum Piktor, blieb immer derselbe, er konnte sich nicht mehr verwandeln. Seit er dies erkannt hatte, schwand sein Glück dahin: 60 Er fing an zu altern und nahm immer mehr jene müde, ernste und bekümmerte Haltung an, die man bei vielen alten Bäumen beobachten kann. Auch bei Pferden, bei Vögeln, bei Menschen und allen Wesen kann man es ja täglich sehen: Wenn 65 sie nicht die Gabe der Verwandlung besitzen, verfallen sie mit der Zeit in Traurigkeit und Verkümmerung, und ihre Schönheit geht verloren. Ⓡ

Hermann Hesse: Illustration zu *Piktors Verwandlungen*

Kommentar

Die **gesteigerte Sensibilität „moderner" Autoren der Jahrhundertwende** gegenüber ihrer Umwelt ist das **Ergebnis einer tiefen Verunsicherung.** Die hatte schon in der Epoche der Romantik begonnen. Sie machte sich jetzt in einer Welt bemerkbar, die an der Oberfläche der Kaiserreiche glänzte und bei den Bürgern eine satte Zufriedenheit mit der eigenen Zeit hervorrief. Die Verunsicherung bezog sich einmal auf philosophische Dinge: Wie „real" ist die Welt, die wir wahrnehmen? Welche moralischen Kategorien sollen wirklich richtungsweisend sein und wo ist Betrug oder Manipulation im Spiel? NIETZSCHE zum Beispiel stellt die Frage, ob die christliche Moral der Nächstenliebe nicht in Wirklichkeit auf Selbst- und Herrschsucht beruhe. Wie sicher ist die sprachliche Verständigung zwischen Menschen? Wie kann Lüge von Wahrheit geschieden werden? Andere Fragen bezogen sich speziell auf die Literatur: Wie kann die Literatur – in einer Sprache, die für Alltagszwecke geschaffen ist – das allseits gespürte Unbehagen an der Zeit artikulieren? Dadurch, dass sie sprachliche Formen verfeinert, überraschende Vergleiche und Metaphern erfindet – oder dadurch, dass sie die geläufigen Sprachformen zerschlägt, das Wort aus den Fesseln der Syntax „erlöst"?

FRIEDRICH NIETZSCHES Gedicht *Vereinsamt* erfasst im Bild des winterlichen Wanderers die Situation des Denkenden in der Zeit: Er ist ein heimatlos Irrender in einer winterlichen Welt. Das Bild selbst hat einen romantischen Ursprung. In MÜLLERS und SCHUBERTS *Winterreise* (▶ S. 105) gibt es ein Gedicht, *Die Krähe,* das NIETZSCHE als Vorlage gedient haben könnte:

> Eine Krähe war mit mir
> Aus der Stadt gezogen,
> Ist bis heute für und für
> Um mein Haupt geflogen.
>
> Krähe, wunderliches Tier,
> Willst mich nicht verlassen?
> Meinst wohl, bald als Beute hier
> Meinen Leib zu fassen?

Das „Moderne" an NIETZSCHES Gedicht ist, dass die **Naturbeobachtung** (Krähen fliegen vom Feld in die Stadt) **Bildzeichen** wird **für eine emotionale Befindlichkeit und gleichzeitig für eine philosophische Frage.** Die Krähe „schnarrt" ein „Wüsten-Vogel"-Lied. Die Welt ist stumm und kalt, ein „Tor zu tausend Wüsten". Damit ist der schwarze Vogel in der weißen Winterwüste ein Symbol der Zukunft, die den Einsamen erwartet: Er ist zur „Winter-Wanderschaft verflucht".

Auf der systematischen Suche nach dem „Wesen", der Bedeutsamkeit der Dinge um uns her, der Kunstdinge und der Naturgestalten, war der Dichter **RAINER MARIA RILKE** nach Paris zu dem Bildhauer **AUGUSTE RODIN** gekommen. RODIN schuf Plastiken von Menschen, an denen für RILKE deren Wesen oder Charakter unmittelbar anschaulich wurde (▶ Abbildung auf S. 182). RILKE wollte das in Worte fassen und dabei auch das Wesen von Tieren, die zu ihrer Natur noch ein instinktsicheres Verhältnis haben, zur Sprache bringen. Seine „Dinggedichte" sollten die uns Menschen

Auguste Rodin:
Die Bürger von Calais (1889) Ausschnitt

schwer zugängliche Welt kreatürlicher Verbundenheit mit der Natur erschließen. Modern ist hier der Gedanke, dass die Hierarchie zwischen Mensch und Tier umgedreht ist. Die Tiere haben Zugang zu etwas, was die Menschen verloren haben.

Der Panther zum Beispiel besitzt einen großen Willen. Dieser ist in der Gefangenschaft betäubt, aber in den Bewegungen seines Körpers ist er noch vorhanden. Der Panther weiß nichts von seinem Wesen und dessen Verletzung durch die Gefangenschaft. Aber der einfühlsame Betrachter erfasst und formuliert es im gelungenen Gedicht. Was dabei entsteht, ist ein Gedicht, in dem dem Tier im Zoo die Sensibilität und Melancholie des menschlichen Betrachters unterstellt wird. Die sprachliche Formulierung aber ist so, dass der Eindruck entsteht, als sei das Gedicht ein Wesensbild des Tieres. Das gilt auch für das Bild, das FRANZ MARC von einem Tiger malte. Die Seele des Tieres sollte sichtbar werden. Die Form und die von der Wirklichkeit abweichende Farbe ordnen sich diesem Ziel unter, dem reinen Ausdruck animalischen Lebensgefühls.

Leichter nachzuvollziehen ist dieser Prozess der Umwandlung eines in der Wirklichkeit beobachteten Tieres in ein Bild für einen eher menschlichen und modernen Gemütszustand in dem Gedicht *Der Schwan.* Hier sind die Bewegungsformen des Tieres auf dem Lande, beim Ins-Wasser-Gehen und beim Schwimmen „übersetzt" in menschliche Gemütszustände zwischen Angst und Selbstbewusstsein, und zwar so, dass die Grenze zwischen Land und Wasser als Grenze zwischen Leben und Tod begriffen werden kann.

HERMANN HESSE macht zwanzig Jahre später aus diesem Prozess der in Tiergedichten durchgespielten Verwandlung von Heimatwunsch in Wüstenerfahrung, von Freiheitserinnerung in Gefangenschaftsleid, von bedrückendem Leben in befreienden Tod ein **neuromantisches Metamorphosemärchen:** Alles in der Natur ist in Bewegung, jedes kann sich in etwas anderes verwandeln. Der Märchenheld Piktor (= „Maler", wie HESSE selbst) macht eine Entwicklung durch. Auf der Suche nach dem Glück durchstreift er das Paradies und erlebt die zahlreichen Leben der anderen Kreatur. In dem Prinzip der Verwandlung erfährt er am Ende das Glück.

Hier ist das moderne Krisenbewusstsein hinter der Märchenfassade gut versteckt. HESSES eigene Illustration (S. 180) zeigt noch stärker als der Text eine Märchenwelt. Erst am Ende kommt die **Angst vor der Verkrustung und Erstarrung,** die HESSES ganze Zeit charakterisierte, zum Ausdruck.

Themenkreis 2: Die Welt geht aus dem Leim – Expressionistische Gedichte

Georg Heym: Die Gorillas (1910)

Auf einer Lichtung in dem Urwaldsumpfe
Ein wildes Stampfen. Zwei Gorillas ringen.
Die Riesenarme umeinander schlingen.
In heißer Schwüle dampft der Schweiß vom Rumpfe.

5 Vor Ingrimm sind sie stumm. Und nur das dumpfe
Gekeuch des Atems rasselt aus den Lungen.
Sie taumeln, von dem Rausch des Zorns bezwungen,
Auf Röhricht stürzen sie und faule Stumpfe.

Der eine reißt dem andern an dem Schopfe
10 Das Haupt nach hinten. Und er trinkt die Flut
Aus seinen Adern im zerbissnen Kropfe.

Indes der andre mit der letzten Wut
Die Schläfen ihm zerdrückt im niedern Kopfe.
Die riesgen Toten überrollt das Blut.

Henri Rousseau: Urwald mit Tiger (1910)

Jakob van Hoddis: Weltende (1911)

Dem Bürger fliegt vom spitzen Kopf der Hut,
In allen Lüften hallt es wie Geschrei.
Dachdecker stürzen ab und gehn entzwei
Und an den Küsten – liest man – steigt die Flut.

5 Der Sturm ist da, die wilden Meere hupfen
An Land, um dicke Dämme zu zerdrücken.
Die meisten Menschen haben einen Schnupfen.
Die Eisenbahnen fallen von den Brücken.

Alfred Lichtenstein: Die Dämmerung (1911)

Ein dicker Junge spielt mit einem Teich.
Der Wind hat sich in einem Baum gefangen.
Der Himmel sieht verbummelt aus und bleich,
Als wäre ihm die Schminke ausgegangen.

5 Auf lange Krücken schief herabgebückt
Und schwatzend kriechen auf dem Feld zwei Lahme.
Ein blonder Dichter wird vielleicht verrückt.
Ein Pferdchen stolpert über eine Dame.

An einem Fenster klebt ein fetter Mann.
10 Ein Jüngling will ein weiches Weib besuchen.
Ein grauer Clown zieht sich die Stiefel an.
Ein Kinderwagen schreit und Hunde fluchen.

Gottfried Benn: Nachtcafé (1912)

824[1]: Der Frauen Liebe und Leben[2].
Das Cello trinkt rasch mal. Die Flöte
rülpst tief drei Takte lang: das schöne Abendbrot.
Die Trommel liest den Kriminalroman zu Ende.

5 Grüne Zähne, Pickel im Gesicht
winkt einer Lidrandentzündung.

Fett im Haar
spricht zu offenem Mund mit Rachenmandel
Glaube Liebe Hoffnung um den Hals.

10 Junger Kropf ist Sattelnase gut.
Er bezahlt für sie drei Biere.

Bartflechte kauft Nelken,
Doppelkinn zu erweichen.

B-moll: die 35. Sonate.
15 Zwei Augen brüllen auf:
Spritzt nicht das Blut von Chopin in den Saal,
damit das Pack drauf rumlatscht!
Schluß! He, Gigi! –

Die Tür fließt hin: Ein Weib.
20 Wüste ausgedörrt. Kanaanitisch braun.
Keusch. Höhlenreich. Ein Duft kommt mit. Kaum Duft.
Es ist nur eine süße Vorwölbung der Luft
gegen mein Gehirn.

Eine Fettleibigkeit trippelt hinterher. R

Vincent van Gogh: Caféterrasse bei Nacht (1888)

1 **824:** Es handelt sich wohl um einen Lesefehler des Setzers der Erstausgabe. Gemeint sein könnte der damalige Paragraf 825, die „Bestimmung zur Beiwohnung", d.h. zum außerehelichen Geschlechtsverkehr.
2 **Der Frauen Liebe und Leben:** Anspielung auf den Liederkreis „Frauenliebe und -leben" von Robert Schumann

Vincent van Gogh: Das Nachtcafé (1888)

Ernst Stadler: **Der Aufbruch** (vor 1913)

Einmal schon haben Fanfaren mein ungeduldiges Herz blutig gerissen,
Dass es, aufsteigend wie ein Pferd, sich wütend ins Gezäum verbissen.
Damals schlug Tambourmarsch den Sturm auf allen Wegen,
Und herrlichste Musik der Erde hieß uns Kugelregen.
5 Dann, plötzlich, stand Leben stille. Wege führten zwischen alten Bäumen.
Gemächer lockten. Es war süß, zu weilen und sich versäumen,
Von Wirklichkeit den Leib so wie von staubiger Rüstung zu entketten,
Wollüstig sich in Daunen weicher Traumstunden einzubetten.
Aber eines Morgens rollte durch Nebelluft das Echo von Signalen,
10 Hart, scharf, wie Schwerthieb pfeifend. Es war, wie wenn im Dunkel plötzlich Lichter aufstrahlen.
Es war, wie wenn durch Biwakfrühe[1] Trompetenstöße klirren,
Die Schlafenden aufspringen und die Zelte abschlagen und die Pferde schirren.
Ich war in Reihen eingeschient, die in den Morgen stießen, Feuer über Helm und Bügel,
Vorwärts, in Blick und Blut die Schlacht, mit vorgehaltnem Zügel.
15 Vielleicht würden uns am Abend Siegesmärsche umstreichen,
Vielleicht lägen wir irgendwo ausgestreckt unter Leichen.
Aber vor dem Erraffen und vor dem Versinken
Würden unsre Augen sich an Welt und Sonne satt und glühend trinken.

1 **Biwak:** behelfsmäßiges Nachtlager im Freien

Ernst Jünger: **In Stahlgewittern** (1920) Auszug

[Der Textauszug aus dem Vorwort charakterisiert den „Stoßtruppführer", dessen Tagebuch die Kriegsbegeisterung als Männerfantasie entfaltet, als einen nüchternen Beobachter des Grabenkriegs.]

Das Bild des Krieges war nüchtern, grau und rot seine Farben; das Schlachtfeld eine Wüste des Irrsinns, in der sich das Leben kümmerlich unter Tage fristete. Nachts wälzten sich müde Kolon5 nen auf zermahlenen Straßen dem brandigen Horizont entgegen. „Licht aus!" Ruinen und Kreuze säumten den Weg. Kein Lied erscholl, nur leise Kommandoworte und Flüche unterbrachen das Knirschen der Riemen, das Klappern von Gewehr 10 und Schanzzeug[1]. Verschwommene Schatten tauchten aus den Rändern zerstampfter Dörfer in endlose Laufgräben.
Nicht wie früher umrauschte Regimentsmusik ins Gefecht ziehende Kompanien. Das wäre Hohn 15 gewesen. Keine Fahnen schwammen wie einst im Pulverdampf über zerhackten Karrees[2], das Morgenrot leuchtete keinem fröhlichen Reitertage, nicht ritterlichem Fechten und Sterben. Selten umwand der Lorbeer die Stirne des Würdigen.

Otto Dix: Sturmangriff (1924)

1 **Schanzzeug:** Werkzeug, z. B. zum Bau von Schützengräben
2 **Karree:** viereckige Schlachtformation

Georg Trakl: **Grodek** (1914)

Am Abend tönen die herbstlichen Wälder
Von tödlichen Waffen, die goldnen Ebenen
Und blauen Seen, darüber die Sonne
Düstrer hinrollt; umfängt die Nacht
5 Sterbende Krieger, die wilde Klage
Ihrer zerbrochenen Münder.
Doch stille sammelt im Weidengrund
Rotes Gewölk, darin ein zürnender Gott wohnt,
Das vergossne Blut sich, mondne Kühle;
10 Alle Straßen münden in schwarze Verwesung.
Unter goldnem Gezweig der Nacht und Sternen
Es schwankt der Schwester Schatten durch den schweigenden Hain,
Zu grüßen die Geister der Helden, die blutenden Häupter;
Und leise tönen im Rohr die dunkeln Flöten des Herbstes.
15 O stolzere Trauer! ihr ehernen Altäre,
Die heiße Flamme des Geistes nährt heute ein gewaltiger Schmerz,
Die ungebornen Enkel.

Grodek. Trakls Manuskript

Kommentar

Den **Expressionisten** wird nachgesagt, dass ihre Dichtung im Wesentlichen **Protest** und **Aufbegehren gegen das bisher Gültige** gewesen sei. Gegen die ästhetischen Normen des Schönen setzten sie die **Faszination durch das Hässliche,** gegen die romantische Harmonie in der Natur setzten sie den **Blick auf Gewalt.** Das ging so weit, dass sie – um des Erlebnisses intensiver Selbstempfindungen willen – Wagnis, Kampf, Geschwindigkeit, Lärm, den „Kick" in Extremsituationen suchten.

Georg Heyms Gedicht *Die Gorillas* ist ein solches Beispiel, in dem am Bild von Tieren die expressionistischen Gewaltfantasien ausgelebt werden. Im Vergleich mit **Rilkes** *Panther*-Gedicht (▶ S. 179) ist hier der Gegensatz von Symbolismus und Expressionismus zu fassen. In *Der Panther* ist das gefangene Raubtier ein bewundertes melancholisches Abbild des betrachtenden empfindsamen Dichters, im anderen ein ebenso bewundertes Bild seiner unartikulierten Wut und seines grundlosen Zorns auf den Rivalen, die Welt, auf alles.
Das Besondere an dem expressionistischen Gedicht ist, dass es eine gedachte, erfundene, vielleicht auch geträumte Szene entfaltet, ebenso wie das in **Henri Rousseaus** Urwaldbild der Fall ist (▶ S. 183). Gedachtes und Gefühltes wird in die Welt der Tiere verlegt und erhält dadurch Anschaulichkeit.

Jakob van Hoddis' und **Alfred Lichtensteins** Gedichte *Weltende* und *Die Dämmerung* spannen **Einzelbilder** zu unzusammenhängenden und in sich nicht stimmigen Aussagen zusammen. Einige scheinen noch mit der Wirklichkeit in Übereinstimmung zu sein, andere sind absurd. Wieder andere könnten versteckte Hinweise auf wirkliche Szenen sein („an einem Fenster klebt ein fetter Mann" oder „ein Pferdchen stolpert über eine Dame"). Eine mögliche Erklärung wird mit dem Begriff **Simultangedicht** angeboten. **Viele Dinge geschehen gleichzeitig** (simultan), unabhängig voneinander – und sie **bilden** in ihrer Gesamtheit **das Chaos der Welt** ab.

Übertragen auf die Welt der modernen Großstadt fügt auch **Gottfried Benns** Gedicht *Nachtcafé* einzelne **isolierte, nebeneinanderstehende Eindrücke** zu einem Gesamtbild zusammen, aber es sind keine absurden Einzelimpressionen, sondern provozierende Reduktionen von Menschen auf ihre jeweiligen Gebrechen. Dies Nachtcafé könnte auch ein Lazarett sein. Wie bei Medizinern üblich, nennt der Sprecher die Besucher des Cafés mit ihrem körperlichen Defekt. So entsteht ein teils grausiger, teils komischer satirischer Gesamteindruck. Dieses Café ist ein Ort des alltäglichen Grauens. Der „kanaanitisch" (= arabisch, jüdisch) braunen und exotischen Duft verströmenden Frau folgt „eine Fettleibigkeit". Zu diesem Grauen gehört auch, dass Werke der Kultur (genannt ist eine Chopinsonate) verhunzt werden. Zu seinen „Nachtcafé"- Bildern schreibt **Vincent van Gogh:**

> Ich habe versucht, mit Rot und Grün die schrecklichen menschlichen
> Leidenschaften auszudrücken. Der Raum ist blutrot und mattgelb, ein
> grünes Billard in der Mitte, vier zitronengelbe Lampen mit orangefar-
> benen und grünen Strahlenkreisen. Überall ist Kampf und Antithese.

Der Gedanke an den Krieg als eine gewaltsame Erschütterung, die die korrupte und verkrustete Welt in eine neue Zeit aufzubrechen zwingen würde, beschäftigte viele der jungen Expressionisten. In **Georg Heyms** Gedicht *Der Krieg* (1911) wird in mythischer Verklärung ein Kriegsgott als Tänzer gezeigt:

> Auf den Bergen hebt er schon zu tanzen an
> Und er schreit: Ihr Krieger alle, auf und an!
> Und es schallet, wenn das schwarze Haupt er schwenkt,
> Drum von tausend Schädeln laute Kette hängt.

Ernst Stadler (1883–1914), junger Germanistikprofessor in Brüssel, dachte und dichtete 1913 ähnlich. Von Fanfaren schwärmt er und Kugelregen. Der **Aufbruch** eines Reitertrupps **in die Schlacht** ist für ihn eine **lebenssteigernde Erfahrung,** die ihn aus der einschläfernden Ruhe des Bürgerlebens reißt. **Stadler** wurde als Artillerieoffizier eingezogen. Er fiel schon 1914.

Eine ganz andere Sicht auf den Krieg entwickelt **Ernst Jünger** (1895–1998), dessen Kriegstagebuch *In Stahlgewittern* zu einem Bestseller werden sollte. Nüchtern beschreibt er den dumpfen Alltag des Grabenkriegs. Von der elitären Haltung, die dies Tagebuch eines Sturmtruppführers kennzeichnet, ist in dem Vorwort noch nichts zu merken.

Einen Gegensatz zu diesen beiden Texten bildet das komplizierte Zusammenspiel von Eindrücken, Erlebnissen, Traumbildern, Erinnerungen und Ängsten in **Georg Trakls** letztem Gedicht *Grodek.* Es wurde schon gesagt, dass es die poetische Verarbeitung der Schlacht von Grodek ist, deren Verwundete **Trakl** als Sanitäter versorgen sollte. Nur noch **Bruchstücke der Außenwelt** sind vorhanden (das Naturbild am Aufgang des Gedichts). Dann sind es **Fetzen von Erinnerungen, Gedanken und Fantasien,** die die Fantasie des Lesers in Bewegung setzen. Unklar ist, was für eine Rolle „ein zürnender Gott" und die „Schwester" in diesem Kontext spielen. Interpreten haben die Idee entwickelt, das Gedicht könnte eine Art Totentanz darstellen, in dem die Schwester die Rolle der Walküre übernimmt, die die gefallenen Krieger vom Schlachtfeld wegführt. Die wichtigste Zeile ist die letzte. Sie deutet auf die **vertane Zukunft der gefallenen Männer** hin. Sie werden keine Kinder und ihre für den Krieg verantwortlichen Eltern keine Enkel haben.

Themenkreis 3: Parabeln über die Unlebbarkeit des Lebens

Franz Kafka: Drei Fragmente auf losen Blättern (1920)

1. Ich liebte ein Mädchen, das mich auch liebte, ich musste es aber verlassen.

Warum?

Ich weiß nicht. Es war so, als wäre sie von einem
5 Kreis von Bewaffneten umgeben, welche die Lanzen nach auswärts hielten. Wann ich mich auch näherte, geriet ich in die Spitzen, wurde verwundet und musste zurück. Ich habe viel gelitten.

Das Mädchen hatte daran keine Schuld?

10 Ich glaube nicht oder vielmehr, ich weiß es. Der vorige Vergleich war nicht vollständig, auch ich war von Bewaffneten umgeben, welche ihre Lanzen nach innen, also gegen mich hielten. Wenn ich zu dem Mädchen drängte, verfing ich mich
15 zuerst in den Lanzen meiner Bewaffneten und kam schon hier nicht vorwärts. Vielleicht bin ich zu den Bewaffneten des Mädchens niemals gekommen, und wenn ich hingekommen sein sollte, dann schon blutend von meinen Lanzen und
20 ohne Besinnung.

Ist das Mädchen allein geblieben?

Nein, ein anderer ist zu ihr vorgedrungen, leicht und ungehindert. Ich habe, erschöpft von meinen Anstrengungen, so gleichgültig zugesehen, als
25 wäre ich die Luft, durch die sich ihre Gesichter im ersten Kuss aneinanderlegten.

2. Er hat Durst und ist von der Quelle nur durch ein Gebüsch getrennt. Er ist aber zweigeteilt, ein Teil übersieht das Ganze, sieht, dass er hier steht und die Quelle daneben ist, ein zweiter Teil aber
30 merkt nichts, hat höchstens eine Ahnung dessen, dass der erste Teil alles sieht. Da er aber nichts merkt, kann er nicht trinken.

3. Mit einem Gefängnis hätte er sich abgefunden. Als Gefangener enden – das wäre eines Le-
35 bens Ziel. Aber es war ein Gitterkäfig. Gleichgültig, herrisch, wie bei sich zu Hause strömte durch das Gitter aus und ein der Lärm der Welt, der Gefangene war eigentlich frei, er konnte an allem teilnehmen, nichts entging ihm draußen, selbst
40 verlassen hätte er den Käfig können, die Gitterstangen standen ja meterweit auseinander, nicht einmal gefangen war er.

Zeichnung Kafkas (um 1914)

Robert Musil: **Die Affeninsel** (1913)

In der Villa Borghese[1] in Rom steht ein hoher Baum ohne Zweige und Rinde. Er ist so kahl wie ein Schädel, den Sonne und Wasser blank geschält haben, und gelb wie ein Skelett. Er steht
5 ohne Wurzeln aufrecht und ist tot und wie ein Mast in den Zement einer ovalen Insel gepflanzt, die so groß ist wie ein kleiner Flussdampfer und durch einen glatt betonierten Graben vom Königreich Italien getrennt wird. Dieser Graben ist ge-
10 rade so breit und an der Außenwand so tief, dass ein Affe ihn weder durchklettern noch überspringen kann. Von außen herein ginge es wohl; aber zurück geht es nicht. [...]
Diese wundervolle Insel wird von drei Familien
15 von verschiedener Mitgliederzahl bewohnt. Den Baum bevölkern etwa fünfzehn sehnige, bewegliche Burschen und Mädchen, die ungefähr die Größe eines vierjährigen Kindes haben; am Fuße des Baumes aber lebt in dem einzigen Gebäude
20 der Insel, einem Palast von Form und Größe einer Hundehütte, ein Ehepaar weit mächtigerer Affen mit einem ganz kleinen Sohne. Das ist das Königspaar der Insel und der Kronprinz. Nie kommt es vor, dass sich die Alten in der Ebene weit von
25 ihm entfernen; wächterhaft regungslos sitzen sie rechts und links von ihm und blicken geradeaus an ihren Schnauzen vorbei ins Weite. Nur einmal in jeder Stunde erhebt sich der König und besteigt den Baum zu einem inspizierenden Rundgang.
30 Langsam schreitet er dann die Äste entlang, und es scheint nicht, dass er bemerken will, wie ehrfürchtig und misstrauisch alles zurückweicht und sich – um Hast und Aufsehen zu vermeiden – seitlings vor ihm herschiebt, bis das Ende des
35 Astes kein Entweichen mehr zulässt und nur ein lebensgefährlicher Absprung auf den harten Zement übrig bleibt. So schreitet der König, einen nach dem anderen, die Äste ab, und die gespannteste Aufmerksamkeit kann nicht unterscheiden,
40 ob sein Gesicht dabei die Erfüllung einer Herrscherpflicht oder einer Terrainkur[2] ausdrückt, bis alle Äste entleert sind und er wieder zurückkehrt. Auf dem Dache des Hauses sitzt inzwischen der Kronprinz allein, denn auch die Mutter entfernt
45 sich merkwürdigerweise jedes Mal zur gleichen Zeit, und durch seine dünnen, weit abstehenden Ohren scheint korallenrot die Sonne. Selten kann

man etwas so Dummes und Klägliches dennoch von einer unsichtbaren Würde umwallt sehen wie diesen jungen Affen. Einer nach dem anderen
50 kommen die zur Erde gejagten Baumaffen vorbei und könnten ihm den dünnen Hals mit einem Griff abdrehen, denn sie sind sehr missmutig, aber sie machen einen Bogen um ihn und erweisen ihm alle Ehrerbietung und Scheu, die seiner
55 Familie zukommt.
Es braucht längere Zeit, ehe man bemerkt, dass außer diesen ein geordnetes Leben führenden Wesen noch andere von der Insel beherbergt werden. Verdrängt von der Oberfläche und der Luft,
60 lebt in dem Graben ein zahlreiches Volk kleiner Affen. Wenn sich einer von ihnen oben auf der Insel nur zeigt, wird er schon von den Baumaffen unter schmerzlichen Züchtigungen wieder in den Graben gescheucht. Wenn das Mahl ange-
65 richtet wird, müssen sie scheu beiseitesitzen, und erst wenn alle satt sind und die meisten schon auf den Ästen ruhen, ist es ihnen erlaubt, sich zu den Küchenabfällen zu stehlen. Selbst das, was ihnen zugeworfen wird, dürfen sie nicht berühren.
70 Denn es kommt oft vor, dass ein böser Bursche oder ein scherzhaftes Mädchen, obgleich sie blinzelnd Verdauungsbeschwernis heucheln, nur darauf warten und vorsichtig von ihrem Ast heruntergleiten, sobald sie merken, dass die Kleinen es
75 sich ungebührlich wohlergehen lassen. Schon huschen da die wenigen, die sich auf die Insel gewagt haben, schreiend in den Graben zurück und mengen sich zwischen die anderen; und das Klagen hebt an: Und jetzt drängt sich alles zusam-
80 men, sodass eine Fläche von Haar und Fleisch und irren, dunklen Augen sich an der abseitigen Wand emporhebt wie Wasser in einem geneigten Bottich. Der Verfolger geht aber nur den Rand entlang und schiebt die Woge von Entsetzen vor
85 sich her. Da erheben sich die kleinen schwarzen Gesichter und werfen die Arme in die Höhe und strecken die Handflächen abwehrend vor den bösen fremden Blick, der vom Rande herabsieht. Und allmählich heftet dieser Blick sich an einem
90 fest; der rückt vor und zurück, und fünf andere

1 **Villa Borghese:** Parkanlage in Rom
2 **Terrainkur:** Bewegungstherapie, zügiges Gehen auf ansteigenden Wegen

mit ihm, die noch nicht unterscheiden können, welcher das Ziel dieses langen Blickes ist; aber die weiche, vom Schreck gelähmte Menge lässt sie
95 nicht vom Platze. Dann nagelt der lange gleichgültige Blick den zufälligen einen an; und nun wird es ganz unmöglich, sich so zu beherrschen, dass man weder zu viel noch zu wenig Angst zeigt: Und von Augenblick zu Augenblick wächst
100 die Verfehlung an, während sich ruhig eine Seele in eine andere bohrt, bis der Hass da ist und der Sprung losschnellen kann und ein Geschöpf ohne Halt und Scham unter Peinigungen wimmert. Mit befreitem Geschrei rasen da die ande-
105 ren auseinander, den Graben entlang; sie flackern lichtlos durcheinander wie die besessenen Seelen

im Fegefeuer und sammeln sich freudig schnatternd an der entferntesten Stelle.

Wenn alles vorbei ist, steigt der Verfolger mit federnden Griffen den großen Baum hinan bis zum 110 höchsten Ast, schreitet bis an dessen äußerstes Ende hinaus, setzt sich ruhig zurecht und verharrt ernst, aufrecht und ewig lange, ohne sich zu regen. Der Strahl seines Blickes ruht auf den Wipfeln des Pincio[3] und der Villa Borghese, quer 115 darüber hin; und wo er die Gärten verlässt, liegt unter ihm die große gelbe Stadt, über der er, noch in die grüne, schimmernde Wolke der Baumwipfel gehüllt, achtlos in der Luft schwebt.

3 **Pincio:** Hügel in Rom

Kommentar

Die Welt geht aus dem Leim. Dieses Lebensgefühl in **paradoxe** und **rätselhafte Bilder** und **widersprüchliche Szenen** gepackt zu haben, sodass am Ende Ratlosigkeit übrig bleibt, ist das Werk des Prager jüdischen Autors FRANZ KAFKA. Er denkt sich Situationen aus, die die **Ausweglosigkeit einer zerfallenden Welt** anschaulich machen. Einmal sagt er, unser Leben erinnere ihn an Eisenbahnreisende, die in einem Tunnel verunglückt sind. Sie ahnen, dass da ein Ausgang sein muss, sehen ihn aber nicht und werden im Dunkeln von ihren Angstgedanken als Gespenstern verfolgt.

Die kleine Skizze *Ich liebte ein Mädchen* erzählt von einer an das Dornröschen-Märchen angelehnten Szene: Liebe bedeutet „Zueinander-Wollen", Hindernisse wie Hecken, Gräben, Mauern sind von den „rechten" Liebenden zu überwinden. Hier ist die Dornenhecke als eine doppelte Reihe von Lanzen vorhanden, nach außen und nach innen gerichtete. Der Hinweis darauf, dass hier nicht die „Rechten" zueinander wollten, steht in der Schlusspointe. Ein anderer war der Glückliche.

Die in dem kurzen Text entworfene Szene gleicht einem Traum. Vom Dornröschen-Märchen der Brüder GRIMM unterscheidet sich KAFKAS Text nicht nur durch das Misslingen der Annäherung zwischen den Liebenden, sondern auch durch die mitleidlose, emotionslose Berichterstattung. Der Bericht kann als Darstellung des seelischen Befindens nach dem Scheitern einer Liebe gelesen werden. Er lässt sich aber auch als Parabel verstehen für ein verstelltes Leben, für unüberwindliche Hindernisse, die dem Bedürfnis nach Liebe und menschlicher Nähe entgegenstehen.

Der Aphorismus *Er hat Durst* ist eine typisch expressionistische Traumszene. Der sprechende Er steht vor der Quelle, kann aber nicht trinken, weil er nur mit einem Teil seiner Persönlichkeit wahrnimmt, was er mit dem anderen nicht verwirklichen kann. Es fehlt ihm an der nötigen Koordination seiner seelischen Kräfte. Der Traum zeigt eine Lebensmöglichkeit auf, negiert sie gleichzeitig als für den Sprecher unerreichbar.

Der andere Aphorismus *Mit einem Gefängnis hätte er sich abgefunden* bietet noch einmal eine Situationsbeschreibung, die auf das Aus-dem-Leim-Gehen der Welt abzielt. Der Mensch, der sich schon damit abgefunden hätte, sein Leben in Gefangenschaft zu führen, stellt fest, dass selbst diese Annahme, die ihm, wenn nicht Freiheit, so doch ein gewisses Maß an Sicherheit und Überschaubarkeit seiner Welt gegeben hätte, als irrig erweist. Nichts Verlässliches ist mehr vorhanden, „nicht einmal gefangen war er".

Ebenso wie KAFKA ist auch **ROBERT MUSIL** nicht eben gut in das Schema des Expressionismus von „Protest, Aufbruch und Inneres-nach-außen-Kehren" zu fassen. Er beobachtet so genau wie ein Naturalist. Wie bei einem Expressionisten stehen diese **Beobachtungen** aber nicht für sich selbst, sondern sie **verweisen auf ein Inneres (Gedachtes oder Fantasiertes),** nämlich auf die ähnlichen Beobachtungen, die der Mensch auch an sich selbst schon gemacht hat oder machen kann. Mit FRANZ KAFKA verbindet MUSILS Text, dass das Verhalten der Affen **parabolisch** aufgefasst werden kann. Das Geschehen auf dem Affenfelsen ist der Situation von Menschen in der Welt ähnlich. MUSIL macht selbst im Vorwort zu seinem Bändchen *Nachlass zu Lebzeiten,* in dem diese Geschichte steht, darauf aufmerksam, dass sie bereits 1913 entstanden ist, also keine „Umschreibungen späterer Zustände" darstelle, wohl aber – sicherlich auf Grund ihrer parabolischen Grundstruktur – als „Vorausblicke" verstanden werden könne. Der Leser muss sich nur auf das Bild der gefangenen Affen einlassen und die Hierarchie, die er beobachtet, auf das eigene Verhalten in sozialen Gruppen beziehen. Der Affe, der als „König" bezeichnet wird und die Hütte bewohnt, muss nur Präsenz zeigen, kann auf Gewaltanwendung verzichten, weil alle wissen, er könnte seine Macht beweisen, wenn er es für nötig hielte. Die ihm unterstehenden Affen auf dem Baum nutzen die kleinen Grabenbewohner, um an denen ihre Frustration abzureagieren. Sie suchen sich dazu einen Einzelnen als Opfer aus – und die anderen möglichen Opfer sind nicht solidarisch, sondern froh, dass es sie diesmal nicht erwischt hat.

Der Erzähler beobachtet die Vorgänge auf der Affeninsel und im Graben genau und intensiv. Er macht dabei nur indirekt darauf aufmerksam, dass das, was er an den Tieren sehen kann, auch auf Menschen zutrifft. Er überlässt es dem Leser, hier auf eigenes Vorwissen zurückzugreifen. Das Denken in Analogien ist uns geläufig. In Wirklichkeit geht es ihm darum, dass der Leser, der erst in den Affen auf dem Baum, dann in den kleinen Affen im Graben die „Opfer" bemitleidet hat, im jeweils nächsten Schritt erkennen muss, dass in den jeweiligen Opfern auch Täter stecken. Gefühl ist an der Oberfläche der Beschreibung nicht zu bemerken, kann sich aber auf der Ebene des Vergleichens mit Menschlichem entwickeln. Irgendwie bedauert man diese Lebewesen (Affen und Menschen), die nicht begreifen, dass sie alle Gefangene sind und dass ihre Rituale und ihr Imponiergehabe von außen gesehen lächerlich wirken. Befreiend aber wirkt die beobachtete Szene nicht (wie das Lächerliche einer Komödie), eher beklemmend.

5.3   Neue Sachlichkeit vor und nach 1933

Die Niederlage des Kaiserreichs im Ersten Weltkrieg brachte in Deutschland den ersten politisch zukunftsweisenden **Umbau zu einer parlamentarischen Demokratie** mit allgemeinem Wahlrecht, einer Verfassung, einem Mehrparteiensystem. Diejenigen **politischen Gruppen, die den „guten alten Zeiten" nachtrauerten, behinderten diesen Umbau** auf allen Ebenen. In der Justiz, der Verwaltung, den Gymnasien, dem Berufsheer von 100 000 Mann, überall waren Wortführer vorhanden, die den Versailler Friedensvertrag, die Reparationszahlungen, die demokratischen Parteien für die erlebte Misere der Inflation (1923) oder der Weltwirtschaftskrise (1929) verantwortlich machten.

Gegen diese Tendenzen schrieben die Autoren der **Neuen Sachlichkeit.** Ihre Literatur (vorwiegend Lyrik und Prosa, die zuerst in Zeitungen veröffentlicht wurde) war **realistisch.** Sie schilderte die Welt der Großstadt Berlin, wie sie war, und suchte zugleich nach Gründen, warum sie so war. Eine besondere Bedeutung kam dem **Kabarett** zu, denn viele der Gedichte im Stil der Neuen Sachlichkeit wurden zuerst auf den Bühnen der Kabaretts vorgetragen. Auch **Bertolt Brechts** politisches Musiktheater, die *Dreigroschenoper* (1928) und *Mahagonny* (1930), gehören in die Nähe des Kabaretts. Der **Übergang von Literatur zu journalistischer Prosa** lässt sich besonders gut an den Texten von **Kurt Tucholsky** beobachten. Er griff dieselben Themen sowohl in Zeitungskommentaren als auch in Gedichten auf (z.B. die Ermordung Rosa Luxemburgs und Karl Liebknechts).

Gleich nach dem Reichstagsbrand am 27./28. Februar **1933** wurden **„linke" und kritische Autoren,** vorwiegend solche, die der Neuen Sachlichkeit zugeordnet werden und die schon seit Beginn der 1930er-Jahre auf schwarzen Listen der Nazis geführt worden waren, **verhaftet.** Einigen gelang in den folgenden Wochen die **Flucht** nach Paris, Prag, London, Amsterdam, Kopenhagen oder Moskau. Nach dem Einmarsch deutscher Truppen in die Tschechoslowakei, nach dem Frankreichfeldzug und der Besetzung Belgiens, Hollands und Dänemarks sowie der Eroberung Norwegens mussten die Autoren, die dort Schutz gefunden hatten (es waren weit über tausend), weiterfliehen. **Bertolt Brechts** erste Exilstation war Dänemark, dann musste er weiter nach Schweden und Finnland, schließlich in die USA. **Anna Seghers** ging zuerst nach Paris, nach dem Einmarsch der deutschen Truppen 1940 in das noch nicht besetzte Südfrankreich, schließlich nach Mexiko. Auch viele der modernen Maler, zum Beispiel **Max Beckmann,** verließen Deutschland. Nach der Ausstellung seiner Bilder (zusammen mit denen Kirchners und Kandinskys) als „entartete" Kunst und Hitlers Eröffnungsrede zur „deutschen" Kunstausstellung in München ging Beckmann ins Exil nach Amsterdam. Kandinsky floh nach Russland, Kirchner in die Schweiz.
Manche Autoren, so etwa **Thomas Mann** und **Lion Feuchtwanger,** fanden auch in Amerika ihr Publikum, andere lebten elend, denn deutsche Literatur war in den Ländern der Kriegsgegner wenig gefragt. Erst mit dem Kriegseintritt der USA interessierte man sich dort auch für das faschistische System in Deutschland, dessen glänzende Fassade man bei den Olympischen Spielen 1936 noch bestaunt hatte. Anna Seghers' Exilroman *Das siebte Kreuz* wurde 1942 zuerst in den USA in englischer Übersetzung gedruckt und das amerikanische Leserpublikum erfuhr etwas über die gewaltsamen Gleichschaltungen der Parteien und der Presse, über Konzentrationslager, die Unterordnung der Kunst unter die Propaganda.

Sich selbst sahen die **Exilautoren** als **Teil eines „anderen Deutschlands".** Sie nutzten ihre Fähigkeit zu schreiben, um gegen das Regime in Deutschland anzukämpfen. BERTOLT BRECHT hat im Exil seine wichtigsten Stücke des **„epischen Theaters"** geschrieben (*Mutter Courage und ihre Kinder,* ▶ S. 203 f., und *Der kaukasische Kreidekreis*). Diese wurden nach seiner Rückkehr in Zürich und Berlin erfolgreich aufgeführt. Bekannt geworden sind auch zum Beispiel THOMAS MANNS monatliche Rundfunkansprachen in der BBC (*Deutsche Hörer!,* 1941 bis 1945, ▶ S. 204), die zum Widerstand gegen das Naziregime aufriefen.

Wichtige Autoren und Autorinnen

KARL KRAUS (1874–1936)
österreichischer Publizist, Satiriker, Sprach- und Kulturkritiker – vor allem ein scharfer Kritiker der Presse der Kriegsverherrlicher und des Nationalsozialismus. Sein Theaterstück *Die letzten Tage der Menschheit* (veröffentlicht in seiner Zeitschrift *Die Fackel*) ist ein wichtiges Antikriegsstück der expressionistischen Literatur.

ALFRED DÖBLIN (1878–1957)
Nervenarzt und gesellschaftskritischer Schriftsteller. Sein Roman *Berlin Alexanderplatz* (1928) gilt als erster bedeutender moderner Roman, in dem Bruchstücke aus Zeitungen, Briefen, Lexika eingearbeitet sind.

KURT TUCHOLSKY (1890–1935)
Journalist und Schriftsteller, schrieb auch unter den Pseudonymen *Kaspar Hauser, Peter Panter, Theobald Tiger* und *Ignaz Wrobel.* Als politisch engagier-

ter Journalist und zeitweiliger Mitherausgeber der politisch links stehenden Wochenzeitschrift *Die Weltbühne* war er Satiriker, Liedtexter, daneben Romanautor und Literaturkritiker. TUCHOLSKY verstand sich als linker Demokrat, Sozialist, Pazifist und Antimilitarist. Er warnte vor antidemokratischen Tendenzen in Politik, Militär und Justiz und vor dem heraufkommenden Nationalsozialismus.

BERTOLT BRECHT (1898–1956)
gilt als einflussreichster deutscher Dramatiker und bedeutender Lyriker des 20. Jahrhunderts. Er hat das „epische Theater" begründet und umgesetzt. In die Zeit der Weimarer Republik fallen seine Musikdramen *Die Dreigroschenoper* und *Aufstieg und Fall der Stadt Mahagonny,* in denen er sein Publikum durch Songs (Musik KURT WEILL) unterhielt und durch die Charakteristik der Akteure über das Funktionieren des Kapitalismus belehrte. Nach dem Reichstagsbrand musste BRECHT fliehen. Er schrieb im Exil u. a. die Stücke *Der kaukasische Kreidekreis* und *Schweyk im Zweiten Weltkrieg.* Der Atombombenabwurf über Hiroshima veranlasste ihn 1945, sein Stück *Leben des Galilei* zu ändern. Er kritisierte Wissenschaftler, die einer politisch korrupten Regierung dienen, weil sie die Konsequenzen ihrer Forschungen nicht beachteten. Das Stück wurde auf BRECHTS eigener Bühne in Ostberlin (Theater am Schiffbauerdamm) aufgeführt.

ERICH KÄSTNER (1899–1974)
Roman-, Drehbuchautor und Verfasser von Texten für das Kabarett, der vor allem wegen seiner humorvollen, scharfsinnigen Kinderbücher (z.B. *Emil und die Detektive,* 1929, *Pünktchen und Anton,* 1931) und seiner humoristischen und zeitkritischen Gedichte (*Herz auf Taille,* 1928) bekannt wurde.

ANNA SEGHERS, geb. NETTY REILING (1900–1983),
ging in Mainz zur Schule. 1928 erschien ihr erstes Buch *Aufstand der Fischer von St. Barbara* unter dem Pseudonym „Seghers". Als Jüdin und führende Kommunistin stand sie auf den schwarzen Listen der Nazis. Im Exil in Mexiko-Stadt war sie an der Exilgruppe und -zeitschrift *Freies Deutschland* beteiligt. 1947 kehrte sie nach Berlin (Ost) zurück. Sie wurde die erste Präsidentin des Schriftstellerverbandes der DDR.

ÖDÖN VON HORVÁTH (1901–1938)
Dramatiker (*Geschichten aus dem Wiener Wald,* 1931, *Glaube Liebe Hoffnung,* 1932, *Kasimir und Karoline,* 1932), Autor des zeitkritischen Romans *Jugend ohne Gott* (1937), welcher in Deutschland gleich nach Erscheinen verboten wurde. HORVÁTH wurde 1938 in Paris bei einem Gewitter von einem abgebrochenen Baumast erschlagen.

ERIKA MANN (1905–1969)
Die Tochter THOMAS MANNS, Schauspielerin, Kabarettistin, Schriftstellerin, begründete 1933 das politische Kabarett *Die Pfeffermühle* in München. Sie emigrierte und führte das Kabarett ab September 1933 in der Schweiz, dann in den USA weiter.

Themenkreis 1: Kabarett und Kino in den „Roaring Twenties" und im Exil

Neue Formen der Unterhaltungsindustrie prägten das Leben der Angestellten, der jungen Leute in den großen Städten, besonders in Berlin. In den Romanen und Gedichten der Zeit wurden diese mediengestützten Formen der Geselligkeit, die neben das Theater, Ballett und Konzert traten, begrüßt, gefeiert oder aber als oberflächliche Unterhaltung kritisiert.

Karl Kraus: **Kino** (1922)

Noch lässt sich diese Menschheit nicht begraben,
noch kann's im Fortschritt weitergehn.
Erst wenn sie sich ganz und gar im Film gesehn,
dann wird sie am Ende genug von sich haben.

Max Beckmann: Pariser
Gesellschaft (1931)

Kurt Tucholsky: Danach (1930)

Es wird nach einem happy end
im Film jewöhnlich abjeblendt.
　　Man sieht bloß noch in ihre Lippen
　　den Helden seinen Schnurrbart stippen –
5　　da hat sie nun den Schentelmen.
　　　　Na, un denn –?

Denn jehn die beeden brav ins Bett
Na ja ... diß is ja auch janz nett.
　　A manchmal möcht man doch jern wissn:
10　　Wat tun se, wenn se sich nich kissn?
　　Die könn ja doch nich immer penn ...!
　　　　Na, un denn –?

Denn säuselt im Kamin der Wind.
Denn kricht det junge Paar 'n Kind.
15　　Denn kocht se Milch. Die Milch looft üba.
　　Denn macht er Krach. Denn weent sie drüba.
　　Denn wolln sich beede jänzlich trenn ...
　　　　Na, un denn –?

Denn is det Kind nich uffn Damm.
20　　Denn bleihm die beeden doch zesamm.
　　Denn quäln se sich noch manche Jahre.
　　Er will noch wat mit blonde Haare:
　　vorn doof und hinten minorenn[1] ...
　　　　Na, un denn –?

25 Denn sind se alt.
　　　　　　　　Der Sohn haut ab.
Der Olle macht nu ooch bald schlapp.
　　Vajessen Kuß und Schnurrbartzeit –
　　Ach, Menschenskind, wie liecht det weit!
30　　Wie der noch scharf uff Muttern war,
　　det is schon beinah nich mehr wahr!
　　Der olle Mann denkt so zurück:
　　wat hat er nu von seinen Jlück?
　　Die Ehe war zum jrößten Teile
35　　vabrühte Milch und Langeweile.
　　Und darum wird beim happy end
　　im Film jewöhnlich abjeblendt.　　Ⓡ

1　**minorenn:** minderjährig, jung

195

Erika Mann/Die Pfeffermühle: **Das Megaphon** (1934) Auszug

In jener Welt, die Lüge heißt,
Bin ich schon lange tätig.
Ich habe weder Hirn noch Geist.
Doch das ist heut nicht nötig.
5   Ich hetze hier, ich hetze dort
Die Menschen aufeinander.
Ich stehe stramm bei jedem Wort
Im Dienst der Propaganda.

Ich bin kein Mensch, seht mich nur an,
10   Bin nur ein Megaphon, das spricht.
Ein Mund aus Blech, der schreien kann.
Doch selber denken kann ich nicht.
[...]

Schon oftmals lieh ich meinen Mund
15   Den Mächtigen der Erde.
Es hängt an meinem Trichterschlund
Die große Menschenherde.
Wenn Roosevelt eine Rede hält,
Wenn Wallstreets Banken krachen,
20   Wenn Lubitsch seine Filme dreht,
Dann öffn' ich meinen Rachen.

Ich bin kein Mensch, seht mich nur an,
Bin nur ein Megaphon, das spricht.
Ein Mund aus Blech, der schreien kann.
25   Doch selber denken kann ich nicht.

Jüngst sah ich einen neuen Staat,
Den man „legal" gegründet hat.
Die Männer standen auf vom Skat
Und riefen: „Heil dem neuen Staat!"
30   Doch viele, die einst mitgemacht
Im gleichen Schritt und Tritte,
Es hat der Staat sie umgebracht,
Weil das bei ihm so Sitte.

Ich bin kein Mensch, seht mich nur an,
35   Bin nur ein Megaphon, das spricht.
Ein Staat aus Blech, der morden kann,
Doch Ordnung schaffen kann ich nicht.

Erika Mann auf der Kabarettbühne

Die Welt vergeht, die Erde stirbt,
Ich brülle wie im Fieber,
40   Ich bin die Macht, die euch umwirbt,
Ich bin euch allen über.
Kein Unrecht, das ich nicht verschwieg,
Kein Recht, das ich nicht beugte,
Ich sammle für den nächsten Krieg
45   Die Geister, die ich zeugte.

Ich bin kein Mensch, seht mich nur an,
Bin nur ein Megaphon, das lacht.
Ein Kopf aus Blech, der rüsten kann –
Weh euch, wenn ihr nicht bald erwacht.
50   Es deckt ein großes Leichentuch
Europas letzte Erben ...
Allons enfants[1], es ist genug!
Zerschlagt die Lüge, zerschlagt den Betrug
In Trümmern und in Scherben.

1   **Allons enfants (de la patrie):** Beginn der französischen
Nationalhymne (Marseillaise): Auf, Kinder des Vaterlands ...

Kommentar

Kabarett und Kino sind zwei Errungenschaften der Nachkriegsgesellschaft in den großen Städten. So wie der Expressionist GOTTFRIED BENN das Nachtcafé als Ort leerer
Vergnügungssucht darstellte, so urteilt KARL KRAUS negativ über das Kino. Es ist
Massenunterhaltung und **Illusionsfabrik**, durch die die Leute über ihre wahre Lage
getäuscht werden. Auch KURT TUCHOLSKY greift das Thema auf, in einem Chanson für
das **Kabarett**. Er schreibt über die Schwierigkeit, Lustiges und Ernstes zu verbinden:

> Ich habe nie geglaubt, dass so viel Arbeit dahintersteckt, um zu
> erreichen, dass Leute abends zwei Stunden lachen, ohne dass sie
> und die Autoren sich hinterher zu schämen haben.

Das literarische Kabarett kommentierte die „Errungenschaften" der Großstadtzivilisa-
tion satirisch, das politische Kabarett die Nutzung der Massenkommunikationsmit-
tel im Dienste des Faschismus. ERIKA MANNS „Pfeffermühle" konnte noch 1933 in
München auftreten, nach der „Machtergreifung" ging das Ensemble ins **Exil** und versuchte von der Schweiz und von Amerika aus weiterzumachen. Der Song über das
Megaphon spricht in Wirklichkeit nicht über den technischen Apparat, sondern über
dessen Nutzung durch den **Propagandaapparat des DR. GOEBBELS** – letztlich erfolglos, da das Schweizer Publikum selbst vom Faschismusbazillus infiziert und gegen
Emigranten feindlich eingestellt war oder man – wie in New York – das Kabarett als
Institution nicht kannte.

Themenkreis 2: Auseinandersetzung mit dem Faschismus

Kurt Tucholsky: **Blick in ferne Zukunft** (1930)

... Und wenn alles vorüber ist – ; wenn sich das alles totgelaufen hat: der Hordenwahnsinn, die
Wonne, in Massen aufzutreten, in Massen zu
brüllen und in Gruppen Fahnen zu schwenken,
5 wenn diese Zeitkrankheit vergangen ist, die die
niedrigen Eigenschaften des Menschen zu guten
umlügt; wenn die Leute zwar nicht klüger, aber
müde geworden sind; wenn alle Kämpfe um
den Faschismus ausgekämpft und wenn die letz-
10 ten freiheitlichen Emigranten dahingeschieden
sind – :
dann wird es eines Tages wieder sehr modern
werden, liberal zu sein.
Dann wird einer kommen, der wird eine gradezu
15 donnernde Entdeckung machen: er wird den Ein-
zelmenschen entdecken. Er wird sagen: Es gibt
einen Organismus, Mensch geheißen, und auf
den kommt es an. Und ob der glücklich ist, das ist
die Frage. Daß der frei ist, das ist das Ziel. Grup-
20 pen sind etwas Sekundäres – der Staat ist etwas
Sekundäres. Es kommt nicht darauf an, daß der

Staat lebe – es kommt darauf an, daß der Mensch
lebe.
Dieser Mann, der so spricht, wird eine große Wirkung hervorrufen. Die Leute werden seiner These 25
zujubeln und werden sagen: „Das ist ja ganz neu!
Welch ein Mut! Das haben wir noch nie gehört!
Eine neue Epoche der Menschheit bricht an!
Welch ein Genie haben wir unter uns! Auf, auf!
Die neue Lehre – !" 30
Und seine Bücher werden gekauft werden oder
vielmehr die seiner Nachschreiber, denn der erste
ist ja immer der Dumme.
Und dann wird sich das auswirken, und hundert-
tausend schwarzer, brauner und roter Hemden 35
werden in die Ecke fliegen und auf den Misthau-
fen. Und die Leute werden wieder Mut zu sich selber bekommen, ohne Mehrheitsbeschlüsse und
ohne Angst vor dem Staat, vor dem sie gekuscht
hatten wie geprügelte Hunde. Und das wird dann 40
so gehen, bis eines Tages ...   Ⓡ

Erich Kästner: **Fabian** (1931) Auszug

[Der Germanist Fabian arbeitet für eine Werbeagentur und lebt das aufregende und oberflächliche Leben eines Singles in der Großstadt Berlin. Er und sein Freund Labude geraten ungewollt in den Strudel der politischen Auseinandersetzung zwischen Nationalsozialisten und Kommunisten, der die 1930er-Jahre der Weimarer Republik prägte.]

„Die Vernünftigen werden nicht an die Macht kommen", sagte Fabian, „und die Gerechten noch weniger."

„So?" Labude trat dicht vor den Freund und packte ihn mit beiden Händen am Mantelkragen. „Aber sollten sie es nicht trotzdem wagen?"

In diesem Augenblick hörten beide einen Schuss und einen Aufschrei und kurz danach drei Schüsse aus anderer Richtung. Labude rannte ins Dunkel, die Brücke entlang, auf das Museum zu. Wieder klang ein Schuss. „Viel Spaß!", sagte Fabian zu sich selber, während er lief, und suchte, obwohl sein Herz schmerzte, Labude zu erreichen.

Am Fuße des märkischen Roland kauerte ein Mann, fuchtelte mit dem Revolver und brüllte: „Warte nur, du Schwein!" Und dann schoss er wieder über die Straße weg auf einen unsichtbaren

Roland-Figur am Märkischen Museum in Berlin

Gegner. Eine Laterne zerbrach. Glas klirrte aufs Pflaster. Labude nahm dem Mann die Waffe aus der Hand und Fabian fragte: „Warum schießen Sie eigentlich im Sitzen?"

„Weil mich 's am Bein erwischt hat", knurrte der Mann. Es war ein junger, stämmiger Mensch und er trug eine Mütze. „So ein Mistvieh!", brüllte er. „Aber ich weiß, wie du heißt." Und er drohte der Dunkelheit.

„Quer durch die Wade", stellte Labude fest, kniete nieder, zog ein Taschentuch aus dem Mantel und probierte einen Notverband.

„Drüben in der Kneipe ging 's los", lamentierte der Verwundete. „Er schmierte ein Hakenkreuz aufs Tischtuch. Ich sagte was. Er sagte was. Ich knallte ihm eine hinter die Ohren. Der Wirt schmiss uns raus. Der Kerl lief mir nach und schimpfte auf die Internationale. Ich drehte mich um, da schoss er schon."

„Sind Sie nun wenigstens überzeugt?", fragte Fabian und blickte auf den Mann hinunter, der die Zähne zusammenbiss, weil Labude an der Schusswunde hantierte.

„Die Kugel ist nicht mehr darin", bemerkte Labude. „Kommt denn hier gar kein Auto? Es ist wie auf dem Dorf."

„Nicht einmal ein Schutzmann ist da", stellte Fabian bedauernd fest.

„Der hätte mir gerade noch gefehlt!" Der Verletzte versuchte aufzustehen. „Damit sie wieder einen Proleten einsperren, weil er so unverschämt war, sich von einem Nazi die Knochen kaputtschießen zu lassen."

Labude hielt den Mann zurück, zog ihn wieder zu Boden und befahl dem Freund, ein Taxi zu besorgen. Fabian rannte davon, quer über die Straße, um die Ecke, den nächtlichen Uferweg entlang. [...] Plötzlich rief jemand „Hallo!" Fabian öffnete die Augen und suchte den Rufer. Der lag auf der Erde, hatte sich auf den Ellenbogen gestützt und presste seine Hand aufs Gesäß. „Was ist denn mit Ihnen los?"

„Ich bin der andere", sagte der Mann. „Mich hat 's auch erwischt."

Da stellte sich Fabian breitbeinig hin und lachte. Von der anderen Seite her, aus dem Gemäuer des Museums, lachte ein Echo mit.

„Entschuldigen Sie", rief Fabian, „meine Heiter-
keit ist nicht gerade höflich." Der Mann zog ein
Knie hoch, schnitt eine Grimasse, betrachtete die
Hände, die voll Blut waren, und sagte verbissen:
„Wie 's beliebt. Der Tag wird kommen, wo Ihnen
das Lachen vergeht."

„Warum stehst du denn da herum?", schrie Labude und kam ärgerlich über die Straße.

„Ach Stephan", sagte Fabian, hier sitzt die andere
Hälfte des Duells mit einem Steckschuss im Al-
lerwertesten."

Sie riefen den Chauffeur und transportierten den
Nationalsozialisten ins Auto, neben den kommunistischen Spielgefährten. Die Freunde klet-
terten hinterdrein und gaben dem Chauffeur
Anweisung, sie zum nächsten Krankenhaus zu
bringen.

Das Auto fuhr los.

„Tut 's sehr weh?", fragte Labude.

„Es geht", antworteten die beiden Verwundeten
gleichzeitig und musterten sich finster.

„Volksverräter!", sagte der Nationalsozialist. Er
war größer als der Arbeiter, etwas besser gekleidet
und sah etwa wie ein Handlungsgehilfe aus.

„Arbeiterverräter!", sagte der Kommunist.

Ödön von Horváth: **Jugend ohne Gott** (1937) Auszug

Sechsundzwanzig blaue Hefte liegen neben mir,
sechsundzwanzig Buben, so um das vierzehnte
Jahr herum, hatten gestern in der Geographie-
stunde einen Aufsatz zu schreiben, ich unterrich-
te nämlich Geschichte und Geographie.

Draußen scheint noch die Sonne, fein muß es
sein im Park! Doch Beruf ist Pflicht, ich korrigiere
die Hefte und schreibe in mein Büchlein hinein,
wer etwas taugt oder nicht.

Das von der Aufsichtsbehörde vorgeschriebene
Thema der Aufsätze lautet: „Warum müssen wir
Kolonien haben?" Ja, warum? Nun, lasset uns hö-
ren!

Der erste Schüler beginnt mit einem B: er heißt
Bauer, mit dem Vornamen Franz. [...] Nun, Franz
Bauer, warum brauchen wir Kolonien?

„Wir brauchen die Kolonien", schreibt er, „weil
wir zahlreiche Rohstoffe benötigen, denn ohne
Rohstoffe könnten wir unsere hochstehende Industrie nicht ihrem innersten Wesen und Werte
nach beschäftigen, was zur unleidlichen Folge
hätte, daß der heimische Arbeitsmann wieder ar-
beitslos werden würde." Sehr richtig, lieber Bauer! „Es dreht sich zwar nicht um die Arbeiter" –
sondern, Bauer? –, „es dreht sich vielmehr um das
Volksganze, denn auch der Arbeiter gehört letzten Endes zum Volk."

Das ist ohne Zweifel letzten Endes eine großarti-
ge Entdeckung, geht es mir durch den Sinn, und
plötzlich fällt es mir wieder auf, wie häufig in unserer Zeit uralte Weisheiten als erstmalig formulierte Schlagworte serviert werden. Oder war das
immer schon so?

Ich weiß es nicht.

Jetzt weiß ich nur, daß ich wieder mal sechsundzwanzig Aufsätze durchlesen muß, Aufsätze, die
mit schiefen Voraussetzungen falsche Schlußfol-
gerungen ziehen. Wie schön wär 's, wenn sich
„schief" und „falsch" aufheben würden, aber sie
tun 's nicht. Sie wandeln Arm in Arm daher und
singen hohle Phrasen.

Ich werde mich hüten, als städtischer Beamter, an
diesem lieblichen Gesange auch nur die leiseste
Kritik zu üben! Wenn 's auch weh tut, was vermag
der einzelne gegen alle? Er kann sich nur heimlich ärgern. Und ich will mich nicht mehr ärgern!
Korrigier rasch, du willst noch ins Kino!

Was schreibt denn da der N?

„Alle Neger sind hinterlistig, feig und faul." –
Zu dumm! Also das streich ich durch!

Und ich will schon mit roter Tinte an den Rand
schreiben: „Sinnlose Verallgemeinerung!" – da
stocke ich. Aufgepaßt, habe ich denn diesen Satz
über die Neger[1] in letzter Zeit nicht schon mal gehört? Wo denn nur? Richtig: er tönte aus dem
Lautsprecher im Restaurant und verdarb mir fast
den Appetit.

Ich lasse den Satz also stehen, denn was einer im
Radio redet, darf kein Lehrer im Schulheft streichen.

1 **„Neger":** damals gebräuchlicher, vom Erzähler nicht
abwertend gemeinter Begriff

Und während ich weiterlese, höre ich immer das Radio: es lispelt, es heult, es bellt, es girrt, es droht – und die Zeitungen drucken es nach, und die Kindlein, sie schreiben es ab.

65 Nun hab ich den Buchstaben T verlassen, und schon kommt Z. Wo bleibt W? Habe ich das Heft verlegt? Nein, der W war ja gestern krank – er hatte sich am Sonntag im Stadion eine Lungenentzündung geholt, stimmt, der Vater hat 's mir ja schriftlich korrekt mitgeteilt. Armer W! Warum 70 gehst du auch ins Stadion, wenn 's eisig in Strömen regnet? Ⓡ

Kommentar

Kurt Tucholsky spielt in seinem *Blick in ferne Zukunft* ein **satirisches Umkehrspiel.** Der Wert, um dessenwillen er und andere gegen die rechtsextremen Parteien schreiben, nämlich die Anerkennung des Individuums als Alternative zur existierenden Massengesellschaft mit Massenaufmärschen und Massenkundgebungen, wird in eine ferne Zukunft projiziert und als große Neuerung gefeiert. Diese Umwandlung des linearen Geschichtsbildes in ein zyklisches (das, was ist, wird zerstört und später einmal neu entdeckt – und dann wird es wieder von vorn losgehen mit der Verherrlichung der Massen) ist ein letztlich pessimistisches Geschichtsbild. Tucholsky hält seinem Leser dieses Bild in satirischer Absicht vor Augen, um für eine optimistischere, an politischem Fortschritt orientierte Haltung zu werben.

Während Kurt Tucholsky in Zeitungsartikeln und Gedichten offensiv gegen die Nazis Stellung bezog, konzentrierte sich die „neusachliche" literarische Auseinandersetzung mit der Wirklichkeit der Weimarer Republik zuerst auf die Formen modernen Lebens, die den bürgerlichen Moralvorstellungen nicht entsprachen. Junge Angestellte entwickelten eine lebenshungrige Singlemoral, die selbst den im modernen Großstadtleben bewanderten **Erich Kästner** zum „Moralisten" werden ließ. In seinem Roman *Fabian* schildert er das wechselvolle (Nacht-)Leben eines in der Werbebranche tätigen Germanisten und seines Freundes, der gern an der Universität geblieben wäre. Beider Lebenspläne erfüllen sich nicht. Fabian ist ein Beobachter. Er versucht, sich aus den politischen Kämpfen der Zeit herauszuhalten. Labude ist engagiert. Er meint, man müsse „etwas tun", damit nicht alles seinen schlechten Lauf nimmt. In der abgedruckten Szene werden die Freunde in die **Auseinandersetzungen zwischen Kommunisten und Nationalsozialisten** hineingezogen. Sie werden Zeugen einer Schießerei und erfahren etwas über die heimliche Parteinahme der Polizei für die Nazis. Das entsprach den historischen Tatsachen, machte aber Kästner in den Augen der Nazis zu einem verdächtigen Autor. Kästner blieb in Deutschland, erhielt Schreibverbot und lebte davon, dass er unter Pseudonym Drehbücher für Unterhaltungsfilme schrieb.

Ödön von Horváth hat einen deutlich stärker analytischen Blick auf seine Zeit. Er erkennt die **Faszination, die vom Nationalismus auf die Jungen** des Gymnasiums **ausging** – ein Umstand, der heute gern übersehen wird. Die Lehrer, die es besser wussten, die aus dem Ersten Weltkrieg als Pazifisten zurückgekommen waren, mussten feststellen, dass sie tauben Ohren predigten, und zudem standen sie unter dem Druck, nicht „aufzufallen". Der Lehrer, der hier schreibt, ist ein solch nachdenkender Beobachter der politischen Entwicklung. Er gerät dann auch in Konflikt mit Schülern, die ihm seine politische Überzeugung übel nehmen und sich selbst zu verbohrten Nationalisten entwickeln.

Themenkreis 3: Stimmen aus dem Exil – Widerstand gegen die Diktatur

Bertolt Brecht: Über die Bezeichnung Emigranten (1937)

Immer fand ich den Namen falsch, den man uns gab: Emigranten.
Das heißt doch Auswanderer. Aber wir
Wanderten doch nicht aus, nach freiem Entschluß,
Wählend ein anderes Land. Wanderten wir doch auch nicht
5   Ein in ein Land, dort zu bleiben, womöglich für immer.
Sondern wir flohen. Vertriebene sind wir, Verbannte.
Und kein Heim, ein Exil soll das Land sein, das uns da aufnahm.
Unruhig sitzen wir so, möglichst nahe den Grenzen,
Warten des Tags der Rückkehr, jede kleinste Veränderung
10   Jenseits der Grenze beobachtend, jeden Ankömmling
Eifrig befragend, nichts vergessend und nichts aufgebend
Und auch verzeihend nichts, was geschah, nichts verzeihend.
Ach, die Stille der Stunde täuscht uns nicht! Wir hören die Schreie
Aus ihren Lagern bis hierher. Sind wir doch selber
15   Fast wie Gerüchte von Untaten, die da entkamen
Über die Grenzen. Jeder von uns,
Der mit zerrissenen Schuhn durch die Menge geht,
Zeugt von der Schande, die jetzt unser Land befleckt.
Aber keiner von uns
20   Wird hier bleiben. Das letzte Wort
Ist noch nicht gesprochen.   R

Anna Seghers: Das Obdach (1941/42) Auszug

[Anna Seghers lebte 1940 im Exil in Paris. Ihre Erzählung handelt von der Rettung eines 12-jährigen Jungen vor der Rückführung nach Deutschland (in ein Lager) und von dem Mut einer französischen Frau. Die hört von einer Freundin, dass der Vater des Jungen verhaftet wurde, dass die Freundin aber den Jungen in einem Café versteckt hat.]

Die Meunier hatte sich alles schweigend angehört, erst als die Villard fertig war, sagte sie: „Ich möchte gern einmal einen solchen Knaben sehen." Worauf ihr die Villard das Café nannte und
5   noch hinzufügte: „Du fürchtest dich doch nicht etwa, dem Jungen Wäsche zu bringen?"
Der Patron des Cafés, bei dem sie sich durch einen Zettel der Villard auswies, führte sie in sein morgens geschlossenes Billardzimmer. Da saß der
10   Knabe und sah in den Hof. Der Knabe war so groß wie ihr ältester Sohn, er war auch ähnlich gekleidet, seine Augen waren grau, in seinen Zügen war nichts Besonderes, was ihn als den Sohn eines Fremden stempelte. Die Meunier erklärte, sie brächte ihm Wäsche. Er dankte nicht, er sah ihr
15   nur plötzlich scharf ins Gesicht. Die Meunier war bisher eine Mutter gewesen wie alle Mütter: Schlange stehen, aus nichts etwas, aus etwas viel machen, Heimarbeit zu der Hausarbeit übernehmen, das alles war selbstverständlich. Jetzt, unter
20   dem Blick des Jungen, wuchs mit gewaltigem Ruck das Maß des Selbstverständlichen, und mit dem Maß ihre Kraft. Sie sagte: „Sei heute Abend um sieben im Café Biard an den Hallen."
Sie machte sich eilig heim. Um Weniges ansehn-
25   lich auf den Tisch zu bringen, braucht es lange Küche. Ihr Mann war schon da. Er hatte ein Kriegsjahr in der Maginotlinie[1] gelegen, er war seit drei Wochen demobilisiert[2], vor einer Woche hatte sein Betrieb wieder aufgemacht, er war auf
30

---

1   **Maginotlinie:** Verteidigungswall zum Schutze Frankreichs gegen einen deutschen Angriff
2   **demobilisieren:** ausmustern, aus dem Militärdienst entlassen

Halbtagsarbeit gesetzt, er verbrachte den größten Teil der Freizeit im Bistro, dann kam er wütend über sich selbst heim, weil er von den wenigen Sous³ noch welche im Bistro gelassen hatte. Die
35 Frau, zu bewegt, um auf seine Miene zu achten, begann zugleich mit dem Eierschlagen ihren Bericht, der bei dem Mann vorbauen sollte. Doch wie sie auf dem Punkt angelangt war, da der fremde Knabe, aus dem Hotel weggelaufen, in Paris
40 Schutz vor den Deutschen suche, unterbrach er sie folgendermaßen: „Deine Freundin Annette hat wirklich sehr dumm getan, einen solchen Unsinn zu unterstützen. Ich hätte an ihrer Stelle den Jungen eingesperrt. Der Deutsche soll selbst sehn,
45 wie er mit seinen Landsleuten fertig wird – er hat selbst nicht für sein Kind gesorgt. Der Offizier hat also auch Recht, wenn er das Kind nach Haus schickt. Der Hitler hat nun einmal die Welt besetzt, da nützen keine Phrasen was dagegen." Wo-
50 rauf die Frau schlau genug war, rasch etwas andres zu erzählen. In ihrem Herzen sah sie zum ersten Mal klar, was aus dem Mann geworden war, der früher bei jedem Streik, bei jeder Demonstration mitgemacht hatte und sich am 14.
55 Juli stets so betragen, als wollte er ganz allein die Bastille⁴ noch einmal stürmen.

3 **Sou:** kleine französische Münze (ähnlich dem Cent)
4 **Bastille:** Pariser Stadtfestung, die am 14. Juli 1789 erstürmt wurde (Beginn der Französischen Revolution)

[Die Meunier versteckt den Jungen, teils bei ihrer Kusine, teils gibt sie ihn als deren Kind aus. Ihr Mann erfährt nichts von dessen Existenz. Die deutschen Be-
60 *satzer bedrängen die Bevölkerung.]*

Eines Tages fand sich der Meunier allein mit seiner Frau. Nach langem Schweigen brach es aus ihm heraus, er rief: „Sie haben die Macht, was willst du! Wie stark ist dieser Teufel! Wenn es nur
65 auf der Welt einen gäbe, der stärker wäre als er! Wir aber, wir sind ohnmächtig. Wir machen den Mund auf und sie schlagen uns tot. Wie jener Deutsche, von dem dir einmal deine Annette erzählt hat, du hast ihn vielleicht vergessen, ich
70 nicht. Er hat immerhin was riskiert. Und sein Sohn, alle Achtung! Deine Kusine mag sich selbst aus dem Dreck helfen mit ihrem Bengel. Das macht mich nicht warm. Den Sohn dieses Deutschen, den würde ich aufnehmen, der könnte mich warm
75 machen. Ich würde ihn höher halten als meine eigenen Söhne, ich würde ihn besser füttern. Einen solchen Knaben bei sich zu beherbergen, und diese Banditen gehn aus und ein und ahnen nicht, was ich wage und was ich für einer bin und wen
80 ich bei mir versteckt habe. Ich würde mit offnen Armen einen solchen Jungen aufnehmen."
Die Frau drehte sich weg und sagte: „Du hast ihn bereits aufgenommen."

Else Lasker-Schüler: **Mein blaues Klavier** (1937)

Ich habe zu Hause ein blaues Klavier
Und kenne doch keine Note.

Es steht im Dunkel der Kellertür,
Seitdem die Welt verrohte.

5 Es spielten Sternenhände vier
– Die Mondfrau sang im Boote –
Nun tanzen die Ratten im Geklirr.

Zerbrochen ist die Klaviatür.......
Ich beweine die blaue Tote.

10 Ach liebe Engel öffnet mir
– Ich aß vom bitteren Brote –
Mir lebend schon die Himmelstür –
Auch wider dem Verbote.

Titelbild der Sammlung von Lasker-Schülers Exilgedichten unter Verwendung einer Zeichnung der Autorin (1943)

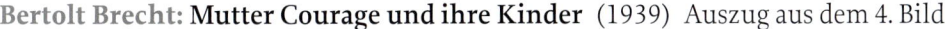

Bertolt Brecht: Mutter Courage und ihre Kinder (1939) Auszug aus dem 4. Bild

[Die Marketenderin Anna Fielding, genannt Mutter Courage, zieht mit ihrem Planwagen und ihren drei Kindern während des Dreißigjährigen Krieges quer durch Europa, stets auf der Suche nach einem einträglichen Geschäft. Im 4. Bild will sie bei einem Rittmeister Schadenersatz für ihre von Soldaten beschädigten Waren fordern. Sie trifft auf einen jungen Soldaten, der sich beschweren will, weil er sein versprochenes Geld nicht erhalten hat.]

DER SCHREIBER *guckt heraus:* Der Herr Rittmeister kommt gleich. Hinsetzen.
Der junge Soldat setzt sich hin.
MUTTER COURAGE: Er sitzt schon. Sehn Sie, was hab
5 ich gesagt. Sie sitzen schon. Ja, die kennen sich aus in uns und wissen, wie sies machen müssen. Hinsetzen! und schon sitzen wir. Und im Sitzen gibts kein Aufruhr. Stehen Sie lieber nicht wieder auf, so wie Sie vorhin gestanden
10 haben, stehen Sie jetzt nicht wieder. Vor mir müssen Sie sich nicht genieren, ich bin nicht besser, was nicht gar. Uns haben sie allen unsre Schneid abgekauft. Warum, wenn ich aufmuck, möchts das Geschäft schädigen. Ich werd Ih-
15 nen was erzähln von der Großen Kapitulation.
Sie singt das „Lied von der Großen Kapitulation":

Einst, im Lenze meiner jungen Jahre
Dacht auch ich, daß ich was ganz Besondres bin.

(Nicht wie jede beliebige Häuslertochter, mit
20 meinem Aussehn und Talent und meinem Drang
nach Höherem!)

Und bestellte meine Suppe ohne Haare
Und von mir, sie hattens kein Gewinn.

(Alles oder nix, jedenfalls nicht den Nächstbes-
25 ten, jeder ist seines Glückes Schmied, ich laß mir
keine Vorschriften machen!)

Doch vom Dach ein Star
Pfiff: wart paar Jahr!
   Und du marschierst in der Kapell
30   Im Gleichschritt, langsam oder schnell
   Und bläsest deinen kleinen Ton:
   Jetzt kommt er schon.

Und jetzt: das Ganze schwenkt!
Der Mensch denkt: Gott lenkt.
Keine Red davon! 35

Und bevor das Jahr war abgefahren
Lernte ich zu schlucken meine Medizin.

(Zwei Kinder aufm Hals und bei dem Brotpreis
und was alles verlangt wird!)

Als sie einmal mit mir fix und fertig waren 40
Hatten sie mich auf dem Arsch und auf den Knien.

(Man muß sich stelln mit den Leuten, eine Hand
wäscht die andre, mit dem Kopf kann man nicht
durch die Wand.)

Und vom Dach der Star 45
Pfiff: noch kein Jahr!
   Und sie marschiert in der Kapell
   Im Gleichschritt, langsam oder schnell
   Und bläset ihren kleinen Ton:
   Jetzt kommt er schon. 50
   Und jetzt: das Ganze schwenkt!
   Der Mensch denkt: Gott lenkt.
   Keine Red davon!

Viele sah ich schon den Himmel stürmen
Und kein Stern war ihnen groß und weit genug. 55

(Der Tüchtige schafft es, wo ein Wille ist, ist ein
Weg, wir werden den Laden schon schmeißen.)

Doch sie fühlten bald beim Berg-auf-Berge-Türmen
Wie doch schwer man schon an einem Strohhut trug.

(Man muß sich nach der Decke strecken!) 60

Doch vom Dach der Star
Pfiff: wart paar Jahr!
   Und sie marschiern in der Kapell
   Im Gleichschritt, langsam oder schnell
   Und blasen ihren kleinen Ton: 65
   Jetzt kommt er schon.
   Und jetzt: das Ganze schwenkt!
   Der Mensch denkt: Gott lenkt.
   Keine Red davon!

70 *Mutter Courage zu dem jungen Soldaten:*
Darum denk ich, du solltest dableiben mitn offnen Schwert, wenns dir wirklich danach ist und dein Zorn ist groß genug, denn du hast einen guten Grund, das geb ich zu, aber wenn dein Zorn
75 ein kurzer ist, geh lieber gleich weg!

JUNGER SOLDAT: Leck mich am Arsch! *Er stolpert weg, der ältere ihm nach.*
DER SCHREIBER *steckt den Kopf heraus:* Der Rittmeister ist gekommen. Jetzt können Sie sich beschweren. 80
MUTTER COURAGE: Ich habs mir anders überlegt. Ich beschwer mich nicht. *Ab.* ⬛Ⓡ

Thomas Mann: Radiosendung „Deutsche Hörer!" (18. Januar 1943) Auszug

[Thomas Manns Stimme, in Kalifornien auf Schallplatte festgehalten, wurde ab 1941 von der BBC nach Deutschland hineingesendet. Es war die Stimme des „anderen Deutschlands".]

Ein düsteres Jubiläum will begangen sein: zehn Jahre Nationalsozialismus. Was haben sie dem deutschen Volk gebracht? Es gibt nur eine, alles sagende Antwort: den Krieg. [...]
5 Alle sogenannten Verdienste, die das Regime sich um Deutschland erworben haben soll, nehmen ihr wahres Gesicht an im Lichte dieses Ergebnisses. Sie werden dadurch *ad absurdum* geführt, auch für den, der verelendeterweise jemals etwas
10 anderes darin sah als Betrug, Wahnsinn und Niedertracht. Man hört, Hitler habe Deutschland von der Arbeitslosigkeit befreit. Ja – durch die Aufrüstung zum Kriege. Nationalsozialismus – das heißt, die Lösung der sozialen Frage durch
15 den Krieg. Man hört, er habe Deutschland geeinigt wie nie zuvor und den Sozialismus verwirklicht, indem er eine deutsche Volksgemeinschaft schuf. Diese Volksgemeinschaft war die Diktatur des Gesindels, ein scheußlicher Parteiterror, der
20 eine moralische Verwüstung, einen Menschenverderb, eine Gewissensschändung, eine Zerstörung der natürlichen, ehrwürdigsten Bande mit sich brachte, wie nie ein Volk sie erlebt hat, und der sich auf alles stürzte, nur nicht auf das Gute im Menschen. Heute sieht diese Volksgemein- 25 schaft so aus, dass 700 000 schwer bewaffnete Prätorianer[1] nicht nur das nach Frieden lechzende Volk, sondern auch das halb ausgeblutete Volksheer in Schach halten müssen. [...]
Und dann die deutsche Ehre: Gebrochen die Wür- 30 de der Wissenschaft, zu Boden getreten das Rechtsgefühl, der deutsche Rechtsrichter ein Knecht des Parteiinteresses, das deutsche Wort zum Spott geworden durch gehäufte Vertragsbrüche und zerrissene Ehrenzusicherungen, durch 35 die infame Auffassung der Politik als einer Sphäre des absoluten Zynismus; der deutsche Name zum Inbegriff gemacht allen Schreckens, aller geilen Raubsucht, schandbarer Grausamkeit, erbarmungsloser Gewalt, sodass das Gedächtnis 40 der Völker an vieles Gute, Große und Liebenswerte, womit der deutsche Geist einst die Menschheit beschenkt hat, unterzugehen droht in einem Meer von Hass [...]. ⬛Ⓡ

1 **Prätorianer:** römische Palastwache, hier: Waffen-SS („Schutz-Staffel"), hitlertreue Truppe, die der Diktator auch gegen die Wehrmacht hätte einsetzen können

---

Kommentar

BERTOLT BRECHTS Bedeutungsklärung des Begriffs „Emigrant" ist wenigstens zum Teil auch eine **Selbstermutigung**. Er war 1937 nicht mehr so sicher, dass der „Spuk des Hitlerismus" schnell vorübergehen würde – das zeigt sein Gedicht *Gedanken über die Dauer des Exils* aus dem gleichen Jahr. Eben hatte die Olympiade 1936 HITLER viel internationales Prestige eingebracht. Die „Verbannten" und „Vertriebenen" wollten nicht bleiben (was die Einheimischen befürchteten). Sie litten darunter, dass man ihnen die Untaten, von denen sie berichteten, nicht glauben mochte. Sie wollten zurück in ihr Land – in der Hoffnung, dass „das letzte Wort [...] noch nicht gesprochen" war.

BRECHTS schwindende Hoffnung wird in **ANNA SEGHERS'** Erzählung aufrechterhalten. Inzwischen ist Krieg, Polen und Frankreich bis auf einen Teil im Süden besetzt, die Emigranten, die in Paris ebenso wenig geschätzt wurden wie in Zürich, sind erneut auf der Flucht. Da beginnt sich in Paris der Widerstand gegen die Deutschen zu regen. Elementare Menschlichkeit ist eins seiner Motive. Das ist eine **Idealisierung der einfachen Bevölkerung** der französischen Metropole, ganz in Übereinstimmung mit der literarischen Doktrin des **sozialistischen Realismus.** Diese besagt, dass die Wirklichkeit so darzustellen sei, dass die in ihr enthaltenen positiven Momente für den Leser erkennbar werden. Das geschieht durch **positive Helden.** Eine solche Heldin ist die Frau Meunier. Sie wird einerseits als einfache Arbeiterfrau gezeigt, andererseits als mutige und umsichtige Person, die die Situation, ihren Mann und dessen Entwicklung vom revolutionären Arbeiter zum angepassten Kleinbürger und dann weiter zu einem möglichen Mitglied der Résistance richtig einschätzt. Sie geht ein hohes Risiko ein, Verrat ist überall und immer möglich. Aber sie handelt aus selbstloser Menschlichkeit, ein wenig auch aus Bewunderung für den Jungen, der selbstständig und selbstbewusst bleibt, selbst in seiner ausweglosen Lage. Auch er hat Züge eines positiven Helden.

ELSE LASKER-SCHÜLER, vereinsamt und mittellos im Exil, geht einen ganz anderen Weg. Sie spricht weiterhin im **lyrischen Stil des Expressionismus,** aber sie spricht die Verrohung der Welt an. Die Rede vom „bitteren Brote" spielt an auf das bittere ungesäuerte Brot des jüdischen Passahfestes, das in Erinnerung an das Ende der Gefangenschaft des Volkes Israel in Ägypten gegessen wird. Hier ist es ein Hinweis auf das **Exil.** Die Sprecherin im Gedicht denkt an ihr zerstörtes vergangenes Leben – ein zerbrochenes „blaues Klavier". Nun „tanzen die Ratten" in den Trümmern und bringen nur Missklang hervor. Die Botschaft des Gedichts kann allein von dem entschlüsselt werden, der gelernt hat, die bilder- und anspielungsreiche Sprache der expressionistischen Lyrik zu verstehen. Die „Ratten" gehören sicher nicht dazu.

In **BRECHTS** Theaterstück *Mutter Courage und ihre Kinder* belehrt die Hauptfigur die Zuschauer, indem sie den jungen Soldaten belehrt: Wie viel Risiko sind sie bereit einzugehen, um zu ihrem Recht zu kommen bzw. um ihren Gerechtigkeitssinn zu befriedigen? Die Courage verpackt ihre Belehrung in einer Ich-Botschaft. Ihr Song stellt ihr eigenes Leben als typischen, bitteren Lernprozess vor: Das Mädchen, das glaubte, sie sei etwas Besonderes, muss lernen, dass es ihr geht wie allen anderen. Die angedeuteten Erfahrungen (zuerst der „Drang nach Höherem", dann die „Kinder aufm Hals", dann „schlucken" lernen) verallgemeinert sie durch Redensarten (z. B. „alles oder nix", „mit dem Kopf kann man nicht durch die Wand"). Den Zuschauer belehrt BRECHT, indem er die Courage aus dem Bühnengeschehen „heraustreten" lässt und ihr das „Lied von der Großen Kapitulation" des individuellen Gerechtigkeitswunsches vor den Machtverhältnissen in den Mund legt.

Der junge Soldat lernt, dass als Recht gilt, was den Oberen nutzt, und dass der Kleine, der das nicht rechtzeitig einsieht, der Dumme ist. Würde der Hartnäckige eine Chance haben, wenn seine Wut über erlittenes Unrecht nachhaltig wäre? Die Courage gibt darauf keine Antwort. Der Soldat zeigt dem Zuschauer durch sein Verhalten, dass er diese Lektion gelernt hat, und die Courage bestätigt den Unterrichtserfolg mit dem eigenen Handeln: Als der Rittmeister bereit ist, die Klagen anzuhören, sind beide Kläger verschwunden.

„Episch" kann diese Szene genannt werden, weil der Zuschauer aus dem Bühnengeschehen, dem er folgt, „aussteigen" und darüber nachdenken soll, wie die Courage
in ihrem Song am Beispiel des Frauenschicksals die Ohnmacht der kleinen Leute
charakterisiert und wie sie damit indirekt den Wunsch stimuliert, es möge sich etwas
ändern. Zum Epischen des BRECHTSCHEN Theaters gehört die „Technik der weggelas-
senen dritten Strophe", das heißt die Aufforderung an den Zuschauer, selbst Lösungs-
wege zu durchdenken.

Episches Theater

Merkmale/ Aspekte	Dramatisches Theater (z.B. SCHILLER: *Wilhelm Tell*)	Episches Theater (z.B. BRECHT: *Mutter Courage*)
Aufbau	in Akte und Szenen eingeteilte einsträngige Handlung mit Höhepunkt und Katastrophe	Aufteilung des Stückes in Szenen und Bilder, Unterbrechung der Handlung durch Songs, Kommentare
Schauspieler	identifizieren sich mit der Figur, die sie darstellen	stehen neben der Figur, die sie spielen, demonstrieren, was jene für Fehler begeht (z.B. durch Beiseitesprechen)
Zuschauer	leiden und fühlen mit den Helden mit	betrachten distanziert, bewerten die Figuren und die Handlungen
Bühne	verschafft die Illusion, man sei mitten im Geschehen	gibt Impulse zum Nachdenken (zum Beispiel durch Brechung der Illusion)
Absicht des Autors	will erschüttern, Leidenschaft wecken und kultivieren (= Katharsis)	will einen Abstand zwischen Bühne und Zuschauer schaffen, arbeitet deshalb mit Verfremdungen, die Vertrautes unvertraut erscheinen lassen sollen

THOMAS MANN, der in Amerika hoch angesehene Repräsentant eines „besseren
Deutschlands", nimmt aktiv an der von der BBC London koordinierten Gegenpro-
paganda zu GOEBBELS' Rundfunk teil. In seinen Ansprachen an die deutschen Hörer
rechnet er – in rhetorisch ausgefeilter Sprache – mit den Verbrechen der Nazis am
deutschen Volk ab. Es ist nicht sicher, dass die Reden viele Hörer erreichten. Es war
in Deutschland streng verboten, Radio BBC zu hören. Immerhin haben später deutsche Hörer bezeugt, diese Reden als Ermutigung erfahren und in Erinnerung behalten
zu haben. Die Reden führten nach 1945 zu heftigen Debatten. Man warf THOMAS
MANN vor, gegen sein Volk gesprochen zu haben. Er erklärte vorausschauend in seiner Ansprache am 11. März 1945:

> Deutschland ist nicht identisch mit der kurzen finsteren Episode,
> die HITLERS Namen trägt. […] Es ist im Begriffe, eine neue Gestalt
> anzunehmen, in einen neuen Lebenszustand überzugehen […], der
> nach den ersten Schmerzen der Wandlung und des Übergangs
> mehr Glück und echte Würde verspricht.

6 Literatur von 1945 bis zur Gegenwart

A. R. Penck: Der
Übergang (1963)

Ein Strichmännchen geht als Seiltänzer über eine brennende Brücke. Das Bild erinnert an prähistorische Höhlenmalerei. Schon 1963 galt es als Metapher für die beiden deutschen Staaten. 1980 reiste PENCK aus der DDR in den Westen aus. Mit seinem Bild-Zeichen-System versucht er, „Weltenbilder" zu visualisieren. Es geht ihm
um Krieg und Frieden, um Formen der Gewalt und Unterdrückung.

Mariko Mori: Last
Departure (1996)

Die japanische Multimediakünstlerin MARIKO MORI montiert sich selbst als Außer-
irdische in Alltagsszenen. Die zu Puppen stilisierten Menschen und die futuristische
Bahnhofshalle verweisen auf die zunehmende Künstlichkeit unserer Lebenswelt.

Allgemeingeschichtlicher Hintergrund

Kriegsende 1945, Teilung und **Wiedervereinigung Deutschlands** sind die markanten Ereignisse der Zeit; wirtschaftlicher Aufschwung in der Bundesrepublik und die konsequente Entwicklung einer (am Ende scheiternden) Planwirtschaft in Industrie und Landwirtschaft in der DDR sind die ökonomischen Charakteristika. Die politische Entwicklung war gekennzeichnet durch die jeweilige Aufwertung des eigenen und eine Abwertung des anderen Systems. Im Westen lobte man die eigene soziale Marktwirtschaft, die Freiheit und die demokratische Grundstruktur. Im Osten pries man am eigenen System den sozialistischen Umbau einer zuvor faschistischen Gesellschaftsordnung, die Errungenschaften des eigenen Bildungssystems gegenüber dem Fortbestehen einer Klassengesellschaft im Westen. Man nahm auch Begriffe wie „Frieden" und „Völkerfreundschaft" für sich in Anspruch und bezichtigte die andere Seite des Imperialismus, der Kriegstreiberei, der Ausbeutung. Im Westen dagegen verurteilte man die Diktatur und das System der „Unterdrückung von Freiheit und Persönlichkeit". Zahlreiche Ereignisse der 1950er- und 1960er-Jahre gaben Anlass, die **Konfrontationen des „Kalten Krieges"** in immer neuen Varianten durchzuspielen. Zuerst die Abschnürung Westberlins durch die Sowjetunion und die „Luftbrücke" durch die Amerikaner, dann der „Volksaufstand" des 17. Juni 1953 (Sprachregelung West) bzw. der „konterrevolutionäre Putschversuch faschistischer Agenten kapitalistischer Monopole" (Sprachregelung Ost), schließlich 1961 der Bau der „Schandmauer" (Sprachregelung West), der „befestigten Friedensgrenze der DDR" (Sprachregelung Ost).

Nahezu vierzig Jahre dauerte der Wettstreit der Systeme, dann war die DDR – im gleichen Jahr, in dem sie noch prunkvoll ihr vierzigjähriges Bestehen begangen hatte – ökonomisch und politisch am Ende: Mit dem Anschluss an die Bundesrepublik wurde mit der D-Mark auch die Marktwirtschaft eingeführt. Es war das Ziel der Politik, in den ostdeutschen Bundesländern möglichst schnell die gleichen Lebensbedingungen herzustellen wie in den westdeutschen.

Weltbild und Lebensauffassung

In beiden deutschen Teilstaaten war die Identifikation der Bürger mit dem jeweils eigenen System keineswegs überall gegeben. Zwar bejahte die überwiegende Mehrheit der Bevölkerung im Westen das Grundgesetz, die demokratische Grundordnung und das erfolgreiche System der Marktwirtschaft, auch im Osten gab es – trotz Abwanderung und latenten Widerstands gegen den sozialistischen Umbau der Gesellschaft – Zustimmung zur neuen Ordnung. Aber es wurde auch Kritik angemeldet. In der zweiten Hälfte der 1960er-Jahre schwand vor allem bei der jüngeren Generation der Glaube an die politischen und weltanschaulichen Prinzipien der jeweiligen „Schutzmächte", im Westen der USA, im Osten der Sowjetunion. Im Westen kritisierte man mehr und mehr die Verflechtung des kapitalistischen Wirtschaftssystems mit dem materialistischen und autoritätsgläubigen Denken sowie dem verleugneten Faschismus der Väter (d.h. man übernahm hier ansatzweise die kritische Perspektive des Ostens). Im Osten wurde man der propagandistischen Lügen, die zur Systemstabilisierung verbreitet wurden, überdrüssig. Die Versuche, das System durch Einschüchterung und Bespitzelung mittels der Stasi (Staatssicherheitsdienst) zu stabilisieren, während gleichzeitig öffentlich die Utopie eines kommunistischen Staates verkündet wurde, erzeugten nicht nur Unmut, sondern auch anhaltenden Widerstand. Besonders das militärische Wettrüsten, die Gefahr, dass in einem dritten Weltkrieg Atomwaffen eingesetzt würden, sowie der Vietnamkrieg der USA von Mitte der 1960er- bis Mitte der 1970er-Jahre führten im Westen zu Massenprotesten (z.B. der „Friedensbewegung"), hinter denen auch eine neue demokratische Gesinnung und eine postmateriale (nicht am materiellen Profit ausgerichtete) Einstellung sichtbar wurde. Bürgerbewegungen verschiedenster Art zeigten demokratisches Engagement, das eigentlich als Bestätigung für eine neue politische Wachheit der Bevölkerung hätte dienen können. Beide Regierungssysteme reagierten indes äußerst nervös auf die Kritik und die Initiativen. Man sah durch die Kritik entweder das Abendland und die Freiheit in Gefahr und rief nach „Notstandsgesetzen" und einem „starken Staat" (West) oder man sah den Sozialismus bedroht und verteufelte alle kulturellen Annäherungen an den „Klassenfeind", seine Musik, seine Jeanshosen, seine Haartrachten (Ost). Höhepunkte dieser **kritischen Auseinandersetzung mit dem** jeweils **eigenen System** waren **im Westen** die **Studentenunruhen** rund um das Jahr **1968**, schließlich in den **1970er-Jahren** der **Terror der Roten-Armee-Fraktion,** die durch Geiselnahme und Mord einen politischen Umsturz erreichen wollte. **Im Osten** zeigte sich in den **Montagsdemonstrationen 1989** eine neue Form des Bürgerbewusstseins. Der Protest gegen das Regime führte zu einer **friedlichen Revolution,** schließlich zum **Ende der DDR** und zur **Wiedervereinigung** Deutschlands.

Mit dem Zerfall des sozialistischen Systems und der Wiedervereinigung Deutschlands (1990) begann eine neue Epoche. Die Deutschen mussten sich wieder aneinander gewöhnen, und sie versuchten es im Rahmen eines vereinten Europas. Die schwierige Annäherung vollzog und vollzieht sich vor dem Hintergrund der **Globalisierung** mit Finanz- und Wirtschaftskrisen sowie Krisen der sozialen Sicherungssysteme, der Familie und des Bildungssystems.

Entwicklung der Literatur

Die erste literarische Gruppierung von Schriftstellern, die in Westdeutschland öffentlichen Einfluss auf die Entwicklung der Literatur nahm, war die **„Gruppe 47",** ein lockerer Zusammenschluss von Autoren und Autorinnen, die sich regelmäßig trafen, sich gegenseitig aus ihren Werken vorlasen, die Kritik der Kollegen/Kolleginnen anhörten und am Ende der Tagung einen Preis vergaben.

Zuvor hatten vor allem schon vor dem Krieg bekannte Autoren wie THOMAS MANN oder GOTTFRIED BENN (im Westen) oder BERTOLT BRECHT (im Osten) den Ton angegeben. Während man im Westen den Emigranten mit Misstrauen begegnete und ihnen die „inneren Emigranten" (Autoren, die in Deutschland geblieben waren, die das NS-Regime aber zumindest zeitweise abgelehnt hatten) vorzog, übernahmen in der DDR zurückkehrende Exil-Autoren einflussreiche Positionen: BERT BRECHT verfügte über ein eigenes Theater, JOHANNES R. BECHER war zeitweilig Kulturminister, ANNA SEGHERS wurde die erste Präsidentin des Schriftstellerverbandes der DDR.

In der **Literatur bis 1949** stand die **Aufarbeitung von Kriegs- und Nachkriegserfahrungen** im Vordergrund. WOLFGANG BORCHERT, der bereits 1947 starb, und der junge HEINRICH BÖLL können als Prototypen dieser **Trümmerliteratur** gelten. In den

1950er- und 1960er-Jahren setzte – eben mit den Autoren der „Gruppe 47" – eine Modernisierung der Literatur ein. Neue Formen der Lyrik, Kurzgeschichten, experimentelles Theater, Dokumentartheater, schließlich der gesellschaftskritische Roman (BÖLL, WALSER, GRASS, KOEPPEN) entwickelten sich mit großer Lebhaftigkeit. In den **1970er-Jahren** kamen auch neue Themen auf. Die Literatur entdeckte erneut **das Individuum**, seine Probleme in der Beziehung zum anderen Geschlecht, in privaten Gruppen von Freunden und Kollegen. Hier sind im Besonderen die Auseinandersetzungen der jungen Generation mit den „Vätern" zu nennen und die Auseinandersetzung der Frauen mit den ihnen von der Gesellschaft zugewiesenen Rollen. Ein Beispiel ist etwa PETER HANDKES Erzählung *Die linkshändige Frau* (1976), in der es um die Selbstbefreiung und Identitätskrise einer jungen Frau geht (▶ S. 250 f.).

Die führenden Köpfe der Literatur wurden fast alle auch öffentliche Persönlichkeiten, deren Urteil in gesellschaftlichen Fragen Gehör fand. Autoren wie HEINRICH BÖLL, GÜNTER GRASS, MARTIN WALSER, ROLF HOCHHUTH, PETER WEISS waren auch in den Medien präsent, manchmal sehr zum Ärger der Politiker.

War die Rolle der Schriftsteller im Westen eher die des kritischen Intellektuellen, so wurde in der **DDR** den Schriftstellern eine tragende Rolle beim Aufbau des Sozialismus zugewiesen. Sie sollten „konstruktiv" an der Erziehung der Bevölkerung zum sozialistischen Menschen mitarbeiten. Diese staatstragende Rolle wurde gestützt durch eine von der Staatspartei der DDR (SED) entwickelte Literaturdoktrin, den **sozialistischen Realismus.** Der sah vor, dass der Schriftsteller die Wirklichkeit realistisch zu schildern habe, aber dabei die zukunftsweisenden Momente hervorheben solle. Diese didaktische Verpflichtung wurde vielen Autoren mehr und mehr zur Last, denn die Partei wachte darüber, dass in den Werken der Literatur die Wiedergabe der Wirklichkeit mit der Sicht der Partei übereinstimmte.

Als ein Beispiel dieser **Verbindung von Literatur und Politik** in der **DDR** kann CHRISTA WOLFS erfolgreicher Erstlingsroman *Der geteilte Himmel* (1963) gelten (▶ S. 228 ff.). Er griff kritisch auf, dass es beim Aufbau des Sozialismus in der jungen DDR zu Pannen und Fehlentscheidungen gekommen war, dass es in der DDR Menschen gab, die lieber im Westen leben würden, aber er zeigt auch, wie sich die Heldin des Romans – unter erheblichen psychischen Schmerzen – für ein Bleiben in der DDR als dem „besseren Deutschland" entscheidet.

Ein tiefer Riss zwischen Schriftstellern und politischer Führung in der DDR zeigte sich spätestens seit der Ausbürgerung des kritischen Liedermachers WOLF BIERMANN 1976 (▶ S. 240). Viele Autoren, die sich mit BIERMANN solidarisierten, verließen gezwungenermaßen oder freiwillig die DDR. Ab Ende der 1970er-Jahre versuchten vor allem Autoren der DDR-Literatur, die auch im Westen einen Ruf als kritische Kommentatoren der gesellschaftlichen Entwicklung erworben hatten, gegen die staatlich vorgegebene Perspektive des sozialistischen Realismus zu opponieren. Das geschah teils durch das Aufgreifen von Themen und Schreibweisen, die **politische Kritik** freisetzen konnten, so zum Beispiel das **Einbeziehen des Fantastischen in den Realismus.** Ein solcher Text ist CHRISTA WOLFS Novelle *Kein Ort. Nirgends* (1979), in der HEINRICH VON KLEIST und KAROLINE VON GÜNDERODE als unangepasste, interessante Individuen einander begegnen und Ideen der Romantik formulieren, einer Epoche, die in der DDR als dekadent, bürgerlich und rückwärtsgewandt angesehen wurde.

Auch die Theaterstücke des Präsidenten der Akademie der Künste, HEINER MÜLLER, z.B. *Die Hamletmaschine* (1977) oder *Quartett* (1980/81), passten nicht zu den Vorgaben des sozialistischen Realismus. Sie wurden oft zuerst im Westen aufgeführt, aber sie bestimmten doch die literarische Diskussion in der DDR. So lockerte sich – durch Einbezug des Fantastischen, des Absurden, des Experiments – das starre Programm einer der Belehrung des Volkes dienenden Literatur.

Nach der „friedlichen Revolution" in der DDR ist für viele Literaten das politische Geschehen als Trauma bestehen geblieben. Demzufolge gibt es eine Flut von Werken, die die DDR, die Republikflucht, die Ankunft im Westen, das Erleben zweier so gegensätzlicher Lebenswelten zum Thema haben, angefangen mit CHRISTA WOLFS *Was bleibt* (1990) bis hin zu UWE TELLKAMPS *Der Turm* (2008).

Daneben hatte sich schon **in den 1980er-Jahren** die **Tendenz der Literatur zur Beschäftigung mit sich selbst** abgezeichnet. Nicht nur, dass der Autor oder die Autorin – wie es in der **„neuen Subjektivität"** der 1970er-Jahre der Fall gewesen war – in hohem Maße an der eigenen Person interessiert war, auch das literarische Schreiben als Tätigkeit selbst und die literarischen Traditionen und Formensprachen gewannen wieder an Bedeutung. Beispiele liefert die Literatur der **Postmoderne** (▶ S. 257 ff., 270 ff.), für die die „Intertextualität" von besonderer Bedeutung ist. Gemeint ist ein Spiel der Literatur mit literarischen Mustern der Tradition. CHRISTA WOLF zum Beispiel hatte in *Kassandra* (1983) mit der Doktrin des sozialistisch-realistischen Schreibens gebrochen, indem sie die Auseinandersetzungen der eigenen Zeit (Fragen der Geschlechterrollen und das Problem des Wettrüstens) in die Zeit des Trojanischen Krieges zurückverlegte und dabei die Texte von HOMERS *Ilias* neu deutete. CHRISTOPH RANSMAYR (*Die letzte Welt*, 1988) stellt sich vor, dass ein Freund des lateinischen Dichters OVID, der vom römischen Kaiser AUGUSTUS in die Verbannung ans Schwarze Meer geschickt worden war, sich auf die Suche nach dessen nachgelassenen Gedichten – *Metamorphosen* (= Geschichten über Verwandlungen) – begibt und dabei dessen literarische Geschöpfe verwandelt in einer modernen Welt wiedertrifft.

Im gedanklichen Umfeld der Postmoderne entwickelte sich in den 1990er-Jahren eine Spielart der Literatur, in der kulturelle Alltagserfahrungen (Fernsehen, Internet, Popmusik) und moderner Lebensstil (Partykultur, Tourismus) im Mittelpunkt stehen. Diese **Popliteratur** möchte vor allem die Barriere zwischen „hochstehender Literatur" und Massenkultur überwinden. Elemente der Konsumwelt sollen in literarischen Texten Platz finden. Die Autorinnen und Autoren wollen dadurch vor allem das Lebensgefühl der zwanzig- bis dreißigjährigen Singles zum Ausdruck bringen (z.B. FLORIAN ILLIES: *Generation Golf,* 2000).

Eine weitere interessante Gruppe von Autoren sind die **zweisprachigen Autorinnen und Autoren,** die in Deutschland leben und deutsch schreiben. Sie thematisieren vor allem das **Lebensgefühl** und die **Lebensprobleme von Migranten in Deutschland,** oft geht es um kulturelle Barrieren und Fremdheitserfahrungen. Ziel der inter- oder multikulturellen Literatur ist eine **Kultursynthese** zwischen den Kulturräumen ihrer beiden Sprachen. Die Vorstellungen von dieser Synthese sind durchaus unterschiedlich. Sie reichen von einem gedachten friedlichen Nebeneinander bis hin zur Integration, in der eine dritte humane Kultur entsteht, die die positiven Elemente aus beiden Ursprüngen in sich vereint.

Bedeutende Bilder der Zeit

ANDY WARHOL (1928–1987), bedeutendster Vertreter der amerikanischen Pop-Art, begann seine Karriere als Werbegrafiker. Seine Bilder greifen triviale Motive auf: eine Campbell-Konservendose, die Fotografien von Stars wie der Schauspielerin MARILYN MONROE oder dem Boxer MOHAMMED ALI, die er als Siebdrucke unterschiedlich koloriert vervielfältigte. In gleicher Weise „porträtierte" er aber auch GOETHE oder BEETHOVEN. Das Motto seiner Pop-Art lautet: „Das Original verschwindet hinter seinen Kopien."

Andy Warhol:
Goethe (1982)

Anselm Kiefer:
Maikäfer flieg (1974)

ANSELM KIEFERS Bild zeigt die Verwüstungen des Krieges. Der Titel erinnert an das Kinderlied: „Maikäfer, flieg, der Vater ist im Krieg, die Mutter ist im Pommerland, Pommerland ist abgebrannt." Dieser Text ist ein Schlüssel für das düstere Gemälde. KIEFER will die Schrecken der Vergangenheit lebendig halten. Diese Absicht verbindet ihn mit Dichtern wie PAUL CELAN oder GÜNTER GRASS.

Bernd und Hilla
Becher: Hochöfen-
köpfe (1963–95)

BERND und **HILLA BECHERS** Fotoserien von Industrieanlagen stehen für eine sehr intensive Wahrnehmung und Dokumentation von Gegenständen, die bisher keiner ästhetischen Beachtung wert zu sein schienen.

GEORG BASELITZ' Bilder wirken oft wie verkehrt herum aufgehängt. Er will so eine alltägliche, auf das bloße Erfassen von Bildinhalten gerichtete Wahrnehmung irritieren. **MARKUS LÜPERTZ'** Plastiken erinnern an die Kunst der Expressionisten (▶ S. 165 f., 175 ff., 183 ff.). Sie wurden mehrfach beschädigt und umgestoßen. Die „Philosophin" steht in der Eingangshalle des Bundeskanzleramts in Berlin.

Georg Baselitz:
Orangenesser
(1981)

Markus
Lüpertz: Die
Philosophin
(1998)

6.1 Nachkriegsliteratur – 1945 bis Ende der 1960er-Jahre

Im zerbombten, in Besatzungszonen aufgeteilten Deutschland sah man sich mit der Verantwortung für Krieg und Völkermord konfrontiert. Die bislang herrschende Kunst des Nationalsozialismus war mit dem Staat, der sie gefördert hatte, untergegangen. Das kulturelle Bedürfnis der in Trümmern lebenden und hungernden Bevölkerung konzentrierte sich auf die eigene Situation. GÜNTER EICHS Gedicht *Inventur* (1945/46) bilanziert das, was einem Soldaten der Hitlerarmee geblieben war: „Dies ist meine Mütze, / dies ist mein Mantel, / hier mein Rasierzeug / im Beutel aus Leinen." WOLFGANG BORCHERTS Drama *Draußen vor der Tür* (1947) zeigte das Schicksal eines Heimkehrers, der seinen Platz in der Nachkriegsgesellschaft nicht finden kann (▶ S. 221). Die zurückkehrenden **Exilautoren** – mit Ausnahme von THOMAS MANN (*Doktor Faustus*, 1947) und CARL ZUCKMAYER (*Des Teufels General*, 1946) – hatten wenig Erfolg, Autoren, die die **Erfahrungen des Holocaust** thematisierten wie NELLY SACHS (*Die Fahrt ins Staublose*, 1961), PAUL CELAN (*Die Todesfuge*, 1945/1952), waren unbekannt. In der Lyrik gaben **„innere Emigranten"** wie GOTTFRIED BENN mit unpolitischen „absoluten" (d.h. auf eine moderne Formensprache konzentrierten) Gedichten den Ton an. **Junge Autoren** wie WOLFGANG BORCHERT (*Die Hundeblume. Erzählungen aus unseren Tagen*, 1947) oder HEINRICH BÖLL (*Wanderer, kommst du nach Spa...*, 1950) begannen mit **Kurzgeschichten** (▶ S. 255), die die Situation nach dem politischen und kulturellen **„Kahlschlag"** thematisierten. Dabei modellierten sie ihr Vorbild, die amerikanische Kurzgeschichte im Stil Ernest Hemingways, bald nach den Mustern der deutschen Novelle oder Kalendergeschichte. Sprachlich knüpften sie an die unterkühlte Alltagsrede der Neuen Sachlichkeit (▶ S. 192 ff.) an.

Sprachskepsis gegenüber der von den Nazis missbrauchten deutschen Sprache (eine Fortführung der Sprachskepsis, die schon die Dichter der Jahrhundertwende kannten: die Skepsis gegenüber großen politischen Begriffen, die sich als Lügen erweisen) kennzeichnet die **hermetische Lyrik.** Diese setzt auf intensive Bilder und Metaphern, deren Sinn aber dunkel bleibt, weil erst im Kopf des Lesers aus den rätselhaften Texten eine Bedeutung entstehen kann. Hier waren die Gedichte von INGEBORG BACHMANN stilbildend. Ihr Lyrikband *Die gestundete Zeit* erhielt 1953 den Preis der „Gruppe 47".

Einen ganz anderen Weg schlugen die Autoren der **konkreten Poesie** ein. Sie setzten auf **Sprache als Material.** Worte und Sätze dienten ihnen nicht mehr als Mittel zur Beschreibung eines Sachverhalts oder zur Kommunikation, sondern sie wurden als visuelle Buchstabenkonstellation gestaltet. So konnte beispielsweise durch Form und Anordnung der Buchstaben der Inhalt der Worte kommentiert werden. EUGEN GOMRINGER visualisiert z.B. „Schweigen" als Lücke zwischen dem vierzehnmal gedruckten Wort „schweigen", REINHARD DÖHL die Botschaft, dass etwas faul ist in der Welt, als Buchstabenbild aus dem Wort „Apfel", in dem das Wort „Wurm" versteckt ist. CLAUS BREMER arbeitet mit Kontrasten zwischen verbaler und visueller Botschaft. So montiert er Bibelworte (z.B. das Gebot „Du sollst nicht töten") zum Bild eines Soldaten oder zu dem zweier Panzer (▶ S. 235).

Die **literarische Auseinandersetzung mit der Entwicklung in der deutschen Nachkriegsgesellschaft** – mit der Adenauer-Politik, der Autoritätsgläubigkeit, dem Militarismus sowie mit dem Materialismus und der fehlenden Vergangenheitsbewältigung der Wirtschaftswunderzeit – begann bereits in den 1950er-Jahren, die Auseinandersetzung mit Fragen der **Kriegsschuld** und des **Holocaust** fünf bis zehn Jahre später. Im Zusammenhang mit diesen beiden Themenkomplexen sind im Bereich der Lyrik vor allem die frühen Gedichte PETER RÜHMKORFS (*Kunststücke*, 1962) und HANS MAGNUS ENZENSBERGERS (*verteidigung der wölfe*, 1957; *landessprache*, 1960) zu nennen und, im Bereich des Romans, GÜNTER GRASS' *Die Blechtrommel*, 1959, HEINRICH BÖLLS *Ansichten eines Clowns*, 1963, und SIEGFRIED LENZ' *Deutschstunde*, 1968, sowie das Dokumentartheater PETER WEISS' (*Die Ermittlung*, 1965).

Eine gewisse Sonderrolle spielten die beiden Schweizer Autoren MAX FRISCH und FRIEDRICH DÜRRENMATT. FRISCHS Roman *Homo faber* (1957) und sein Theaterstück *Andorra* (1961), DÜRRENMATTS Kriminalerzählung *Der Richter und sein Henker* (1950/51) und seine Dramen *Der Besuch der alten Dame*, 1956, und *Die Physiker*, 1962, zählen heute noch zu den am häufigsten im Deutschunterricht gelesenen Werken der Nachkriegsliteratur.

In der **DDR** wurden die Autoren zunächst nicht als Gegner und Kritiker des Systems, sondern als Mithelfer beim Aufbau des Sozialismus gesehen. Von Anfang an genossen sie Privilegien, aber sie waren der strengen Partei-Ästhetik des sozialistischen Realismus unterworfen. Exilautoren, die schon in der Weimarer Zeit Marxisten gewesen waren, wie BERTOLT BRECHT und ANNA SEGHERS oder der erste Kulturminister der DDR, JOHANNES R. BECHER, galten als literarische Lehrmeister. Auf dem „**Bitterfelder Weg**" (ab 1959) sollten Autoren „wachsenden künstlerisch-ästhetischen Bedürfnissen der Werktätigen" entgegenkommen. Sie sollten selbst in Fabriken Erfahrungen sammeln und Arbeiter zum Schreiben ermuntern. Zweck der vorgegebenen Lebensnähe war es aber vor allem, Menschen zu zeigen, die positiv zum Sozialismus standen. Wo das nicht der Fall war, setzte die politische Kritik durch Kollegen ein. Ein Beispiel: Der Autor FRANZ FÜHMANN schrieb über HEINER MÜLLERS „Volksstück" *Die Umsiedlerin oder das Leben auf dem Lande*:
„Es zeigt, sehr im Gegensatz zu Müllers anderen Stücken, das Leben auf dem Lande als unveränderbar trostlos. Die Menschen, die unser Dorf hoch über die Vergangenheit hinausgehoben haben, sind so gut wie gar nicht gezeichnet. Alles Negative hingegen wurde in einer manchmal unerträglichen Weise gehäuft. […] Ich halte es daher für richtig, dieses Stück nicht aufzuführen."

Der von der Partei verordnete Kurs führte zu Verkrustungen und Verhärtungen, gegen die sich bald Autoren wie PETER HUCHEL oder REINER KUNZE, dann auch STEFAN HEYM oder CHRISTA WOLF und JUREK BECKER, stellten. Es gab einen ständigen Kampf um die jeweils richtige Schreibweise. Viele Autoren wie WOLF BIERMANN und GÜNTER KUNERT oder HEINER MÜLLER sahen keine andere Möglichkeit, als ihre kritische Literatur **im Westen** zu **veröffentlichen** – und darüber mit der Kulturbürokratie in Konflikt zu geraten. PETER HUCHEL, der Chefredakteur der letzten „gesamtdeutschen" literarischen Zeitschrift der DDR *(Sinn und Form)*, wurde 1962 seines Postens enthoben und mit Hausarrest bestraft, weil er sein Gedicht *Der Garten des Theophrast* nicht zurücknehmen wollte; das Gedicht konnte als Kritik am Mauerbau verstanden werden. Erst neun Jahre später (1971) erwirkten HEINRICH BÖLL und die internationale Schriftstellervereinigung P. E. N. seine Ausreise aus der DDR.
Überhaupt war die **Ausreise** oder das **Dauervisum** für viele Autoren die einzige Möglichkeit, ihr Schreiben vor den ständigen Eingriffen der Behörden zu schützen. JUREK

BECKER zum Beispiel, zuerst geförderter junger Autor (*Jakob der Lügner,* 1969, verfilmt 1974), dann Nationalpreisträger, ging 1977 in den Westen, weil seine Bücher nicht mehr gedruckt wurden, nachdem er 1976 die **Petition gegen** die **Ausbürgerung WOLF BIERMANNS** (▶ S. 240) unterschrieben hatte.

Nachkriegsliteratur: 1945 bis Ende der 1960er-Jahre

Werke	Literarische Entwicklung
Nachkriegszeit: 1945–1949 in den vier Besatzungszonen	
Thomas Mann: *Doktor Faustus* (1947) Wolfgang Borchert: *Draußen vor der Tür* (1947) Gottfried Benn: *Statische Gedichte* (1948) Bertolt Brecht: *Der kaukasische Kreidekreis* (1948); *Herr Puntila und sein Knecht Matti* (1948) Anna Seghers: *Die Toten bleiben jung* (1949)	Rückkehr von **Emigranten** (Beachtung vor allem in der Sowjetzone) – **innere Emigranten** (Beachtung in den westlichen Zonen) **Reeducation-Programm** (amerikanisches Kulturprogramm zur Erziehung der deutschen Bevölkerung zur Demokratie). Die politisch-kulturelle Zeitschrift **Der Ruf** – *Unabhängige Blätter der jungen Generation* wird 1946 gegründet. Die **Gruppe 47** konstituiert sich (BÖLL, BACHMANN, ENZENSBERGER, GRASS, SCHNURRE, WALSER, WEISS …).
Die 1950er-Jahre – Wiederaufbau/Aufbau des Sozialismus	
Heinrich Böll: *Wanderer, kommst du nach Spa…* (1950) Friedrich Dürrenmatt: *Der Richter und sein Henker* (1950/51) Günter Eich: *Träume* (1951)	**Kurzgeschichte** und **Kriminalgeschichte** als literarische „Erfolgsmodelle" der Zeit **Hörspiele** sind populär (es gibt noch kein Fernsehen).
Wolfgang Koeppen: *Der Tod in Rom* (1954) Max Frisch: *Stiller* (1954); *Homo faber* (1957) Martin Walser: *Ehen in Philippsburg* (1957) Alfred Andersch: *Sansibar oder der letzte Grund* (1957) Günter Grass: *Die Blechtrommel* (1959)	**Romane** stellen philosophische Fragen (FRISCH: Identität), bieten sozialkritische Analysen (WALSER) oder Zeitkritik (KOEPPEN, GRASS, ANDERSCH). Dabei spielt die Zeit des Nationalsozialismus eine wichtige Rolle.
Heiner Müller: *Der Lohndrücker* (1957) Bruno Apitz: *Nackt unter Wölfen* (1958) Uwe Johnson: *Mutmaßungen über Jakob* (1959)	Auseinandersetzung um die Doktrin des **sozialistischen Realismus**; Literatur des **Bitterfelder Wegs**
Friedrich Dürrenmatt: *Der Besuch der alten Dame* (1956) Max Frisch: *Biedermann und die Brandstifter* (1958) Günter Grass: *Onkel Onkel; Die bösen Köche; Zehn Minuten bis Buffalo* (etwa 1957) Wolfgang Hildesheimer: *Landschaft mit Figuren* (1958)	Im **Drama** kündigen groteske Überzeichnungen die nachfolgenden Formen des **absurden Theaters** an. Diese Spielart des modernen Theaters sucht den Anschluss an die europäische Entwicklung (vor allem in Frankreich: SAMUEL BECKETT, EUGÈNE IONESCO). Im absurden Theater geht es – anhand provozierend widersinniger oder traumhafter Szenen – um die Lebensangst angesichts der Sinnlosigkeit menschlicher Existenz.

Ingeborg Bachmann: *Die gestundete Zeit* (1953)
Paul Celan: *Sprachgitter* (1959)
Eugen Gomringer: *Konstellationen* (1953–65)
Reinhard Döhl, Helmut Heißenbüttel, Ernst Jandl
Hans Magnus Enzensberger: *landessprache* (1960)

Hermetische Lyrik (dunkle, nicht eindeutig zu entschlüsselnde Metaphern) und **konkrete Poesie** (visuelle Figuren aus Wörtern) und **politische Gebrauchslyrik** stehen nebeneinander.

Die Literatur der 1960er-Jahre – Politisierung der Literatur in beiden Teilen Deutschlands

Max Frisch: *Andorra* (1961)
Heiner Müller: *Die Umsiedlerin oder das Leben auf dem Lande* (1961); *Der Bau* (1965)
Peter Hacks: *Die Sorgen und die Macht* (1962); *Moritz Tassow* (1965)
Friedrich Dürrenmatt: *Die Physiker* (1962)
Rolf Hochhuth: *Der Stellvertreter* (1963)
Heinar Kipphardt: *In der Sache J. Robert Oppenheimer* (1964)
Peter Weiss: *Die Verfolgung und Ermordung Jean Paul Marats* (1964); *Die Ermittlung* (1965)

Entwicklung des Theaters nach BRECHT, **im Westen:** vom **Parabelstück** (FRISCH: *Andorra*) zu unterschiedlichen Formen des **dokumentarischen Theaters** (HOCHHUTH, KIPPHARDT, WEISS); **in der DDR:** zum Lehrtheater im Sinne des sozialistischen Realismus (HACKS, MÜLLER)

Franz Fühmann: *Das Judenauto* (1962)
Heinrich Böll: *Ansichten eines Clowns* (1963)
Günter Grass: *Hundejahre* (1963)
Christa Wolf: *Der geteilte Himmel* (1963)
Hermann Kant: *Die Aula* (1964)
Siegfried Lenz: *Deutschstunde* (1968)
Christa Wolf: *Nachdenken über Christa T.* (1968)
Jurek Becker: *Jakob der Lügner* (1969)
Günter Grass: *örtlich betäubt* (1969)

Der **zeitkritische Roman** wendet sich der jeweiligen Gegenwart zu. Während im **Westen** direkt **Kritik an der politischen Wirklichkeit der Bundesrepublik** geübt wird, sucht der Roman im Stile des **sozialistischen Realismus** das **Positive an der Entwicklung der DDR** hervorzuheben. Allerdings fordert die „loyale Dissidentin" CHRISTA WOLF „subjektive Authentizität" auch von realistischer Literatur. Ihr Roman *Nachdenken über Christa T.* wurde in der DDR zunächst verboten, weil er dieses Prinzip in die Praxis umsetzte.

Bertolt Brecht: *Buckower Elegien* (1957)
Wolf Biermann: *Die Drahtharfe* (1965)
Erich Fried: *und Vietnam und* (1966)
Peter Rühmkorf: *Über das Volksvermögen: Exkurse in den literarischen Untergrund* (1967)

Die **Lyrik** entwickelt verschiedene Formen politischen Sprechens: das symbolisch zu verstehende Naturgedicht (BRECHT), das politische Lied (BIERMANN), das Gedicht als politische Glosse (FRIED) und das Zitat von volkstümlichen Reimen (RÜHMKORF).

Peter Glotz, Wolfgang R. Langenbucher (Hrsg.): *Versäumte Lektionen* (1965)
Hans Magnus Enzensberger (Hrsg.): *Kursbuch* (Zeitschrift für politische Essays, 1965–75)
Klaus Wagenbach (Hrsg.): *Lesebuch. Deutsche Literatur der sechziger Jahre* (1968)

Anthologien, „Lesebücher", „Klassenbücher" mit kurzen und kürzesten Texten stellen einer breiten Leserschaft politische Lektüre zur Verfügung.

Wichtige Autoren und Autorinnen 1945 bis Ende der 1960er-Jahre

Max Frisch (1911–1991)

Schweizer Architekt, Journalist und Schriftsteller (Dramen, Romane, Tagebücher). Frisch engagierte sich politisch für eine demokratischere Schweiz. In seinen Romanen (*Stiller*, 1954; *Homo faber*, 1957; *Mein Name sei Gantenbein*, 1964) behandelt er das Problem von eigener Identität und von Rollenzuschreibungen. Dabei verbindet er autobiografische und fiktive Elemente in einer tagebuchartigen Erzählweise. Außerdem trat Frisch als Dramatiker hervor (*Biedermann und die Brandstifter*, 1958; *Andorra*, 1961).

Peter Weiss (1916–1982)

Peter Weiss war zuerst Maler, ging ins Exil, zuerst nach Prag, dann nach Schweden. Er begann dort mit avantgardistischer Beschreibungsliteratur (*Der Schatten des Körpers des Kutschers*, 1960) und autobiografischer Prosa (*Abschied von den Eltern*, 1961). Er wurde bekannt als politisch engagierter Dramatiker, der moderne Formen des absurden Theaters mit einer politischen Botschaft verband (*Die Verfolgung und Ermordung Jean Paul Marats, dargestellt durch die Schauspielgruppe des Hospizes zu Charenton unter Anleitung des Herrn de Sade*, 1964). Sein Dokumentartheater *Die Ermittlung* (1965) stand Mitte der 1960er-Jahre am Beginn einer öffentlichen Auseinandersetzung mit dem Holocaust. Als Weiss' Hauptwerk gilt sein Roman *Die Ästhetik des Widerstands* (1975–81).

Heinrich Böll (1917–1985)

Seine frühen Kurzgeschichten (*Wanderer, kommst du nach Spa…*, 1950) porträtieren die Jahre nach dem Krieg, seine Romane greifen Probleme der damaligen Gegenwart auf: Umgang mit der Wirtschaftswundermentalität, mit der faschistischen Vergangenheit, mit dem politischen Einfluss der Massenpresse und mit der Diffamierung kritischer Autoren (*Billard um halb zehn*, 1959; *Ansichten eines Clowns*, 1963; *Die verlorene Ehre der Katharina Blum*, 1974). 1972 erhielt er den Nobelpreis für Literatur. Das machte ihn zu einem politisch gewichtigen Sprecher, zum Beispiel für die Friedensbewegung der frühen 1980er-Jahre.

Paul Celan (bürgerlicher Name: Paul Antschel, 1920–1970)

Geboren in Czernowitz, damals Österreich-Ungarn, danach Rumänien, 1940 von der Sowjetunion, später von der deutschen Wehrmacht besetzt. Celan war der Sohn deutschsprachiger jüdischer Eltern, die 1942 in Transnistrien in einem deutschen Arbeitslager umkamen. Auch Celan musste bis zur Befreiung 1944 durch die Rote Armee in Arbeitslagern Zwangsarbeit verrichten. Danach setzte er sein Studium der Romanistik fort, ging 1947 nach Wien, dann nach Paris. In den 1950er-Jahren erschienen seine Gedichtsammlungen *Mohn und Gedächtnis* (1952), *Sprachgitter* (1959). 1960 erhielt er den Georg-Büchner-Preis. Er bedankte sich mit einer wichtigen Rede über die Sprache des Gedichts (*Der Meridian*, 1960). 1970 wählte er den Freitod in der Seine.

FRIEDRICH DÜRRENMATT (1921–1990)

Der Pfarrerssohn war in der Schule unglücklich und erfolglos, begann zu malen, studierte dann Philosophie und Germanistik. 1950/51 erschien sein erster Kriminalroman *Der Richter und sein Henker,* bald danach *Der Verdacht* und *Die Panne.* Er arbeitete für den Rundfunk und schrieb seine Komödien *Der Besuch der alten Dame* (1956) und *Die Physiker* (1962), die ihn berühmt machten. Er inszenierte selbst seine Stücke in Wien, Zürich, Düsseldorf. 1986 erhielt er den Georg-Büchner-Preis. 1989 schrieb Dürrenmatt seinen letzten Roman *Durcheinandertal,* in dem er die Schweizer Banken als mitverantwortlich für eine absurde Weltordnung darstellt.

WOLFGANG BORCHERT (1921–1947)

Kurzgeschichten (wie *Nachts schlafen die Ratten doch, Das Brot, Die Küchenuhr, An diesem Dienstag*), Gedichte und das Drama *Draußen vor der Tür* (1947) machten BORCHERT in den beiden ersten Nachkriegsjahren als einen Autor bekannt, der die Erfahrungen und Nöte der aus dem Krieg Heimkehrenden und einen Neuanfang nach der großen Katastrophe des Krieges Suchenden mitfühlend zum Ausdruck brachte. Literarisch knüpfte BORCHERT an das Drama des Expressionismus an. Seine Kurzgeschichten gelten als Muster dieser kurzen Textform. Charakteristisch für BORCHERTS Stil sind kurze, abgehackte Sätze, Alltagssprache, manchmal auch satirische Übertreibungen.

INGEBORG BACHMANN (1926–1973)

erhielt 1953 für ihren Gedichtband *Die gestundete Zeit* den Literaturpreis der „Gruppe 47". In diesen Jahren hatte sie ein enges Verhältnis zu dem Lyriker PAUL CELAN. 1953 übersiedelte sie nach Italien. 1964 erhielt sie den Georg-Büchner-Preis. Sie hatte begonnen, feministische Prosa zu schreiben (die Erzählung *Undine geht,* 1961). Von der geplanten Romantrilogie *Todesarten* erschien nur der erste Teil, *Malina* (1971). Sie starb in Rom durch einen Unfall (sie war mit einer brennenden Zigarette eingeschlafen). Nach ihr ist der Ingeborg-Bachmann-Preis benannt, der jedes Jahr beim Klagenfurter Literaturwettbewerb vergeben wird.

GÜNTER GRASS (*1927 in Danzig)

Einen ersten großen Publikumserfolg erzielte GRASS mit seinem Roman *Die Blechtrommel* (1959). Im Jahr 1999 erhielt er für dieses Werk den Nobelpreis für Literatur. Der Roman behandelt anhand einer Generationenfolge die Jahre vor und während der Naziherrschaft im Grenzgebiet zwischen Deutschland und Polen. Auch GRASS' spätere Romane sind Zeitromane. Sie ergreifen Partei für eine demokratische und der Tradition der Aufklärung verpflichtete Politik (*Hundejahre,* 1963; *örtlich betäubt,* 1969; *Der Butt,* 1977; *Die Rättin,* 1986). GRASS setzte sich Anfang der 1970er-Jahre für WILLY BRANDTS Politik einer Entspannung zwischen Ost und West ein. In späteren Jahren äußerte sich GRASS literarisch und politisch immer wieder zu aktuellen Problemen, so zum Beispiel zum Thema der „Wiedervereinigung" in dem Roman *Ein weites Feld* (1995). In seinen Erzählungen und Novellen greift GRASS auch auf historische Ereignisse zurück, um die Gegenwart mit Mitteln der Verfremdung zu beleuchten (*Das Treffen in Telgte,* 1979; *Im Krebsgang,* 2002).

Themenkreis 1: Literatur gegen das Verdrängen und Vergessen

Der Themenkreis „Literatur gegen das Vergessen" konzentriert sich auf zwei inhaltliche Schwerpunkte. Der erste umfasst Literatur der ersten Nachkriegsjahre, die nach Konsequenzen aus der Katastrophe des Nationalsozialismus fragt und vor einem bloßen Weitermachen warnt. Auch der zweite greift das Thema „Erinnerung" auf und fragt nach dem Beginn der Auseinandersetzung um den Holocaust.

Erich Fried: Spruch (1945)

Ich bin der Sieg
mein Vater war der Krieg
der Friede ist mein lieber Sohn
der gleicht meinem Vater schon

Bertolt Brecht: Arbeitsjournal (Eintrag vom 06.01.1948)

Es ist klar aus allem, daß Deutschland seine Krise noch gar nicht erfaßt hat. Der tägliche Jammer, der Mangel an allem, die kreisförmige Bewegung aller Prozesse, halten die Kritik beim Symptomatischen. Weitermachen ist die Parole. Es wird verschoben und es wird verdrängt. Alles fürchtet das Einreißen, ohne das das Aufbauen unmöglich ist. Ⓡ

Günter Kunert:
Über einige Davongekommene (1949)

Als der Mensch
unter den Trümmern
seines
bombardierten Hauses
hervorgezogen wurde,
schüttelte er sich
und sagte:
Nie wieder.

Jedenfalls nicht gleich.

Ruinen und Trümmerberg in Berlin 1945

Wolfgang Borchert: Draußen vor der Tür (1947)   Auszug. Beckmann erzählt einen Traum

[Im Zentrum des Dramas steht der Heimkehrer Beckmann. Nach drei Jahren Kriegsgefangenschaft gelingt es ihm nicht, ins Zivilleben zurückzufinden. Der Krieg hat ihn traumatisiert, während andere ihre Erfahrungen verdrängt haben. In der dritten Szene geht er zu seinem ehemaligen Oberst. Er will ihm die Verantwortung für den Tod von elf Kameraden zurückgeben. Der Oberst erkennt ihn nicht.]

BECKMANN: *(ganz weit weg)* Herr Oberst?

OBERST: Ich höre, ich höre.

BECKMANN: *(schlaftrunken, traumhaft)* Hören Sie, Herr Oberst? Dann ist es gut. Wenn Sie hören, Herr Oberst. Ich will Ihnen nämlich meinen
5 Traum erzählen, Herr Oberst. Den Traum träume ich jede Nacht. Dann wache ich auf, weil jemand so grauenhaft schreit. Und wissen Sie, wer das ist, der da schreit? Ich selbst, Herr
10 Oberst, ich selbst. Ulkig, nicht, Herr Oberst? Und dann kann ich nicht wieder einschlafen. Keine Nacht, Herr Oberst. Der Traum ist nämlich ganz seltsam, müssen Sie wissen. [...] Ich will ihn mal erzählen. Sie hören doch, Herr
15 Oberst, ja? Da steht ein Mann und spielt Xylophon. Er spielt einen rasenden Rhythmus. Und dabei schwitzt er, der Mann, denn er ist außergewöhnlich fett. Und er spielt auf einem Riesenxylophon. Und weil es so groß ist, muss er
20 bei jedem Schlag vor dem Xylophon hin und her sausen. Und dabei schwitzt er, denn er ist tatsächlich sehr fett. Aber er schwitzt gar keinen Schweiß, das ist das Sonderbare. Er schwitzt Blut; dampfendes, dunkles Blut. Und
25 das Blut läuft in zwei breiten roten Streifen an seiner Hose runter, dass er von weitem aussieht wie ein General. Wie ein General! Ein fetter, blutiger General. Es muss ein alter schlachterprobter General sein, denn er hat beide Arme
30 verloren. Ja, er spielt mit langen, dünnen Prothesen, die wie Handgranatenstiele aussehen, hölzern und mit einem Metallring. Es muss ein ganz fremdartiger Musiker sein, der General, denn die Hölzer seines riesigen Xylophons
35 sind gar nicht aus Holz. Nein, glauben Sie mir, Herr Oberst, glauben Sie mir, sie sind aus Knochen. [...]

OBERST: Was wollen Sie denn von mir?

BECKMANN: Ich bringe sie Ihnen zurück.

OBERST: Wen?
40

BECKMANN: *(beinahe naiv)* Die Verantwortung. Ich bringe Ihnen die Verantwortung zurück. Haben Sie das ganz vergessen, Herr Oberst? Den 14. Februar? Bei Gorodok. Es waren 42 Grad Kälte. Da kamen Sie doch in unsere Stellung,
45 Herr Oberst, und sagten: Unteroffizier Beckmann! [...] Unteroffizier Beckmann, ich übergebe Ihnen die Verantwortung für die zwanzig Mann. Sie erkunden den Wald östlich Gorodok und machen nach Möglichkeit ein paar
50 Gefangene, klar? Jawohl, Herr Oberst, habe ich da gesagt. Und dann sind wir losgezogen und haben erkundet [...] und dann wurde geschossen, und als wir wieder in der Stellung waren, da fehlten elf Mann. Und ich hatte die Verant-
55 wortung. Ja, das ist alles, Herr Oberst. Aber nun ist der Krieg aus, nun will ich pennen, nun gebe ich Ihnen die Verantwortung zurück, Herr Oberst, ich will sie nicht mehr, ich gebe sie Ihnen zurück, Herr Oberst.
60

Der Heimkehrer Beckmann vor der Wohnungstür seiner inzwischen verstorbenen Eltern. Hamburger Kammerspiele 1995

Günter Eich: **Wacht auf** (1951)

[Günter Eich schrieb 1950 unter dem Titel „Träume" ein Hörspiel aus fünf Traumszenen, das 1951 vom Nord-westdeutschen Rundfunk gesendet wurde. Er beendete jede Traumszene mit einem Gedicht. Aus dem letzten sind hier der Anfang und der Schluss wiedergegeben.]

Wacht auf, denn eure Träume sind schlecht!
Bleibt wach, weil das Entsetzliche näher kommt.

Auch zu dir kommt es, der weit entfernt wohnt von den Stätten, wo Blut vergossen wird,
auch zu dir und deinem Nachmittagsschlaf,
5 worin du ungern gestört wirst.
Wenn es heute nicht kommt, kommt es morgen,
aber sei gewiss.
[...]
Ach, du schläfst schon? Wache gut auf, mein Freund!
10 Schon läuft der Strom in den Umzäunungen, und die Posten sind aufgestellt.

Nein, schlaft nicht, während die Ordner der Welt geschäftig sind!
Seid misstrauisch gegen ihre Macht, die sie vorgeben für euch erwerben zu müssen.
Wacht darüber, dass eure Herzen nicht leer sind, wenn mit der Leere eurer Herzen gerechnet wird!
Tut das Unnütze, singt die Lieder, die man aus eurem Mund nicht erwartet!
15 Seid unbequem, seid Sand, nicht das Öl im Getriebe der Welt!

Max Frisch: **Biedermann und die Brandstifter** (1958) Auszug

[Trotz der vielen Brandstiftungen in der Stadt hat der reiche Haarwasserfabrikant Jakob Biedermann den Landstreicher Josef (Sepp) Schmitz in sein Haus aufgenommen und lässt es auch zu, dass dieser seinen Komplizen Willi Eisenring auf dem Dachboden seines Hauses unterbringt.]

BIEDERMANN: Ich glaube nicht an Klassenunterschiede! – Das müssen Sie doch gespürt haben, Eisenring, ich bin nicht altmodisch. Im Gegenteil. Ich bedaure es aufrichtig, daß man gerade
5 in den unteren Klassen immer noch von Klassenunterschied schwatzt. Sind wir denn heutzutage nicht alle, ob arm oder reich, Geschöpfe eines gleichen Schöpfers? Auch der Mittelstand. Sind wir, Sie und ich, nicht Menschen
10 aus Fleisch und Blut? ... Ich weiß nicht, mein Herr, ob Sie auch Zigarren rauchen?
Er bietet an, aber Eisenring schüttelt den Kopf.
Ich rede nicht für Gleichmacherei, versteht sich, es wird immer Tüchtige und Untüchtige
15 geben, Gott sei Dank, aber warum reichen wir uns nicht einfach die Hände? Ein bißchen guten Willen, Herrgottnochmal, ein bißchen Idealismus, ein bißchen – und wir alle hätten unsere Ruhe und unseren Frieden, die Armen und die Reichen, meinen Sie nicht? 20
EISENRING: Wenn ich offen sein darf, Herr Biedermann: –
BIEDERMANN: Ich bitte drum.
EISENRING: Nehmen Sie 's nicht krumm?
BIEDERMANN: Je offener, um so besser. 25
EISENRING: Ich meine: – offen gesprochen: – Sie sollten hier nicht rauchen.
Biedermann erschrickt und löscht die Zigarre.
Ich habe Ihnen hier keine Vorschriften zu machen, Herr Biedermann, schließlich und endlich 30
ist es Ihr eigenes Haus, aber Sie verstehen –
BIEDERMANN: Selbstverständlich!
Eisenring bückt sich.
EISENRING: Da liegt sie ja!
Er nimmt etwas vom Boden und bläst es sauber, bevor er es an der Schnur befestigt, neuerdings pfeifend: Lili Marlen. 35

BIEDERMANN: Sagen Sie, Herr Eisenring: Was machen Sie eigentlich die ganze Zeit? Wenn ich
40 fragen darf. Was ist das eigentlich?

EISENRING: Die Zündkapsel.

BIEDERMANN: –?

EISENRING: Und das ist die Zündschnur.

BIEDERMANN: –?

45 EISENRING: Es soll jetzt noch bessere geben, sagt der Sepp, neuerdings. Aber die haben sie noch nicht in den Zeughäusern, und kaufen kommt für uns ja nicht in Frage. Alles, was mit Krieg zu tun hat, ist furchtbar teuer, immer nur erste
50 Qualität.

BIEDERMANN: Zündschnur, sagen Sie?

EISENRING: Knallzündschnur.
Er gibt Biedermann das Ende der Schnur.
Wenn Sie so freundlich sein möchten, Herr
55 Biedermann, dieses Ende zu halten, damit ich messen kann. *Biedermann hält die Schnur.*

BIEDERMANN: Spaß beiseite, mein Freund –

EISENRING: Nur einen Augenblick!
Er pfeift Lili Marlen und mißt die Zündschnur.
60 Danke, Herr Biedermann, danke sehr!
Biedermann muß plötzlich lachen.

BIEDERMANN: Nein, Willi, mich können Sie nicht ins Bockshorn jagen. Mich nicht! Aber ich muß schon sagen, Sie verlassen sich sehr auf den Humor der Leute. Sehr! Wenn Sie so reden,   65
kann ich mir schon vorstellen, daß man Sie ab und zu verhaftet. Nicht alle, mein Freund, nicht alle haben so viel Humor wie ich!

EISENRING: Man muß die Richtigen finden.

BIEDERMANN: An meinem Stammtisch zum Bei-   70
spiel, die sehen schon Sodom und Gomorra, wenn man nur sagt, man glaube an das Gute in den Menschen.

EISENRING: Ha.

BIEDERMANN: Und dabei habe ich unsrer Feuer-   75
wehr eine Summe gestiftet, die ich gar nicht nennen will.

EISENRING: Ha.
Er legt die Zündschnur aus.
Die Leute, die keinen Humor haben, sind ge-   80
nauso verloren, wenn 's losgeht; seien Sie getrost!
Biedermann muß sich auf ein Faß setzen, Schweiß.
Was ist denn? Herr Biedermann? Sie sind ja ganz bleich!   85
Er klopft ihm auf die Schulter.
Das ist dieser Geruch, ich weiß, wenn 's einer nicht gewohnt ist, dieser Benzingeruch, ich werde noch ein Fensterchen öffnen.
Eisenring öffnet die Tür.   90

BIEDERMANN: Danke ...   Ⓡ

Ingeborg Bachmann: **Alle Tage** (1953)

Der Krieg wird nicht mehr erklärt,
sondern fortgesetzt. Das Unerhörte
ist alltäglich geworden. Der Held
bleibt den Kämpfen fern. Der Schwache
5 ist in die Feuerzonen gerückt.
Die Uniform des Tages ist die Geduld,
die Auszeichnung der armselige Stern
der Hoffnung über dem Herzen.

Er wird verliehen,
10 wenn nichts mehr geschieht,
wenn das Trommelfeuer verstummt,
wenn der Feind unsichtbar geworden ist
und der Schatten ewiger Rüstung
den Himmel bedeckt.

15 Er wird verliehen
Für die Flucht von den Fahnen,
für die Tapferkeit vor dem Freund,
für den Verrat unwürdiger Geheimnisse
und die Nichtachtung
20 jeglichen Befehls.

Nelly Sachs: O die Schornsteine (1947)

„Und wenn diese meine Haut zerschlagen sein wird,
so werde ich ohne mein Fleisch Gott schauen."
(Hiob 19.26)

Auf den sinnreich erdachten Wohnungen des Todes,
5 Als Israels Leib zog aufgelöst in Rauch
Durch die Luft –
Als Essenkehrer[1] ihn ein Stern empfing
Der schwarz wurde
Oder war es ein Sonnenstrahl?

10 O die Schornsteine!
Freiheitswege für Jeremias und Hiobs Staub –
Wer erdachte euch und baute Stein auf Stein
Den Weg für Flüchtlinge aus Rauch?

O die Wohnungen des Todes,
15 Einladend hergerichtet
Für den Wirt des Hauses, der sonst Gast war –
O ihr Finger[2],
Die Eingangsschwelle legend
Wie ein Messer zwischen Leben und Tod –
20 O ihr Schornsteine,
O ihr Finger,
Und Israels Leib im Rauch durch die Luft!

1 **Essenkehrer:** Schornsteinfeger
2 **Finger:** hier: der Fingerzeig an der Rampe, der
  entschied, ob der Ankommende ins Arbeitslager oder ins Vernichtungslager kam

Anselm Kiefer: Dein goldenes Haar Margarete (1981)

Anselm Kiefer: Dein aschenes Haar Sulamith (1981)

Paul Celan: Zürich, Zum Storchen (1960)

Für Nelly Sachs

Vom Zuviel war die Rede, vom
Zuwenig. Von Du
und Aber-Du, von
der Trübung durch Helles, von
5 Jüdischem, von
deinem Gott.

Da-
von.
Am Tag einer Himmelfahrt, das
10 Münster stand drüben, es kam
mit einigem Gold übers Wasser.

Von deinem Gott war die Rede, ich sprach
gegen ihn, ich
ließ das Herz, das ich hatte,
15 hoffen:
auf
sein höchstes, umröcheltes, sein
haderndes Wort –

Dein Aug sah mir zu, sah hinweg,
20 dein Mund
sprach sich dem Aug zu, ich hörte:

Wir
wissen ja nicht, weißt du,
wir
25 wissen ja nicht,
was
gilt.

Peter Weiss: **Meine Ortschaft** (1964) Auszug

Seit Stunden gehe ich jetzt im Lager umher. Ich weiß mich zu orientieren. Ich bin im Hof gestanden vor der schwarzen Wand, ich habe die Bäume gesehen hinter der Mauer, und die Schüsse des
5 Kleinkalibergewehrs, die aus nächster Nähe in den Hinterkopf abgefeuert wurden, habe ich nicht gehört. Ich habe die Dachbalken gesehen, an denen sie an den rücklings gebundenen Händen aufgehängt wurden, einen Fußbreit über
10 dem Boden. Ich habe die Räume mit den verdeckten Fenstern gesehen, in denen den Frauen durch Röntgenstrahlen die Eierstöcke verbrannt wurden. Ich habe den Korridor gesehen, in dem sie alle standen, Zehntausende, und langsam vor-
15 rückten ins Arztzimmer, und hingeführt wurden einer nach dem andern, hinter den graugrünen Vorhang, wo sie auf einen Schemel gedrückt wurden und den linken Arm heben mussten und die Spritze ins Herz bekamen, und durchs Fenster
20 sah ich den Hof draußen, auf dem die hundertneunzehn Kinder aus Zamosc warteten und noch mit einem Ball spielten, bis sie an der Reihe waren.
Ich habe die Zeichnungen gesehen vom Dach des
25 alten Küchengebäudes, auf das mit großen Buchstaben gemalt war ES GIBT EINEN WEG ZUR FREIHEIT – SEINE MEILENSTEINE HEISSEN GEHORSAM FLEISS SAUBERKEIT EHRLICHKEIT WAHRHAFTIGKEIT NÜCHTERNHEIT UND LIE-
30 BE ZUM VATERLAND. Ich habe den Berg des abgeschnittenen Haares im Schaukasten gesehen. Ich habe die Reliquien der Kinderkleider gesehen, die Schuhe, Zahnbürsten und Gebisse. Es war alles kalt und tot.
35 Ständig gegenwärtig ist das Klirren und Rollen der Güterzüge, das Puffen aus den Schornsteinen der Lokomotiven, das langgezogene Pfeifen. Züge rollen in Richtung Birkenau durch die weite flache Landschaft. Hier, wo der lehmige Weg zum
40 Bahndamm ansteigt und ihn überquert, standen die Herren mit ausgestreckten Händen und zeigten auf die offenen Felder und bestimmten die Gründung des Verbannungsortes, der jetzt wieder einsinkt in die sumpfige Erde. [...]
45 Hier sind sie gegangen, im langsamen Zug, kommend aus allen Teilen Europas, dies ist der Horizont, den sie noch sahen, dies sind die Pappeln,

dies die Wachttürme, mit den Sonnenreflexen im Fensterglas, dies ist die Tür, durch die sie gingen, in die Räume, die in grelles Licht getaucht waren
50 und in denen es keine Duschen gab, sondern nur diese viereckigen Säulen aus Blech, dies sind die Grundmauern, zwischen denen sie verendeten in der plötzlichen Dunkelheit, im Gas, das aus den Löchern strömte. Und diese Worte, diese Erkennt-
55 nisse sagen nichts, erklären nichts. Nur Steinhaufen bleiben, vom Gras überwuchert. Asche bleibt in der Erde, von denen, die für nichts gestorben sind, die herausgerissen wurden aus ihren Wohnungen, ihren Läden, ihren Werkstätten, weg
60 von ihren Kindern, ihren Frauen, Männern, Geliebten, weg von allem Alltäglichen, und hineingeworfen wurden in das Unverständliche. Nichts ist übrig geblieben als die totale Sinnlosigkeit ihres Todes.
65 Stimmen. Ein Omnibus ist vorgefahren und Kinder steigen aus. Die Schulklasse besichtigt jetzt die Ruinen. Eine Weile hören die Kinder dem Lehrer zu, dann klettern sie auf den Steinen umher, einige springen schon herab, lachen und
70 jagen einander, ein Mädchen läuft eine lange ausgehöhlte Spur entlang, die sich neben Schienenresten über ein Betonbruchstück erstreckt. Dies war die Schleifbahn, auf der die toten Leiber zu den Loren rutschten.
75

Richard Serra, Peter Eisenmann: Denkmal für die ermordeten Juden Europas in Berlin (2006)

Kommentar

Die kurzen Sprüche von ERICH FRIED und GÜNTER KUNERT (▶ S. 220) und die Aufzeichnung BERTOLT BRECHTS registrieren in lapidarem und pointiertem Stil die Beobachtungen von Autoren, die schon zu Zeiten des Exils (BRECHT, FRIED) oder des Lebens in der Illegalität (KUNERT) schlimme Erfahrungen mit ihren Landsleuten hatten machen müssen. Ihre Befürchtung geht dahin, dass nicht viel aus der Vergangenheit gelernt wurde und der Wille zum wirklichen Neuanfang schwach ist.

WOLFGANG BORCHERTS Drama *Draußen vor der Tür* war das erste Theaterstück, das in den notdürftig wiederhergerichteten Theatern zu einem Erfolgsstück wurde. In seinem Stil nahm es die Tradition des expressionistischen Stationendramas auf. Im Stationendrama sind die einzelnen Szenen nicht durch eine durchgehende Handlung miteinander verbunden, sondern nur durch die Hauptfigur. Gedachtes (Träume), Erinnertes und Erlebtes stehen nebeneinander. Die Thematik von BORCHERTS Stück traf genau die Erfahrungen zahlreicher heimkehrender Kriegsgefangener. In der abgedruckten Szene formuliert Beckmann sein Trauma als Traum. Natürlich ist BORCHERTS Inszenierung einer Redewendung („die Verantwortung zurückgeben") zugleich eine Interpretation des von BRECHT in seinem *Arbeitsjournal* angesprochenen Verdrängungsprozesses. Der Oberst wird beruhigend auf Beckmann einreden und, als das nicht die beabsichtigte Wirkung erzielt, seine eigene Verantwortung für das im Krieg Geschehene leugnen.

GÜNTER EICHS *Träume* sind denjenigen Beckmanns sehr ähnlich. Auch hier werden Traumatisierungen sichtbar und hörbar gemacht. In einem der fünf Träume verfolgt beispielsweise ein anonymer Feind eine Familie, die fliehen muss. Als Kontrapunkte zu den Träumen sind **„Warngedichte"** eingeblendet, in denen gefordert wird, was in den Träumen als Versäumnis sichtbar geworden ist. Das „Entsetzliche" (wie der anonyme Feind) komme näher und es fehle an Widerstandswillen. In einem anderen der Gedichte heißt es: „Denke daran, dass der Mensch des Menschen Feind ist / Und dass er sinnt auf Vernichtung." Das Gedicht schließt mit einem Hinweis auf fehlendes Verantwortungsgefühl: „Denke daran, dass du schuld bist an allem Entsetzlichen, das sich fern von dir abspielt."

MAX FRISCH hat in seinem Tagebuch bereits 1948 die Handlung der grotesken Komödie *Biedermann und die Brandstifter* als Prosastück mit dem Titel *Burleske* aufgezeichnet. Anlass für die Entstehung war die Machtergreifung der Kommunisten in der Tschechoslowakischen Republik. Das 1958 entstandene Bühnenstück bezeichnete FRISCH als „Lehrstück ohne Lehre". Biedermann ist ein ehrgeiziger, erfolgreicher Geschäftsmann. Um seinen Reichtum und sein öffentliches Ansehen zu mehren, geht er „über Leichen". Offenbar will er nicht bemerken, was Schmitz und Eisenring vorhaben. Er versucht ständig, sich mit ihnen gutzustellen, die Gefahr herunterzuspielen, macht gute Miene zu bösem Spiel. Am Ende werden er, seine Frau und sein Haus verbrannt sein. Man kann diesen Text als **Parabel** verstehen: So wie Biedermann machen Bürger, die vorwiegend ans Geschäftemachen denken, mit radikalen politischen Brandstiftern Kompromisse. Sie arbeiten dabei auch mit Bestechung und heuchlerischen Freundschaftsangeboten. Sie wollen die Gefahr nicht sehen (Nationalsozialismus, Atombombe, Terrorismus). Man kann das Stück auch als eine ins Absurde gesteigerte **Satire** lesen, die Charaktereigenschaften des ehrbaren Besitzbürgers entlarvt und – wenigstens literarisch – bestraft: Heuchelei und Unehrlichkeit, Feigheit und Opportunismus hinter der Fassade eines freundlichen und kooperativen Umgangs.

INGEBORG BACHMANNS Gedicht zeigt, dass auch in den 1950er-Jahren Gedanken und Motive, die bei BORCHERT und EICH vorkommen, noch aktuell waren. Es finden sich paradoxe pointierte Formulierungen, die das Unbehagen der Zuschauer (BORCHERT) und Zuhörer (EICH) auf den Punkt bringen: Schon ist das für die Zukunft Befürchtete Wirklichkeit, schon ist der unbekannte Feind im Anmarsch, sind die Posten aufgestellt (EICH), ist der Krieg wieder gegenwärtig, der keinen Anfang und kein Ende hat. Der Schrecken ist „alltäglich geworden" (BACHMANN). Das Gedicht enthält aber auch den Hinweis auf eine Hoffnung. Die besteht im **Widerstand gegen die Entwicklung der Zeit.** So wie EICH dazu aufgerufen hatte, „Sand" im „Getriebe der Welt" zu sein, fordert die Sprecherin hier „Flucht von den Fahnen", „Tapferkeit vor dem Freund" und den „Verrat unwürdiger Geheimnisse". Das kann man konkret auf die politische Situation der frühen 1950er-Jahre beziehen. Angesprochen sind die Diskussionen um die Wiederbewaffnung der BRD nach dem Beitritt zur NATO (1955), die Forderung Amerikas nach einem deutschen „Verteidigungsbeitrag" im Zusammenhang mit dem Koreakrieg (1950–53) und der Verrat von Geheimnissen des US-amerikanischen Atomwaffenprojekts an die Sowjetunion durch den Physiker KLAUS FUCHS.

Das Thema „Erinnerung an die Gräueltaten der Deportationen und des Völkermordes an den europäischen Juden" ist in der deutschen Nachkriegsliteratur eng verbunden mit PAUL CELANS Gedicht *Todesfuge.* Dieses Gedicht wird – wegen seiner eindrucksvollen Formulierungen vom „Grab in den Lüften", vom Tod als dem „Meister aus Deutschland" und dem Anfang mit der dunklen Metapher „Schwarze Milch der Frühe" – immer wieder zitiert und interpretiert.
Hier ist stattdessen zum **Thema** der **Schoah** (des **Holocaust**) ein weniger bekanntes Gedicht von NELLY SACHS wiedergegeben sowie eines von PAUL CELAN, das auf NELLY SACHS' Gedicht reagiert. Die beiden Bilder von **ANSELM KIEFER** zitieren im Titel die symbolische Gegenüberstellung von Deutschem und Jüdischem in CELANS *Todesfuge:* „Dein goldenes Haar Margarete" – „Dein aschenes Haar Sulamith".

NELLY SACHS hatte schon Kenntnis von PAUL CELANS *Todesfuge,* als sie 1947 ihr Gedicht *O die Schornsteine* schrieb. Sie stand mit CELAN im Briefwechsel und traf ihn 1960 in Zürich. Das wichtige Thema, das auch in dem ihr gewidmeten Gedicht *Zürich, Zum Storchen* (1960) zur Sprache kommt, ist das der **Theodizee,** der schon im Mittelalter diskutierten Frage, wie die Existenz eines allmächtigen, allgütigen Gottes behauptet werden könne angesichts des von Menschen angerichteten Grauens. Ihrem eigenen Gedicht hatte NELLY SACHS ein Zitat aus dem alttestamentlichen Buch *Hiob* vorangestellt und den Weg der Getöteten durch die Schornsteine ironisch „Freiheitswege" und die Wohnungen des Todes „einladend" genannt. Offensichtlich sucht sie noch nach einem dem Hiob-Zitat angemessenen Verständnis. Hiob ist der von Gott Geschlagene, der sich durch die ihm zugefügten Qualen nicht von seinem Glauben abbringen lässt und daher am Ende obsiegt.

Die Intensität, mit der der Sprecher in CELANS Gedicht diese Hoffnung verneint, lässt auf eine intensive Auseinandersetzung schließen. „Dein Gott" ist für ihn einer, der dem Grauen nicht Einhalt gebiet, der nicht einmal ein „haderndes Wort" vernehmen lässt, wie am Ende des Buches Hiob (Kap. 40), wo Gott selbst dem Haderer

Hiob das Recht abspricht, Vorwürfe zu erheben. So wissen CELAN und SACHS beide nicht, „was gilt" in einer Welt, in der die Eltern ermordet wurden und die Kinder sich erneut mit einem wachsenden Antisemitismus in Deutschland konfrontiert sehen. Beide Autoren haben Bedenken, nach Deutschland zu reisen. Ihr Briefwechsel bezeugt diese Angst.

PETER WEISS, aus dem **schwedischen Exil** nach Deutschland zurückgekehrt, besucht **Auschwitz,** das er „seine" Ortschaft nennt, weil es – wäre es ihm nicht gelungen, den Nazis zu entkommen – der für ihn bestimmte Ort gewesen wäre. Sein Bericht ist nüchtern und betroffen zugleich. Der abgedruckte Abschnitt mischt Eindrücke, Erinnerungen, subjektive Urteile mit den Fakten, die WEISS auch in seinem Theaterstück *Die Ermittlung* aufgreift. Er spricht so, als kenne der Leser bereits alles, was er über Auschwitz sagen kann. Das war zu dem Zeitpunkt, als dieser Text veröffentlicht wurde, aber keineswegs so. Vieles ist erst im Verlaufe der damals stattfindenden Frankfurter Auschwitzprozesse einem breiteren Publikum zur Kenntnis gekommen. Szenisches Erzählen, das die Erinnerung punktuell lebendig werden lässt („Hier sind sie gegangen, im langsamen Zug, kommend aus allen Teilen Europas"), führt WEISS' Leser zu der Erkenntnis, dass das Geschehene durch einen Besuch vor Ort nicht wirklich nachzuvollziehen ist: „Es war alles kalt und tot." Die Schulklasse, die in bester Absicht durch das Lager geführt wird, „besichtigt", aber sie versteht nicht. Die Unfähigkeit, durch Gedenkstätten, Denkmäler, auch durch Literatur Erinnerung, Nachdenken und Betroffenheit zugleich zu ermöglichen und zu befördern, ist seitdem Thema der **Erinnerungskultur.** Das durch einen „Ort der Information" ergänzte Stelenfeld von 2711 Betonquadern des Holocaust-Denkmals in der Nähe des Brandenburger Tores in Berlin zeigt, wie kompliziert es inzwischen geworden ist, eine neue „Idee der Erinnerung" zu entwickeln. Gängige Deutungsversuche sind: Die grauen Betonstelen erinnern an Grabsteine eines jüdischen Friedhofs, ihre Farbe an Asche, die schräge Ausrichtung der Quader löse ein Gefühl der Verunsicherung aus.

Themenkreis 2: „Bitterfelder Weg" und „Literatur der Arbeitswelt"

Die Staatspartei der DDR (SED) wollte den Werktätigen einen aktiveren Zugang zu Kunst und Kultur ermöglichen. Die „vorhandene Trennung von Kunst und Leben" und die „Entfremdung zwischen Künstler und Volk" sollte überwunden werden. Deshalb sollten Künstler und Schriftsteller zeitweise in Fabriken arbeiten und die Arbeiter im Rahmen des Programms „Greif zur Feder, Kumpel" zu eigener künstlerischer Tätigkeit ermutigen. Auch im Westen begann eine verstärkte journalistische und literarische Auseinandersetzung mit der Arbeitswelt.

Christa Wolf: **Der geteilte Himmel** (1963) Auszug

[Rita, die Heldin des Romans, arbeitet als Teil ihrer Ausbildung zur Lehrerin in einer Brigade – einem Arbeitsteam – des Waggonbauwerks Ammendorf. Sie lernt, sich in die Strukturen des Betriebs einzugliedern, und beobachtet genau die sozialen Beziehungen innerhalb ihrer Brigade. Die Arbeiter sollen einerseits ein bestimmtes Leistungspensum erbringen, andererseits das Werk aber auch als ihres ansehen.]

Von der großen Versammlung, die man endlich einberief, wurde vorher in den Brigaden merkwürdig wenig gesprochen, aber gegen die Gewohnheit gingen alle hin. Sie hockten in der größten Halle zwischen halbfertigen Waggons auf provisorischen Bänken. Der schwere Dunst von Metall, Öl, Schweiß und Tabaksqualm stieg zur Decke, durch das schmutzige Glasdach sikkerte trübes Tageslicht. Weit vorn leuchtete ein schmales, grellrotes Transparent, aber sie strengten sich nicht an, die Schrift darauf zu lesen. „Genossen!" rief einer in den Lautsprecher, und ringsum verstummten die Gespräche um Gartenzaunfarbe und Ferienschecks. [...]

[In der Betriebsversammlung geht es um Arbeitsdisziplin. Der Kollege Meternagel schlägt sein Buch auf, in dem er Fehlzeiten in der Brigade notiert hat. Rita beobachtet.]

Stärker als an irgend etwas anderes aus dieser Zeit erinnert sie sich an Rolf Meternagels Gesicht. Seine Augen, die sie bisher spöttisch und abwartend gekannt hatte, sah sie nun aufmerksam, zupackend, hart und unnachgiebig. Manchmal, in Stunden des Zweifels und der Verzweiflung, waren diese Augen das einzig Wirkliche, daran sie sich halten konnte. Später wußte sie, daß mehr als alles andere vielleicht dieser ausgemergelte, zähe Mann es war, der sie davor bewahrt hatte,

von der unfruchtbaren Sehnsucht nach einem Phantom aufgefressen zu werden. Dies war wirklich geschehen, und nicht um eines Wahnes willen: Vor ihren Augen hatte ein Mensch einen schweren Packen auf sich genommen, von niemandem gezwungen, nicht nach Lohn fragend, hatte einen Kampf begonnen, der fast aussichtslos schien, wie nur je die bewunderten Helden alter Bücher; hatte Schlaf und Ruhe geopfert, war verlacht worden, gehetzt, ausgestoßen. Rita hatte ihn am Boden liegen sehen, daß sie dachte: Der steht nicht mehr auf. Er kam wieder hoch, jetzt etwas Furchterregendes, fast Wildes im Blick; gerade da traten, ihm selbst beinahe unerwartet, andere neben ihn, sagten, was er gesagt hatte, taten, was er vorschlug. Rita hatte ihn aufatmen und schließlich siegen sehen, und das alles blieb ihr unvergeßlich.

Rolf Meternagel machte sein Buch auf. Er reichte es herum und ließ alle eine Zahl lesen, die rot auf der letzten Seite stand: eine dreistellige Zahl. „Arbeitszeitvergeudung unserer Brigade im letzten Monat."

Sie zuckten die Achseln. Er sagte ihnen nichts Neues. [...]

Meternagel schlug eine andere Seite seines Buches auf. Er war geduldig und behutsam, das reizte die anderen erst recht. „Arbeitsausfall wegen

Werner Tübke: Brigade (1972)

229

der Mängel in der Arbeitsorganisation", las er vor. Er nannte die Stundenzahl. „Das sind die Hälfte der Fehlstunden. Mir geht's um die andere Hälf-
60 te." [...]
Am nächsten Morgen brachte Rolf Meternagel einen weißen Zettel mit und heftete ihn an das Wandbrett, mitten zwischen die angestaubten Zeitungsartikel aus der ruhmreichen Zeit ihrer
65 Brigade. *Verpflichtung* stand auf dem Zettel, aber niemand wollte ihn lesen. Alle drehten ihm den Rücken zu und kauten ruhig ihre Brote. Sie sprachen laut und lustig miteinander, nur mit Rolf sprachen sie nicht. [...]

Verpflichtung lasen alle. Anstatt acht Rahmen täg- 70 lich sollte jeder von ihnen zehn Fensterrahmen pro Tag einbauen. „Und erzählt mir nicht, daß das nicht möglich ist." R

Günter Wallraff: **Am Band** (1966) Auszug. Eine Industriereportage

[Der Journalist Günter Wallraff arbeitete in diversen Industriebetrieben, er verschwieg jeweils seine Identität als Schriftsteller, um die Wirklichkeit der Arbeitswelt – besonders in den unteren Lohngruppen – unverfälscht beobachten zu können.]

Punkt 15:10 Uhr ruckt das Band an. Nach drei Stunden bin ich selbst nur noch Band. Ich spüre die fließende Bewegung des Bandes wie einen Sog in mir. [...]
5 Es fällt auf, dass die meisten am Band sehr jung sind. In der Regel zwischen 20 und 30. Keiner ist über 50. Ich habe herumgefragt und keinen gefunden, der länger als 15 Jahre am Band ist.
Einige sind vom Band gezeichnet. Die Hände ei-
10 nes Türeinpassers fangen regelmäßig an zu zittern, wenn er nicht fertig wird und hinter den Wagen herlaufen muss.
Ein anderer unterhält sich nur brüllend, auch wenn man dicht neben ihm steht. Er war mehre-
15 re Jahre an einem Bandabschnitt eingesetzt, wo ein solcher Lärm herrschte, dass man brüllen musste, um sich zu verständigen. Er hat dieses Brüllen beibehalten.
Einer erzählt mir, dass ihm „das Band sogar nachts
20 keine Ruhe lässt". Er richte sich oft im Schlaf auf und vollführe mechanisch die Bewegungen der Handgriffe, die er tagsüber stereotyp verrichten muss.
Viele haben bei der Arbeit einen nervösen, gereiz-
25 ten Ausdruck im Gesicht. Oder einen starren Blick. Das sind diejenigen, die meist schon jahrelang dabei sind und inzwischen abgestumpft sind, die nicht mehr wahrnehmen, was um sie herum vorgeht. Auch in der halbstündigen Pause ist Thema Nr. 1 die Unzufriedenheit mit der Arbeit. Und 30 dass sich die Arbeiter betrogen fühlen. „Wir sind doch nur Handlanger der Maschine. Hauptsache, die Produktionszahlen stimmen!" [...]
Ich weiß mit Sicherheit, dass das normale Bandtempo oft noch beschleunigt wird. Kein 35 Meister gibt das zu, aber wir merken es, wenn wir trotz größter Anstrengung unsere Stellung nicht halten können und immer wieder aus unserem Bandbereich abgetrieben werden. Dann übersehe ich manches und werde andauernd vom Meister 40 oder Inspekteur nach vorn gerufen. Dadurch gerate ich in noch größere Zeitnot. Das Band rollt erbarmungslos weiter. Ich muss zu meinen Lacktöpfen zurück. Zwei, drei Wagen haben in der Zeit, wo ich vorn war, meine Stelle passiert, ich 45 muss hinterher. Meine Arbeit wird immer flüchtiger und unsauberer. Wie zum Hohn ist auf jeden Laufzettel die Parole gedruckt: „Qualität ist unsere Zukunft!"
Einem Inspekteur scheint es Genugtuung zu be- 50 reiten, seine Lackierer auf Trab zu bringen. Wenn er scharf pfeift, dann weiß der Betroffene gleich, dass er anzutanzen hat.
Donnerstagnachmittag findet für alle, die mit Lack zu tun haben, eine Feuerwehrübung statt. 55 Der Werkfeuerwehrmeister weist jeden einzeln in die Bedienung der Handfeuerlöscher ein. Er erklärt, dass jeder einen Brand bis zum Eintreffen der Werkfeuerwehr „beherzt und mutig, unter persönlichem Einsatz" zu bekämpfen hat, um die 60 „kostbaren Maschinen" zu retten. Wie man unter Umständen sein Leben retten kann, erklärt er nicht.

Kommentar

In CHRISTA WOLFS Roman *Der geteilte Himmel* ist Meternagel eine Nebenfigur. Im Zentrum steht die unglückliche Liebe zwischen Rita und Manfred. Manfred lässt sich in den Westen abwerben, Rita bleibt in der DDR. Sie hat – ganz im Sinne des „Bitterfelder Wegs" – als Praktikantin im Waggonwagenbauwerk die Arbeitswelt in der DDR so kennen gelernt, dass sie an deren Zukunft glaubt. Meternagel ist der Typus eines **positiven Helden** der Arbeiterklasse. Er hatte in den ersten Jahren des Aufbaus der DDR als klassenbewusster Arbeiter Leitungsaufgaben übernommen, war dann in die „Produktion" zurückbeordert worden. Aber er zieht sich nicht zurück, sondern setzt sich weiter dafür ein, dass die Produktivität der Brigade steigt, selbst wenn seine Arbeitskollegen das als Verrat ansehen. Dieser Arbeiter, der sich zum Fürsprecher einer freiwillig übernommenen, als notwendig betrachteten Verpflichtung macht, weist den anderen den Weg.

An dem ausgewählten Textausschnitt ist zu ersehen, wie man sich in der **„Aufbauliteratur"** die Wirklichkeit in Betrieben der DDR dachte. Aus heutiger Sicht ist das politische Propagandaliteratur, aus der Sicht der damaligen Literaturkritik der DDR war der Roman noch zu wenig positiv, denn immerhin zeigte er, dass nicht alle Arbeiter dachten wie Meternagel, dass nicht überall so erfolgreich Selbstverpflichtungen angenommen wurden, wie das hier geschieht.

GÜNTER WALLRAFFS *Industriereportagen* gehen von der gegenteiligen Grundannahme aus. Hier soll der **dokumentarische Realismus** seiner Berichte dem Leser ein kritisches Urteil über die Zustände in den Betrieben, in denen im Akkord gearbeitet wird, erlauben. WALLRAFF arbeitete undercover, befragte Arbeitskollegen, beobachtete an sich selbst einzelne Teile des Arbeitsprozesses und kommentierte sie aus der Sicht eines Außenstehenden, sodass hinter den einzelnen Vorgängen das Kalkül der Betriebsleitung sichtbar wurde. WALLRAFFS *Industriereportagen* haben wütende Proteste hervorgerufen. In Prozessen sollten sie als unrichtig erwiesen werden. Die Prozesse zeigten jedoch, dass seine Darstellungen zwar parteilich, aber nicht falsch waren. WALLRAFFS Ziel, Öffentlichkeit herzustellen, dort, wo in der Regel geschwiegen wird, wurde erreicht.

Themenkreis 3: Kritik an den Verhältnissen in BRD und DDR

Bertolt Brecht: Die Lösung (1953/1957)

Nach dem Aufstand des 17. Juni
Ließ der Sekretär des Schriftstellerverbands
In der Stalinallee Flugblätter verteilen
Auf denen zu lesen war, daß das Volk
5 Das Vertrauen der Regierung verscherzt habe
Und es nur durch verdoppelte Arbeit
Zurückerobern könne. Wäre es da
Nicht doch einfacher, die Regierung
Löste das Volk auf und
10 Wählte ein anderes? Ⓡ

231

Hans Magnus Enzensberger: **freizeit** (1967)

rasenmäher, sonntag
der die sekunden köpft
und das gras.

gras wächst
5 über das tote gras
das über die toten gewachsen ist.

wer das hören könnt!

der mäher dröhnt,
überdröhnt
10 das schreiende gras.

die freizeit mästet sich.
wir beißen geduldig
ins frische gras.

Reiner Kunze: **Beweggründe** (1966)

[Die Prosatexte und Szenen aus dem Alltag der DDR „Die wunderbaren Jahre" wurden nur in der Bundesrepublik veröffentlicht. Kunze wurde aus dem Schriftstellerverband ausgeschlossen. 1977 übersiedelte er in die Bundesrepublik.]

In E., sagte sie, habe sich ein Schüler erhängt.
Am nächsten Morgen hätten Jungen verschiedener Klassen schwarze Armbinden getragen, aber die Schulleitung habe durchblicken lassen, daß
5 die Armbinden als Ausdruck oppositioneller Haltung gewertet würden. Der Schüler sei Mitglied der Jungen Gemeinde gewesen und habe einen Zettel mit durchgekreuztem Totenkopf und der Aufschrift „Jesus Christus" hinterlassen. Als erste hätten die Abiturienten die Armbinden abgelegt, 10 weil sie kurz vor den Prüfungen stehen.
Einigen Schülern, die nicht in die Klasse des Toten gehen, sei es vom Lehrer erlaubt worden, an der Beerdigung teilzunehmen, aber auf Anordnung des Direktors habe der Lehrer die Erlaubnis 15 rückgängig machen müssen. Dem Pfarrer sei es nicht gelungen, den Direktor umzustimmen.
Die Parteimitglieder habe man angewiesen, Gespräche über den Toten zu unterbinden.
Am Tag der Beerdigung sei für die Zeit des Unter- 20 richts ein Schülerwachdienst eingeführt worden, und die Schultür sei abgeschlossen gewesen. ℝ

Wolf Biermann: **Porträt eines alten Mannes** (1968)

Seht, Genossen, diesen Weltveränderer: Die Welt
Er hat sie verändert, nicht aber sich selbst
Seine Werke, sie sind am Ziel, er aber ist am Ende

Ist dieser nicht wie der Ochse im Joch
5 des chinesischen Rades? Die Wasser
hat er geschöpft. Die Felder
hat er gesättigt. Der Reis
grünt. Also schreitet dieser
voran im Kreise
10 und sieht auch vor sich nichts, als
abertausendmal eigene Spur im Lehm

Jahr für Jahr wähnt er also, der Einsame
den Weg zu gehen der Massen. Und er läuft doch
sich selbst nur nach. Sich selber nur
15 trifft er und findet sich nicht
und bleibt sich selber immer der Fernste

Seht, Genossen, diesen Weltveränderer: Die Welt
Er hat sie verändert, nicht aber sich selbst
Seine Werke, sie sind am Ziel, er aber ist am Ende

20 Das seht, Genossen. Und zittert!

Heinrich Böll: **Politik der Stärke als die schwächste aller möglichen** (1963) Auszug

[Am 13. August 1961 wurde in Ostberlin die Grenze zum Westen geschlossen. Schriftsteller, darunter Böll, Enzensberger, Grass, wandten sich an den Präsidenten der UNO, forderten, die deutsche Frage müsse auf friedlichem Wege gelöst werden, um den Weltfrieden nicht zu gefährden. In der Tageszeitung „Die Welt" stellte der Redakteur Georg Ramseger die Frage, warum die „tapferen Streiter der Gruppe 47" zu den Ereignissen schwiegen. Böll antwortete in einem offenen Brief.]

[...] Mut würde dazu gehören, heute öffentlich in der Bundesrepublik zu äußern, wie es zu dieser Mauer, die quer durch Berlin gezogen wurde, gekommen ist. Sie wissen so gut, wie ich weiß, dass
5 nur ein Krieg oder ein paar handfeste politische Zugeständnisse diese Mauer werden beseitigen können.

Sie wissen so gut, wie ich weiß, dass diese Mauer zurzeit Gegenstand internationaler und nationa-
10 ler Heuchelei ist – und erwarten jetzt ausgerechnet von uns Dilettanten eine Stellungnahme, wohl möglichst im Bildzeitungsjargon? Erwarten, dass wir uns klüger geben als die Regierungen Kennedy, Macmillan und de Gaulle miteinander
15 (da die Regierung Adenauer ganz offensichtlich nicht zur allerkleinsten Aktion ermächtigt ist, schließe ich sie aus)?

Es gehört nicht der geringste Mut dazu, das Selbstverständliche zu sagen: dass ich gegen die Mauer
20 bin, froh über jeden, dem die Flucht gelingt. Es gehört nicht der geringste Mut dazu, 300 000 Mark zu stiften, wie es der Bundesverband der Deutschen Industrie getan hat (dessen allumfassende Liebe zur Menschheit Ihnen offenbar kein
25 Dorn im Auge ist).

Ich habe nicht den Mut, die Menschen, die in der Zone bleiben müssen, zum Aufstand, zum Selbstmord aufzufordern und ihnen Tag für Tag die geschichtliche Wahrheit einzuhämmern, die sie in

politischer Münze bezahlen müssen: dass offen- 30
bar sie es sind, die den verlorenen Krieg für uns, die Bundesrepublikaner, mitzubezahlen haben.
Ich habe nicht einmal den Mut, den Schriftstellern in der Zone Selbstmord anzuraten. Ich weiß, welche Folgen Aufstände in Gefängnissen haben. 35
Es ist kriminell, große Worte auszusprechen, wenn man sie nicht halten kann; falsche Phrasen erhöhen den Brechreiz, vergrößern das Elend. Für kriminell halte ich auch, wenn unsere Presse aus jeder gelungenen Flucht eine Meldung macht, 40
zwar hin und wieder den Ort der Flucht auf eine dilettantische Weise zu kaschieren versucht, aber die Methode als Sensation den im Trockenen sitzenden Bundesbürgern verkündet. [...]
Sie fragen, ob uns etwas aufgehe. Mir geht etwas 45
auf: dass die Politik der Stärke sich als die schwächste aller möglichen erwiesen hat; dass man jetzt zu Verhandlungen mit der Sowjetunion gezwungen ist, unter weit, weit ungünstigeren Bedingungen als vor Jahren. Mehr habe ich 50
Ihnen nicht zu sagen.

Titelseite der *Bild*-Zeitung vom 16. August 1961

233

Erich Fried: **Antiquitätenladen in Saigon** (1966)

Durchbrochene Elfenbeinkugeln
geschnitzt noch im alten Annam[1]

umschließen kleinere Kugeln
die wieder Kugeln umschließen

5 alle vielfach durchbrochen
und frei beweglich

ineinander geschnitten
in mühsamer Arbeit

aus einem Stück
10 ohne erkennbaren Zweck

Auch der Krieg in Vietnam
ist vielfach durchbrochen

und durch die Löcher
bestaunt man kleinere Kriege

15 umschlossen vom großen
im Inneren frei beweglich

und hört sie rasseln
alle von Menschenhänden

in mühsamer Arbeit geschnitten
20 aus einem Stück

1 **Annam:** historische Bezeichnung für
eine Region Südostasiens, die etwa dem
heutigen Vietnam entspricht

Günter Grass: **örtlich betäubt** (1969) Auszug

*[Erzähler des Romans ist ein Berliner Lehrer. Er liest
Zeitung, diskutiert die politische Lage mit seinen Schülern und seinem Zahnarzt. Sein Schüler Scherbaum
hat vor, aus Protest gegen den Einsatz der heute geäch-
teten Brandwaffe Napalm im Vietnamkrieg seinen
Dackel öffentlich zu verbrennen, um den Berlinern, die
kritiklos der amerikanischen Politik zustimmen, ein
Gefühl für die unsinnigen Grausamkeiten des Krieges
zu vermitteln.]*

[Der Schüler Scherbaum redet im Unterricht:] „Weiß
ich. Weiß ich. Alles ist zu erklären. Alles ist zu verstehen. Weil dieses, muß das. Einerseits schlimm,
aber um Schlimmeres zu verhüten. Der Frieden
5 hat seinen Preis. Unsere Freiheit wird uns nicht
geschenkt. Wenn wir heute nachgeben, sind wir
morgen dran. Hab ich gelesen: Napalm verhindert den Einsatz nuklearer Kampfmittel. Die Lo-
kalisierung des Krieges ist ein Sieg der Vernunft.
10 Mein Vater sagt: Gäbe es nicht die Atombombe
und so weiter, wäre der dritte Weltkrieg schon
längst. Recht hat er. Läßt sich beweisen. Wir sollten dankbar sein und Gedichte schreiben, die erst
übermorgen wirken, wenn sie wirken, wenn sie
15 wirken. Nein. Nichts wird bewegt. Menschen verbrennen jeden Tag langsam. Ich mach es. Ein
Hund, das trifft sie."

In die so sorgfältig vorbereitete Stille hinein sagte
Vero Lewand: „Fantastisch, wie du das sagst, Flip.
Fantastisch." [...] 20

Was soll ich denn tun? Meinem Senator für das
Schulwesen schreiben? „Sehr geehrter Herr Evers,
ein besonderer Fall, der mir die Grenzen meiner
pädagogischen Möglichkeiten und Fähigkeiten
offenbar macht, zwingt mich, Ihren Rat zu erbit- 25
ten; denn wer, wenn nicht Sie, sollte dazu berufen
sein, hier ein klärendes Wort zu sprechen. – Darf
ich zu Anfang daran erinnern, daß Sie in einem
Interview mit unserer ‚Berliner Lehrerzeitung'
gesagt haben: ‚Ich gehe davon aus, daß es die ein- 30
zelne menschliche Person und die Gesellschaft
gibt. Keines ist dem anderen vorgeordnet. Beide
sind voneinander abhängig und werden voneinander geprägt.' – Und solch eine einzelne menschliche Person, einer meiner Schüler, ist entschlossen, 35
seinem Protest gegen die Gesellschaft drastischen
Ausdruck zu geben: er will an exponierter Stelle
seinen Hund mit Benzin übergießen und verbrennen, damit die Bevölkerung dieser Stadt, von
der er annimmt, sie verhalte sich teilnahmslos, 40
erkennen möge, wie das ist: lebendig verbrennen.
Der Schüler hofft, er könne so die Wirkung des
modernen Kampfmittels Napalm demonstrieren.

Er erwartet sich aufklärende Wirkung. Die berechtigte Frage, warum ein Hund und kein anderes Tier, etwa eine Katze, verbrannt werden müsse, beantwortet er dahin: Die besondere und weithin bekannte Hundeliebe der Berliner Bevölkerung läßt keine andere Wahl zu, denn die öffentliche Verbrennung von Tauben, zum Beispiel, würde in Berlin allenfalls zu einer Diskussion führen, die sich mit der Frage zu beschäftigen hätte, ob es nicht sinnvoller sei, die Tauben, wie bisher üblich, während Großaktionen zu vergiften, zumal aufflatternde brennende Tauben zu einer öffentlichen Gefahr werden könnten. – Meine Versuche, den Schüler einerseits mit Argumenten zur Vernunft zu bringen und ihn andererseits vor den Folgen seiner Tat zu warnen, verliefen ergebnislos. Obgleich der Schüler zugibt, Angst zu haben, ist er bereit, die Gewalttätigkeiten einer Bevölkerung, die auf Mißhandlung von Hunden besonders erregt zu reagieren pflegt, in Kauf zu nehmen. Jede Vermittlung wertet er als beschwichtigenden Kompromiß, der die Kriegsverbrechen in Vietnam, die er ausschließlich den amerikanischen Streitkräften zur Last legt, nur verlängern könne. – Ich bitte Sie, mir zu glauben, daß ich nicht bereit sein kann, auf dem Dienstweg eine Meldung zu erstatten; denn der spontane Gerechtigkeitssinn des Schülers findet meine Anteilnahme. (Sosehr wir, besonders als Berliner, der amerikanischen Schutzmacht dankbar sein müssen, die gleichen Verbündeten verletzen anderen Ortes tagtäglich unser moralisches Empfinden; nicht nur mein Schüler, auch ich leide unter diesem tragischen Widerspruch.) [...]
Ich möchte Sie bitten, mit mir gemeinsam meinen Schüler auf seinem schweren Weg zu begleiten, damit durch Ihre Anwesenheit die öffentliche Verbrennung eines Hundes jenen aufklärenden Sinn erhält, den wir alle unablässig suchen, den auch mein Schüler sucht, und den wahre Bildungspolitik, die nach Ihren Worten ,immer Gesellschaftspolitik ist', zu jeder Zeit anstreben sollte.
In kollegialer Hochachtung Ihr ..." [...]

Zusatz: Mir geht es um Scherbaum, weil er ein Mensch ist; doch den Berlinern wird es um den Hund gehen, weil er kein Mensch ist. Ⓡ

Claus Bremer: Panzer[1] (1968)

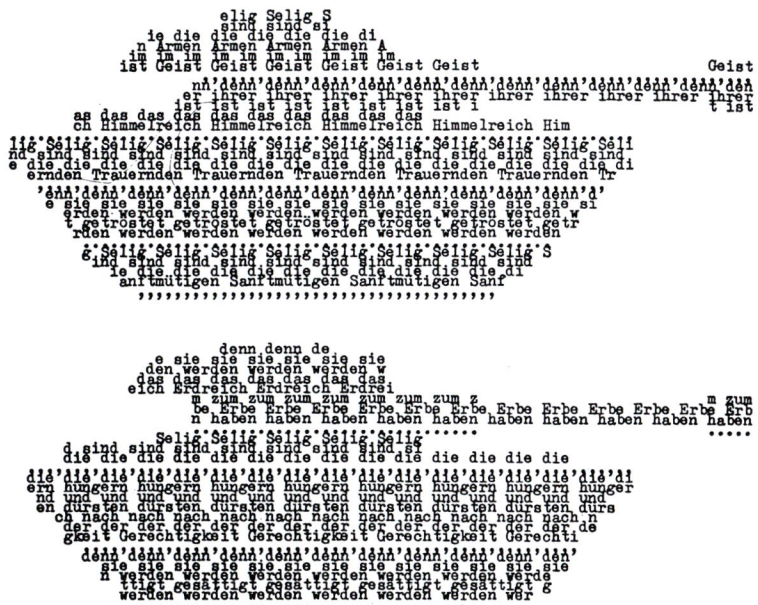

1   Im Original ohne Titel

Kommentar

BRECHTS geistreiches Gedicht aus den *Buckower Elegien* (Elegie: Klagegedicht) wurde erst nach seinem Tod bekannt. Er hatte zum Aufstand des 17. Juni 1953, als DDR-Bürger öffentlich gegen das Regime protestierten, lediglich eine verklausulierte Ergebenheitsadresse an den Parteivorsitzenden WALTER ULBRICHT geschickt. GÜNTER GRASS hat dies Verhalten in seinem Theaterstück *Die Plebejer proben den Aufstand* (1966) kritisiert. BRECHT macht durch einen Widerspruch im Text auf Widersprüche in der Wirklichkeit aufmerksam, nämlich auf die Tatsache, dass die Regierung nicht das Vertrauen des Volkes besitzt. Das Gedicht kritisiert indirekt, indem es zum Nachdenken über das Verhältnis von Volk und Regierung auffordert.

HANS MAGNUS ENZENSBERGERS Text geht bei seiner Kritik ebenfalls indirekt vor. Die Redewendungen vom Gras, das über etwas wächst, und vom Gras, in das man beißt, werden in ein Momentbild aus dem bundesrepublikanischen Alltag eingebaut – das Bild zeigt das Ritual des Rasenmähens mit den neuen elektrischen Rasenmähern am Sonntag. Die Kritik ist in der Rückführung der Metaphern in einen realen Kontext versteckt: Wir konzentrieren uns geduldig auf die neu gewonnene Freizeit und merken nicht, dass wir dazu die Vergangenheit verdrängen müssen und unsern eigenen Tod befördern.

Stellt man die Gedichte von BRECHT und ENZENSBERGER nebeneinander, so entdeckt man, dass im Zentrum der **Kritik** in der DDR das System der Volkserziehung des sozialistischen Staates, im Zentrum der Kritik an der bundesrepublikanischen Wirklichkeit die Haltung der Bevölkerung gegenüber der Vergangenheit und den „Errungenschaften" des Wiederaufbaus stand.

Im Zentrum der Sammlung *Die wunderbaren Jahre* stehen der Autor **REINER KUNZE** selbst und seine heranwachsende Tochter. Beider Ideal ist die individuelle Freiheit, der Raum, den sich jeder für seine subjektiven Bedürfnisse wünscht. Das Beispiel ist drastisch. Der Text vermittelt die Stimmung einer Jugend, die sich reglementiert fühlt. Warum der Schüler sich erhängt hat, bleibt unklar. Die Reglementierungen bei der Bezeugung von Mitgefühl durch Schulbehörde und Partei bilden das eigentliche Thema. Dieser Selbstmord passt nicht ins System. Er soll folglich totgeschwiegen werden. Der ironische Titel „Die wunderbaren Jahre" kann von hier aus erfasst werden. Es ist der **Mangel an persönlichen Freiräumen,** der die Aufbaujahre der DDR zu einer schwer erträglichen Lebenswelt macht.

WOLF BIERMANNS Gedicht *Porträt eines alten Mannes* zielt in die gleiche Richtung: Ein politisch erfolgreicher „Weltveränderer", der sich selbst nicht mehr ändern will, sei ein Schrecken geworden, vor dem man „zittert". Indem er den eigenen Trampelpfaden folgt, meint dieser Unbeirrbare irrtümlich, er gehe den Weg des Volkes. Man kann dieses Gedicht auf hohe Funktionäre, auf WALTER ULBRICHT selbst, beziehen. Klar wird in jedem Falle der Abstand zwischen Selbstbild und Fremdbild des Parteifunktionärs.

Die Botschaft des Gedichts von BIERMANN und die Botschaft des Prosatextes von KUNZE sind einander sehr ähnlich. In beiden Fällen wollen Unbelehrbare das Volk belehren. Sie verändern, indem sie einengen und einschüchtern. Sie haben Erfolge, aber keine nachhaltigen, denn sie verändern ohne Respekt vor der Freiheit der Betroffenen.

Die **Auseinandersetzungen zwischen Schriftstellern und Regierungen** wurden in der Bundesrepublik der 1960er-Jahre offen und direkt geführt. BÖLL, GRASS, WALSER, HOCHHUTH, WEISS, ENZENSBERGER sagten alle, wenn auch mit unterschiedlichen Akzentsetzungen, dass die Politik und die Mentalität der ADENAUER-Ära nicht ihren Vorstellungen einer demokratischen Entwicklung entspreche. Sie reagierten literarisch auf unterschiedliche politische Anlässe. HEINRICH BÖLL weigerte sich, die bundesrepublikanische Erklärung der Teilung Deutschlands als von der DDR zu verantwortende Schande zu übernehmen, ERICH FRIED weigerte sich, den Legenden über die Verteidigung der Freiheit in **Vietnam** zuzustimmen. CLAUS BREMER nahm die Widersprüche zwischen christlicher Friedensbotschaft und Aufrüstung ins Visier und GÜNTER GRASS thematisierte den inneren Konflikt eines liberal denkenden Demokraten angesichts der Mentalität des Kalten Krieges und anlässlich der studentischen Proteste gegen den Vietnamkrieg.

HEINRICH BÖLL distanziert sich in seinem offenen Brief sowohl von der Sensationspresse als auch von politischen Phrasen. Eine „Politik der Stärke" – und das ist auch eine Politik der starken Worte – lehnt er ab, weil diese die Möglichkeiten der Verhandlung versperrt. Der Schriftsteller habe die Verpflichtung, Menschen nicht aufzuhetzen, sondern vernünftiges Handeln anzuraten. Dazu gehört, nicht zu Aufstand oder Flucht aufzurufen.

BÖLLS Stellungnahme zur Berliner Mauer gehört in den Rahmen seiner **Auseinandersetzung mit der** meinungsbildenden **regierungsfreundlichen Presse,** insbesondere mit der *Bild*-Zeitung. Es geht ihm dabei um die Manipulation der öffentlichen Meinung, die gerade in den 1960er-Jahren einen Höhepunkt erreicht hatte.

Der **Vietnamkrieg** war in der Bundesrepublik Gegenstand vielfältiger Proteste. Studenten, Intellektuelle, Künstler, Journalisten wandten sich gegen die Versuche der Regierungen und der regierungsfreundlichen Presse, eine breite öffentliche Zustimmung zu den Militäraktionen zu erreichen. Der Happening-Künstler **WOLF VOSTELL** z.B. zeigte 1968 eine Montage aus einem weltweit bekannt gewordenen Dokumentarfoto (ein amerikanischer Soldat erschießt einen Vietkong und lässt sich dabei fotografieren) und einem Foto aus einem Schönheitswettbewerb (▶ S. 238).

ERICH FRIEDS Gedicht aus der Sammlung *und Vietnam und* (1966) ist ein Musterbeispiel ästhetischer Wahrnehmung: Ein Gegenstand wird beschrieben, und dabei entdeckt der Beobachter eine weitere, tiefere Bedeutung. Hier ist es eine durchbrochene geschnitzte Elfenbeinkugel aus der alten Handwerkskunst Hinterindiens, die – vergleichbar einer russischen Puppe – weitere durchbrochene Kugeln umschließt, sodass sie wie zur Veranschaulichung der Struktur des Vietnamkriegs geschaffen zu sein scheint. Dieser umschließt nämlich mehrere „kleinere" Kriege in Kambodscha, Laos, Thailand. Ironisch stellt der Sprecher fest, dass durch die „Löcher" (d.h. durch die Widersprüche in den öffentlichen Rechtfertigungen) im großen die kleinen Kriege „bestaunt" werden können. Die Pointe ist die Übertragung der „mühsame[n] Arbeit", in der das handwerkliche Kunstobjekt hergestellt wurde, auf die Diplomatie, die diesen Krieg inszenierte: aus einem Guss, in mühsamer Arbeit mit allen Nebenkriegen entwickelt und – „ohne erkennbaren Zweck".

GÜNTER GRASS entwickelt in ***örtlich betäubt*** nicht nur das Thema „Vietnam", sondern auch ein Zeitporträt der späten 1960er-Jahre in der „Frontstadt" Westberlin. Es geht ihm dabei um die politische Grundeinstellung der Berliner, die exemplarisch für die Westdeutschen stehen. Der Erzähler, ein politisch denkender Lehrer, diskutiert sie mit seinem Zahnarzt und mit seinen Schülern, die die Argumente vorbringen, welche später in der **Studentenbewegung** wiederkehren. Der Titel überträgt die Behandlung beim Zahnarzt (örtliche Betäubung) auf die Behandlung der Berliner Bevölkerung durch die Springer-Presse (vor allem durch die *Bild*-Zeitung) und durch die politische Propaganda. Im Zentrum des abgedruckten Abschnitts steht ein (nicht abgeschickter) Brief des Lehrers an den Bildungssenator des Landes Berlin. Der Brief ist eine **Satire** von hintergründiger Rhetorik. Er konfrontiert den Senator mit der Absicht des Schülers Scherbaum. Es ist klar, dass der Senator seine „wahre Bildungspolitik", die nach seinen Worten immer „Gesellschaftspolitik" sein soll, nicht so weit vorantreiben wird, dass er sich selbst den Angriffen der Berliner aussetzt.

Wolf Vostell: Miss Amerika (1968)

CLAUS BREMER macht auf den Widerspruch zwischen christlicher Friedensbotschaft und Kriegsführung aufmerksam, indem er die Seligpreisungen der Bergpredigt (Matthäus 5, 3–11) in Angriffswaffen (Panzer) verwandelt. Er benutzt die Techniken der **konkreten Poesie** (▶ S. 214), um einen Widerspruch zu erzeugen: Verbal enthält der Text eine Friedensbotschaft, optisch eine Kriegserklärung. So wird auf Widersprüche in der Wirklichkeit (etwa zwischen Reden und Handeln der Politiker) hingewiesen. CLAUS BREMER schreibt in einem Essay zu seinen Buchstabenbildern, dass diese Form der Lyrik für ihn eine „poetische Entnazifizierung" gewesen sei, ein Versuch, „Gebilde zu schaffen, in denen möglichst viele sich spiegeln können". Als er bemerkte, dass die Verfahren der konkreten Poesie auch in der Werbung eine Rolle zu spielen begannen, stellte er die Veröffentlichung solcher Gedichtbilder ein.

6.2 Die 1970er- und 1980er-Jahre: Literatur in der Opposition

Die 1970er- und 1980er-Jahre waren weiterhin durch die Konfrontation der beiden Gesellschaftssysteme und erste, schwierige Annäherungsversuche über die deutsch-deutsche Grenze hinweg geprägt. Beide militärischen und ökonomischen Bündnisse betrieben eine massive militärische und atomare **Aufrüstung.** In beiden deutschen Staaten setzten sich prominente Schriftsteller wie HEINRICH BÖLL und GÜNTER GRASS im Westen, CHRISTA WOLF oder HEINER MÜLLER im Osten für eine Entspannung ein und unterstützten die **Versöhnungspolitik WILLY BRANDTS.** Im Westen traten die Autoren den seit 1968 protestierenden Studenten an die Seite, im Osten den vom Regime gemaßregelten Schriftstellern. Die **Studenten im Westen protestierten** gegen das aus ihrer Sicht ausbeuterische Wirtschaftssystem, gegen die Springer-Presse und die CDU-Regierung, **im Osten protestierten Intellektuelle und Schriftsteller** gegen die Einschränkungen der persönlichen Freiheit. Die Formen des Protestes waren sehr unterschiedlich. Im Westen gab es Demonstrationen, öffentliche Aufregung über staatliche Übergriffe gegenüber kritischen Journalisten, im Osten einen eher hinhaltenden, zähen und privaten Kampf Einzelner gegen die Allmacht der SED und gegen das Überwachungssystem der Staatssicherheit. In beiden Systemen hatten diese Proteste einen begrenzten Erfolg. **Im Westen** begünstigten sie den **Regierungswechsel von der CDU zur SPD.** WILLY BRANDTS Aufruf „Mehr Demokratie wagen" trug dem Rechnung. **Im Osten** hatte der Führungswechsel in der alles bestimmenden Partei von WALTER ULBRICHT zu ERICH HONECKER eine **Liberalisierung** zur Folge (der damalige Slogan hieß: „Ende der Tabus in der Kunst"). Beide Entwicklungen bewirkten aber nicht nur eine gewisse Entspannung zwischen Regierungen und literarischer Opposition, sondern sie trugen auch zu einem **Rückzug der Literatur aus den politischen Auseinandersetzungen** bei. Hatte die Literatur in Form politischer Lyrik (ERICH FRIED, *Die Beine der größeren Lügen,* 1969), politischen Dokumentartheaters (ROLF HOCHHUTH, PETER WEISS), politischer Zeitromane (HEINRICH BÖLL, GÜNTER GRASS) oder aufklärerischer Reportagen aus der Arbeitswelt (GÜNTER WALLRAFF) die öffentliche Diskussion geprägt, so begannen die jüngeren Autoren nun, sich auf die private Sphäre zu konzentrieren. PETER HANDKE (*Die Innenwelt der Außenwelt der Innenwelt,* 1969; *Wunschloses Unglück,* 1972), NICOLAS BORN (*Das Auge des Entdeckers,* 1972) oder ROLF DIETER BRINKMANN (*Westwärts 1 & 2,* 1975) sind kritische Autoren, aber im Zentrum ihrer Aufmerksamkeit stehen **Probleme der individuellen Lebensführung** in einer modernen und durch Materialismus (auch soziale Kälte, Kommunikationsunfähigkeit, Egoismus, Karrierementalität) bestimmten Welt. BOTHO STRAUSS kommt in kurzen Prosaskizzen (*Paare, Passanten,* 1981) und Dramen (*Der Park,* 1983) zu ähnlichen Urteilen. Auch er vermeidet es, nach politischen Gründen zu fragen. Um die Dimension des Rückblicks in historisch wirkliche Fälle bereichert STEN NADOLNY diese Art von Literatur. Er rekonstruiert den Lebensweg des Polarforschers JOHN FRANKLIN, der bei seinem dritten Versuch, die Nordwestpassage zwischen Atlantik und Pazifik zu finden, mit seinem Schiff im Eis stecken bleibt (*Die Entdeckung der Langsamkeit,* 1983). Franklin ist langsam, sorgfältig, genau. Diese Eigenschaften stehen im Gegensatz zu den Werten, die der Autor bei seinen modernen Lesern voraussetzen kann – z.B. „Effektivität durch Geschwindigkeit".

In der **DDR** behandelten Autorinnen wie SARAH KIRSCH (*Landaufenthalt,* 1967), BRIGITTE REIMANN (*Franziska Linkerhand,* 1974) oder CHRISTA WOLF (*Kindheitsmuster,* 1976) öffentliche Probleme als persönliche Lebensschicksale. Die **Betonung des**

Privaten passte nicht in das Konzept des sozialistischen Realismus. Die Partei sah in dieser Literatur eine Form des Widerstands. Als **1976** der Sänger politischer Lieder WOLF BIERMANN nach Jahren des Verbots, öffentlich aufzutreten, **aus der DDR ausgebürgert** wurde und im Anschluss daran Schriftstellerkollegen sich für eine Rücknahme der Anordnung und für eine Rückkehr BIERMANNS in die DDR einsetzten, wurden sie hart bestraft (bespitzelt, aus dem Schriftstellerverband ausgeschlossen oder mit Publikationsverboten belegt). Texte, in denen Autoren und Autorinnen Probleme, unter denen sie zu leiden hatten, zur Sprache brachten, wurden dann **im Westen publiziert** und oft genug heimlich in die DDR „reimportiert".

Die 1970er- und 1980er-Jahre: Literatur in der Opposition

Werke	Literarische Entwicklung
Die 1970er-Jahre in der Bundesrepublik – mehr Demokratie wagen	
Günter Wallraff: *Industriereportagen* (1970) Heinrich Böll: *Gruppenbild mit Dame* (1971) Walter Kempowski: *Deutsche Chronik IV. Tadellöser und Wolff* (1971) Günter Grass: *Aus dem Tagebuch einer Schnecke* (1972) Peter Schneider: *Lenz* (1973) Heinrich Böll: *Die verlorene Ehre der Katharina Blum* (1974) Max Frisch: *Montauk* (1975) Hans Magnus Enzensberger: *Der Untergang der Titanic* (1978)	Unterschiedliche Richtungen in der Prosa: – Reportage – Einbeziehung von authentischem historischem Material (Dokumenten, Briefen) – private Aufzeichnungen (Tagebuch) – fiktive Texte mit engem Bezug zu wirklichen Fällen – autobiografisches Erzählen – Poetisierung historischer Berichte zu Großmetaphern für die aktuelle politische Lage
Die 1970er-Jahre in der DDR – Auseinandersetzungen um den sozialistischen Realismus	
Uwe Johnson: *Jahrestage* (1971–1983)	Das Prinzip des sozialistischen Realismus wird durch eine moderne Erzählweise unterlaufen. Fakten, Erinnerungen, Gedachtes sind ineinandergeblendet. Es fehlt auch die gewünschte Parteilichkeit des Romans.
Stefan Heym: *Der König David Bericht* (1972)	historische Verfremdung als Mittel der Kritik an parteilicher Geschichtsschreibung
Ulrich Plenzdorf: *Die neuen Leiden des jungen W.* (1972)	Roman und Bühnenstück. Montage aus kulturellem Erbe (GOETHES Werther) und Jugendkultur der DDR
Sarah Kirsch: *Zaubersprüche; Die Pantherfrau* (1973) Irmtraud Morgner: *Leben und Abenteuer der Trobadora Beatrix* (1974)	Beginn feministischer Literatur in der DDR

Volker Braun: *Unvollendete Geschichte* (1975) Reiner Kunze: *Die wunderbaren Jahre* (1976) Thomas Brasch: *Vor den Vätern sterben die Söhne* (1977)	Kritik an der politischen Gängelung in der DDR und an der Behinderung der Publikation

Die Literatur der neuen Subjektivität in der Bundesrepublik (1975–1980)

Ingeborg Bachmann: *Malina* (1971) Peter Handke: *Wunschloses Unglück* (1972); *Der kurze Brief zum langen Abschied* (1972) Verena Stefan: *Häutungen* (1975) Ursula Krechel: *Selbsterfahrung und Fremdbestimmung* (1975) Nicolas Born: *Die erdabgewandte Seite der Geschichte* (1976)	– Beginn der feministischen Perspektive im Roman der Bundesrepublik (STEFAN, KRECHEL) – Konzentration auf Identität, psychische Probleme, Kommunikation, den Nahbereich der Partnerschaft (BACHMANN, HANDKE, BORN) – autobiografisches literarisches Schreiben

Fantastischer Realismus und autobiografisches Schreiben in der DDR

Helga M. Novak: *Die Eisheiligen* (1979)	autobiografische Prosa
Christa Wolf: *Kein Ort. Nirgends* (1979)	Entdeckung der romantischen Individualität und Philosophie
Heiner Müller: *Germania Tod in Berlin* (1977/1989)	Die Szenenfolge springt durch die Zeit, verabschiedet den Fortschrittsgedanken und entwickelt katastrophische Bilder von Gewalt und Untergang.

Die Literatur der 1980er-Jahre – neue Schreibweisen

Alfred Andersch: *Der Vater eines Mörders* (1980) Peter Handke: *Kindergeschichte* (1981) Sten Nadolny: *Die Entdeckung der Langsamkeit* (1983) Patrick Süskind: *Das Parfum* (1985) Martin Walser: *Brandung* (1985) Thomas Bernhard: *Heldenplatz* (1988) Christoph Ransmayr: *Die letzte Welt* (1988)	Mehrere Tendenzen entwickeln sich nebeneinander. Schreiben als: – Selbsterforschung (HANDKE, WALSER) – Entdeckung von Lebensprinzipien (NADOLNY) – politische Abrechnung mit dem Faschismus (ANDERSCH, BERNHARD) – postmoderne Vermischung von Antike und Gegenwart (RANSMAYR)
Christa Wolf: *Kassandra* (1983) Volker Braun: *Hinze-Kunze-Roman* (1985) Jurek Becker: *Bronsteins Kinder* (1986) Christoph Hein: *Horns Ende* (1985)	Die Literatur bekannter (z. T. ausgebürgerter) DDR-Autoren und -Autorinnen entfernt sich von der Doktrin des sozialistischen Realismus, übt Kritik vor allem an der Atomrüstung und am Überwachungsstaat sowie am Funktionärswesen.

Wichtige Autoren und Autorinnen der 1970er- und 1980er-Jahre

ERICH FRIED (1921–1988)

Lyriker, Übersetzer und Essayist aus einer Wiener jüdischen Familie. FRIED ist neben HANS MAGNUS ENZENSBERGER der wichtigste politische Lyriker der 1960er- und 1970er-Jahre. Bekannt wurden später auch seine Liebesgedichte und seine Shakespeare-Übersetzungen. FRIED vertrat öffentlich die politischen Positionen der außerparlamentarischen Opposition.

MARTIN WALSER (* 1927 in Wasserburg am Bodensee)

WALSER studierte Literaturwissenschaft. 1957 erschien sein erster Roman *Ehen in Philippsburg.* In den 1960er-Jahren gehörte er zu den kritischen Intellektuellen, die gegen den Vietnamkrieg sprachen. 1998 hielt er in der Paulskirche eine Friedenspreis-Rede, in der er zum Thema „Holocaust" sagte, etwas wehre sich in ihm, die „Dauerpräsentation unserer Schande" hinzunehmen. Seine Novelle *Ein fliehendes Pferd* (1978) und sein Roman *Brandung* (1985) zeigten schon Ende der 1970er-Jahre eine Abkehr von der Gesellschaftskritik der „Linken".

HEINER MÜLLER (1929–1995)

ist einer der wichtigsten deutschsprachigen Dramatiker der zweiten Hälfte des 20. Jahrhunderts. 1958 Mitarbeiter am Maxim-Gorki-Theater in Berlin, ab 1970 Dramaturg am Berliner Ensemble (dem Theater, an dem auch BERTOLT BRECHT arbeitete). Für sein Drama *Der Lohndrücker* (1957) erhielt er den Heinrich-Mann-Preis. Dann entsprachen seine Stücke nicht mehr der Doktrin des sozialistischen Realismus. Seine Szenenfolge *Germania Tod in Berlin* (1962–71) wurde 1978 an den Münchner Kammerspielen uraufgeführt, *Die Hamletmaschine* 1979 in St. Denis bei Paris und in Essen.

GÜNTER KUNERT (* 1929 in Berlin)

KUNERTS Mutter war Jüdin, er durfte keine weiterführende Schule besuchen. Im Krieg musste er sich verstecken. Nach Kriegsende gab er sein Grafikstudium auf, um zu schreiben. KUNERT geriet in Konflikt mit den Vorgaben des sozialistischen Realismus. Als er 1976 den offenen Protestbrief vieler DDR-Schriftsteller gegen die Ausbürgerung WOLF BIERMANNS unterschrieb, wurde er aus der SED ausgeschlossen. 1979 konnte er in die Bundesrepublik ausreisen. Sein Werk besteht aus Gedichten, Erzählungen, Märchen, Essays und Kinderbüchern. In seinen Werken nimmt er eine kritische Haltung zum Thema „Fortschrittsgläubigkeit" ein. Über seine Zeit in der DDR berichtet er in der Autobiografie *Erwachsenenspiele* (1997).

HANS MAGNUS ENZENSBERGER (* 1929 in Kaufbeuren)

vielseitiger Herausgeber von Zeitschriften, Anthologien, Übersetzer, erhielt schon 1963 den Georg-Büchner-Preis. Zehn Jahre (1965–1975) gab er die politisch-literarische Zeitschrift „Kursbuch" heraus. Bekannt wurde er durch seine politischen Gedichte (*verteidigung der wölfe*, 1957; *landessprache*, 1960; *blindenschrift*, 1964) und seine Essays (*Einzelheiten*, 1962). In den 1970er- bis 1990er-Jahren erschienen weitere Essays und Lyriksammlungen (*Die Furie des Verschwindens*, 1980; *Kiosk. Neue Gedichte*, 1995).

Gabriele Wohmann (* 1932 in Darmstadt)
stammt aus einer protestantischen Pastorenfamilie, studierte Germanistik und Musikwissenschaft und war einige Jahre Lehrerin. Sie lebt seit 1956 als freie Schriftstellerin in Darmstadt. Seit den 1950er-Jahren schreibt sie Erzählungen, Romane, Gedichte, auch Hörspiele, in denen sie – oft in satirischer Absicht – die Problematik der Kommunikation in Paarbeziehungen und Familienstrukturen aufgreift. Ihr größter Publikumserfolg war der Roman *Paulinchen war allein zuhaus* (1974). Wohmanns Werke werden teils der „neuen Innerlichkeit", teils der „Frauenbewegung nach 1968" zugerechnet.

Jurek Becker (1937–1997)
wuchs als Kind in den Konzentrationslagern Ravensbrück und Sachsenhausen auf. Seine Schulzeit verbrachte er in Ostberlin, anschließend studierte er Philosophie. Seit 1960 arbeitete Becker als freier Schriftsteller und Drehbuchautor. Auch er unterzeichnete den offenen Brief gegen die Ausbürgerung Wolf Biermanns, wurde aus der SED ausgeschlossen und verließ 1977 die DDR. In Westdeutschland wurde er als Drehbuchautor der Fernsehserie „Liebling Kreuzberg" bekannt. Sein früher Roman *Jakob der Lügner* (1969) und sein späterer Roman *Bronsteins Kinder* (1986) wurden in der Bundesrepublik beliebte Schullektüren.

Sarah Kirsch (* 1935 als Ingrid Hella Bernstein)
Praktikum als Forstarbeiterin, Studium der Biologie, 1960–1968 verheiratet mit dem Lyriker Rainer Kirsch. 1963–65 Studium am Literaturinstitut Johannes R. Becher in Leipzig. Kunstpreis der Freien Deutschen Jugend (FDJ), 1967 der erste Lyrikband *Landaufenthalt,* 1973 *Zaubersprüche* und der Prosaband *Die Pantherfrau.* Sarah Kirsch unterzeichnete die Resolution gegen die Ausweisung Biermanns und übersiedelte nach Westberlin. Nach Gastdozenturen in Kassel und Frankfurt lebt sie in Niedersachsen. 1982 erschien die Gedichtsammlung *Erdreich,* darin das Gedicht *Selektion* (▶ S. 246).

Peter Handke (* 1942 in Kärnten)
Sohn eines deutschen Soldaten und einer Slowenin, brach 1966 sein Jurastudium ab, wurde freier Schriftsteller, arbeitete für den Rundfunk und wurde durch einen provozierenden Auftritt vor der „Gruppe 47" schnell berühmt-berüchtigt. Seine sprachkritischen frühen Stücke (*Publikumsbeschimpfung,* 1966; *Kaspar,* 1968) und Gedichte (*Die Innenwelt der Außenwelt der Innenwelt,* 1969) durchleuchten kritisch Sprachgewohnheiten. Seine frühen Romane und Erzählungen thematisieren Kommunikationsprobleme (*Die Angst des Tormanns beim Elfmeter,* 1970). Die späteren Werke handeln von Personen, die auf der Suche nach sich selbst sind. Zu ihnen gehören *Die Stunde der wahren Empfindung* (1975) und *Die linkshändige Frau* (1976). Handke lebte bei Paris, kehrte 1979 zurück nach Salzburg und verarbeitete diesen Wechsel in seinem vierteiligen Roman *Langsame Heimkehr* (1979–81). Er ging dann drei Jahre auf Weltreisen und lebt seitdem wieder bei Paris. Er schreibt Drehbücher für Filme (Wim Wenders) und Theaterstücke (*Die Stunde, da wir nichts voneinander wussten,* 1992). In den letzten Jahren stand Handke in der öffentlichen Kritik wegen seiner Parteinahme für Serbien im Balkankrieg nach dem Zerfall Jugoslawiens.

Themenkreis 1: Alltag der Systeme – Kritische Schlaglichter

Die umfangreichen und gewichtigen Werke der 1970er- und 1980er-Jahre können hier nicht genauer vorgestellt, sondern nur erwähnt werden, z.B. ARNO SCHMIDTS Roman-Ungetüm *Zettels Traum* (1970) und INGEBORG BACHMANNS Roman *Malina* (1971), UWE JOHNSONS *Jahrestage* (1970–83), die schon in der Übersicht auf S. 240 f. genannten Werke, z.B. von STEFAN HEYM, HEINRICH BÖLL, GÜNTER GRASS und MARTIN WALSER sowie die Welle autobiografischer „Väterliteratur" (PETER HÄRTLING: *Nachgetragene Liebe,* 1980, CHRISTOPH MECKEL: *Suchbild. Über meinen Vater,* 1980), die Dramen HEINER MÜLLERS (z.B. *Germania Tod in Berlin,* 1971/1977) oder THOMAS BERNHARDS *Heldenplatz* (1988). Sie alle haben intensive Bezüge zu den politischen Gegebenheiten ihrer Zeit und immer wieder ragt in diese Zeitporträts die Vergangenheit des Nationalsozialismus hinein.

Im Folgenden geben vor allem einige Kurztexte, literarische Miniaturen in Prosa und Lyrik, einen Eindruck von den zwanzig Jahren zwischen dem mühsamen Beginn der Entspannungspolitik und der Wiedervereinigung Deutschlands 1989. Im Zentrum stehen zwei wichtige Probleme des öffentlich ausgetragenen Konflikts der Literaten in Ost und West mit ihren jeweiligen Regierungen: zum einen die Frage des Verhältnisses der beiden deutschen Staaten zueinander, zum anderen die Alltagsprobleme, die der Konflikt mit der herrschenden Meinung mit sich brachte, etwa die Verfolgung auf Grund abweichender Ansichten oder Reglementierungen in Betrieb und Schule.

Erich Fried: **Prüfung von Freunden in Friba-Frabi** (1969)

In Friba wird jeder Gast
der kommt aus dem Ausland
an die Mauer von Frabi geführt
und muss dort hinüberschauen
5   Dann blicken ihm die Fribaner
     tief in die Augen
     Wenn sie nicht nass sind von Tränen
     ist er nicht mehr ihr lieber Gast

In Frabi wird jeder Besucher
10 an Frabis Schutzwall
gegen Friba geführt
um Sorge und Abscheu zu zeigen
     Finden dann die Frabiner
     seine Augen sind trocken geblieben
15   so wird er mit Schimpf und Schande
     verstoßen aus ihrem Staat

Friba und Frabi belohnen
ihrer Freunde reichliche Tränen
mit Banketten und Beifall
20 und sinnigen Gastgeschenken
     Wanderer kommst du nach Friba-Frabi
     vergiss nicht
     Zwiebelsaft mitzunehmen
     da weint man so schön

Besucherpodest in Westberlin mit Blick zum Brandenburger Tor in Ostberlin (um 1980)

Peter Schneider: ... schon bist du ein Verfassungsfeind. Das unerwartete Anschwellen der Personalakte des Lehrers Kleff (1975) Auszug

[Der Direktor vor der Klassensprecherversammlung des Lessing-Gymnasiums:] Er habe hier das Hausrecht und wolle hier als Hausherr etwas mitteilen. Für alles, was an der Schule geschehe, werde er zur Rechenschaft gezogen, er und die Lehrerkonferenz, nicht die Schüler. Folglich müssten er und die Lehrerkonferenz auch alle letzten Entscheidungen treffen. [...]

Das erste Flugblatt, das die Schüler überhaupt verteilten, war nun ausgerechnet ein Protest gegen diese Rede des Direktors [...].

Es mag schon sein, dass die Lehrerkonferenz juristisch in der Lage ist, politische Informationen aus der Schule zu verbannen. Wir fragen aber, wer ein bestimmtes Gesetz gemacht hat, warum es gemacht wurde und wem es nützt. [...] Erst wenn es von der Mehrheit des Volkes gemacht wurde und wenn es der Mehrheit des Volkes nützt, halten wir es für demokratisch. Andere als demokratische Gesetze erkennen wir nicht an.

Daraufhin verhängte der Direktor gegen drei Schüler, die er als Flugblattverteiler erkannt hatte, einen zweiwöchigen Ausschluss vom Unterricht. [...]

Ich war damals schon Fachgruppenleiter der Gewerkschaft und schrieb in dieser Eigenschaft einen Brief an die Kollegen, die „Erziehungsmaßnahme" des Direktors betreffend. Ich schrieb:

Der auf dem Schülerflugblatt vertretenen Meinung, dass es auch undemokratische Gesetze und Bestimmungen gäbe, bei denen Widerstand, nicht Gehorsam angebracht sei, kann doch ernsthaft kein Demokrat widersprechen. [...] Seit Bestehen der Bundesrepublik wurden vom Bundesverfassungsgericht über hundert Gesetze, die vom Parlament verabschiedet waren, als verfassungswidrig zurückgewiesen. [...]

Ich frage mich übrigens, wie dieses Schreiben, das ich innerhalb der Gewerkschaft an organisierte Kollegen verschickt habe, in die Hände des Oberschulamts gelangt ist.

Ihren Rat, ich solle vor dem Gesprächstermin im Oberschulamt am 16.6. auf jeden Fall schriftlich den Anspruch anmelden, meinen Rechtsanwalt zu dem Termin mitzunehmen, habe ich befolgt. [...]

16. Juni

Stellen Sie sich also einen überlangen Tisch vor, an dem man schon seiner Länge wegen sehr laut und bestimmt sprechen muss. [...] Um das obere Ende des Tisches gruppiert: ein Präsident, ein Vizepräsident, ein Regierungsdirektor, ein Regierungsschuldirektor, ein Mitglied des Personalrats und schließlich, in weitem Abstand am unteren Endes des Tisches: ich. [...]

PRÄSIDENT: Ja, Herr Kleff, so geht das nicht. Der ganze Stil Ihres Vorgehens ist gegen das Oberschulamt gerichtet. Sie haben die andere Seite nicht gehört. [...] Dahinter steht wohl das Modell: Alles gegen den Staat und die Vorgesetzten!

ANTWORT: Ich habe die andere Seite gehört. Schließlich lag mir die Begründung für den Ausschluss der drei Schüler vor.

PRÄSIDENT: Eine Begründung kann nicht alles hergeben! Sie hätten das Oberschulamt fragen müssen. [...] Sie sagen also, man müsse nicht alle Gesetze befolgen. Wissen Sie, dass Sie damit außerhalb der Verfassung stehen? Gesetze sind bei uns immer von der Mehrheit des Volkes gemacht, nämlich von den gewählten Vertretern. Sie aber wollen subjektiv entscheiden, welche Gesetze Ihnen passen?

ANTWORT: Es kann Gesetze geben, die dem Grundgesetz widersprechen.

PRÄSIDENT: Dann können Sie ja das Verfassungsgericht anrufen. Sie aber sprechen von Widerstand. Das ist nicht innerhalb der Verfassung.

245

Sarah Kirsch: **Selektion** (1974)

Welche Unordnung die Rosenblätter
Sind aus den Angeln gefallen der Wind
Blies sie ums Haus auf die Gemüsebeete.
Streng getrennt wachsen hier in den Gärten
5 Magen- und Augenpflanzen, der Schönheit
Bleibt ein einziges Beet
Während den ausgerichteten Reihen
Früher Kartoffeln Möhren Endivien Kohl
Ein Exerzierplatz eingeräumt wird

10 Die Wirrnis des Gartens verwirrt
Auch den Gärtner, jetzt muß
Durchgegriffen werden angetreten Salat
Richtet euch Teltower Rüben Rapunzel
Auf den Abfallhaufen Franzosenkraut
15 Wucherblume falsche Kamille und Quecke
Es ist verboten die nackten Füße
Wieder ins Erdreich zu stecken. R

Volker Braun: **Eigene Kontinuität** (1974)

1
Während wir beinahe gekonnt
Um die Ecke biegen, erklären wir ruhig
Dass wir die Richtung beibehalten.

5 2
Bei all den schönen Schritten nach vorn
Behaupten wir standhaft unsre Position.

3
Ohne mit der Wimper zu zucken
10 Nicht mal augenzwinkernd
Wechseln wir die Sachen
Und bleiben bei unsern Begriffen.

4
Wir lernen dazu
15 Was wir immer gewusst haben.

5
Die *Linie*, sicherlich, ist eine Gerade:
Die kürzeste Verbindung zwischen zwei Epochen.

6
20 Wenn wir uns also merklich ändern
Soll es doch niemand merken.

7
So verändern wir, vorgeblich unverändert
Die Welt, die es braucht.

25 8
Und es wird sich daran nichts ändern
Bis eines schönen Jahrhunderts
Fragt mich nicht wie
Der Kommunismus ausgebrochen ist. R

Wolf Biermann: **Ermutigung** (1976)

Peter Huchel gewidmet

Du, lass dich nicht verhärten
In dieser harten Zeit
Die allzu hart sind, brechen
Die allzu spitz sind, stechen
5 Und brechen ab sogleich

Du, lass dich nicht verbittern
In dieser bittren Zeit
Die Herrschenden erzittern
– sitzt du erst hinter Gittern –
10 Doch nicht vor deinem Leid

Du, lass dich nicht erschrecken
In dieser Schreckenszeit
Das wolln sie doch bezwecken
Dass wir die Waffen strecken
15 Schon vor dem großen Streit

Du, lass dich nicht verbrauchen
Gebrauche deine Zeit
Du kannst nicht untertauchen
Du brauchst uns, und wir brauchen
20 Grad deine Heiterkeit

Wir wolln es nicht verschweigen
In dieser Schweigezeit
Das Grün bricht aus den Zweigen
Wir wolln das allen zeigen
25 Dann wissen sie Bescheid

Wolf Biermann 1976 bei seinem Konzert in Köln, nach dem ihm
die Wiedereinreise in die DDR verweigert wurde

Günter Kunert: **Scham** (1981)

MAN SCHÄMT SICH, weil einem die Zunge herausgeschnitten worden ist. Auch dass man statt
auf Beinen auf bloßen Stümpfen humpelt, kurze
Wege, kreisförmig zumeist, keinen jedenfalls ein-
5 schlägt, der ins Freie führt. Niemals hätte ich vermutet, man schäme sich der einem selber zugefügten Erniedrigungen, sondern gedacht: Jene,
die Verursacher, müssten eigentlich deswegen im
Boden versinken. Aber dann gäbe es keine Regie-
10 rungen mehr, keine Verwaltungsbeamten, keine
Funktionäre, keine geheime Überwachung unseres Schlafes, unserer Lektüre, unserer Telefonate
über Bäume.
Es handelt sich jedoch um eine ganz andere
Scham als jene, die empfunden wird, tut man je- 15
mandem Unrecht. Die, die ich meine, stammt
von der Hilflosigkeit, in die man sich eingespon-
nen weiß, kaum bewegungsfähig, obgleich man
diese Hilflosigkeit gar nicht selber verschuldet
hat. Sie zeigt uns aber unsere Schwäche, Fehlen 20
von Widerstand, letztlich Feigheit, da wir die Erniedrigung, indem wir sie erdulden, statt gegen
sie zu revoltieren, selbst um den Preis unseres Un-
terganges, mittelbar akzeptieren. Zwar ist uns die
Zunge herausgeschnitten worden, aber wir ha- 25
ben sie zu diesem Behufe unter ein Instrument
geschoben, von dem jeder (und die ganze Welt dazu) wusste, dass es ein Messer war.

Friedrich Dürrenmatt:

Der Auftrag oder Vom Beobachten des Beobachters der Beobachter (1986) Auszug

1

Als Otto von Lambert von der Polizei benachrichtigt worden war, am Fuße der Al-Hakim-Ruine sei seine Frau Tina vergewaltigt und tot aufgefunden
5 worden, ohne daß es gelungen sei, das Verbrechen aufzuklären, ließ der Psychiater, bekannt durch sein Buch über den Terrorismus, die Leiche mit einem Helikopter über das Mittelmeer transportieren, wobei der Sarg, worin sie lag, mit ei-
10 nem Tragseil unter der Flugmaschine befestigt, dieser nachschwebend, bald über sonnenbeschienene unermeßliche Flächen, bald durch Wolkenfetzen flog, dazu noch über den Alpen in einen Schneesturm, später in Regengüsse geriet, bis er
15 sich sanft ins offene von der Trauerversammlung umstellte Grab hinunterspulen ließ, das alsobald zugeschaufelt wurde, worauf von Lambert, der bemerkt hatte, daß auch die F. den Vorgang filmte, seinen Schirm trotz des Regens schließend, sie
20 kurz musterte und sie aufforderte, ihn noch diesen Abend mit ihrem Team zu besuchen, er habe einen Auftrag für sie, der keinen Aufschub dulde.

2

Die F., bekannt durch ihre Filmporträts, die sich vorgenommen hatte, neue Wege zu beschreiten, 25 und der noch vagen Idee nachhing, ein Gesamtporträt herzustellen, jenes unseres Planeten nämlich, indem sie dies durch ein Zusammenfügen zufälliger Szenen zu einem Ganzen zu erzielen hoffte, weshalb sie auch das seltsame Begräbnis 30 gefilmt hatte, verblüfft dem massigen Mann nachschauend, von Lambert, der regennaß und unrasiert mit offenem schwarzem Mantel sie angeredet hatte und grußlos von ihr gegangen war, entschloß sich nur zögernd, die Aufforderung an- 35 zunehmen, weil ein ungutes Gefühl ihr sagte, etwas stimme nicht und außerdem laufe sie Gefahr, in den Sog einer Geschichte zu geraten, die sie von ihren Plänen ablenke, so daß sie eigentlich widerwillig mit ihrem Team in der Wohnung des 40 Psychiaters erschien, allein von der Neugier getrieben, was dieser von ihr wolle, und entschlossen, auf nichts einzugehen. Ⓡ

Kommentar

ERICH FRIED kritisiert (im Westen) die Politik der Konfrontation, der wechselseitigen Schuldzuweisungen, PETER SCHNEIDER die überzogenen Reaktionen der Behörden auf Widerspruch und Widerstand in den eigenen Reihen. Er wiederholt dabei die geläufigen Argumentationsfiguren der Stammtische, die nun auch die Behördenvertreter verwenden.

SARAH KIRSCHS kleines Gedicht gehört zur **politischen Naturlyrik der DDR.** Die Rosen stehen im Gegensatz zu dem in Reih und Glied gepflanzten Gemüse im Schrebergarten. Das den „Augenpflanzen" belassene Beet produziert Unordnung in den der Nützlichkeit zugedachten Beeten. Es wird durchgegriffen, um den Störfaktor „Schönheit (Gedicht)" auszuschalten und die nützlichen Gewächse des Gartens auf Vordermann zu bringen. Die **politische Kritik** zielt sowohl auf das Nützlichkeitsdenken als auch auf autoritäre Durchsetzungsstrategien. VOLKER BRAUN kritisiert politische Anpassungsstrategien und heuchlerische politische Verlautbarungen, die mit den Entscheidungen in der Wirklichkeit nicht übereinstimmten.

WOLF BIERMANN nimmt – kurz vor seiner eigenen Ausbürgerung – die Ausreise des jahrelang unter Hausarrest stehenden Dichters PETER HUCHEL zum Anlass, um dennoch für die in der DDR verbleibenden Dichter einen Hoffnungsschimmer zu formulieren, während GÜNTER KUNERT in einem parabolischen Text die beschämende Anpassungsbereitschaft gerade der Dichter und Literaten aufs Korn nimmt.

FRIEDRICH DÜRRENMATT nennt den Text eine „Novelle in 24 Sätzen". Ihm geht es in seinem Spätwerk wie in seinen frühen Kriminalerzählungen *(Der Richter und sein Henker, Der Verdacht, Die Panne)* um die schmutzigen Wege der Gerechtigkeit in einer ungerechten Welt. Nur verbindet er das Thema noch konsequenter mit der philosophischen Frage nach der Ordnung der Welt. Seine Antwort: Gerechtigkeit ist eine Fiktion in einer dem Zufall ausgelieferten Welt, in der die **Absurdität der gesellschaftlichen Systeme** das **Chaos des Weltsystems** spiegelt. In *Der Auftrag* erzählt er die Geschichte der Filmemacherin F., die den Auftrag erhält, einen Mord filmisch zu rekonstruieren, und die dabei eine Beobachterin ist, die ihrerseits (vom Geheimdienst) beobachtet wird. Der Auszug bringt die ersten beiden Sätze, in denen DÜRRENMATT als Autor und Beobachter wie aus der Vogelperspektive die Versuchskonstellation der Kriminalgeschichte als eine Art Exposition entwickelt. Die Sätze der Novelle sind aufgebaut wie eine russische Puppe. Immer enthält ein Kapitel die offene Frage des nächsten, bis der Leser zum Kern der politischen Beobachtung vordringt: einem kunstvoll verschachtelten Abbild unserer durch und durch korrupten Zeit.

Themenkreis 2: Neue Subjektivität – Kommunikation im Blickpunkt

Gabriele Wohmann: **Kompakt** (1973)

„Das Meer ist fast grün", sagte die amerikanische Kusine Susan. „Wie gestern", sagte Lore. „Langweilig, langweilig", sagte Meline. Es war gegen zwei und zu heiß. Die drei Frauen lagen im Schat-
5 tenparallelogramm, das die Badehütte nach Norden warf. „Mir fällt kein so heißer Sommer ein", sagte Meline. „Bloß gut für die Kinder." – „Sie spielen so nett", sagte Susan. Wieder ärgerten sich die beiden andern über ihren Singsang. Lore
10 machte die Augen zu. Meline starrte über ihr Buch weg in Richtung Meer. Winzig vor dessen Blaugrün die Kinder. Mickey, Fredchen, Babette – sie zählte nur drei, oder nur bis drei, kam nicht weiter, döste vielleicht ein, und fuhr dann fort zu
15 lesen. „Es sind aber nur drei", sagte Susan laut. „Ich seh nur drei Kinder." Lore seufzte. Sie war nie mehr richtig wach, seit sie hier waren. Seit Alfreds Abschiedskuß am Hafen. Oder schon früher. Diese Hitze, die sich gleich blieb. Sie wälzte sich
20 auf den Bauch. Meline legte das Buch weg und nutzte die Gelegenheit, unbehelligt Lores Krampfadern zu beäugen, befriedigt gewann sie den häßlichen Eindruck. „Sie schaufeln und schaufeln", sagte Susan. „Ich seh nur drei von ih-
25 nen." – „Gäb 's nur Regen", sagte Lore, sie machte

ihren Unterarm naß dabei, schmeckte Schweiß auf der sandigen Zunge. „He, steh nicht rum, Fred, die Stelle muß noch dichter werden." Mickey schnaubte vor Anstrengung und Stolz. Mickey war ein Angeber, fand Fred. Er merkte auf einmal, 30 daß das hier nicht gut für ihn war. Seit dem Scharlach wurde ihm jetzt manchmal schlecht, wenn er sich anstrengte. Er hatte auf einmal Angst, wovor? Mickey gab ihm einen leichten Stoß. Er hieb wieder sein Schaufelblatt in den Sand. Aber er 35 sah gar nicht mehr richtig.
„Du, Lore", rief Susan, „Meline! Ich seh das Evchen überhaupt nicht." Susan stand auf. Ihr erschrockenes und kühles Gesicht reizte die beiden andern. 40
„Letzter Schliff, so!" sagte Mickey. Der Berg war plattgeklopft, er war kompakt, sein Fundament zuverlässig. Auf dem Gipfel eine Mütze aus Tang. Fredchen fühlte sich wieder wohler und stellte sich eifrig neben den tüchtigen Mickey. Jetzt war 45 Babette niedergeschlagen. Bloß diese zwei Bösewichter zum Spielen. Sie spielte viel lieber mit Evchen. Liebes weiches zusammengekauertes Evchen tief unten im Sandberg. Wie lang war 's noch bis zur Flut? Ⓡ 50

Jürgen Theobaldy: **Die Bewohner** (1976)

Nur die Bewohner machen
eine Wohnung fröhlich,
aber du bist nicht da,
die Heizung ist abgedreht
5 und kühl sickert die Luft
durch den Spalt im Fenster.
Ich will nicht sagen, dass ich
dich austauschen könnte
gegen irgendjemanden sonst,
10 ähnlich dir oder ganz
anders. Du bist eine
von Millionen, aber auch ich
bin einer von Millionen.

Wären wir so weit (du und ich
15 und alle, die wir nicht kennen),
die Türen nicht abzuschließen,
wenn wir wegfahren für länger,
wer weiß, ich wäre eingetreten
in einen fröhlichen Kreis.
20 So blicke ich auf den Teebeutel,
vertrocknet im Aschenbecher,
stehe im Mantel herum
und vermisse dich, die ich liebe,
vielleicht mehr,
25 als uns lieb sein kann.

Peter Handke: **Die linkshändige Frau** (1976) Auszug

Die Frau und das Kind saßen am Abend im Wohnraum und spielten mit Würfelbechern. Draußen war Sturm; er rüttelte an den Türen. Manchmal hielten beide im Spiel inne, nur um zu horchen, 5 wie der Sturm sauste.

Das Telefon läutete, lange. Endlich ging das Kind hin und sagte dann: „Ich mag jetzt nicht reden." Zur Frau: „Bruno möchte kommen, mit der Lehrerin." Die Frau machte eine Geste des Einverständ-10 nisses, und das Kind sprach ins Telefon: „Ja, ich werde noch wach sein."

Dann, während sie weiterspielten, klingelte es, jetzt an der Tür.

Der Verleger war draußen und sagte zu dem öffnenden Kind sofort: „Was ist klein, hat müde Augen und ist nach dem Kinderprogramm noch nicht im Bett?"

Er kam mit großen Schritten auf die Frau zu und umarmte sie.

20 Die Frau fragte: „Kommen Sie wieder von Ihrem verlorenen Autor?"

Der Verleger: „Es gibt keinen verlorenen Autor. Und es gab nie einen."

Er zog eine Flasche Champagner aus der Mantel-25 tasche und sagte, es seien noch welche im Auto.

Die Frau: „Lassen Sie den Fahrer doch auch hereinkommen!"

Der Verleger winkte, nach einer kurzen Pause, an der offenen Tür dem Fahrer, der, nachdem er sich 30 lange die Schuhe abgestreift hatte, zögernd eintrat.

Der Verleger: „Sie sind auf ein Glas eingeladen."
Die Frau: „Oder zwei."

Die Türglocke läutete wieder, und als der Fahrer aufmachte, stand da die Verkäuferin aus der Boutique, lächelnd, schön geworden. 35

Alle saßen und standen im Wohnraum, tranken. Das Kind würfelte noch. Musik. Der Verleger schaute vor sich hin; dann von einem zum andern; schien sich plötzlich zu freuen und goß dem Fahrer nach. Nun war es wieder das Telefon, 40 das läutete. Die Frau lief hin und sagte sofort: „Sie sind es, nicht wahr? – Ihre Stimme ist so nahe. Sie sind in der Telefonzelle an der Ecke, ich höre es!"

Die Türklingel schlug an, so kurz, als sei draußen ein Bekannter. 45

Die Frau bedeutete den andern mit dem Kopf, aufzumachen, während sie am Telefon weiterredete: „Nein, ich bin nicht allein. Sie hören es ja. Aber kommen Sie nur. Kommen Sie!"

Zur offenen Tür traten Bruno und Franziska her- 50 ein.

Franziska sagte zur Frau: „Und wir dachten, den einsamsten Menschen auf Erden hier zu treffen."

Die Frau: „Ich entschuldige mich für den Zufall, heute abend nicht allein zu sein." 55

Franziska, zum Kind: „Ich habe einen Namen. Sag also nicht ‚die Lehrerin', wenn du von mir redest, wie gerade am Telefon."

Der Verleger: „Dann will auch ich ab jetzt nicht immer ‚der Verleger' heißen, sondern Ernst." 60

Die Frau umarmte Bruno.

Der Verleger kam herzu und sagte zu Franziska: „Umarmen wir einander doch auch!", und legte schon die Arme um sie. Die Frau trat vor die Tür auf die Gasse, wo langsam der Schauspieler herunterkam. Sie ließ ihn stumm ins Haus.

Bruno betrachtete ihn und sagte dann: „Sind Sie der Freund?" Und dann: „Sie schlafen mit meiner Frau, was? Zumindest sind Sie drauf aus, nicht wahr?"

Er starrte wie im Büro: „Sie sind wohl einer von denen, die einen alten Kleinwagen fahren und hinten auf dem Rücksitz diese politischen Nacktzeitschriften liegen haben?"

Er starrte. „Ihre Schuhe sind auch nicht geputzt. Aber wenigstens blond sind Sie. Haben Sie vielleicht auch noch blaue Augen?" Er starrte weiter und entspannte sich plötzlich; die Frau stand ruhig daneben.

Er sagte: „Wissen Sie, ich rede nur so dahin, ohne Bedeutung."

Sie waren alle im Wohnraum. Der Verleger tanzte mit der Verkäuferin. Der Fahrer kam mit mehreren Champagnerflaschen vom Wagen zurück. Er ging dann anstoßend von einem zum andern.

Das Kind spielte zwischen ihnen am Boden. Bruno hockte sich dazu und betrachtete es.

Das Kind: „Spielst du mit mir?"

Bruno: „Ich kann heute abend nicht spielen." Er würfelte ein bißchen und sagte: „Wirklich, ich kann heute abend nicht spielen!" [...]

Sie saßen alle im Wohnraum, redeten wenig. Trotzdem schienen sie immer mehr ohne Aufforderung zueinander zu rücken und blieben eine Zeitlang auch so. ▣

Jurek Becker: **Bronsteins Kinder** (1986) Auszug

[Der Ich-Erzähler Hans Bronstein hat einen Nachschlüssel zum Wochenendhaus seines Vaters. Er fährt mit seiner Freundin Martha Lepschitz öfter dorthin. Als er eines Tages entdeckt, dass sein Vater und zwei weitere ehemalige KZ-Häftlinge – Kwart und Rotstein – einen ehemaligen Wächter entführt haben, gefangen halten und verhören, kommt es zum Konflikt und dem folgenden Gespräch.]

Als ich unsere Wohnung betrat, hörte ich die Badezimmertür ins Schloss fallen. Entweder hatte er mein Kommen nicht bemerkt oder er ging mir aus dem Weg, ich rief: „Bist du es?" Er rief zurück: „Na, was glaubst du?"

Ich ging in mein Zimmer und ließ die Tür weit offen: falls er auf die Idee kam, davonzuschleichen. Ich dachte: Er sitzt auf dem Badewannenrand und grübelt, wie er mir entwischen kann.

Die beste aller Möglichkeiten war, dass sie den Mann inzwischen hatten laufen lassen; dass ihnen, nach meinem Auftritt, das Risiko zu Bewusstsein gekommen und unannehmbar erschienen war. [...]

Vater kam aus dem Badezimmer, durchaus nicht leise. Dann rief er, ich möchte in die Küche kommen. Ich hielt das für eine Flucht nach vorn.

Er stand vor der geöffneten Speisekammer und sagte: „Du hast nicht eingekauft, es ist nichts zu essen da."

Ich machte den Kühlschrank auf, auch der war leer. Ich wollte sofort nach unten laufen, schuldbewusst. Aber er sagte: „Erstens sind die Geschäfte längst zu, zweitens ist schon den ganzen Tag nichts da."

„Und noch eins", sagte Vater, während er Tee aus einer Büchse in die Kanne schüttete, wie immer viel zu viel, „wenn es dir nicht passt, was ich tue, dann geh zur Polizei und zeig mich an."

Er prüfte mit einem interessierten Blick die Wirkung seiner Worte. Noch hatte ich das Häuschen mit keiner Silbe erwähnt, er aber schlug schon zu, als wäre ich sein Todfeind. „So kann man doch nicht reden", sagte ich, stand auf und ging hinaus.

„Kann man nicht?", hörte ich ihn noch sagen.

Ein Trost musste her, ein schneller Trost, Martha? Wenn ihm das Thema so zuwider war, dann brauchte er nicht mit mir zu reden: Wie sollte ich ihn aufhalten, wenn er wortlos davonging. Aber nein, er musste mir auf den Kopf schlagen. Er hatte die Polizei ja nicht als ernst zu nehmende Möglichkeit erwähnt: Er wollte mich herausfordern oder beschimpfen.

Bronsteins Kinder. Verfilmung von Jerzy Kawalerowicz, 1991. Hans Bronstein und sein Vater

Ich rief die Lepschitz-Nummer an, sie war besetzt.
45 Unser Telefon stand auf dem Flur, die Schnur war
so kurz, dass man es in kein Zimmer tragen konnte. Martha hatte mir manchmal schon vorgewor-
fen, beim Telefonieren einen lächerlich steifen
Eindruck zu machen.

50 Bei meinem nächsten Versuch öffnete Vater die
Küchentür und sagte: „Noch einen Augenblick."
Der Tee war fertig, er schlürfte das heiße, bittere
Zeug und wartete, dass ich mich an den Tisch
setzte. Er hatte die Angewohnheit, mich nicht an-
55 zusehen, wenn er Vorwürfe machte; wenn er dagegen zuhörte, ließ er einen nicht aus den Augen.
„Weil wir schon dabei sind", sagte er, „könntest du
mir erklären, wie du in das Haus gekommen
bist?"
60 „Das habe ich gestern schon gesagt."
„Dann sei so gut und erklär es noch einmal. Ich
war gestern aufgeregt, wie du dir denken kannst,
und habe nicht alles verstanden."
Mir war klar, was gleich geschehen würde, ich
65 wusste es so genau, als hätten wir es schon hinter
uns. Und trotzdem musste ich wiederholen: „Die
Tür war offen."
„Die Tür war offen?"
„Ich bin vorbeispaziert. Und weil das Auto vor der
70 Tür stand, wollte ich ..."

„Du bist vorbeispaziert?"
„Mein Gott, das hast du doch gehört!"
„Schrei nicht. Ich hätte mehr Grund als du und
schreie auch nicht."
Er zwang mich, meine Lüge so lange zu wiederho- 75
len, bis sie in meinen eigenen Ohren kindisch
klang. Wenn ich nicht bald zu einem Gegen-
schlag ausholte, war ich verloren, es ging ja nur
noch darum, sich zu behaupten. Ich kam mir vor
wie jemand, dem die Hände gefesselt werden, be- 80
vor der eigentliche Kampf beginnt.
„Wie also bist du ins Haus gekommen?", fragte er.
„Du hast dich wohl an den Verhörton so gewöhnt,
dass du zu Hause nicht damit aufhören kannst?"
Er tränkte ein Stück Würfelzucker mit Tee und 85
steckte es in den Mund. Wir waren uns furchtbar
fremd in diesem Augenblick, wir saßen wie Kon-
trahenten da, die darauf lauern, dass der Gegner
eine falsche Bewegung macht.
Als er genug vom Warten hatte, sagte er: „Die Tür 90
war nicht nur nicht angelehnt, sie war abgeschlossen. Gordon Kwart war deshalb unsicher,
weil er vorher etwas aus seinem Wagen geholt
hat und somit als Letzter draußen gewesen ist.
Danach habe ich selbst die Tür zugeschlossen, 95
ohne es den anderen zu sagen. Du wunderst dich
vielleicht, warum ich geschwiegen habe? Weil

ich nicht wollte, dass Rotstein darauf besteht, dich zu durchsuchen. Er ist ein misstrauischer
100 Mensch, wie du gesehen hast. Stell dir vor, er hätte den Nachschlüssel gefunden."
Den Ungeduldigen spielend, sagte ich: „Zum letzten Mal: Du irrst dich. Die Tür war offen, ich bin ja schließlich hineingekommen."

Da hatte er genug von meiner Lügerei. Aus sei- 105 nem Gesicht verschwand die Überlegenheit, sie wurde von blanker Wut abgelöst. Einen Moment lang schien es, als würde er mich anbrüllen, und ich bereitete mich darauf vor, gekränkt hinauszugehen. Aber er tat mir nicht den Gefallen. 110

Botho Strauß: **Niemand anderes** (1987) Auszug

Da hörte er Mann und Frau reden hinter sich. Zwei Junge, die sich kaum kannten. Es schienen nur zwei zu sein, aber wie viele waren es wirklich? So wie sie redeten, hörte man den ganzen
5 Markt tönen. Sie sprachen eigentlich nicht, sie schalteten sich ein in die laufende Sprache. Sie sprachen nicht, sie tauschten Schibbolethe[1] der Befindlichkeit. Panikfloskeln und Fastfeel-Emphase[2]. „Irgendwie finde ich das schizophren."
10 Sie sandten sich Zeitzeichen. „Was mir Madonna gibt, kann mir Klaus Hoffmann gar nicht geben." Sie wollten voneinander nicht wissen, wer sie sind, sondern wann sie sind. „Ich finde irgendwie, dass der ein Chaot ist." Sie sprachen nicht, ihre
15 Stimmen wurden bewegt wie Puppen an den Schnüren einer Zentralrede. Gleichsam, als bestünde Sprache nur noch als volksweite Absprache darüber, was verständlich und sagbar wäre. Sie sprachen nicht, sie streiften durch die verlassene Öde des ausgesprochenen Sprechens. Einsam und allgemein, zwei aussichtslos sich anse- 20 hende Irgendwies, und zwischen ihnen ein soziales Geräusch, durch das sie sich nicht näherkamen. [...] Am Ende eine letzte Frage; herrenlos streunt sie durch die leere Zeit; ob Ostern lieber 25 zum Surfen nach Hammamet oder zum Skilaufen nach Gastein?

1 **Schibboleth:** *hebräisch:* Codewort, Erkennungswort
2 **Emphase:** Eindringlichkeit im Reden

Kommentar

Missglückende Kommunikation, Einsamkeit, das Gefühl, unter einer Glasglocke zu leben, sind Problemfelder, die in der Literatur der „neuen Subjektivität" aufgegriffen und behandelt werden.

GABRIELE WOHMANNS kurze Erzählung zeigt drei junge Frauen, die mit ihren Kindern am Strand Urlaub machen. Hinter der Fassade alltäglicher Urlaubslangeweile zeigt sich eine heimliche wechselseitige Abneigung. Kleine „Gedankenblasen" der Frauen, die die Erzählerin in deren Gerede einblendet, machen den Leser darauf aufmerksam. Lore und Meline ärgert der „Singsang" der amerikanischen Kusine Susan. Meline stellt bei Lore befriedigt Krampfadern fest. Ihrer Beobachtung, dass nur drei statt vier Kinder am Strand spielen, schenkt sie keine Beachtung. Auch Susans drängende Wiederholung der Beobachtung reißt sie nicht aus ihrer Hitzelethargie. Die Kinder bauen indessen an ihrer Sandburg. Dabei wiederholen sich Geschlechterklischees. Mickey gibt den Ton an. Fredchen, klein und schwächlich, möchte von ihm anerkannt werden. Das Mädchen Babette bleibt in einer passiven Rolle. Es tut, was die Jungen von ihr verlangen. Fred bekommt beim Spiel ein ungutes Gefühl: „Er hatte auf einmal Angst, wovor?" Es bleibt unklar, ob aus Angst um Evchen, wegen seiner Gesundheit oder vor Mickey?
Der Titel der Geschichte „Kompakt" ist eine Anspielung auf das im Sandhügel einge-

grabene Mädchen. Auf makabre Weise zeigt die Szene die Art, wie Männer lernen, mit Frauen umzugehen, und Frauen lernen, sich deren Wünschen anzupassen, auch wenn sie sie als „Bösewichter" wahrnehmen. Banale, emotionslose Alltagssätze spiegeln einerseits innere **Leere, Langweile, Gedankenlosigkeit,** andererseits eine **diffuse Angst** vor dem, was kommen wird.

Offen bleibt die Bedeutung der Frage, die das Kind Babette am Schluss stellt: „Wie lang war 's noch bis zur Flut?" Soll die Flut Evchen aus dem Sandhaufen befreien oder die Mütter aufmerksam machen oder die Spuren des Spiels verwischen? Oder ist „Flut" symbolisch zu lesen als Hinweis auf den uneingestandenen Wunsch, das Meer möge die ganze falsche Urlaubsidylle wegschwemmen? Offen bleibt auch die Frage nach dem Überleben Evchens und nach dem Verhalten der Mütter, sobald sie das schlimme Geschehen bemerken.

JÜRGEN THEOBALDYS Gedicht gehört zu der sogenannten **Alltagslyrik.** Diese behandelt alltägliche Erfahrungen, blendet Gedanken und Gefühle der Sprechenden ein und sucht dabei mit der Sprache des Alltags auszukommen. Ihr Ziel ist es, hinter der Fassade des Bekannten einen Gesamteindruck zu erfassen, der den Sprecher als Individuum charakterisiert. In dem Gedicht *Die Bewohner* ist es das unsichere Gefühl, jemanden zu lieben, ohne sicher zu sein, ob dieses Gefühl von Dauer ist oder ob es Probleme mit sich bringen könnte.

Der Auszug aus **PETER HANDKES** Roman *Die linkshändige Frau* zeigt eine nunmehr alleinerziehende Mutter, die nach ihrer Scheidung Probleme hat, ihr Alleinsein zu akzeptieren, und die in der hier wiedergegebenen Szene zum Mittelpunkt einer Freundesgruppe wird. Später wird (und will) sie wieder allein sein, aber sie hat nun erfahren, dass sie nicht einsam ist. Die Szene ist von der Personengruppierung und von der Sprache der Beteiligten her als Alltag vorgestellt. Es geht HANDKE darum, das Vorurteil abzubauen, Scheidung und Singlesein sei ein schweres Schicksal, an dem ein Mensch zerbrechen müsste.

JUREK BECKERS Roman hat einen autobiografischen Hintergrund. Beckers Vater hatte Auschwitz überlebt, er selbst Ravensbrück. Sie waren die einzigen Überlebenden der Familie, zogen nach Ostberlin, weil der Vater hoffte, in der DDR werde der Antifaschismus auch den Antisemitismus eindämmen. Das zwischen den Zeilen entfaltete Thema ist das an der Oberfläche des alltäglichen Lebens in Schule, Sportverein und im Umgang mit der Freundin schwer zu durchschauende Trauma des Erzählers. Hans Bronstein ist ein Jugendlicher auf der Suche nach seiner Identität. Gegen die Identität, die ihm von den anderen zugeschrieben wird (ein Jude und Überlebender des Holocaust zu sein), wehrt er sich, die, die er sucht, findet er nicht. Das Ergebnis ist eine allgemeine Interesse- und Antriebslosigkeit. Er wird ein Studium beginnen, aber lustlos. Er sucht Halt bei der Freundin, ist aber zu schwach, um sie wirklich zu interessieren. Während der Vater in den Kategorien von Schuld und Verantwortung, Rache und Sühne denkt, spürt Hans demgegenüber nur Gleichgültigkeit. Aber er beobachtet genau und er registriert minutiös die Haltung seines jeweiligen Gegenübers. **KAFKA** nennt diese Art, die Welt genau und gleichzeitig gleichgültig zu betrachten, **„Mikroskopblick",** höchste Genauigkeit im Detail bei gleichzeitig fehlender Übersicht.

Interessant ist auch im abgedruckten Textauszug die Genauigkeit, mit der der jugendliche Erzähler die Kommunikationsstrategien des Vaters durchschaut, voraussieht, was jener im nächsten Gesprächszug vorbringen wird, ohne daraus einen Vorteil ziehen zu können. Wie in einem Schachspiel muss er erkennen, wie der Vater ihn Zug um Zug mattsetzt. Weitere Gespräche dieser Art folgen. Der Sohn wirft dem Vater vor, dass er und seine Freunde die Folgen ihres Handelns nicht überschauen. Am Schluss geht es um Erfahrungen, die beide mit den Deutschen gemacht haben. Der Vater: „Sie kennen nur Befehle. Viele bilden sich ein, dass die Befehle, die man ihnen gibt, ihrer eigenen Meinung entsprechen." Der Sohn: „Sie können sich verhalten, wie sie wollen. Du kannst Deutsche nicht leiden." – „Kunststück", sagt er. Der Sohn sieht, dass der Vater die Erfahrungen des KZ mit sich herumschleppt und Rachefantasien in die Tat umsetzt. Für sich selbst resümiert er: „Ich fühlte mich müde und machtlos, ich konnte ihn nicht aufhalten."

BOTHO STRAUSS kann als Gegenstimme zu PETER HANDKE und als eine Variation zu WOHMANNS böser Idylle gelesen werden. Der Sprecher berichtet von dem mitgehörten Gespräch zwischen zwei jungen Menschen, die miteinander reden, ohne – im Sinne HANDKES – miteinander zu sprechen. Sie benutzen – wie WOHMANNS junge Frauen – **Sprachfloskeln** (STRAUSS verwendet den hebräischen Ausdruck „Schibboleth", was hier so viel sagt wie „Jargon"), geben nichts von sich selbst zu erkennen und erkennen im Reden des anderen den anderen nicht. Dieses Urteil über eine **Kommunikation, die kein Austausch ist,** ist zugleich eine Absage an die Literatur der neuen Sensibilität.

Kurzprosa, Kurzgeschichte

Hauptmerkmal der **Kurzgeschichte** (ursprünglich eine Übersetzung des englischen Begriffs **short story**) ist ihre Kürze.
- Kürze wird oft durch **Konzentration des Inhalts auf ein Ereignis** erreicht, das Personen vor eine Entscheidung stellt, von der alles Spätere abhängt.
- Die deutsche Kurzgeschichte hat **amerikanische Vorbilder** (ERNEST HEMINGWAY), sie setzt sich mit einer **sachlichen,** oftmals **alltäglichen Sprache** von den ideologischen Werken der nationalsozialistischen Literatur ab.
- Bis in die 1960er-Jahre spielten viele Kurzgeschichten in der **Nachkriegszeit.** Es ging um **allgemein-menschliche Phänomene wie Egoismus, Gedankenlosigkeit, Kommunikationsmangel, Unverständnis zwischen den Generationen** in für den Leser wiedererkennbaren Situationen.
- Die Geschichte greift einen **entscheidenden Moment** auf, oft einen **Wendepunkt** im Leben eines Menschen.
- Die Geschichte hat **keine Einleitung,** der **Schluss** bleibt oft **offen.** Der Leser muss selbst überlegen, was sich aus dem Erzählten wohl ergeben könnte.
- In den 1970er-Jahren und später entwickelten sich neue Formen der Kurzprosa, die sich an Anekdoten, Skizzen, Aphorismen, Parabeln annähern. Man spricht deshalb bewusst ungenau von **Kurzprosa.**
- Eine besondere moderne Gruppe dieser Kurzprosa sind die **Kürzestgeschichten** – auf eine Pointe hin komponierte Geschichten von nicht mehr als einer Seite. Verfasser solcher Texte sind z.B. BOTHO STRAUSS, THOMAS BERNHARD und GÜNTER KUNERT.

6.3 Von 1989 bis ins 21. Jahrhundert

Auf die bei Autorenlesungen immer wieder gestellte Frage, was denn den geschätzten Autor oder die geschätzte Autorin zum Schreiben antreibe, gibt es in den letzten zwanzig Jahren zwei charakteristische Antworten: Er/Sie schreibe, um mit sich selbst ins Reine zu kommen, weil eine Frage ihn/sie nicht loslasse. Die zweite Antwort ist, dass er/sie beobachte, registriere, kommentiere, was um ihn/sie herum vorgehe. Das Schreiben der ersten Gruppe ist der Suche nach einem verlässlichen Kompass vergleichbar, das der zweiten eher einem Seismografen – also einem Messinstrument, das die Erschütterungen seiner Umgebung aufzeichnet. Als 1990 überraschend der Anschluss der DDR an die Bundesrepublik Wirklichkeit wurde, veröffentlichte CHRISTA WOLF die Erzählung *Was bleibt?* (*veröffentlicht* 1990, begonnen bereits 1979), in der sie die Überwachung durch den Staatssicherheitsdienst, aber auch die Hoffnung auf ein Ende der Angst vor der Staatsmacht darstellt. Sie hatte beides getan: beobachtet, wie die Staatsmacht der DDR mit nicht angepassten Individuen verfuhr, und ein Trauma aufgearbeitet, nämlich dass ihre Hoffnung auf einen „Sozialismus mit menschlichem Gesicht" sich in einen Albtraum verwandelte.

GÜNTER GRASS durchdachte die kulturpolitische Seite der Vereinigung in dem kritischen Roman *Ein weites Feld* (1995), in dem er die Zeitebene des wilhelminischen Deutschlands FONTANES und die der Gegenwart miteinander vermischt (er nennt die Struktur „Vergegenkunft"). Im gleichen Jahr erschien ERICH LOESTS Roman *Nikolaikirche,* in dem die öffentliche Konfrontation zwischen Staatsmacht und Freiheitsbegehren der Bevölkerung in einer Familie widergespiegelt wird.

Die **Auseinandersetzung mit der deutschen Teilung** geht immer wieder in eine literarische **Erinnerungskultur** über, die sich mit den **Folgen der NS-Diktatur** in den Köpfen und in den sozialen Beziehungen der heute lebenden Generationen auseinandersetzt. Es entstanden umfangreiche Romane, z.B. der „Wenderoman" *Der Turm* (2008) von UWE TELLKAMP, und Erzählungen, die wie Spotlights einzelne, zum Teil skurrile Bilder der NS-Zeit, der Nachkriegszeit und der Gegenwart entwerfen. In UWE TIMMS *Die Entdeckung der Currywurst* (1993) geht es um eine ehemalige Imbissstandinhaberin, jetzt Bewohnerin eines Altersheims, die in dem kriegszerstörten Hamburg mit dem Rezept dieser Wurst ein neues Geschäfts- und Lebensmodell entwickelte. BERNHARD SCHLINK (*Der Vorleser*, 1995) erzählt die Liebesgeschichte zwischen einem fünfzehnjährigen Schüler und einer sechsunddreißigjährigen Analphabetin, der er vorliest. Als Jurastudent trifft der junge Mann diese Frau wieder. Sie ist angeklagt, als Aufseherin im Frauen-KZ Ravensbrück an Selektionen beteiligt gewesen zu sein. Die Romanhandlung und die Reflexionen des Erzählers lassen SCHLINKS Leser die Probleme des Holocaust als Probleme der Vergangenheit in der Gegenwart betrachten.

Eine weitere wichtige Richtung der Literatur nach 1989 basiert auf dem privaten Bedürfnis vieler Autoren, Bilanz zu ziehen. **Biografische und autobiografische Texte** entstehen in großer Zahl. Die literarischen Formen sind unterschiedlich. Sie reichen vom Tagebuch über autobiografische Erzählungen und Romane bis hin zu Reports, Collagen, Sammlungen von Briefen oder Dokumenten. Die Probleme, die dabei zur Sprache gebracht werden, sind politischer, historischer und zugleich psychologischer Natur. Während WALTER KEMPOWSKI mit *Das Echolot* (1993–2005) noch gesammelte fremde Dokumente wie Feldpostbriefe, Tagebücher usw. zu einem „kollektiven

Tagebuch" montiert, erzählt **Hanns-Josef Ortheil** in *Abschied von den Kriegsteilneh-mern* (1992) in sowohl autobiografischen als auch erfundenen Szenen seine Distan-zierung von der Generation der Eltern (die den Krieg erlebt und das Leben im Nach-kriegsdeutschland geprägt haben) und von der DDR, deren letzte Tage er von Prag aus 1989 miterlebte.

Zu diesem sehr subjektiven, aus Verletzungen gespeisten Schreiben gehört auch **Her-ta Müllers** Aufarbeitung ihrer traumatischen Erfahrungen mit dem Geheimdienst „Securitate" der sozialistischen Diktatur in Rumänien. Die deutsche Minderheit im Banat ist durch Drangsalierungen verhärtet und korrumpiert, sie empfindet Kritik als Nestbeschmutzung. In ihrem Roman *Atemschaukel* (2009) verbindet **Herta Müller** eigene Erfahrungen mit Motiven aus der Biografie des jungen Lyrikers **Oskar Pastior** (1927–2006) in einem ukrainischen Arbeitslager (▶ S. 267 f.).

Faktentreue ist ein Prinzip der literarischen Aufarbeitung der belastenden Vergangen-heit. Ein anderes ist das der Steigerung und Deformation in die **Groteske** und ins **Absurde.** In seinem letzten Theaterstück (*Germania 3 oder Gespenster am Toten Mann,* 1996) lässt der Autor **Heiner Müller** die politischen Akteure der Vergangenheit in grotesken Szenen an den historischen Orten ihrer Verbrechen auftreten (**Hitler** im KZ, **Stalin** im Gulag, die „Väter" der DDR **Ernst Thälmann** und **Walter Ulbricht** an der Mauer). **Müller** zeichnet ein Bild des neuen, wiedervereinigten Deutschland als leeres Schlachtfeld einer mörderischen Vergangenheit.

Heiner Müllers Theaterstücke gehören zur **Postmoderne** (▶ S. 211, 270 ff.). Ein Merkmal der Postmoderne ist, dass gängige, in der Moderne noch gültige Unter-scheidungen relativiert werden: Im Sinne der Parole „cross the border – close the gap" werden in der postmodernen Kunst **„Ernstes" und „Triviales" miteinander ver-bunden, gemischt** werden auch **verschiedene Kunststile,** Historisches und Aktuelles sowie Reales und Geträumtes bzw. Erfundenes. In diesem Sinne halten sich **Müllers** Stücke nicht an die Regeln der Wahrscheinlichkeit, sie füllen irreale, groteske Szenen mit realen politischen Inhalten. In Romanen und Theaterstücken der Postmoderne werden Figuren oder Werke vergangener Zeiten, die als „Kulturgut" immer noch le-bendig sind, zitiert, um aus Tradition und Gegenwart eine interessante Mischung herzustellen. Ein frühes Beispiel dafür sind **Patrick Süskinds** Roman *Das Parfum* (1985) und **Botho Strauss'** Drama *Der Park* (1983), in dem **Shakespeares** *Sommer-nachtstraum* im Umfeld moderner Paare wieder auflebt. Auch **Sten Nadolnys** Ro-man *Ein Gott der Frechheit* (1994) gehört hierher (▶ S. 270 f.). Hermes, der antike Gott der Kaufleute, Diebe und Geschäftsreisenden, wird von Venedig aus auf den Spuren einer sächsischen Studentin durch die Welt der Gegenwart geschickt. Er kann in die Köpfe der Menschen blicken, die ihm begegnen. Das Ergebnis ist eine Art mo-dernes Märchen, in dem der Autor spielerisch Kritik an Egoismus und Skrupellosig-keit der Gegenwart übt.

Eine Reihe von Autoren bewegt sich weg von öffentlichen zu **privaten und psycho-logischen Themen:**

Auf dem Theater zeigt **Urs Widmer** in seinem Erfolgsstück *Top Dogs* (1997) die völ-lige Entfremdung entlassener Manager von ihrem Privatleben und von sich selbst. Sie sind zerfressen von Ehrgeiz, träumen von Macht, Einfluss, Ansehen und Geld. Im Roman hatte **Robert Schneider** hier einen Anfang mit *Schlafes Bruder* (1992) ge-setzt, der Geschichte eines genialen und zugleich autistischen Musikers, der sich, weil seine Liebe nicht erwidert wird, durch Schlafentzug umbringt. Der Schweizer Autor PETER STAMM porträtiert in seinen Erzählungen (*Blitzeis,* 1999; *In fremden Gärten,* 2003; *Wir fliegen,* 2008) Individuen, die über sich selbst erzählen, als seien sie sich selbst fremd – und als wüssten sie das. Oft konfrontiert das die Leser auch mit sich selbst.

Privates und Erfunden-Privates als Erlebnisliteratur bieten auch einige Autorinnen, die in die Nachfolge INGEBORG BACHMANNS (*Malina,* 1971) gestellt werden können, insofern, als sie weibliche Lebensschicksale ins Zentrum ihres Schreibens rücken. Hier sind die Erzählungen von JUDITH HERMANN (*Sommerhaus später,* 1998) oder ZOË JENNY (*Das Blütenstaubzimmer,* 1997) zu nennen sowie ULLA HAHNS Gedichte (*Liebesgedichte,* 1993) und Romane (*Das verborgene Wort,* 2001). Eine Reihe dieser Werke erreichte ein großes Publikum wie etwa JULIA FRANCKS *Die Mittagsfrau* (2007), eine Familiengeschichte über mehrere Generationen aus der Sicht der Frauen. Der „Sound" der in den 1970er-Jahren geborenen Autorinnen wie HERMANN, JENNY und FRANCK, Scheidungswaisen der Eltern aus der 1968er-Generation, ist stiller, in sich gekehrter, als man es nach manchen Selbstdarstellungen in den Medien annehmen sollte. Es wird oft mehr erinnert als gelebt, die Welt der Gedanken und Gefühle ist wichtiger als die Handlung. Auch sprachlich sind die Texte eher karg und zurückhaltend als spektakulär. Sie registrieren und protokollieren oft kühl, wo der Leser Empörung oder Protest erwartet hätte.

Ein besonders charakteristisches Beispiel für ein postmodernes Arrangement von Lebensschicksalen ist DANIEL KEHLMANNS *Ruhm* (2009). Dieser *Roman in neun Geschichten* (so der Untertitel) entwirft neun fiktive Biografien, darunter die eines bekannten Schauspielers, eines Schriftstellers, eines verwirrten Internetbloggers, der gern eine Romanfigur gewesen wäre, und einer alten Dame auf dem Weg in ihren Tod, die zum Schluss dem Schriftsteller vorwirft, von ihm erfunden worden zu sein. Die Geschichten werden so miteinander verwoben, dass die Grenzen zwischen geschilderter und erfundener Wirklichkeit überschritten sind und die Leser immer wieder darauf gestoßen werden, dass Literatur denkbare und mögliche und nicht wirkliche Lebensschicksale entwirft.

Das philosophische Problem, das hinter diesem literarischen Spiel an der Grenze von Fiktion und Wirklichkeit steckt, nämlich die Frage nach der Erkennbarkeit der Welt, erörtert DANIEL KEHLMANN bereits in seinem früheren Erfolgsroman *Die Vermessung der Welt* (2005), ▶ S. 265 ff. Hier kombiniert er die Biografien des Naturforschers und Weltreisenden ALEXANDER VON HUMBOLDT (1769–1859) und die des Göttinger Mathematikers CARL FRIEDRICH GAUSS (1777–1855) und erforscht an deren Lebenszeugnissen, wie die beiden von ihren Ideen besessenen Forscher ein neues und exaktes Abbild der Welt schaffen – obwohl sie in ihrer Lebenswelt in verschiedener Hinsicht als eher komische Figuren erscheinen.

In gewisser Weise nehmen diese **postmodernen Romane** die Tradition der realistischen und durch philologische Recherche fundierten literarischen Autorenbiografien auf, wie sie PETER HÄRTLING schon in den 1970er- und 1980er-Jahren über die schwäbischen Autoren LENAU, HÖLDERLIN, WAIBLINGER, MÖRIKE und über Musiker wie ROBERT SCHUMANN und FRANZ SCHUBERT geschrieben hatte. In der Gegenwartsliteratur sind vor allem die Romane von SIGRID DAMM über Personen aus dem Umkreis der Weimarer Klassiker bekannt geworden (*Christiane und Goethe. Eine Recher-*

che, 1998; *Das Leben des Friedrich Schiller. Eine Wanderung*, 2004; *Goethes letzte Reise*, 2007). Die Mischung von wissenschaftlicher Forschung und Fiktion findet sich auch in den Werken von DIETER KÜHN (*Goethe zieht in den Krieg*, 1999) oder JENS SPARSCHUH (*Der große Coup. Aus den geheimen Tage- und Nachtbüchern des Johann Peter Eckermann*, 1987).

Nicht alle interessanten literarischen Werke der letzten zwei Jahrzehnte lassen sich schlüssig zu thematischen Gruppen ordnen. Es sei nur noch hingewiesen auf den Bereich der als **Popliteratur** bezeichneten Momentaufnahmen der Gegenwartskultur. Popliteratur provoziert, indem sie die tradierte Bewertung von „E" und „U" in der Kultur in Frage stellt. Die Abwertung von unterhaltsamer, „populärer" (= Pop-)Kultur im Gegensatz zur hochgeschätzten „ernsten" Kultur wird nicht akzeptiert. Literaten der Popliteratur thematisieren populäre Kultur und deren mediale Vermittlung und sie **übernehmen** selbst **Elemente von Pop- und Jugendkultur** in ihre Werke. Insbesondere Sprache und Erzählton sind bewusst alltagsnah und unterhaltsam. Ein Beispiel ist BENJAMIN VON STUCKRAD-BARRES *Soloalbum* (1998), in dem ein von seiner Freundin stillos (per Fax) verlassener junger Mann von einem Leben zwischen Liebeskummer, Konsum und Gefühlen der Sinnleere berichtet und kritische Betrachtungen zur Alltagskultur anstellt. Eine ähnliche Erzähl- und Lebenshaltung findet sich auch in CHRISTIAN KRACHTS Roman *Faserland* (1995). Ein späteres, eher heiteres Beispiel sind WLADIMIR KAMINERS Erzählungen *Russendisko* (2000), in denen der chaotische Alltag in Berliner Migrantenmilieus vorgestellt wird.

WLADIMIR KAMINERS Texte werden auch einem anderen Teilgebiet der Gegenwartsliteratur zugeordnet, der sogenannten **Migrantenliteratur** oder **Migrationsliteratur** (auch **mulitkulturelle** oder **interkulturelle Literatur**). Diese wird von Autoren und Autorinnen verfasst, die deutsch schreiben, aber Deutsch nicht als Muttersprache, sondern als Zweitsprache sprechen. Der Begriff „Migrationsliteratur" berücksichtigt die Tatsache, dass die Autorinnen und Autoren mit z.B. türkischer, arabischer oder russischer Muttersprache in ihren deutschsprachigen Texten häufig auf **Fremdheitserfahrungen** in Deutschland eingehen. Ein besonders deutliches Beispiel, in dem die kulturellen Fremdheiten auch sprachlich zu spüren sind, ist FERIDUN ZAIMOGLUS Reportagensammlung *Kanak Sprak* (1995), in der Jugendliche türkischer Herkunft, die in Deutschland aufgewachsen sind, ihre persönlichen Schicksale in ihrer (vom Autor stilisierten) Sprache vorstellen. Sehr viel „angepasster" an den Erzählstil deutscher Autoren sind die erfolgreichen Geschichten des in Damaskus geborenen Autors RAFIK SCHAMI. Es ist SCHAMIS Ziel, deutschen Lesern die arabische Kultur als eine Art Bazar-Erzähler nahezubringen und so zur Verständigung zwischen Orient und Okzident beizutragen. Sein Jugendroman *Reise zwischen Nacht und Morgen* (1995) hat fantastische Züge: Ein Zirkus wird von einem reichen Sponsor in den Orient eingeladen. Auf der Reise dorthin erzählen die Mitglieder des Zirkus in arabischer Erzähltradition von ihrem Leben. Noch fantastischer ist SCHAMIS *Der geheime Bericht über den Dichter Goethe. Wie er eine Prüfung auf einer arabischen Insel bestand* (1999). In einem fiktiven „Geheimbericht" wird erzählt, wie Goethe auf einer arabischen Insel eine Sprachprüfung zu bestehen hat.

Von 1989 bis ins 21. Jahrhundert

Werke	Literarische Entwicklung
Die Wende – und die Probleme des 20. Jahrhunderts bleiben bestehen	
Christa Wolf: *Was bleibt* (1990) Christoph Hein: *Kein Seeweg nach Indien* (1990) Thomas Rosenlöcher: *Die verkauften Pflastersteine;* *Dresdener Tagebuch* (1990) Monika Maron: *Stille Zeile Sechs* (1991) Rolf Hochhuth: *Wessis in Weimar* (1993) Christa Wolf: *Auf dem Wege nach Tabou* (1994)	Der überraschende Zusammenbruch der DDR und die Probleme des Zusammenwachsens der vierzig Jahre getrennten Teile der deutschen Bevölkerung beschäftigt die Literatur. **Aphorismen** und **Tagebucheintragungen** reflektieren die Situation der ostdeutschen Autoren nach der „Wende" (WOLF).
Robert Schneider: *Schlafes Bruder* (1992) Winfried Georg Sebald: *Die Ausgewanderten* (1992) Uwe Timm: *Die Entdeckung der Currywurst* (1993) Walter Kempowski: *Das Echolot* (1993–2005) Christoph Hein: *Willenbrock* (2000)	**Romane** stellen psychologische Fragen (SCHNEIDER: Identität), bieten historische Rückblicke in Einzelschicksalen (SEBALD) oder Alltagsgeschichte (TIMM). **Aufzeichnungen** und **Dokumente** werden zu **Zeitporträts** komponiert (KEMPOWSKI), **Romane** zu Bestandsaufnahmen der Befindlichkeit (HEIN).
Marcel Beyer: *Flughunde* (1995) Elfriede Jelinek: *Die Kinder der Toten* (1995) Bernhard Schlink: *Der Vorleser* (1995) Hans-Ulrich Treichel: *Der Verlorene* (1998) Thomas Brussig: *Am kürzeren Ende der Sonnenallee* (1999) Winfried Georg Sebald: *Austerlitz* (2001)	**Romane** thematisieren die Nazivergangenheit, die verdrängt und vergessen zu werden droht, private Schicksale, die mit Flucht, Vertreibung (vor allem jüdischer Familien) zusammenhängen, das Leben in der DDR (und die Sehnsucht nach dem „anderen" Deutschland).
Jens Sparschuh: *Der große Coup* (1987) Sigrid Damm: *Cornelia Goethe* (1987); *Christiane und Goethe. Eine Recherche* (1998) Hanns-Josef Ortheil: *Faustinas Küsse* (1998) Dieter Kühn: *Goethe zieht in den Krieg* (1999) Daniel Kehlmann: *Die Vermessung der Welt* (2005)	**Dokumentarromane** über bedeutende Figuren der Geschichte oder der Literaturgeschichte auf der Suche nach Elementen heute noch gültigen Denkens in der Vorstellungswelt der großen Denker, Wissenschaftler, Dichter der Tradition
Sten Nadolny: *Ein Gott der Frechheit* (1994) Christian Kracht: *Ich werde sein im Sonnenschein und im Schatten* (2008) Heiner Müller: *Germania 3 oder Gespenster am Toten Mann* (1996)	Wie schon in den 1980er-Jahren – siehe SÜSKIND, RANSMAYR – **romantisch-postmoderne Vermischungen der Zeiten** (antike Götter im Exil der Gegenwart) Im **Drama** werden groteske Überzeichnungen des **absurden Theaters** verwendet, um die Gespenster der Vergangenheit in der Gegenwart auftreten zu lassen.

Birgit Vanderbeke: *Das Muschelessen* (1990)
Christian Kracht: *Faserland* (1995)
Urs Widmer: *Top Dogs* (1996)
Zoë Jenny: *Das Blütenstaubzimmer* (1997)
Judith Hermann: *Sommerhaus, später* (1998)
Karen Duve: *Regenroman* (1999)
Florian Illies: *Generation Golf* (2000)
John von Düffel: *Ego* (2001)
Katharina Hacker: *Die Habenichtse* (2006)
Peter Stamm: *An einem Tag wie diesem* (2006)

– Bloßstellung bürgerlicher Lebensformen
  (z.B. der Familie, der Autorität der Eltern)
– literarische Vorstellung moderner Lebensbedingungen vor allem der jüngeren Generation
  (Erlebnisliteratur)
– kritische, manchmal ironische Registrierung des
  Wertezerfalls, zum Teil mit fließendem Übergang zur Pop-Literatur (KRACHT, ILLIES, DUVE).

Martin Walser: *Ein springender Brunnen* (1998)
Alexander Kluge: *Chronik der Gefühle* (2000)

Individuell erlebte Geschichte steht gegen das
Gedächtnis der Geschichtswissenschaft.

Die ersten zehn Jahre im 21. Jahrhundert

Urs Widmer: *Der Geliebte der Mutter* (2000);
Das Buch des Vaters (2004)
Herta Müller: *Atemschaukel* (2009)

Schreibend erforschen Kinder und Enkel **Lebens-
zeugnisse** ihrer Eltern und Großeltern oder sie
erforschen eigene traumatische Erfahrungen
(MÜLLER).

Christoph Hein: *Landnahme* (2004)
Julia Franck: *Die Mittagsfrau* (2007)
Uwe Tellkamp: *Der Turm* (2008)
Marcel Beyer: *Kaltenburg* (2008)

Kritische Aufarbeitung verschwiegener Strukturen
der DDR (die Unmöglichkeit, frei zu leben – Be-
engungen durch Stasi, Intrigen, Selbstunterwer-
fung, aber auch durch kleinbürgerliches Denken)

Daniel Kehlmann: *Ruhm* (2009)

Postmoderne Romankonstrukte lassen Figuren
aus unterschiedlichen Epochen aufeinandertreffen
oder vermengen verschiedene „Fiktionsgrade",
um einen neuen Blick auf die eigene Gegenwart
zu gewinnen.

Juli Zeh: *Spieltrieb* (2004)
Benjamin von Stuckrad-Barre: *Deutsches Theater*
(2001, erw. Neuauflage 2008)

Pop-Literatur: Themen und Sprache nähern sich
der Pop- und Jugendkultur an. Möglichkeiten der
Medien werden reflektiert und intensiv genutzt,
auch zur eigenen Vermarktung.

Rafik Schami: *Die Sehnsucht der Schwalbe* (2000)
Wladimir Kaminer: *Russendisko* (2000); *Mein
deutsches Dschungelbuch* (2003); *Meine russischen
Nachbarn* (2009)
Yüksel Pazarkaya: *Ich und die Rose* (2002), *Odyssee
ohne Ankunft* (2004)
Feridun Zaimoglu: *Leyla* (2006)

Migrantenliteratur, die Fremdheitserfahrungen in
der deutschen Gesellschaft oder aber Fremdheitserfahrungen von Migranten im Herkunftsland
werden thematisiert.

Bekannte Autoren und Autorinnen der Gegenwart

STEN NADOLNY (* 1942 in Zehdenick/Havel)
erhielt für seinen Roman *Die Entdeckung der Langsamkeit* 1983 den Inge-borg-Bachmann-Preis. NADOLNY erzählt in *Selim oder die Gabe der Rede* (1990) von einem Deutschen und einem Türken. Ersterer betreibt eine Rhe-torikschule, in der er das Erzählen lehrt, das sein türkischer Freund be-herrscht, aber nicht lehren kann. NADOLNYS postmodernes Motto: „Nur wer sich dafür entscheiden kann, nichts zu sagen, kann frei reden."

MARTIN SUTER (* 1948 in Zürich)
war zunächst Direktor einer Werbeagentur. Daneben schrieb er Reportagen für Zeitschriften (GEO) und Drehbücher für Filme. In Schweizer Tages-zeitungen erschienen seine satirischen Porträts von Figuren des mittleren Managements als Kolumne *(Business-Class)*, die er 2002 auch als Buch vor-legte. Suter verfasste dann Kriminalromane (*Ein perfekter Freund*, 2002; *Der Teufel von Mailand*, 2006; *Allmen und der rosa Diamant*, 2011) sowie Song-texte für Musiker und Komödien (*Mumien*, 2006).

HANNS-JOSEF ORTHEIL (* 1951 in Köln)
lernte erst mit 7 Jahren sprechen, wollte Pianist werden, studierte Germa-nistik und Musikwissenschaft, promovierte in Mainz, war dort wissenschaft-licher Mitarbeiter, ist seit 1990 Dozent für kreatives Schreiben in Hildes-heim. 2007 war er Inhaber der Poetikprofessur in Bamberg. In *Abschied von den Kriegsteilnehmern* (1992) setzt er sich mit der Generation der Eltern auseinander, in *Faustinas Küsse* (1998) mit GOETHES Aufenthalt in Rom, in *Die Erfindung des Lebens* (2009) mit der eigenen ungewöhnlichen Biografie.

HERTA MÜLLER (* 1953 in Nitzkydorf/Rumänien)
studierte deutsche und rumänische Philologie, arbeitete in einer Maschi-nenfabrik, wurde entlassen, weil sie nicht für den rumänischen Geheim-dienst Securitate arbeiten wollte. Ihre ersten Erzählungen *Niederungen* er-schienen 1984 in Deutschland (Neuauflage 2010). 1987 übersiedelte sie nach Deutschland, nahm Gastprofessuren in England und Amerika an. Das immer wieder behandelte Thema ihrer Werke ist die Deformation von Men-schen durch politische Unterdrückung, wie sie sie in Rumänien erlebt hatte. 2006 wurde ihr der Würth-Preis für Europäische Literatur verliehen, 2009 erschien ihr Roman *Atemschaukel*. MÜLLER erhielt 2009 den Nobelpreis für Literatur. Die Jury charakterisierte ihr Werk so: „Mittels der Verdichtung der Poesie und Sachlichkeit der Prosa" habe sie überzeugend „Landschaften der Heimatlosigkeit" entworfen.

INGO SCHULZE (* 1962 in Dresden)
arbeitete zunächst als Dramaturg und Journalist. Heute lebt er als freier Schriftsteller in Berlin. Seine ersten Erzählungen, *33 Augenblicke des Glücks* (1995), spielen in Russland. 2005 erschien sein Roman *Neue Leben*, in dem er in Briefen eines (erfundenen) Redakteurs Ereignisse aus dem Jahr der Wiedervereinigung erzählt. 2007 veröffentlichte er eine Sammlung von Er-zählungen, *Handy. Dreizehn Geschichten in alter Manier*, 2008 den Roman *Adam und Evelyn*, 2010 den Erzählband *Orangen und Engel*.

PETER STAMM (* 1963 in Scherzing, Schweiz)
arbeitet nach einem Studium der Psychologie und der Wirtschaftsinformatik als Schriftsteller und Journalist *(Neue Zürcher Zeitung, Weltwoche)* in Zürich. Seine kurzen Erzählungen *(Blitzeis*, 2001; *An einem Tag wie diesem*, 2006; *Seerücken*, 2011) sind gekennzeichnet durch genaue Beobachtung sowie durch sachliche und distanzierte Erzählweise in einfacher Sprache.

FERIDUN ZAIMOGLU (* 1964 in Bolu, Türkei)
kam 1965 nach Deutschland, lebte in München, Berlin, seit 1985 als freier Schriftsteller, Journalist und Theaterdichter in Kiel. In seinem ersten Buch *Kanak Sprak* (1995) protokolliert er im Stile der Dokumentarliteratur die Sprache türkischstämmiger junger Männer in Deutschland. Sein Roman *Leyla* (2006) erzählt von den Schwierigkeiten zwischen den Generationen in einer anatolischen Familie. 2006 wurde *Schwarze Jungfrauen* von FERIDUN ZAIMOGLU und GÜNTER SENKEL in Berlin aufgeführt. Das Stück verarbeitet Interviews und Statements junger Frauen in Deutschland, die zum Islam konvertiert sind.

WLADIMIR KAMINER (* 1967 in Moskau)
Ausbildung als Toningenieur und Studium der Dramaturgie. Kam 1990 nach Berlin, arbeitete bei SFB 4 Radio Multikulti (Sendung: *Wladimirs Welt*) und für das ZDF-Morgenmagazin. Seine Sammlung von Erzählungen *Russendisko* (2000) kommentiert das Leben ethnischer Minderheiten in Berlin. Der Blick dieses „fröhlichen Ethnologen" gleite manchmal ins „Surrealistische" ab, findet ein Rezensent, aber er lobt die „Leichtigkeit" der „raffiniert konstruierten" Texte. 2003 erschien *Mein deutsches Dschungelbuch,* in dem KAMINER witzig und hintergründig Stationen einer Lesereise durch deutsche Städte beschreibt (▶ S. 275 ff.). Auch als CD veröffentlicht wurden seine Erzählungen *Ich bin kein Berliner. Ein Reiseführer für faule Touristen* (2007), *Meine russischen Nachbarn* (2009).

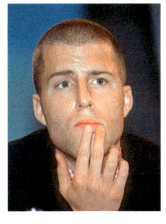

BENJAMIN VON STUCKRAD-BARRE (* 1975 in Bremen)
Schriftsteller und Journalist. In seinen der Popliteratur zugerechneten Werken kommentiert er die Medienwelt und das Alltagsleben junger Menschen, indem er Elemente aus der Jugend- und Popkultur aufgreift. Er arbeitete für den NDR und die taz, war Produktmanager beim Plattenlabel Motor Music und Autor der Harald-Schmidt-Show. Sein 1998 erschienener Roman *Soloalbum* wurde 2003 verfilmt. Seit 2006 moderiert er Jugendsendungen beim Hessischen Rundfunk. Seine Sammlung von Glossen, *Deutsches Theater* (2001), ist 2008 in erweiterter Neuausgabe erschienen.

DANIEL KEHLMANN (* 1975 in München)
studierte Literaturwissenschaft in Wien, erhielt 2001 eine Gastdozentur für Poetik an der Universität Mainz, 2006 an der Universität Göttingen. 2003 erschien sein Roman *Ich und Kaminski.* 2005 veröffentlichte er *Die Vermessung der Welt* (▶ S. 265 ff.), die teils recherchierte, teils fiktive Doppelbiografie des Naturforschers ALEXANDER VON HUMBOLDT und des Mathematikers CARL FRIEDRICH GAUSS. Der Roman ist eines der weltweit meistverkauften Bücher des Jahres 2006. KEHLMANNS *Ruhm. Ein Roman in neun Geschichten* (2009) entwirft Lebensgeschichten von Personen, die verwirrend teils als wirklich, teils als erfunden oder gar als von erfundenen Figuren erfunden erscheinen.

Themenkreis 1: Ereignisse beobachten – erforschen – aufarbeiten

Hanns-Josef Ortheil: Abschied von den Kriegsteilnehmern (1992) Auszug

[Der Ich-Erzähler hat einen langen Ablösungsprozess von seinem Vater hinter sich. Während er in Amerika reist und nach einem neuen Leben sucht, ereignen sich in Deutschland im Herbst 1989 die letzten Tage der DDR. Viele Bürger versuchen, über Ungarn und die Tschechoslowakei in den Westen zu fliehen. In der westdeutschen Botschaft in Prag halten sich inzwischen Tausende von Ausreisewilligen auf. Der Erzähler reist nach Prag, um Freunde wiederzufinden, die er unter den Flüchtlingen vermutet.]

DDR-Flüchtlinge in der Botschaft der BRD in Prag 1989

– Gut, sagte ich, danke. Und was gibt es hier Neues?

– Die Flüchtlinge in der Prager Botschaft, sagte Nora. Es werden immer mehr, es sind jetzt
5 schon mehrere Tausend.

– Freiwillig gehn die nicht zurück, sagte Walter, freiwillig nie. Da können die noch so viel reden, da können sie sich auf den Kopf stellen. Wenn wir nur wüssten, ob unsere Freunde dar-
10 unter sind!

– Kann man das nicht rausbekommen?, fragte ich.

– Wir haben's schon versucht, sagte Marion, wir haben es telefonisch versucht. Nichts zu ma-
15 chen!

– Was hat man euch denn gesagt?, fragte ich.

– Dass sie keinen Überblick haben, sagte Marion. Es kommen täglich viele hinzu, außerdem rücken sie keine Namen raus, ist ja verständlich.
20 – Könnte ja jeder nachfragen, sagte Walter, könnte ja jemand von drüben nachfragen und dann Druck ausüben auf die Familie oder auf die Verwandtschaft. [...]

Wir versuchten, uns vorzustellen, was mit den
25 Flüchtlingen geschehen mochte, wir gingen alle Möglichkeiten durch, doch es war auf die Dauer quälend, ohne genaue Anhaltspunkte zu spekulieren. Außerdem widersprachen sich die Meldungen, einige deuteten auf ein baldiges Ende
30 und ließen keinen Zweifel daran, dass die Flüchtlinge in ihre Heimat zurückkehren mussten, andere brachten diplomatische Vermittler ins Spiel und erhofften sich von ihnen mühsam ausgetüftelte Lösungen. [...]

[Der Erzähler fährt nach Prag, um nach den Freun- 35 *den, die vielleicht in der westdeutschen Botschaft sind, zu suchen.]*

Nachdem ich in Prag mein Hotelzimmer belegt hatte, machte ich mich auf den Weg zur Botschaft, die ihren Sitz im alten Palais Lobkovitz auf 40 der Kleinseite[1] hatte. Ich überquerte die Karlsbrücke und suchte eine Weile nach der schmalen Straße, die von einem der größeren Plätze aus zur Botschaft führen musste. Um sicherzugehen, ließ ich mir den Weg erklären. Die Straße wand sich 45 einige hundert Meter einen leichten Anstieg hinauf, dann sah man bereits die Absperrungen vor dem Eingangstor des Palais. Das Tor war geschlossen, in der Nähe der Absperrgitter standen zwei Polizeiwagen, sonst war niemand zu sehen. 50
Ich ging langsam an dem großen Gebäude vorbei, nein, dachte ich, bloß nicht stehen bleiben, nicht auffallen, du bist ein Spaziergänger, den es den Laurenziberg hochzieht. Und so ging ich an den wartenden und mich beobachtenden Polizisten 55 vorbei, ich warf nur einen flüchtigen Blick auf

1 **Kleinseite:** Prager Stadtteil

das Gebäude, ich tat, als hätte ich an all dem kein besonderes Interesse. [...]

Ich blieb stehen, als ich eine Stimme hörte. Es war die Stimme eines kleinen, in sich gekauerten Mannes, der ganz in der Nähe des Gitters stand. Er rauchte eine Zigarette und gab mir ein Zeichen.

– Suchst du was?, fragte er.

– Ja, sagte ich, ich suche Bekannte. Sie müssen hier sein.

– Du bist ein Westler, richtig?, fragte er.

– Ja, sagte ich, ich komme aus Wien. Ich habe einen Brief dabei für Freunde, die sich hier aufhalten sollen.

– Aufhalten ist gut, sagte der Mann, gezwungenermaßen aufhalten ist richtiger.

– Wie komm ich ran an meine Bekannten?, sagte ich.

– Gar nicht, sagte der Mann, wie willst du die denn finden? Ist völlig aussichtslos.

– Es ist aber wichtig, sagte ich, ich muss den Brief loswerden.

– Zeig mal her, sagte der Mann, zeig mir mal den Brief.

– Ich kramte den Brief heraus und reichte ihn durch das Gitter. Der Mann hielt ihn gegen das Licht und las die Namen auf dem Umschlag laut vor.

– Kenn ich nicht, sagte er, hab ich nie gehört.

– Schade, sagte ich, es ist wirklich sehr wichtig.

– Alles ist wichtig, sagte der Mann. Freiheit, Gesundheit, gutes Leben, alles ist wichtig.

– Ja, sagte ich, was soll ich bloß machen?

– Haste was zu rauchen dabei?, fragte der Mann.

– Nein, sagte ich.

– Haste sonst was dabei?

– Nein, sagte ich, brauchen Sie was?

– Wir brauchen alles, sagte der Mann, die Verpflegung ist gut, sie geben sich Mühe, da kann man nichts sagen. Aber ein paar kleine Extras wären nicht schlecht.

– Sagen Sie mir, was Sie brauchen, sagte ich.

– Tabak, sagte der Mann. Tabak, Zigaretten tun's auch, und Kaffee, oder Tee. Tee tut's auch, obwohl, Kaffee ist natürlich besser. Und einen guten Schluck brauch ich auch, was man so auftreiben kann, kein Bier, du verstehst, was Ordentliches. Kräftiges. [...]

– Morgen früh, sagte ich, morgen früh bin ich da.

– Lieber gegen Mittag, sagte der Mann, gegen Mittag drängelt sich nicht so viel Volk hier herum.

– Welches Volk?, fragte ich. [...]

Daniel Kehlmann: Die Vermessung der Welt (2005) Auszug

[Alexander von Humboldt ist auf seiner Forschungsreise durch Südamerika im Amazonasbecken angekommen. Ziel seiner geografischen Messungen ist es, eine Verbindung zwischen dem Flusssystem des Amazonas und des Orinoko nachzuweisen. Gleichzeitig kümmert er sich um die Erforschung von Flora und Fauna. Die Strapazen der Expedition erschöpfen ihn. Aber seinem Bruder schreibt er begeistert über seine Entdeckungen.]

Unweit der Mission, in der Höhle der Nachtvögel, lebten die Toten. Der alten Legenden wegen weigerten sich die Eingeborenen, sie dorthin zu begleiten. Erst nach langem Zureden kamen zwei Mönche und ein Indianer mit. Es war eine der größten Höhlen des Kontinents, ein sechzig mal neunzig Fuß[1] großes Loch, durch das so viel Licht einfiel, dass man noch im Berginneren hundertfünfzig Fuß weit auf Gras und unter Baumwipfeln ging. Dann erst mussten sie Fackeln anzünden. Hier begann auch das Geschrei.

In der Dunkelheit lebten Vögel. Tausende Nester hingen wie Beutel an der Höhlendecke, der Lärm war ohrenbetäubend. Wie sie sich orientierten, wusste niemand. Bonpland[2] gab drei Schüsse ab, deren Hall vom Schreien übertönt wurde, und schon sammelte er zwei noch zuckende Körper ein. Humboldt schlug Gesteinsproben aus dem Fels, maß Temperatur, Luftdruck und Feuchtigkeit und kratzte Moos von der Wand. Ein Mönch

1 **Fuß:** zu Humboldts Zeit regional unterschiedliche Maßeinheit, entspricht ca. 25–30 cm
2 **Aimé Bonpland:** Begleiter Humboldts, der insbesondere botanische Erkenntnisse sammelte

Humboldt und Bonpland in einer Urwaldhütte am Orinoko (Holzstich, 1870)

schrie auf, als er mit seiner Sandale eine riesige Nacktschnecke zerquetschte. Sie mussten durch einen Bach waten, die Vögel flatterten um ihre Köpfe, Humboldt presste die Hände auf seine Oh-
25 ren, die Mönche schlugen das Kreuz.
Hier, sagte der Führer, beginne das Totenreich. Er gehe nicht weiter.
Humboldt bot eine Verdoppelung des Lohnes an. Der Führer lehnte ab. Dieser Platz sei nicht gut!
30 Und überhaupt, was habe man hier zu suchen, der Mensch gehöre ans Licht.
Schön gesagt, brüllte Bonpland.
Licht, rief Humboldt, das sei nicht Helligkeit, sondern Wissen! [...]
35 Besser zurück, sagte Humboldt. Genug sei genug. Sie folgten einem Bach in Richtung Tageslicht. Allmählich wurden die Vögel weniger, das Geschrei leiser, bald konnten sie die Fackeln löschen.
Vor der Höhle drehte der indianische Führer ihre
40 beiden Vögel über einem Feuer, um das Fett auszulassen. Die Federn, Schnäbel und Krallen verbrannten schon, Blut tropfte in die Flammen, Talgmasse zischte, bitterer Rauch hing über der Lichtung. Das wertvollste Fett, erklärte er. Ge-
45 ruchlos und länger als ein Jahr frisch! [...]
Im Weitergehen machte er Notizen. Ein System, das der Mensch nutzen könne, in mondloser Nacht oder unter Wasser. Und das Fett: seiner Geruchlosigkeit wegen vortrefflich geeignet zur
50 Kerzenproduktion. [...]

Bonpland fand ihn am Schreibtisch, zwischen den Chronometern, dem Hygrometer, dem Thermometer und dem wieder zusammengebauten Sextanten. Mit ins Auge geklemmter Lupe be-
55 trachtete er Palmenblätter. [...]
Ein interessanter Aufbau, bemerkenswert! Allmählich sei es Zeit zum Aufbruch.
So plötzlich?
Nach alten Berichten gebe es einen Kanal zwi-
60 schen den Strömen Orinoko und Amazonas. Europäische Geografen hielten das für Legende. Die herrschende Schule behaupte, dass nur Gebirge als Wasserscheiden dienen und keine Flusssysteme im Inland verbunden sein könnten.
65 Darüber habe er seltsamerweise nie nachgedacht, sagte Bonpland.
Es sei ein Irrtum, sagte Humboldt. Er werde den Kanal finden und das Rätsel lösen.
Aha, sagte Bonpland. Ein Kanal.
70 Ihm gefalle diese Einstellung nicht, sagte Humboldt. Immer Klagen, immer Einwürfe. Sei etwas Enthusiasmus zu viel verlangt?
Bonpland fragte, was denn geschehen sei.
In Kürze erwarte man eine Sonnenfinsternis! Das ermögliche die exakte astronomische Ortsbe-
75 stimmung der Küstenstadt. Dann könne man ein Netz von Messpunkten bis zu den Enden des Kanals spannen.
Aber der sei doch tief im Urwald!
Ein großes Wort, sagte Humboldt. Das dürfe ei-
80

nen nicht abschrecken. Urwald sei auch nur Wald. Die Natur spreche überall in derselben Sprache. [...]

Die Sonnenfinsternis, sagte Humboldt. Ob es wohl gehen werde?

Bonpland nickte.

Sicher?

Bonpland spuckte aus und lispelte, er sei ganz sicher.

Es kämen große Tage, sagte Humboldt. Vom Orinoko zum Amazonas. Ins Innerste des Landes. Er solle ihm die Hand geben!

Mühsam, wie gegen einen Widerstand, hob Bonpland den Arm.

Zur angekündigten Nachmittagsstunde verlosch die Sonne. Das Licht wurde fahl, ein Schwarm Vögel flatterte schreiend empor und wehte im Wind davon, die Gegenstände saugten die Helligkeit auf, ein Schatten flog heran, der Sonnenball wurde zu einer dunklen Scheibe. Bonpland, den Kopf verbunden, hielt den Projektionsschirm des künstlichen Horizonts. [...]

Er schrieb an seinen Bruder. Herrlich sei die Reise, gewaltig die Fülle der Entdeckungen. Täglich fänden sich neue Pflanzen, mehr, als man zählen könne, die Beobachtung der Beben lege eine neue Theorie der Erdkruste nahe. Ungemein erweitert seien auch die Kenntnisse über die Natur der Kopflaus. Immer der deine, setz es in die Zeitung!

Er prüfte, ob seine Hand auch ja nicht zitterte. Dann schrieb er an Immanuel Kant. Ihm dränge sich das Konzept einer neuen Wissenschaft der physischen Geografie auf. In unterschiedlichen Höhen, doch bei ähnlichen Temperaturen wüchsen auf dem gesamten Planeten ähnliche Pflanzen, sodass sich Klimazonen nicht bloß in die Breite, sondern auch in die Höhe erstreckten: An einem Punkt könne die Erdoberfläche alle Stadien vom Tropischen bis ins Arktische durchlaufen. Verbinde man diese Zonen zu Linien, so erhalte man eine Karte der großen klimatischen Strömungen. Dankbar für alle Hinweise, wie auch in bester Hoffnung, dass der Professor sich wohlbefinde, verbleibe er ... Er schloss die Augen, atmete tief ein und unterschrieb mit dem ausladendsten Namenszug, dessen er fähig war.

Herta Müller: Atemschaukel (2009) Auszug. Kapitel „Ersatzbruder"

[Der Erzähler, ein junger Mann, ist 1945 nach der Besetzung Rumäniens durch die Rote Armee in ein sowjetisches Arbeitslager deportiert worden. Er hatte zunächst geglaubt, dass er auf diesem Wege der Enge seines bisherigen Lebens entkommen könne. Bald muss er erkennen, was auch seine Eltern ahnen: Die Arbeitslager sind eine Hölle, der man nicht entkommt.]

Anfang November ruft Tur Prikulitsch mich in seine Dienststube.

Ich habe Post von zu Hause.

Vor Freude tickt mein Gaumen, ich krieg den Mund nicht zu. Tur sucht im halb offenen Schrank in einer Schachtel. An der geschlossenen Schrankhälfte klebt ein Bild von Stalin, hohe graue Backenknochen wie zwei Abraumhalden, die Nase imposant wie eine Eisenbrücke, sein Schnauzbart wie eine Schwalbe. Neben dem Tisch dubbert der Kohleofen, darauf summt ein offener Blechtopf mit Schwarztee. Neben dem Ofen steht der Eimer mit Anthrazitkohle. Tur sagt: Leg mal bisschen Kohle nach, bis ich deine Post gefunden habe.

Ich suche im Eimer drei passende Brocken, die Flamme springt wie ein weißer Hase durch einen gelben Hasen. Dann springt der gelbe durch den weißen, die Hasen zerreißen einander und pfeifen zweistimmig Hasoweh. Das Feuer bläst mir Hitze ins Gesicht und das Warten Angst. Ich schließe das Ofentürchen und Tur schließt den Schrank. Er überreicht mir eine Rot-Kreuz-Postkarte.

An der Karte ist mit weißem Zwirn ein Foto angenäht, akkurat gesteppt mit der Nähmaschine. Auf dem Foto ist ein Kind. Tur schaut mir ins Gesicht, und ich schau auf die Karte, und das angenähte Kind auf der Karte schaut mir ins Gesicht, und von der Schranktür schaut uns allen Stalin ins Gesicht.

Unter dem Foto steht:

Robert, GEB. am 17. April 1947.

Es ist die Handschrift meiner Mutter. Das Kind
35 auf dem Foto hat eine gehäkelte Haube und eine
Schleife unterm Kinn. Ich lese noch einmal: Robert, GEB. am 17. April 1947. Mehr steht nicht da.
Die Handschrift gibt mir einen Stich, das praktische Denken der Mutter, das Platzsparen durch
40 das Kürzel GEB. für geboren. Mein Puls klopft in
der Karte, nicht in der Hand, in der ich sie halte.
Tur legt mir die Postliste und einen Bleistift auf
den Tisch, ich soll meinen Namen suchen und
unterschreiben. Er geht zum Ofen, spreizt die
45 Hände und horcht, wie das Teewasser summt und
die Hasen im Feuer pfeifen. Erst verschwimmen
mir vor den Augen die Rubriken, dann die Buchstaben. Dann knie ich am Tischrand, lasse die
Hände auf den Tisch fallen und das Gesicht in die
50 Hände und schluchze.

Willst du Tee, fragt Tur. Willst du Schnaps. Ich
habe geglaubt, du freust dich.

Ja, sage ich, ich freue mich, weil wir zu Hause
noch die alte Nähmaschine haben.

55 Ich trinke mit Tur Prikulitsch ein Glas Schnaps
und noch eins. Für Hautundknochenleute ist das
viel zu viel. Der Schnaps brennt im Magen und
die Tränen im Gesicht. Ich habe ewig nicht geweint, meinem Heimweh trockene Augen beige
60 bracht. Ich habe mein Heimweh sogar schon herrenlos gemacht. Tur drückt mir den Bleistift in
die Hand und zeigt auf die richtige Rubrik. Ich
schreibe zittrig: Leopold. Ich brauche deinen Namen ganz, sagt Tur. Schreib du ihn ganz, sag ich,
65 ich kann nicht.

Dann gehe ich mit dem angenähten Kind in der
Pufoaika-Jacke hinaus in den Schnee. Von drau
ßen sehe ich im Fenster der Dienststube das Fensterkissen gegen den Luftzug, von dem mir die
Trudi Pelikan erzählt hat. Es ist akkurat genäht 70
und ausgestopft. Die Haare der Corina Marcu[1] haben dafür nicht gereicht, es sind bestimmt noch
andere drin. Aus den Glühbirnen fließen weiße
Trichter, der hintere Wachturm pendelt im Himmel. Im ganzen Schneehof sind die weißen Boh 75
nen vom Zither-Lommer[2] verstreut. Der Schnee
rutscht mit der Lagermauer immer weiter weg.
Aber auf dem Lagerkorso, wo ich gehe, hebt er
sich an meinen Hals. Der Wind hat eine scharfe
Sense. Ich habe keine Füße, ich gehe auf den Wan 80
gen und habe bald keine mehr. Ich habe nur das
angenähte Kind, es ist mein Ersatzbruder. Meine
Eltern haben sich ein Kind gemacht, weil sie mit
mir nicht mehr rechnen. So wie die Mutter geboren mit GEB. abkürzt, würde sie auch gestorben 85
mit GEST. abkürzen. Sie hat es schon getan.
Schämt sich die Mutter nicht mit ihrer akkuraten
Steppnaht aus weißem Zwirn, dass ich unter der
Zeile lesen muss: Meinetwegen kannst du sterben, wo du bist, zu Hause würde es Platz sparen. 90

---

1 eine blonde Rumänin, die fälschlich für eine Deutsche gehalten und deportiert wurde, sie erfror beim Schneeschippen und ihre Haare wurden „verwertet"
2 ein jüdischer Schneider, der von den Russen als Deutscher
eingestuft und aus dem Lager weiter nach Odessa deportiert wurde

Kommentar

Der **Mauerfall 1989** als das herausragende Ereignis der deutschen Gegenwartsgeschichte und seine Konsequenzen in den folgenden Jahren werden in der Literatur in
sehr unterschiedlicher Weise behandelt. Manche Werke kreisen um die zentrale Frage, inwiefern nach der politischen Vereinigung eine „innere" Mauer zwischen **Ostdeutschen** und **Westdeutschen** fortbesteht und inwiefern die **Literatur zu** den notwendigen Prozessen **der Wiederannäherung beitragen** kann.

Etwas anders geht **HANNS-JOSEF ORTHEIL** das Thema an, er bettet die Ereignisse rund
um den Mauerfall in den Rahmen einer umfassenden **Selbstanalyse** ein. Sein Roman
Abschied von den Kriegsteilnehmern setzt sich mit den Prozessen der Vergangenheitsbewältigung in einer Kleinfamilie auseinander. Die Mutter hat erlebt, wie ihre
Tochter, von Bombensplittern verwundet, in ihren Armen verblutet, sie ist stumm

seitdem. Der Vater kann Kriegserlebnisse nicht vergessen. Der Sohn versucht herauszufinden, wie er selbst mit diesen Traumata umgehen kann. Die Ereignisse in Prag, von denen der Auszug aus dem Schlusskapitel erzählt, zeigen ihn zunächst als hilflosen Mediennutzer, dann tätig und bereit, in die aktuellen Ereignisse einzugreifen, eben das zu tun, was seine Eltern versäumt hatten.

In DANIEL KEHLMANNS *Die Vermessung der Welt* kommt als zweites Element des modernen Schreibens das Staunen und das daraus erwachsende Erforschen hinzu. Der Roman wurde zum Bestseller, schon nach wenigen Monaten waren eineinhalb Millionen Exemplare weltweit verkauft. Das Buch erzählt von zwei exzentrischen deutschen Wissenschaftlern des 19. Jahrhunderts, dem Naturforscher ALEXANDER VON HUMBOLDT und dem Göttinger Mathematiker CARL FRIEDRICH GAUSS. Das Thema „staunen" und „erforschen" ist doppelt durchgeführt, zum einen auf der Ebene der Tätigkeiten der messenden und rechnenden Forscher, zum anderen auf der Ebene des Erzählens, indem diese außergewöhnlichen Lebensgeschichten auf der Suche nach Querverbindungen zwischen den beiden gegensätzlichen Charakteren ausgeleuchtet werden. Was HUMBOLDT und GAUSS verbindet, ist nicht nur die bis zur Besessenheit reichende Hingabe an die Wissenschaft, es ist auch – und das erkennt der Leser bei der Lektüre – bei beiden Forschern der Gewinn an psychischer Freiheit gegenüber den Zwängen des Lebens. Durch das Aufschreiben und Verknüpfen ihrer Biografien möchte der Autor daran teilhaben. Das **Schreiben** ist auch für ihn ein **Forschen,** das **Erzählen** ein **Recherche- und Analyseinstrumentarium,** um das Besondere an den schon in ihrer Zeit mit Kopfschütteln bestaunten Genies zu erfassen und an seine Leser weiterzugeben.

HERTA MÜLLER erzählt in ihrem Roman *Atemschaukel,* aus dem das Kapitel *Ersatzbruder* stammt, bedrückende Erlebnisse aus den sozialistischen Diktaturen. An ihrer Prosa kann das Prinzip **„Aufarbeiten durch Aufschreiben"** veranschaulicht werden. Ein zentrales Thema ihres Schreibens ist das **Gefühl, fremd zu sein in einer schlimmen Welt,** unerwünscht und abgeschrieben zwischen geduckten und zugleich selbstherrlichen Menschen. Das **Schreiben ermöglicht es,** dieses **Gefühl** und die damit verbundenen Umstände **in der Erinnerung zu bewahren** und dazu zugleich eine **befreiende Distanz zu gewinnen.** Der junge Deportierte, der hier beim Wachmann Post von zu Hause abholen darf, beobachtet genau und stellt zwischen den beobachteten Details fast poetische Beziehungen her: der Blick des Wachmanns, der des Gefangenen, der des Kindes auf dem Foto und der auf alle gerichtete Blick STALINS. HERTA MÜLLER schafft so eine sehr dichte Atmosphäre, aus der die Angst verständlich wird: Der Siebzehnjährige hatte auf einer Liste gestanden und war in ein Arbeitslager deportiert worden. Er hatte diese Deportation zuerst ganz naiv als ein Abenteuer und eine Möglichkeit gesehen, ein freieres Leben jenseits der Familie führen zu können. Das war eine fatale Täuschung. Das Arbeitslager bot ihm keine Perspektive. Die Eltern haben nun ein weiteres Kind bekommen, weil sie nicht sicher sein können, dass ihr Sohn wiederkommt. Der Betroffene erkennt durch die Postkarte, dass sie nicht mehr mit ihm rechnen: „Heute weiß ich, vom Kanal kehrte man nicht zurück. Wer trotzdem wiederkam, war ein wandelnder Leichnam. Vergreist und ruiniert, für keine Liebe auf der Welt mehr zu gebrauchen." Das Überleben ist an Schweigen und Verschweigen gebunden: „Vor, während und nach meiner Lagerzeit, fünfundzwanzig Jahre lang habe ich in Furcht gelebt, vor dem Staat und vor der Familie. Vor dem doppelten Absturz, dass der Staat mich als Verbrecher einsperrt und die Familie mich als Schande ausschließt."

Themenkreis 2: Postmoderne und Pop-Literatur

Sten Nadolny: **Ein Gott der Frechheit** (1994) Auszug

[Der Roman nimmt Heinrich Heines Idee der „Götter im Exil" auf: Die unsterblichen Götter der Antike leben in der Gegenwart weiter. So auch Hermes, der Gott der Diebe, Kaufleute und der gestohlenen Küsse. Er ist nach zweitausendjähriger Gefangenschaft befreit und verliebt sich in Helga, eine Studentin aus Sachsen-Anhalt. Hermes folgt ihr durch Venedig und dann auf einer Kreuzfahrt. Er entdeckt dabei die Veränderungen, die sich seit der Antike in der Welt ergeben haben. Er beobachtet z. B., dass sich die göttliche Frechheit – für die er steht – in der Gegenwart in die Untugend der Unverschämtheit und Anmaßung verwandelt hat. Hermes meint, die Frechheit müsse sich wieder in die antike Tugend der kultivierten Unbefangenheit zurückverwandeln.]

Giovanni Bologna: Hermes als Götterbote (1563)

In dieser Stadt hatte Hermes Orientierungsprobleme wie beim ersten Mal in einem fremden Gehirn. Sie war eine Wasserstadt, die es zu seiner Zeit noch nicht gegeben hatte. [...]

5 Er las, wo immer es ging, und erfuhr vor allem, daß sich über der Welt Ungutes zusammenbraute. Daß sie nicht mehr von Zeus beherrscht wurde. Daß in allem das Innere sich nach außen kehrte und das frühere Äußere sich auflöste und daß

10 irgendwann aus „Oben" ein „Unten" werden würde. Und es kündigte sich ein Ende an, das endgültige, unwiderrufliche Ende von allem. [...]
Was ihn wunderte: Es waren nirgends Sklaven zu sehen. Daß aber ein solcher Reichtum ohne Skla-

15 ven zustande kommen konnte, war undenkbar, irgendwo mußten sie sein. Aber in keinem der Gehirne hatte er auch nur den kleinsten Hinweis darauf gefunden. Vielleicht arbeiteten sie so tief unter der Erde oder so weit weg, daß sie den rei-

20 chen und freien Menschen ganz entfallen waren. Was ihn weiter wunderte: daß außer den Gondolieri kaum jemand einen Hut trug. Viele Männer hatten Glatzen, aber die setzten sie erbarmungslos der Sonne aus. In einer derart überhitzten

25 Dachkammer hielt Hermes sich nicht länger auf als unbedingt nötig.
Er fuhr mit Passagierbooten namens Vaporetti, einmal auch in einer Gondel. Da saß er im Kopf einer jungen Frau aus Norwegen, deren Geliebter

30 – oder Mann, sie waren auf „Hochzeitsreise" – sie

plötzlich nicht mehr liebte, weil sie nicht so war und aussah oder nicht so gut singen konnte wie eine gewisse GIANNA NANNINI. [...]
Die meisten jungen Frauen schienen Hermes überschlank, einfach zu mager, und sie wurden 35 recht lang jetzt, streckten sich zu sehr. Vielleicht liebten aber die Männer solche Schlangenfiguren? Meist waren die Mädchen sehr kühl und eher in sich selbst verliebt, oder sie taten so. Ihr Spiegelbild betrachteten sie ständig, was bei der- 40 art viel Glas keine Mühe machte. Wenn sie mit einem Mann ausgingen, ließen sie sich von ihm auf der Straße umarmen und betätscheln, betrachteten aber immerfort ganz andere Männer, sogar im Ristorante. Das war früher anders gewe- 45 sen – eine gute Hetäre[1] war zwar nicht billig, aber sie guckte dafür auch nur den an, der sie gemietet hatte. Und gänzlich unklar blieb, wo diese Mengen langweiliger Musik herkamen. In den kleins-

1 **Hetäre:** Prostituierte im antiken Griechenland

50 ten Kästchen an der Wand waren bis zu fünfzig Instrumente und dazu Leute, die sie spielten.

Auf einem der Vaporetti saß eine Schöne, die genau wußte, wie schön sie war. Sie unterhielt sich mit ihrer Freundin, aber mit jeder Mundbe-
55 gung, mit jedem Blick, jeder Bewegung zeigte sie ihre Schönheit – natürlich weil sie den wachsenden Strahlenblick des Hermes bemerkt hatte. Dann aber mußte sie plötzlich über einen kleinen Jungen lachen, der über ihren Fuß stolperte,
60 sich an ihrem Schenkel festhielt und sie mit runden Augen ansah. Sie blickte sofort zu Hermes, um zu ergründen, ob er sie beim Lachen auch noch schön fand.

Vieles war eben wie früher: Wenn man eine Frau
65 verliebt machen wollte, guckte man ihre häßliche Begleiterin aufmerksamer und bewundernder an als sie – alsbald erhielt man nicht nur von dieser, sondern auch von der Schönen selbst Blicke, die durch und durch gingen. Auf die Weise
70 hatte er vor rund sechstausend Jahren Aphrodite zum ersten Mal in Flammen gesetzt. [...]

Auf dem Platz vor San Marco gefielen ihm alle Gebäude außer der Kirche, die hatte etwas gefährlich Geschwollenes. Und es gab zu viele dumm-
75 gierige Tauben und dummfütternde Menschen hier. Nur die Kinder beobachtete er gern, wenn sie Tauben aufscheuchten. Sie waren genau wie damals in Athen oder Knidos oder Kallipolis: Sie genossen es, wenn die Tauben, so hofften sie we-
80 nigstens, vor ihnen Angst bekamen. Hier waren es hauptsächlich Kinder aus einem ihm völlig unbekannten Land namens JAPON, und Hermes merkte: Das waren die entzückendsten Kinder, die er je gesehen hatte. Trotzdem, dachte er rasch,
85 ich liebe die Menschen nicht besonders. Über die Eltern der Kleinen war nichts Genaues auszumachen, sie versteckten ihre Augen hinter surrenden kleinen Gegenständen. Hoch über allem thronte ein geflügelter Löwe, dem Hermes, bei al-
90 ler Flugerfahrung, noch nie begegnet war. Und auf einem Turm standen zwei steife schwarze Männer, die mit langstieligen Hämmern auf einen umgedrehten Topf einschlugen – ein Heiligtum des Hephäst[2] also.

Die Stadt gefiel ihm, aber es waren zu viele Leute
95 hier, die nichts wußten und von denen man nichts lernen konnte. Sie wußten nicht den Unterschied zwischen Seide, Wolle und Baumwolle. Sie wußten nicht, wie RADIO oder TELEVISION es schafften, Töne und Bilder hervorzubringen,
100 nicht einmal, woher AUTOMOBILE die Kraft nahmen, sich fortzubewegen. Ein Gutes war übrigens, daß diese gläsernen Räderschildkröten aus der Stadt verbannt waren – sie wären hier nur in die Kanäle gefallen. Sie standen auf dem Piazzale
105 Roma in der Hitze und taten keinen Mucks.   ⬛R

2 **Hephaistos:** griechischer Gott des Feuers. Der „umgedrehte Topf" ist eine Glocke – ein dem Hermes noch unbekannter Gegenstand. Hermes betrachtet hier den Uhrenturm auf dem Markusplatz.

Uhrenturm (Torre dell'Orologio) auf dem Markusplatz in Venedig

Martin Suter: Das fängt ja gut an (2000)

Auf der Empfangsstation einer Engadiner Klinik liegt fröstelnd Fred Jucker und kann es immer noch nicht fassen: Sein Oberschenkel ist gebrochen.
5 Seit 1961 fährt er unfallfrei Ski, goldenes Skiabzeichen bereits mit sechzehn, jugendlicher Sieger mehrerer Gästeskirennen in den späten Sechzigerjahren, Tiefschneekönig seiner Batterie als Oberleutnant der Gebirgsartillerie, und jetzt das: Oberschenkel gebrochen. Auf der Treppe der Seil-
10 bahnstation ausgerutscht, vor den Augen eines vorwiegend jugendlichen Publikums aus über-

nächtigten Snowboardern und gelangweilten Nachwuchs-Top-Models die sechs Stufen runter-
15 gepoltert und liegen geblieben wie ein Sack Zement.

Als sich der Applaus der Snowboarder gelegt hat und Jucker keine Anstalten macht aufzustehen, alarmiert der Kassierer den Pistendienst und die-
20 ser einen Krankenwagen. (Der Unfall hatte sich in der Talstation ereignet.)

Der junge Arzt in der Aufnahme diagnostiziert einen Oberschenkelbruch. „Sind Sie sicher?", fragt Jucker durch zusammengebissene Zähne. „Ziem-
25 lich. Die Diagnose eines Oberschenkelbruchs gehört seit Wilhelm Conrad Röntgen zu den einfacheren Aufgaben des Osteologen."

Jucker fasst sofort eine Abneigung gegen sarkastische, braungebrannte Assistenzärzte in Gebirgs-
30 kliniken. „Was schlagen Sie vor?"

„Operieren."

„Geht nicht, ich reise morgen ab."

Der Arzt schüttelt den Kopf. „Ich fürchte, das müssen Sie verschieben."
35 „Verschieben?" Jucker lächelt nachsichtig. „Sie verstehen nicht. Ich habe eine Firma zu leiten. Am Montag um halb acht muss ich im Büro sein."

„Ich glaube, Sie sind es, der nicht versteht. Ihr rechter Oberschenkel ist gebrochen." Der Arzt
40 hält eine Röntgenaufnahme gegen das Licht. „Sehen Sie diese zwei Knochen?" Er zeigt mit dem

Kugelschreiber auf zwei längliche, bläuliche Umrisse. „Das sollte eigentlich nur einer sein."

„Ich zweifle überhaupt nicht an der Diagnose." Juckers Geduld geht zur Neige. „Nur was die The-
45 rapie angeht, da müssen Sie mir schon ein paar praktikablere Vorschläge liefern."

Der Arzt schaut ihn ungläubig an.

„Vielleicht kann man etwas Provisorisches machen", hilft Jucker, „und das Definitive so legen,
50 dass es nicht meinen ganzen Terminkalender durcheinanderbringt. Sie haben keine Vorstellung, was in einem Unternehmen wie dem unseren zum Jahresbeginn alles anfällt. – Verschieben!" Juckers Auflachen geht in einen Schmerzens-
55 schrei über.

„Was verstehen Sie unter etwas Provisorischem?"

„Spritzen Sie mich fit, geben Sie mir Morphium, einen Notverband, einen Gehgips. Was weiß ich, Sie sind der Arzt." Jucker ist es gewohnt, die De-
60 tails an die Spezialisten zu delegieren.

„Niemand ist unentbehrlich." Der Satz ist tröstlich gemeint. Aber er trifft Jucker so tief in seinem Selbstverständnis, dass er sich zu einer unbedachten Antwort hinreißen lässt.
65 „Das gilt vielleicht für Sie", stößt er hervor.

Seitdem liegt Fred Jucker fröstelnd auf der Empfangsstation einer Engadiner Klinik und kann es immer noch nicht fassen: Sein Oberschenkel ist gebrochen.
70

Benjamin von Stuckrad-Barre: Pizzabringdienst (2001) Auszug

Da die bis vor kurzem noch quotenträchtigen sogenannten Real Life Soaps schwächelten, musste ein neues Konzept her, mit dem man bei geringem Investitionsaufwand viel Sendezeit so füllen
5 kann, dass die 15- bis 39-Jährigen sich eher ihr Handy abhacken lassen würden, als auch nur eine Folge zu verpassen. [...]. Da nach der ersten „Big Brother"-Staffel jeder weitere Eingesperrte wusste, wie es danach mit *Playboy*-Fotos, „Ich-bin-ich"-
10 Interviews, CD und allem werden könnte, verhielten sie sich fortan wie Prostituierte in der Hamburger Herbertstraße, die an die Fensterscheibe klopfend ihre Dienste anbieten. Auf der anderen Seite der Scheibe ließ – wie bei jedem
15 Überangebot – das Interesse an der laut klopfen-

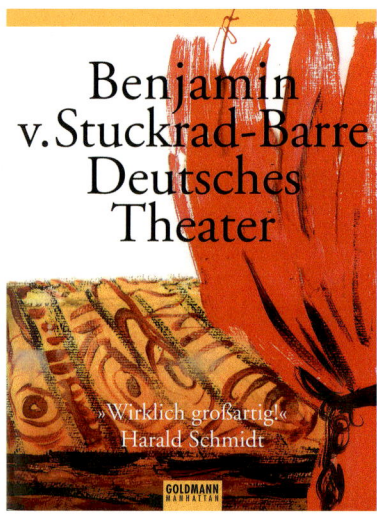

Der Band *Deutsches Theater* enthält kurze Texte zwischen Literatur und Journalismus, darunter *Pizzabringdienst*.

den Vornamen-Bagage schnell nach. Unbeantwortet bleibt somit, wie echtes Leben ins Fernsehen gehievt werden kann. Hier mein Konzept: Die Sendung heißt „Pizzabringdienst" und läuft jeden Tag von 12:00 bis 15:00 und von 20:00 bis 24:00 Uhr. Drehorte: eine Küche, ein Auto und diverse Treppenhäuser. Anders als ein Endemol[1]-Kameramann sieht ein Pizzabote Menschen in freier Wildbahn. Sie zeigen ihm ihr Gesicht, sie zeigen ihm, wer sie wirklich sind – und sie verstellen sich nicht. (Keiner der Essenbesteller wird eine Single aufnehmen, das verspreche ich hiermit.)

Wer sich etwas zu essen nach Hause bringen lässt, tut das nicht, weil es so gut schmeckt. Auch nicht, weil es besonders schnell geht, ja nicht mal verlässlich warm ist der gelieferte Pampf. Wählt man die auf einer vierfarbigen Postwurfsendung angegebene Telefonnummer, ist das eine Form des Notrufs. Man hat vergessen einzukaufen, es kommt plötzlich der große Hunger oder unerwarteter Besuch. Das Bier geht aus und man selbst nicht mehr gerade oder der Kiosk ist schon geschlossen. Man ist faul, einsam, verfressen oder, zumindest temporär, asozial.

Folge eins, Freitagabend: Die Aufzugtür in der vierten Etage eines Mehrfamilienhauses öffnet sich ruckelnd, der Bote tritt heraus, trägt eine Thermokiste, stützt sie auf dem angewinkelten Knie ab, nimmt die Rechnung in den Mund, um eine Hand frei zu haben für den Klingelknopf. Ein Mann mittleren Alters öffnet, Übergabe zweier Schinkenpizzen. Die Garderobe des Kunden würde ein Regisseur als zu klischiert ablehnen: Trainingsanzug mit großzügig bemessener Genitalbaumelzone, Plastiksandalen. Durch einen Bastvorhang hindurch sieht man im Wohnbereich eine Sekt trinkende Dame auf einem zum Fernseher ausgerichteten Zweiersofa. Im Fernsehen fragt Jauch gerade, ob der Kandidat sich sicher ist. Tür zu. Der nächste Kunde ist allein, hat die Haare mit viel Gel zu einer beeindruckenden Igelbürste geformt und steht hosenlos in Filzpantoffeln auf seiner türkisen Fußmatte, Bier und Pizza Capricciosa entgegenzunehmen. Kein Trinkgeld.

1 **Endemol:** Produktionsfirma von Videos, Filmen und Fernsehshows

Die nächste Lieferung geht an einen Stammkunden, der Chili con Carne geordert hat, weil, wie er erzählt, seine Frau gerade durch Mexiko reist. Romantisch. Trinkgeld: 3 Mark 50, und ein ernst gemeintes „Bis morgen!" zum Abschied – hervorragender Cliffhanger. Zurück zur Basisstation zum Neubeladen. Die folgende Lieferfahrt bietet Gelegenheit, den Pizzaboten näher kennen zu lernen. Er erzählt, dass Frauen nie Bier bestellen, Männer immer Salamipizza, aber niemals Nachtisch, den wiederum Frauen herbeitelefonieren, oft als Gegenoffensive zum Salat, dem angeblich knackigen. Alkoholiker, die zur Großlieferung Bierdosen pro forma gerne noch eine Alibivorspeise bestellen, gäben entweder viel Trinkgeld oder überschätzen beim Bestellen ihre Barschaft – dann muss der Fahrer ein paar Dosen einbehalten und mit zurück zur Basisstation nehmen, wo gerade eine 26-cm-Durchmesser-Pizza mit Meeresfrüchtebelag angebrannt ist, die ofenöffnende Aushilfskraft schreit wütend – Werbepause. Nach der Werbepause bringt der Bote die unverkäufliche, aber noch essbare Pizza Marinara zu seiner Ehefrau, einer gut gelaunten Japanerin, die bestens als wiederkehrende Nebenfigur in die Serie integrierbar wäre, womit das Identifikationspotenzial des Hauptdarstellers erhöht würde. Der Bote fährt wieder los, drei Erstsemesterstudentinnen in einem Appartmentbunker teilen sich eine Jumbo Vegetaria, geben 50 Pfennig Trinkgeld, trinken Bacardicola aus ausgewaschenen Senfgläsern, hören schwärmerische Musik und erwarten noch einiges vom Wochenende. Auch die Studentinnen hatten keine Schuhe an. In den Real Life Soaps tragen die Protagonisten oft Schuhe, einer der elementaren Fehler! Zu Hause trägt niemand Schuhe in Deutschland. Erzählt der Bote jetzt auf der Nachtfahrt zum nächsten Besteller, berichtet außerdem, dass er Jazzkeller wie Bordelle beliefert, dass in seinem Zustellbereich sogar eine geschlossene Psychiatrie liegt, aus der ab und zu Bestellungen eingehen – die auch ausgeführt werden.

Schnitt. [...]

In Folge zwei von „Pizzabringdienst" könnten die beiden letzten Besteller dieser Folge sich vielleicht kennen lernen und einander eine verliebt halbierte sogenannte Partypizza in den endlich mal wieder geküssten Mund schieben.

Kommentar

Eine Gemeinsamkeit von **postmoderner Literatur** (▶ S. 211, 257) und **Pop-Literatur** (S. 211, 259) ist, dass Sie „Triviales", Elemente gegenwärtiger populärer Kultur, **in ihre Werke einbeziehen.** In der Postmoderne wird solches Triviale, z.B. die Wiedergabe eines Lebensstils, der sich an Videoclips und Magazinen orientiert, untermischt mit literarischen Zitaten aus ehrwürdigen Traditionen. Eins der ersten Beispiele schon in den 1980er-Jahren ist **BOTHO STRAUSS'** Drama *Der Park* (1983), in dem zwei „modern" denkende Paare („Ich brauche einen Mann, der immer siegt, der stärker, stärker, immer stärker wird, der mich ewig liebt, und viel Geld") Shakespeares *Sommernachtstraum* nacherleben, so intensiv, dass sogar Oberon und Titania in ihrem Apartment erscheinen und sich über die Verrückten in der Jetztzeit wundern.

Postmoderne Literatur ist allerdings im Gegensatz zur Pop-Literatur eine hochartifizielle Literatur, die auf Werke der Tradition zurückgreift, mit ironischen Anspielungen weitere Autoren und Texte ins Spiel bringt, mit Umkehrungen von bislang gültigen Kategorien wie Wahrscheinlichkeit, Autor und Erzähler, Logik der Handlungsführung usw. arbeitet. **STEN NADOLNYS** Roman etwa blendet den antiken Gott Hermes in die Jetztzeit ein, **CHRISTOPH RANSMAYR** (*Die letzte Welt,* 1988) versetzt in die gegenwärtige Welt Gestalten aus den *Metamorphosen* des lateinischen Dichters OVID, die er in einem Anhang des Romans eigens erklären muss. **Pop-Literatur** hingegen ist bewusst einfach zu lesen. Sie bietet Ausschnitte aus dem alltäglichen Leben – und das heißt aus dem Leben in und mit den **Medien.** Ihre **Anspielungen** beziehen sich auf populäre TV-Formate, auf Musikszenen, auf Konsum- und Urlaubsrituale. Ihre Figuren sind oft (bewusst) oberflächlich gezeichnete Vertreterinnen und Vertreter eines bestimmten „Lifestyles".

In **STEN NADOLNYS** postmoderner Inszenierung der Hochburg des Tourismus Venedig nutzt der Erzähler die verfremdende Perspektive des antiken Gottes, der natürlich weder die Stadt noch deren Geschichte noch die moderne Zeit (Fernsehen, Autos, Vaporetti) kennt, um kritische Kommentierungen des seit der Antike gleich gebliebenen menschlichen Verhaltens vorzustellen. Das ästhetische Vergnügen des Lesers besteht darin, dass er kennt, was jener erst kennen lernen muss. NADOLNY kann davon ausgehen, dass viele seiner Leser schon einmal in Venedig gewesen sind, dass sie Beobachtungen gemacht haben, die denen des Gottes ähnlich sind, und dass sie ihre Erfahrungen im Roman wiedererkennen.

Die Geschichten des Züricher Schriftstellers und Drehbuchautors **MARTIN SUTER** leben von den Kenntnissen, die er als Werbetexter und „Creative Director" einer Werbeagentur hat sammeln können. Die Erzählungen aus *Business Class* (2000) sind ursprünglich als Kolumnen in Zeitungen erschienen. Sie durchleuchten satirisch Ereignisse in Chefetagen und im Dschungel des mittleren Managements. Der Leser kann sich in der Rolle des belustigten Beobachters einrichten: „Die da oben" sind nicht anders als alle Leute, nur eben noch um einiges verrückter.

Auch **BENJAMIN VON STUCKRAD-BARRES** karikierender Entwurf einer Fernsehserie spielt mit dem Wiedererkennungseffekt. Die Leser kennen die Fernsehshows, die vorkommen, kennen die Fachausdrücke aus den Medien und der Gastronomie, auch die Stars und die wichtigen Programme. Sie freuen sich über die bissige Ironie, mit der das kommentiert wird, was sie im Alltag des Medienkonsums ernst zu nehmen pflegen. Die unterhaltsame, auf Pointen zielende Art, in der die Kunstwelt der Medien vorgestellt wird, macht den Anteil Pop-Kultur an diesem Text aus.

Themenkreis 3: Migrantenliteratur – Fremdheitserfahrungen

Als „Migrantenliteratur" werden Texte von Autoren bezeichnet, die **Deutsch als Zweitsprache** sprechen und die **deutsch schreiben.** Sie reflektieren – wie YÜKSEL PAZARKAYA – die Bedeutung, die die deutsche Sprache und Kultur für ihre persönliche Entwicklung hatte und hat. Sie greifen aber auch die Probleme auf, die Menschen haben, die von ihrer deutschen Umgebung als Fremde angesehen werden. Dadurch entstehen in ihren Werken ein neuer Realismus und eine erneute Aufmerksamkeit für öffentliche Belange, zum Beispiel für Probleme des Zusammenlebens von Menschen mit unterschiedlichen kulturellen Hintergründen. Diese inter- oder multikulturelle Literatur zielt auf **Kultursynthesen:** Sie ist Bestandteil der Nationalliteratur, konzentriert sich aber häufig auf Identitätsfragen kultureller Minderheiten. Als „erfolgreiche Einwanderer in die Sprache" werden diese Autoren oft auch zu Lesungen in Schulen eingeladen.

Yüksel Pazarkaya: deutsche sprache (1989)

die ich vorbehaltlos liebe
die meine zweite heimat ist
die mir mehr zuversicht
die mir mehr geborgenheit
5 die mir mehr gab als die
die sie angeblich sprechen

sie gab mir lessing und heine
sie gab mir schiller und brecht
sie gab mir leibniz und feuerbach
10 sie gab mir hegel und marx
sie gab mir sehen und hören
sie gab mir hoffen und lieben
eine welt in der sich leben lässt

die in ihr verstummen sind nicht in ihr
15 die in ihr lauthals reden halten sind nicht in ihr
die in ihr ein werkzeug der erniedrigung
die in ihr ein werkzeug der ausbeutung sehn
sie sind nicht in ihr sie nicht

meine behausung in der kälte der fremde
20 meine behausung in der hitze des hasses
meine behausung wenn mich verbiegt die
     bitterkeit
in ihr genoss ich die hoffnung
wie in meinem türkisch

Wladimir Kaminer: Eulenspiegel (Mölln) (2003)

Ich musste nach Mölln und suchte erst einmal die Stadt auf meiner großen Deutschlandkarte, die bei uns im Schlafzimmer auf dem Boden liegt. Sie ist sehr übersichtlich und so konnte ich in zwei Minuten gleich zwei Städte namens Mölln finden. Wie fast alles in Deutschland, gab es auch Mölln gleich doppelt. Um festzustellen, in welches Mölln ich fahren musste, verglich ich die Postleitzahlen. Es war nicht das in Mecklenburg, sondern das in Schleswig-Holstein – bei Lübeck. Im Internet fand ich eine sorgfältig gestaltete Stadtseite, auf der sich West-Mölln als „Eulenspiegelstadt mit Herz" präsentierte; dazu gab es Fotos vom „Historischen Rathaus" und vom „Museum des Eulenspiegels". Mir sagte das etwas. Das Eulenspiegel-Buch von Charles de Coster war in

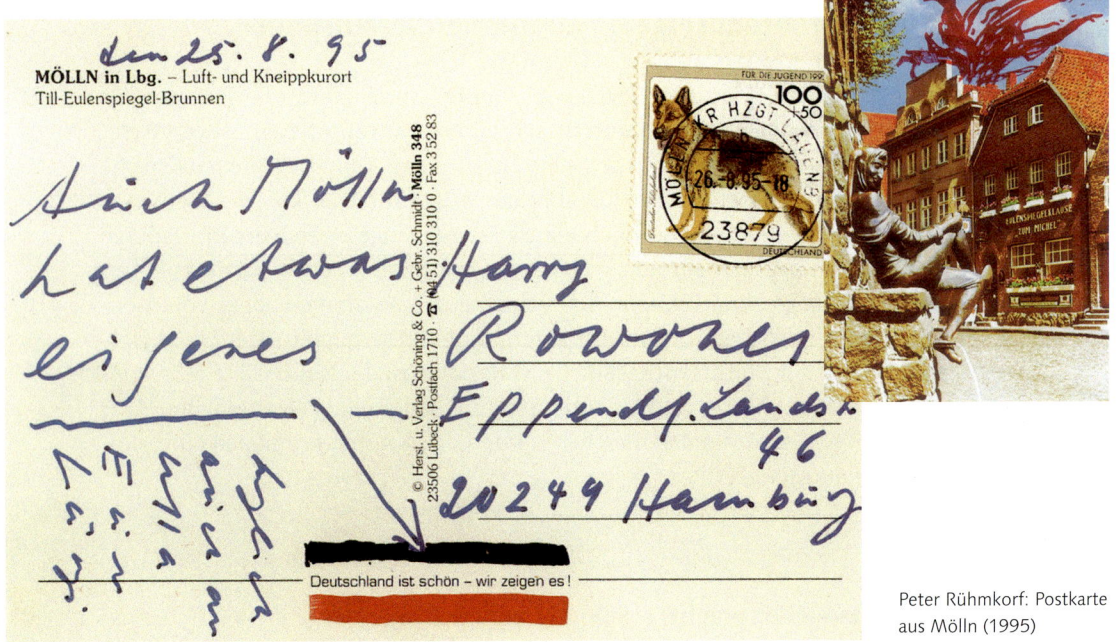

Peter Rühmkorf: Postkarte aus Mölln (1995)

der Sowjetunion sehr populär. Als Kind hatte ich es mehrmals gelesen. Und später in Berlin hatte ich einen Kulturwissenschaftler kennen gelernt,
20 der gerade eine wissenschaftliche Arbeit über Till Eulenspiegel schrieb. In Deutschland wird der flämische Anarchorebell[1] meist als Hofnarr verkannt. Der Kulturwissenschaftler behauptete, mit seinem Namen assoziiere man zum einen das
25 Sprichwort „Eulen nach Athen tragen" und zum anderen „jemandem einen Spiegel vorhalten". Doch ursprünglich hieß der Held Ulenspegel, zusammengesetzt aus *ulen* („wischen") und *Spegel* („Arsch"). Mithin bedeute Eulenspiegel in Wirk-
30 lichkeit so viel wie „Das geht mir am Arsch vorbei".

Ich war nicht vom Eulenspiegelmuseum nach Mölln eingeladen worden, sondern von der „Internationalen Begegnungsstätte e. V." Über
35 diesen Verein konnte ich nichts im Internet finden. Nach einigen Stunden Fahrt mit dem IC musste ich in Lübeck umsteigen. Mindestens dreißig Grenzschutzbeamte in voller Kampfausrüstung standen auf dem Bahnsteig. Mit mir wa-
40 ren nur noch zwei weitere junge Menschen in Lübeck ausgestiegen. Die Beamten schauten uns erwartungsvoll entgegen. Als die zwei Jungs die Uniformierten sahen, fingen sie sofort an zu brül-

len und zu pfeifen. Ich pfiff ein wenig mit und überlegte angestrengt, wer hier gegen wen ge- 45 spielt haben konnte. Es war Ende Juni, also mussten die Spiele der Bundesliga schon zu Ende sein. Ich fragte eine alte Dame, die auf einer Bank am Bahnsteig saß und ebenfalls auf den Zug nach Mölln wartete, ob es bei dem Pfeifen tatsächlich 50 um Fußball ging. Doch, doch, meinte sie, gerade heute hätte der VFB Lübeck in Heiligenstädtchen 1 zu 0 gewonnen und werde nun in die dritte Liga aufsteigen, oder sogar in die zweite? Sie sei kein großer Fußballfan, entschuldigte die Dame ihre 55 Ungenauigkeit, aber ein bisschen Spaß müsse sein.

In Mölln wurde ich bereits erwartet.

„Sie wissen wahrscheinlich, wodurch unsere Stadt in ganz Deutschland berühmt geworden 60 ist?", fragte mich Mark, ein junger Mann mit langen Haaren von der internationalen Begegnungsstätte.

„Na klar doch", antwortete ich, „durch Eulenspiegel." 65

Ich lag aber vollkommen falsch. Das Städtchen war vor einigen Jahren wegen eines Brandanschlags auf mehrere türkische Häuser in die Schlagzeilen geraten. Zwei junge Neonazis hatten drei Häuser angezündet, danach waren sie zur 70 Polizeiwache gelaufen und hatten sich mit der Bemerkung gestellt: „Sieg heil, die Türken brennen." Eine Familie war bei dem Brand ums Leben

1 **Anarchorebell:** Wortschöpfung Kaminers, zusammengesetzt aus „Anarchist" („gegen Herrschaft Protestierender") und „Rebell" (Aufständischer)

gekommen. Daraufhin wurde von einer Bürger-
initiative die internationale Begegnungsstätte in
Mölln gegründet. Mark, der alleinerziehende Vater
und Mitorganisator, führte mich durch die Stadt.
„Die Bevölkerung hier ist traditionell sehr kon-
servativ. Es ist schwer, an die Leute heranzukom-
men. Auch die türkischen Mitbürger wählen alle
CDU", erzählte er mir.
Die Straßen waren besenrein und parfümiert,
man konnte keine einzige Kippe entdecken. Auf
dem Marktplatz schmolz ein bronzenes Eulen-
spiegeldenkmal in der Sonne: Besonders glänzten
ein Finger und ein Schuh.
„Weil die Touristen ihn immer wieder an diesen
Stellen anfassen", erklärte mir Mark. „Das soll
Glück und viele Kinder bringen."

Der Eulenspiegel steckte in einem Clownskos-
tüm und saß in einer unbequemen Pose auf einem Sockel, dazu lächelte er milde. Ihr könnt
mich alle mal, stand in seinem Gesicht geschrieben. Wir gingen weiter über den Platz. Im Hof der
Begegnungsstätte saßen bereits zwei Dutzend
Gäste und warteten auf uns. Ein rothaariger, kräf-
tiger Mann kam auf mich zu. Er wollte etwas loswerden. „Darf ich Ihnen eine Frage stellen", er-
kundigte er sich höflich. „Wie gefällt es Ihnen
hier bei uns in Deutschland?"
Erst war ich perplex, dann antwortete ich ihm
ebenso höflich:
„Nun ja, Deutschland ist überall anders, wissen
Sie?"

Feridun Zaimoglu: **Leyla** (2006) Auszug

*[Leyla und ihre Familie sind aus einer anatolischen
Kleinstadt nach Istanbul umgezogen. Sie hat einen
Freund, mit dem sie auch standesamtlich verheiratet
ist, wohnt aber noch bei ihrer Familie. Er holt sie zu
Hause ab, um mit ihr ins Kino zu gehen. Sie treffen
einander im Wohnzimmer.]*

Er bedeutet mir, keinen Laut von mir zu geben,
ich bin still, ich sitze im Schaukelstuhl und zupfe
an den Wolllitzen meines Rocks, mein Mann
streichelt mein Ohrläppchen. Ich bin still. Ich
halte still, kein Ton kommt über meine Lippen.
Bald sitzt er wieder auf dem Ledersofa, das deutsche Lehrbuch in seinen Händen, und ich entschuldige mich, trete aus dem Wohnzimmer und
kann noch die in die Küche huschenden Schwestern entdecken. Ich werde Yasmin bitten, mir ihren weißen, mit falschen Perlen bestickten Schal
auszuleihen, und wie ich sie kenne, wird sie mich
lange betteln lassen, bis ihr Herz erweicht und sie
mir den Schal schenkt. Der Schöne führt mich
heute zum ersten Mal aus, was sollen mich die
Anstandsfrauen stören. Doch diesmal bleibt Yasmin unnachgiebig, sie habe es satt, alles zu verschenken, was ihr lieb und teuer sei, ich solle
mich nach anderer Frauen Anziehsachen umse-
hen. Ich leihe mir Seldas dünnes Halstuch, kehre
zu meinem Mann zurück und stoße fast mit dem

Feridun Zaimoglu

Vater zusammen, der ihn aus bösen Augen an-
starrt.
Hau ab, Hurenmädchen, sagt er leise.
Sie bleibt hier, sagt der Schöne, und Huren habe
ich in diesem Haus keine gesehen.
Hau ab, zischt er, sonst schlage ich dich vor dei-
nem Istanbuler.
Sie geht nirgendwohin, beharrt der Schöne, Ihre
Tochter ist vor dem Gesetz meine Frau, Sie kön-
nen nicht mehr über sie bestimmen. Was Sie mir

vorzuwerfen haben, ist auch für ihre Ohren bestimmt.

Ich dulde kein Unzuchtnest in diesem Haus, sagt
35 Halid, das Gesetz, von dem du Münzenschnipser
redest, ist ein Paragraf auf dem Papier, ich trete es
mit meinen Füßen. Das Hurenmädchen ist dir
unantastbar, und du, Istanbuler, bist ihr unantastbar, bis ihr beide von Gottes Priester getraut
40 werdet.

Beleidigen Sie nicht meine Frau, sagt Metin.

Sonst was?

Sonst vergesse ich, dass Sie mein Schwiegervater
sind.

45 Ich spucke auf deine Frau, das Hurenmädchen,
sagt Halid, und kaum hat er diese Worte ausgesprochen, torkelt er wie betrunken rückwärts,
und noch im Fallen zischt er eine Gotteslästerung
hervor, der Hut fliegt ihm weg, und auch der Spa-
50 zierstock, er stößt mit dem Kopf gegen die Seiten-
lehne des Schaukelstuhls, kein Polster und keine
Bodenmatratze kann die Wucht seines Sturzes
mildern, und als er schließlich hingestreckt liegt,
sehe ich einen münzengroßen roten Fleck auf sei-
55 ner Stirn.

Du verfluchter Hurenwirt, brüllt er, du hast die
Hand gegen mich erhoben, du hast es gewagt!

Ich lasse mich von einem elenden Zuchthäusler
nicht beleidigen, sagt der Schöne so leise, dass ich
60 ihn gerade noch verstehen kann, ich habe Sie gewarnt!

Halid klammert sich an den Schaukelstuhl und
kommt mit einem Ruck hoch, es ist der Augenblick seiner Verrücktheit, in seinen Augen hat
65 ihn ein verkommener degenerierter Städter gede-
mütigt, und das kann er nicht zulassen. Er um-
greift mit der Rechten den Spazierstock und hebt
den Knauf immer wieder in die Luft, im Augenblick seiner Verrücktheit verzerrt sich sein Ge-
70 sicht zu einer Hassmaske, er hat ein schönes Opfer gespäht.

Ihr habt hinter meinem Rücken diese Unzucht-
verbindung beschlossen, stößt er hervor, ihr habt
mich so lange bedrängt, bis ich nachgab. Aber ich
75 bin nicht beschädigt. Dein Faustschlag, Hurenwirt, beschädigt mich nicht ... Aber jetzt werde
ich dir zeigen, wie man einem Feind wirklich
Schaden zufügt ...

Er macht einen Schritt auf Metin zu, der die Fäus-
80 te an seinen Körper presst, auch er wird sich nicht

zurückhalten, seine Ehre ist verletzt, und man
hat die Ehre seiner Frau beschmutzt, ließe er die
Maulschande des Vaters ungeahndet, würde er
Schuld auf sich laden. Der Schöne hat mich in
Schutz genommen, denke ich, und ich sollte ei- 85
gentlich jetzt zwischen die Kampfmänner gehen
und versuchen, den Zorn des Vaters auf mich zu
lenken, doch eine Kraft hält mich zurück, ich stehe wie das Mädchen aus den alten Tagen völlig
gelähmt auf meinem Fleck. 90

Vater, lass es gut sein!

Djengis stellt sich vor Halid und umarmt ihn, eine seltsam zärtliche Geste; und ich traue meinen
Augen nicht, als er seinen Kopf auf des Vaters
Schulter legt, er flüstert ihm etwas ins Ohr, dann 95
strafft er sich, wendet sich Metin und mir zu und
sagt, er sei als der erstgeborene Sohn seines Vaters
Anwalt und Schatten, der Vater habe seine Hilfe
nicht nötig, aber er sei es seinem Vater schuldig.

Und jetzt raus hier!, sagt er, sonst vergesse ich 100
mich.

Als wir vor die Haustür treten, sehe ich Senem
Halim und Billur, Yasmin und Selda haben sich
dazugestellt, sie alle wissen, was sich soeben im
Wohnzimmer abgespielt hat, wir nicken einan- 105
der stumm zu und setzen uns in Bewegung. Ich
schaue über die Schultern, Djengis folgt uns in
einiger Entfernung. Vielleicht ist er doch am Ende der Sohn seines Vaters, ich habe ihn meiner
Mutter gegenüber sprechen gehört, dass er Me- 110
tins Sippe nicht trauen könne, da sie in der Mehrheit aus Aussiedlern aus Bulgarien bestehe, diese
Menschen seien bestimmt infiziert worden von
den balkanesischen Irrlehren. Er hat dem Vater
sein Wort geben müssen, dass er über mich wa- 115
chen werde, da bin ich mir sicher. Die Frauen
nehmen mich in ihre Mitte, Selda und Senem Halim haken sich bei mir ein, als müssten sie einen
Fluchtversuch befürchten, sie sprechen über die
Anhebung des Brotpreises, die gestern offiziell 120
bekannt gegeben worden sei, Brot und Käse und
Oliven könnten sich bald nur noch die Vornehmen leisten. Eine Katastrophe, sagt Senem Halim,
eine malaise[1] extrafatal[2], bei diesen Worten
zwickt mich Selda heimlich in den Arm. 125

---

1 **malaise:** Unglück
2 **extrafatal:** Zusammensetzung aus „extra" und „fatal":
   „besonders folgenschwer"

Kommentar

Aus der großen Fülle literarischer Werke, welche die Lebensbedingungen von Migranten in Deutschland darstellen und die Kulturen des Herkunftslandes und der neuen Lebenswelt miteinander konfrontieren, werden hier nur drei und zudem sehr unterschiedliche Texte vorgestellt. Yüksel Pazarkayas Gedicht ist ein Lobgedicht auf klassische deutsche Literatur und Philosophie, das gleichzeitig nicht mit Kritik an den Deutschen spart. Wladimir Kaminers Erzählung über seinen Besuch in der Eulenspiegelstadt Mölln nutzt den Blick von außen, um die Probleme der deutschen Kleinstadt mit Tradition und Rechtsradikalismus zur Sprache zu bringen. Feridun Zaimoglu hingegen schreibt über eine türkische Familie, die von Anatolien über die Weltstadt Istanbul nach Deutschland kommt und auf dieser Reise mit der zunehmenden Nichtachtung ihrer heimatlichen patriarchalen Familienhierarchien in Konflikt gerät.

Yüksel Pazarkaya (* 1940 in Izmir) lebt seit 1958 in Deutschland. Der Schriftsteller ist Mitglied im deutschen und im türkischen PEN-Club, er arbeitet seit 1968 als Redakteur beim WDR Köln. Sein Gedicht *deutsche sprache* ist zuerst auf Türkisch, später auf Deutsch erschienen. Es spielt mit der Metapher von der Sprache als Heimat und Wohnung, die in der deutschen Exillyrik eine große Bedeutung hatte. Die Sprache gibt vor allem ein Gefühl kultureller Zugehörigkeit. Der Sprecher zählt die Namen auf, die ihm eine Welt aufzeigten, „in der es sich leben lässt", und verbannt aus ihr alles, was sie zum Instument des Hasses und der Ausbeutung machen könnte.

Wladimir Kaminer erzählt in einem lässigen Plauderton. Er erwähnt Wiedererkennbares, Alltägliches, um vor diesem Hintergrund das Problem des Rechtsradikalismus anzusprechen. Seine ausweichende Antwort am Schluss ist eines Eulenspiegels würdig. Sie ist doppeldeutig und führt den Angesprochenen hinters Licht, nicht aber den Leser: Es ist zu vermuten, dass es doch einiges in Deutschland gibt, was ihm nicht gefällt. Die bemalte Postkarte des Dichters Peter Rühmkorf macht darauf aufmerksam. Hinter dem Eulenspiegel lässt Rühmkorf Flammen aus dem Dach des Rathauses schlagen. Den Slogan „Deutschland ist schön, wir zeigen es" hat der Dichter mit einer schwarz-weiß-roten Flagge (der des alten Kaiserreichs) umrahmt. Die Briefmarke zeigt einen Deutschen Schäferhund.

Feridun Zaimoglu gibt der jungen Leyla das Wort. Sie erzählt, beschreibt das Verhalten der Frauen und Männer in ihrer Familie, teilt ihre eigenen Befürchtungen und Hoffnungen mit. Sie kennt die Gedanken der Handelnden, denn ihr sind die gesellschaftlichen Regeln vertraut, nach denen sich Männer und Frauen aus Anatolien zu verhalten haben. Der Leser erfährt jeweils, was nach Maßgabe dieser Regeln zu tun ist – z.B. aus Gründen der Ehre, der Familienhierarchie oder der besonderen Stellung des ältesten Sohnes. Emanzipation und westliches Leben bleiben unter diesen Umständen undenkbar. Die Pflicht der Frau ist, ihre „Ehre zu bewahren", die Teil der Ehre ihres Mannes ist. Daraus resultiert Unterdrückung. Es mag sein, dass Zaimoglu die soziale Welt der Osttürkei in die Großstadt versetzt, um die Unvereinbarkeit der Welten, die in den Köpfen vor allem der Frauen existieren, mit der Welt, in der sie leben, darzustellen. Damit erzählt er die Vorgeschichte der Generation, die sich nun anschickt, türkische und deutsche Identität in einer ernst gemeinten Kultursynthese zusammenzuführen.

Verzeichnis der Texte und Textquellen

ANDERSEN, HANS CHRISTIAN
(1805–1875)
118 Das Mädchen mit den Schwefelhölzchen
aus: Weihnachtsgeschichten. Hg. von
Anne Braun. Arena, Würzburg ⁵1994,
S. 104 ff.

ARNIM, ACHIM VON (1781–1831)
105 Auf der Durchreise
zit. nach: Conrady. Das Buch der
Gedichte. Deutsche Lyrik von den
Anfängen bis zur Gegenwart. Neu hg.
von Hermann Korte. Cornelsen, Berlin
2006, S. 250

ARNIM, BETTINA VON (1785–1859)
135 Dies Buch gehört dem König
aus: Werke und Briefe in 5 Bänden.
Frechen 1959, Bd. 3, S. 229, 247

BACHMANN, INGEBORG (1926–1973)
223 Alle Tage
aus: Werke. Hg. von C. Koschel,
I. v. Weidenbaum, C. Münster. Piper,
München, Bd. 1., S. 46

BECKER, JUREK (1937–1997)
251 Bronsteins Kinder
aus: Bronsteins Kinder. Suhrkamp,
Frankfurt/M. 1986, S. 69 ff.

BENN, GOTTFRIED (1886–1956)
184 Nachtcafé
aus: Gesammelte Werke 1. Gedichte.
Limes, Wiesbaden 1960, S. 18 f.

BIERMANN, WOLF (* 1936)
232 Porträt eines alten Mannes
247 Ermutigung
aus: Mit Marx- und Engelszungen. Klaus
Wagenbach, Berlin 1968, S. 15, 61

BÖLL, HEINRICH (1917–1985)
233 Politik der Stärke als die schwächste
aller möglichen
aus: Werke. Essayistische Schriften und
Reden I. 1952–1963. Hg. von Bernd
Balzer. Kiepenheuer&Witsch, Köln o. J.,
S. 471 f.

BORCHERT, WOLFGANG (1921–1947)
221 Draußen vor der Tür
aus: Das Gesamtwerk. Rowohlt,
Hamburg 1959, S. 122 f., 125 f.

BRANT, SEBASTIAN (1457–1521)
26 Das Narrenschiff
bearbeitet nach: Das Narrenschiff. Stu-
dienausgabe. Mit allen 114 Holzschnitten des Drucks Basel 1494. Hg. von
Joachim Knape. Philipp Reclam jun.,
Stuttgart 2005 (UB 18333), S. 160 ff.

BRAUN, VOLKER (* 1939)
246 Eigene Kontinuität
aus: Gegen die symmetrische Welt.
Gedichte. Mitteldeutscher Verlag, Halle
1974, S. 38 f.

BRECHT, BERTOLT (1898–1956)
201 Über die Bezeichnung Emigranten
(1)
203 Mutter Courage und ihre Kinder (2)
220 Aus dem Arbeitsjournal. Eintrag
vom 06. 01. 1948 (3)
231 Die Lösung (4)
(1) aus: Gesammelte Werke in 20 Bänden. Suhrkamp, Frankfurt/M. 1967,
Bd. 9, S. 718
(2) aus: Suhrkamp, Frankfurt /Main
1964, S. 58 ff. (edition suhrkamp 49)
(3) aus: Werke. Große kommentierte
Berliner und Frankfurter Ausgabe. Hg.
von Werner Hecht, Jan Knopf u. a. Aufbau, Berlin/Weimar 1995, Bd. 27, S. 262
(4) aus: Gesammelte Werke in 20 Bänden. Suhrkamp, Frankfurt/M. 1967,
Bd. 10, Gedichte 3, S. 1009 f.

BREMER, CLAUS (* 1924)
235 Panzer
aus: Immer schön in der Reihe bleiben.
Texte und Kommentare. Anabas, Stein-
bach 1968

BÜCHNER, GEORG (1813–1837)
130 Der hessische Landbote
aus: Sämtliche Werke und Briefe. Histo-
risch-kritische Ausgabe mit Kommentar.
Hg. von Werner R. Lehmann. Christian
Wegner, Hamburg 1971, Bd. 2, S. 34 f.,
46 f.

BUSCH, WILHELM (1832–1908)
141 Balduin Bählamm
aus: Gesammelte Werke in sechs
Bänden. Hg. und eingeleitet von Hugo
Werner. Manfred Pawlak, Herrschin
o. J., Bd. 5, S. 213

CELAN, PAUL (1920–1970)
224 Zürich, Zum Storchen
aus: Die Niemandsrose. Gesammelte
Werke in fünf Bänden. Suhrkamp,
Frankfurt/M. 1983, Bd. 1, Gedichte,
S. 214 f.

CERVANTES, MIGUEL DE (1547–1616)
44 Don Quijote
aus: Don Quijote. Nacherzählt von Dirk
Walbrecker (Bibliothek der Kinderklassi-
ker). Annette Betz, Wien/München
1992, S. 21 ff.

CLAUDIUS, MATTHIAS (1740–1815)
53 Abendlied
60 Kriegslied
aus: Deutsche Dichtung im 18. Jahrhundert. Hg. von Adalbert Elschenbroich.
Wissenschaftliche Buchgesellschaft,
Darmstadt 1969, S. 324, 325 f.

DER VON KÜRENBERG
(um 1150 – um 1200)
18 Ich zôch mir einen valken
aus: Des Minnesangs Frühling. Neu
bearbeitet von Carl von Kraus. S. Hirzel,
Stuttgart ³³1962, S. 5 (Übersetzung
K. Fingerhut)

DROSTE-HÜLSHOFF, ANNETTE VON
(1797–1848)
140 Der Weiher. Kinder am Ufer (1)
138 Am Turme (2)
153 Die Judenbuche (3)
(1) aus: Gesammelte Werke. Hg. von
Reinhold Schneider. Liechtenstein,
Vaduz, Sonderausgabe o. J.; Bd. 2, S. 50,
52
(2) aus: Ebd., S. 85
(3) aus: Philipp Reclam jun., Stuttgart
1975, S. 8 ff. (UB 1858)

DÜRRENMATT, FRIEDRICH (1921–1990)
248 Der Auftrag oder Vom Beobachten
des Beobachters der Beobachter
aus: Der Auftrag oder Vom Beobachten
des Beobachters der Beobachter.
Diogenes, Zürich 1986, S. 9 f.

EICH, GÜNTER (1907–1972)
222 Wacht auf
aus: Träume. Suhrkamp, Frankfurt/M.
1961, S. 189 f.

EICHENDORFF, JOSEPH VON (1788–1857)
105 Nachts (1)
109 Zwielicht (2)
111 Das Marmorbild (3)
(1) aus: Ausgewählte Werke. Hg. von
Paul Stapf. Emil Vollmer, Wiesbaden
o. J., Bd. 1, S. 12
(2) aus: Ebd., Bd. 1, S. 11
(3) aus: Ebd., Bd. 2, S. 18, 37 ff.

ENZENSBERGER, HANS MAGNUS (* 1929)
232 freizeit
aus: Blindenschrift. Suhrkamp, Frankfurt
1967, S. 31

FLEMING, PAUL (1609–1640)
36 An sich
zit. nach: Conrady. Das Buch der
Gedichte. Deutsche Lyrik von den
Anfängen bis zur Gegenwart. Neu hg.
von Hermann Korte. Cornelsen, Berlin
2006, S. 71

FONTANE, THEODOR (1819–1898)
157 Meine Kinderjahre
aus: Meine Kinderjahre. Philipp Reclam
jun., Stuttgart 1986, S. 34 f. (UB 8290)

FREILIGRATH, FERDINAND (1810–1876)
133 Trotz alledem!
134 Von unten auf!
aus: Freiligraths Werke in einem Band.
Ausgewählt und eingeleitet von Werner
Ilberg. Aufbau, Berlin und Weimar
1967, S. 48 f., 89

FRIED, ERICH (1921–1988)
220 Spruch
234 Antiquitätenläden in Saigon
244 Prüfung von Freunden in Friba-
Frabi
aus: Gesammelte Werke. Hg. von Volker
Kaukoreit und Klaus Wagenbach. Klaus
Wagenbach, Berlin 1993, Gedichte 3,
S. 564, 378, 600

KAFKA, FRANZ (1883–1924)
188 Ich liebte ein Mädchen … (1)
188 Er hat Durst (2)
188 Mit einem Gefängnis hätte er sich abgefunden (3)
(1) aus: Nachgelassene Schriften und Fragmente II. Hg. von Jost Schillemeit. S. Fischer, Frankfurt/M. 1992, S. 234 f.
(2) aus: Beschreibung eines Kampfes. Hg. von Max Brod. Taschenbuchausgabe in 7 Bänden. Fischer Taschenbuchverlag, Frankfurt/M. 1976, Bd. 5, S. 221
(3) aus: Ebd., S. 216

KAMINER, WLADIMIR (* 1967)
275 Eulenspiegel (Mölln)
aus: Mein deutsches Dschungelbuch. Goldmann, München 2003, S. 45 ff.

KÄSTNER, ERICH (1899–1974)
198 Fabian
aus: Ders.: Gesammelte Schriften für Erwachsene. Droemer Knaur, München/Zürich 1969, Bd. 2, S. 53 ff.

KEHLMANN, DANIEL (* 1975)
265 Die Vermessung der Welt
aus: Die Vermessung der Welt. Rowohlt, Reinbek 2005, S. 72 ff., 78

KELLER, GOTTFRIED (1819–1890)
150 Am fließenden Wasser
154 Romeo und Julia auf dem Dorfe
aus: Die Leute von Seldwyla und Gesammelte Gedichte. Winkler, München 1961, S. 614 ff., 68 ff.

KIRSCH, SARAH (* 1935)
246 Selektion
aus: Erdreich. Gedichte. Deutsche Verlagsanstalt, Stuttgart 1982, S. 58

KLEIST, HEINRICH VON (1777–1811)
94 Die Herrmannsschlacht
aus: Dramen 1808–1811 (= Sämtliche Werke, Bd. 2). Hg. von Ilse-Marie Barth und Hinrich C. Seeba. Deutscher Klassikerverlag, Frankfurt/M. 1987, S. 535 f.

KRAUS, KARL (1874–1936)
194 Kino
aus: Schriften. Hg. von Christian Wagenknecht. Suhrkamp, Frankfurt/M. 1989, Bd. 9, Gedichte, S. 559

KUNERT, GÜNTER (* 1929)
220 Über einige Davongekommene (1)
247 Scham (2)
(1) aus: Gedichte. Auswahl von Franz Josef Görtz. Philipp Reclam jun., Stuttgart 1987, S. 3
(2) aus: Verspätete Monologe. Hanser, München 1981, S. 38

KUNZE, REINER (* 1933)
232 Beweggründe
aus: Die wunderbaren Jahre. Fischer Taschenbuchverlag, Frankfurt/M. 1978, S. 63

LASKER-SCHÜLER, ELSE (1869–1945)
202 Mein blaues Klavier
aus: Marbacher Magazin 71/1995. Bearbeitet von Erika Klüsener und Friedrich Pfäfflin. Deutsche Schillergesellschaft, Marbach am Neckar 1995, S. 328

LESSING, GOTTHOLD EPHRAIM (1729–1781)
56 Der Löwe mit dem Esel (1)
55 Emilia Galotti (2)
(1) aus: G. E. Lessings sämtliche Schriften. Hg. von Karl Lachmann. 3., aufs Neue durchgesehene und vermehrte Auflage, besorgt durch Franz Muncker. Göschen, Stuttgart/Leipzig/Berlin 1886–1924, Bd. 1, S. 209 (Reprint de Gruyter, Berlin 1968)
(2) aus: Emilia Galotti. Reclam Universalbibliothek Nr. 45, Stuttgart 1979, S. 17 f.

LICHTENBERG, GEORG CHRISTOPH (1742–1799)
59 Sudelbücher – Wenn man auf einer entfernten Insel … (1)
61 Sudelbücher – Es ist in der Tat verkehrt … (2)
61 Sudelbücher – Es wäre der Mühe wert (3)
(1) aus: Deutsche Dichtung im 18. Jahrhundert. Hg. von Adalbert Elschenbroich. Wissenschaftliche Buchgesellschaft, Darmstadt 1969, S. 258 f.
(2) aus: G. Ch. Lichtenberg: Werke in einem Band. Hoffmann und Campe, Hamburg o. J., S. 44
(3) aus: Deutsche Dichtung im 18. Jahrhundert. Hg. von Adalbert Elschenbroich. Wissenschaftliche Buchgesellschaft, Darmstadt 1969, S. 248

LICHTENSTEIN, ALFRED (1889–1914)
183 Die Dämmerung
aus: Gesammelte Gedichte. Arche, Zürich 1962, S. 44

LUTHER, MARTIN (1483–1546)
25 Aus tiefer Not (1)
25 Der 130. Psalm: De profundis clamavi (2)
(1) aus: Ausgewählte Schriften V. Hg. von Karin Bornkamm und Gerhard Ebeling. Insel, Frankfurt/M. 1990 (insel taschenbuch 1284), S. 269 f.
(2) aus: Die Bibel. Nach der deutschen Übersetzung D. Martin Luthers. Von Cansteinsche Bibelanstalt, Witten 1961, S. 509

MANN, ERIKA (1905–1969)/ **DIE PFEFFERMÜHLE**
196 Das Megaphon
aus: Helga Keiser-Hayne: Beteiligt euch, es geht um eure Erde. Erika Mann und ihr politisches Kabarett „Die Pfeffermühle" 1933–1937. Edition Spangenberg, München 1990, S. 93

MANN, THOMAS (1875–1955)
204 Deutsche Hörer!
aus: Gesammelte Werke in 13 Bänden. Fischer, Frankfurt/M., Bd. 13, Nachträge, S. 738 f.

MEYER, CONRAD FERDINAND (1825–1898)
150 Möwenflug
aus: Sämtliche Werke in vier Bänden. Th. Knaur Nachf., Berlin o. J., Bd. 2, S. 112 f.

MÖRIKE, EDUARD (1804–1875)
108 Um Mitternacht
117 Die Geister am Mummelsee
141 Im Frühling
aus: Eduard Mörike: Gedichte. Auswahl und Nachwort von Bernhard Zeller. Reclam, Stuttgart 1977, S. 71, 38 f., 16

MÜLLER, HERTA (* 1953)
267 Atemschaukel – Ersatzbruder
aus: Atemschaukel. Carl Hanser, München 2009, S. 211 ff.

MÜLLER, WILHELM (1794–1827)
105 Die Winterreise – Gute Nacht
zit. nach: Conrady. Das Buch der Gedichte. Deutsche Lyrik von den Anfängen bis zur Gegenwart. Neu hg. von Hermann Korte. Cornelsen, Berlin 2006, S. 266

MUSIL, ROBERT (1880–1942)
189 Die Affeninsel
aus: Nachlass zu Lebzeiten. Rowohlt Taschenbuchverlag, Reinbek bei Hamburg 1997, S. 14 ff.

NADOLNY, STEN (*1942)
270 Ein Gott der Frechheit.
aus: Ein Gott der Frechheit. Piper, München/ Zürich (Taschenbuchausgabe) 1996, S. 81 ff.

NIETZSCHE, FRIEDRICH (1844–1900)
178 Vereinsamt
aus: Gedichte. Hg. von Jost Hermand. Reclam, Stuttgart 1964, S. 24

NOVALIS (= GEORG PHILIPP FRIEDRICH VON HARDENBERG) (1772–1801)
110 Die Christenheit oder Europa
aus: Novalis Werke, Tagebücher und Briefe. Hg. von Hans-Joachim Mähl und Richard Samuel. Wissenschaftliche Buchgesellschaft, Darmstadt 1978, Bd. 2., S. 732, 748 f.

OPITZ, MARTIN (1597–1639)
39 Sonett. Aus dem Italienischen des Petrarca
aus: Die Deutsche Literatur vom Mittelalter bis zum 20. Jahrhundert. Band III. Barock. Hg. von Albrecht Schöne. C.H.Beck/dtv, München 1988, S. 716

ORTHEIL, HANNS-JOSEF (* 1951)
264 Abschied von den Kriegsteilnehmern
aus: Abschied von den Kriegsteilnehmern. Piper, München/Zürich 1992, S. 382, 384, 394, 397 ff.

PAZARKAYA YÜKSEL (* 1940)
275 deutsche sprache
aus: Der Babylonbus. Gedichte. Dagyeli, Frankfurt/M. 1989, S. 7

PERRAULT, CHARLES (1628–1703)
121 Das Rotkäppchen
aus: Ders.: Märchen aus alter Zeit. Übersetzt von Dorothee Walterhöfer. Melzer, Buchschlag 1976, S. 22

PFEFFEL, GOTTLIEB KONRAD (1736–1809)
56 Der Löwe, der Fuchs und der Esel
aus: Fabeln und Erzählungen. In Auswahl hg. von H. Hauff. 2 Bände. Cotta, Stuttgart 1840, Bd. 1, S. 342

RILKE, RAINER MARIA (1875–1926)

179 Der Panther

179 Der Schwan
aus: Sämtliche Werke in 12 Bänden. Insel Werkausgabe, Frankfurt /M. 1976, Bd. 2, S. 505, 510

ROUSSEAU, JEAN-JACQUES (1712–1778)

61 Emile
aus: Emile oder Über die Erziehung. Neue deutsche Fassung, besorgt durch Josef Esterhues. Schöningh, Paderborn 1962, S. 426

SACHS, HANS (1494–1576)

27 Die ungleichen Kinder Evä
aus: Hans Sachs' ausgewählte poetische Werke. Philipp Reclam jun., Leipzig 1884, Nr. 22

SACHS, NELLY (1891–1970)

224 O die Schornsteine
aus: Fahrt ins Staublose. Gedichte. Frankfurt/M. ²1992, S. 8 (= st 1485)

SCHILLER, FRIEDRICH (1759–1805)

73 Kabale und Liebe – Kammerdienerszene (1)

84 Der Kampf mit dem Drachen (2)

88 Brief an die Schwestern Lengefeld (3)

90 Die Worte des Glaubens (4)

91 Das Mädchen aus der Fremde (5)

93 Wilhelm Tell (6)
(1) aus: Kabale und Liebe. Reclam, Stuttgart 1987 (RU 33), S. 29 f.
(2) aus: Ders.: Gedichte. Eine Auswahl. Hg. von Gerhard Fricke. Philipp Reclam jun., Stuttgart 1974, S. 64 f., 71 f.
(3) aus: Schillers Briefe. Hg. und mit Anmerkungen versehen von Fritz Jonas. Kritische Gesamtausgabe. Deutsche Verlags-Anstalt, Stuttgart 1892–96, Bd. 1, S. 65 f.
(4) aus: Gedichte, a. a. O., S. 157
(5) aus: Gedichte, a. a. O., S. 45
(6) aus: Schillers Werke in 12 Bänden. Dramen 4. Hg. von Matthias Luserke. Deutscher Klassikerverlag, Frankfurt/M. 1996, S. 478 f.

SCHNEIDER, PETER (* 1940)

245 … schon bist du ein Verfassungsfeind. Das unerwartete Anschwellen der Personalakte des Lehrers Kleff
aus: … schon bist du ein Verfassungsfeind. Das unerwartete Anschwellen der Personalakte des Lehrers Kleff. Rotbuch, Berlin 1975, S. 30 ff., 40 f.

SCHUBART, CHRISTIAN FRIEDRICH DANIEL (1739–1791)

57 Der gnädige Löwe (1)

68 Die Aussicht (2)
(1) aus: Schubarts Werke in einem Band. Aufbau, Berlin und Weimar 1988, S. 295
(2) aus: Deutsche Dichtung im 18. Jahrhundert. Hg. von Adalbert Elschenbroich. Wissenschaftliche Buchgesellschaft, Darmstadt 1969, S. 420 f.

SEGHERS, ANNA (1900–1983)

201 Das Obdach
aus: Gesammelte Werke in Einzelausgaben. Aufbau, Berlin 1977, Bd. 9, S. 277 ff.

SILESIUS, ANGELUS (1624–1677)

40 Cherubinischer Wandersmann
zit. nach: Echtermeyer/von Wiese: Deutsche Gedichte. August Bagel, Düsseldorf 1968, S. 97

STADLER, ERNST (1883–1914)

185 Der Aufbruch
aus: Gedichte und Prosa. Hg. von Hans Rauschning. Fischer Bücherei, Frankfurt 1964, S. 73 f.

STIFTER, ADALBERT (1805–1868)

143 Der Kondor
aus: Stifters Werke in vier Bänden. Ausgewählt und eingeleitet von Joachim Müller. Aufbau, Weimar und Berlin 1973, Bd. 1, S. 18 ff.

STORM, THEODOR (1817–1888)

151 Meeresstrand

151 Über die Heide

156 Hans und Heinz Kirch
aus: Gesammelte Werke in sechs Bänden. Nymphenburger, München 1981, Bd. 1, S. 22 f., 102; Bd. 4, S. 146 ff.

STRAUSS, BOTHO (* 1944)

253 Niemand anderes
aus: Niemand anderes. Carl Hanser, München 1987, S. 152 f.

STUCKRAD-BARRE, BENJAMIN VON (* 1975)

272 Pizzabringdienst
aus: Deutsches Theater. Goldmann, München, 2. Auflage 2004, S. 259 ff.

SUTER, MARTIN (* 1948)

271 Das fängt ja gut an
aus: Business Class. Geschichten aus der Welt des Managements. Diogenes, Zürich 2000, S. 145 ff.

THEOBALDY, JÜRGEN (* 1944)

250 Die Bewohner
aus: Zweite Klasse. Gedichte. Rotbuch, Berlin 1976, S. 11

TRAKL, GEORG (1887–1914)

186 Grodek
aus: Die Dichtungen. Wissenschaftliche Buchgesellschaft, Darmstadt 1978, S. 193

TUCHOLSKY, KURT (1890–1935)

195 Danach

197 Blick in ferne Zukunft
aus: Gesammelte Werke in 10 Bänden. Hg. von Mary Gerold-Tucholsky und Fritz J. Raddatz. Rowohlt Taschenbuchverlag, Reinbek bei Hamburg 1975, Bd. 8, S. 92, 270 f.

WACKENRODER, WILHELM (1773–1798)

103 Herzensergießungen eines kunstliebenden Klosterbruders
aus: Werke und Briefe. Hg. von Gerda Heinrich. Hanser, München u. a., S. 212 f.

WALLRAFF, GÜNTER (* 1942)

230 Am Band
aus: Lesebuch. Deutsche Literatur der sechziger Jahre. Hg. von Klaus Wagenbach. Klaus Wagenbach, Berlin 1968, S. 11 ff.

WALTHER VON DER VOGELWEIDE (um 1170 – um 1230)

13 Nemt, frowe, disen kranz

18 Der zweite Reichston
(1) aus: Die Gedichte Walthers von der Vogelweide. Hg. von Carl v. Kraus. Walter de Gruyter, Berlin 1950, S. 106
(2) aus: Ebd., S. 10 (Übersetzung K. Fingerhut)

WEERTH, GEORG (1822–1856)

136 Das Hungerlied
aus: Ausgewählte Werke. Hg. von Bruno Kaiser. Insel, Frankfurt /M. 1966, S. 38 f.

WEISS, PETER (1916–1982)

225 Meine Ortschaft
aus: Rapporte. Suhrkamp, Frankfurt/M. 1968, S. 120 f., 123 f.

WOHMANN, GABRIELE (* 1932)

249 Kompakt
aus: Habgier. Erzählungen. Reinbek bei Hamburg, 1978, S. 19 f.

WOLF, CHRISTA (* 1929)

228 Der geteilte Himmel
aus: Der geteilte Himmel. dtv, München 1973 (ersch. Mitteldeutscher Verlag 1963), S. 60, 72 ff.

ZAIMOGLU, FERIDUN (* 1964)

277 Leyla
aus: Leyla. Kiepenheuer & Witsch, Köln 2006, S. 352 ff.

Unbekannte/Unbenannte Autoren und Autorinnen

14 Das Hildebrandslied
aus: Althochdeutsches Lesebuch. Hg. von Wilhelm Braune/ Karl Helm. Niemeyer, Tübingen ¹³1958, S. 81 (Übersetzung K. Fingerhut)

15 Das Nibelungenlied
nach der Ausgabe von Karl Bartsch. Hg. von Helmut de Boor. Brockhaus, Wiesbaden ¹⁴1956, S. 3; Übersetzung des Auszugs aus der 15. Szene (Sie sprach …), Strophen 899 ff., von K. Fingerhut in Anlehnung an Karl Simrock: Das Nibelungenlied. J. G. Cotta'sche Buchhandlung, Stuttgart ¹³1868

29 Historia von D. Johann Fausten.
nach: Deutsche Volksbücher in 3 Bänden. Hg. von Peter Suchsland. Aufbau, Berlin 1982, Bd. 3 (nacherzählt von K. Fingerhut)

116 Der Tannhäuser
aus: Des Knaben Wunderhorn. Vollständige Ausgabe nach dem Text der Erstausgabe 1806/1808. Hg. von Arnim, Achim von und Clemens Brentano. Winkler, München 1957, S. 60 ff.

Bildquellenverzeichnis

Autoren- und Sachregister

Redaktion: Amelie Ihering, Stefan Windte
Bildrecherche: Gabriele Sprickerhof

Umschlaggestaltung: grafikdesign klein & halm; unter Verwendung von
Bernhard Kretzschmars Gemälde „Susanne, lesend" (1920, Ausschnitt)
Layout und technische Umsetzung: werkstatt für gebrauchsgrafik, Berlin

www.cornelsen.de

Dieses Werk berücksichtigt die Regeln der reformierten Rechtschreibung
und Zeichensetzung. Bei den mit R gekennzeichneten Texten haben die
Rechteinhaber einer Anpassung widersprochen.

1. Auflage, 7. Druck 2020

Alle Drucke dieser Auflage sind inhaltlich unverändert
und können im Unterricht nebeneinander verwendet werden.

Druck und Bindung: Livonia Print, Riga

ISBN 978-3-06-061879-8

Allgemeine Geschichte	Deutsche Literaturgeschichte (Groborientierung)
1849 Ende der Frankfurter Nationalversammlung	**Poetischer Realismus, ca. 1848–1890**
1866 Deutscher Krieg (Preußen gegen Östereich); Norddeutscher Bund unter preußischer Führung	F. HEBBEL (1813–1863): Maria Magdalena (1844) TH. STORM (1817–1888): Der Schimmelreiter (1888) TH. FONTANE (1819–1898): Effi Briest (1894/95)
1870–1871 **Deutsch-Französischer Krieg**	G. KELLER (1819–1890): Die Leute von Seldwyla (1856/73) C. F. MEYER, W. RAABE, W. BUSCH
1871 KÖNIG WILHELM I. wird deutscher Kaiser; **OTTO VON BISMARCK** deutscher Reichskanzler	**Naturalismus, ca. 1880–1900**
1878 „Gesetz gegen die Ausschreitungen der Sozialdemokratie"	G. HAUPTMANN (1862–1946): Vor Sonnenaufgang (1889), Die Weber (1892)
1888 WILHELM II. deutscher Kaiser; im Zeitalter des Imperialismus Bemühungen des Deutschen Reiches um einen „Platz an der Sonne" (Kolonien)	A. HOLZ, J. SCHLAF: Die Familie Selicke (1889/90)

Ästhetizismus – Fin de Siècle, ca. 1890–1920

A. SCHNITZLER (1862–1931)
ST. GEORGE (1868–1933)
H. v. HOFMANNSTHAL (1874–1929)
R. M. RILKE (1875–1926)
TH. MANN (1875–1955), erste Werke: Buddenbrooks (1901), Der Tod in Venedig (1912)
H. HESSE (1877–1962)

Allgemeine Geschichte	Deutsche Literaturgeschichte (Groborientierung)
1905 Marokko-Krise (1906 nach dt. Zurückweichen beigelegt)	**Expressionismus, ca. 1910–1925**
1911 Das Dt. Reich sendet zur Einschüchterung ein Kanonenboot nach Agadir („Kanonenboot-Politik").	G. BENN, G. HEYM, G. TRAKL, E. LASKER-SCHÜLER, A. STRAMM
1914–1918 **Erster Weltkrieg**	F. KAFKA (1883–1924): Die Verwandlung (1913), Der Prozess (1914)
1917 Oktoberrevolution in Russland	1919: Menschheitsdämmerung (Sammlung expressionistischer Gedichte)
1918 revolutionäre Unruhen in Deutschland	

1918 Allgemeines Wahlrecht für Frauen	Seit 1926 entwickelt B. BRECHT (1898–1956) das **„episches Theater"**.
1919 Weimarer Nationalversammlung; **Unterzeichnung des Friedensvertrags in Versailles**	**Neue Sachlichkeit:** K. TUCHOLSKY, E. KÄSTNER **Kritischer Journalismus:** K. KRAUS, E. E. KISCH, K. TUCHOLSKY
1920 Kapp-Putsch (von rechts) in Berlin, Freikorps, kommunistische Aufstände	Große **Romane der Moderne** von H. MANN (1871–1950), TH. MANN (1875–1955), A. DÖBLIN (1878–1957), R. MUSIL (1880–1942)
1929 **„Schwarzer Freitag"** an der New Yorker Börse, Weltwirtschaftskrise	

1933 HITLERS **„Machtergreifung"**	**Exilliteratur:** TH. MANN, H. MANN, L. FEUCHTWANGER, B. BRECHT: Mutter Courage und ihre Kinder (1939), A. SEGHERS: Das siebte Kreuz (1942)
1939–1945 **Zweiter Weltkrieg**	**„Innere Emigration":** G. BENN **„Trümmerliteratur":** H. BÖLL,
1945 Atombombenabwurf über Hiroshima	W. BORCHERT: Draußen vor der Tür (1947)

1948 UNO-Erklärung der Menschenrechte	**Zwei deutsche Literaturen: BRD und DDR, 1949–1989**
1949 Gründung der **Bundesrepublik Deutschland** und der **Deutschen Demokratischen Republik**	DDR: **sozialistischer Realismus** und Kritik daran CHRISTA WOLF: Der geteilte Himmel (1963)
1961 Bau der **Berliner Mauer**	BRD: Gruppe 47 (–1967): RICHTER, BACHMANN, BÖLL u. a.
1968 Studentenunruhen in der Bundesrepublik	Schweiz: F. DÜRRENMATT: Der Besuch der alten Dame (1956); M. FRISCH: Homo faber (1957)
1970 **„Ostpolitik"** (BRANDT)	1960–1970: **Politisierung** der bundesdeutschen Literatur
ab 1985 Liberalisierungen in Osteuropa (GORBATSCHOW)	1970–1980: **„neue Subjektivität und Innerlichkeit"** 1972: H. BÖLL Nobelpreis für Literatur
1990 **3. Oktober: Deutsche Einheit**	**Vielfalt der Stile, seit ca. 1980: Postmoderne, Neorealismus, Popliteratur**
1991 1. Golfkrieg; Zerfall der UdSSR	
1999 **Europäische Währungsunion**	HEINER MÜLLER, CH. WOLF, TH. BERNHARD, U. TIMM, E. JELINEK, P. SÜSKIND, H.-J. ORTHEIL, HERTA MÜLLER, F. ZAIMOGLU, D. KEHLMANN, B. v. STUCKRAD-BARRE u. a.
2001 11. September: Terroranschlag auf das World Trade Center in New York	
2003 2. Golfkrieg	Nobelpreise für Literatur: G. GRASS 1999, E. JELINEK 2004, HERTA MÜLLER 2009
ab 2008 Finanz- und Wirtschaftskrise	